Léann an Dúchais
Aistí in Ómós do Ghearóid Ó Crualaoich

Gearóid Ó Crualaoich

Léann an Dúchais

Aistí in Ómós do Ghearóid Ó Crualaoich

Eagarthóirí

Stiofán Ó Cadhla
Diarmuid Ó Giolláin

CLÓ OLLSCOILE CHORCAÍ

An Chéad Chló 2012
Cló Ollscoile Chorcaí
Eastát Tionsclaíochta Youngline,
Bóthar Pholl an Daimh, An Tóchar,
Corcaigh, Éire.

Tá na heagarthóirí buíoch beannachtach de Choláiste na nEalaíon, an Léinn Cheiltigh agus na nEolaíochtaí Sóisialta i gColáiste na hOllscoile Corcaigh, de Ollscoil na hÉireann agus de Choiste Léann na Gaeilge, Acadamh Ríoga na hÉireann a thug cabhair airgid chun an leabhar seo a chur i gcló.

ISBN-978-185918-485-1

CPI (UK) a chlóigh
Clóchur: Tower Books, Baile an Chollaigh, Co. Chorcaí.
www.corkuniversitypress.com

Clár

Údair

Mícheál Briody (Helsingin Yliopisto/Ollscoil Helsinki)
Steve Coleman (Ollscoil na hÉireann, Má Nuad)
Síle de Cléir (Ollscoil Luimnigh)
Marie-Annick Desplanques (Coláiste na hOllscoile Corcaigh)
Séamas Mac Philib (Ard-Mhúsaem na hÉireann - Saol na Tuaithe)
Máirín Nic Eoin (Coláiste Phádraig, Droim Conrach)
†Breandán Ó Buachalla (University of Notre Dame/Ollscoil Notre Dame)
Stiofán Ó Cadhla (Coláiste na hOllscoile Corcaigh)
Cliona O'Carroll (Coláiste na hOllscoile Corcaigh)
Niall Ó Ciosáin (Ollscoil na hÉireann, Gaillimh)
Seán Ó Duinnshléibhe (Coláiste na hOllscoile Corcaigh)
Diarmuid Ó Giolláin (University of Notre Dame/Ollscoil Notre Dame)
Lillis Ó Laoire (Ollscoil na hÉireann, Gaillimh)
Ríonach uí Ógáin (An Coláiste Ollscoile, Baile Átha Cliath)

Réamhrá

Stiofán Ó Cadhla agus
Diarmuid Ó Giolláin

Fear a bhfuil a fhréamhacha go doimhin ina bhaile dúchais is ea Gearóid Ó Crualaoich. Is deacair neamhshuim a dhéanamh de gur Corcaíoch é, a tógadh i dteach beag ar an gCrochta Mór, in aice an Locha. Más ón gcathair é, chaith sé an chéad dá bhliain déag dá shaol sa teach sin nach raibh sa chathair ná faoin tuath dáiríre, ach ar an teorainn eatarthu: mar atá ráite aige féin, chodlaíodh sé faoin tuath agus d'itheadh sé a bhricfeasta sa chathair. Ba mhaith an comhartha é sin: bheadh sé ina scoláire ildánach ar ball, ina bhéaloideasaí a d'aimsigh an gort taighde faoin tuath agus sa chathair. Fear é atá ag baile ar na Gorta Dubha i gCorca Dhuibhne agus i Muintir Bháire i mBéarra, i gcathair Chorcaí agus i Philadelphia, agus in áiteanna go leor nach iad.

D'fhreastail Gearóid ar Choláiste na hOllscoile, Corcaigh, áit ar bhain sé chéad onóracha amach sa Ghaeilge agus sa Bhéarla. Lean sé den léann i bhfad ó bhaile, mar mhac léinn iarchéime i gceann de na hollscoileanna is sine agus is mó gradam sna Stáit Aontaithe, Ollscoil Phennsylvania. Bhí sé meáite ar thráchtas a scríobh ar rian na Gaeilge ar úrscéal an Bhéarla in Éirinn sa 19ú haois ach tharla gur thóg sé cúrsaí sa teangeolaíocht agus san antraipeolaíocht agus b'amhlaidh a mealladh é go dtí an roinn nua i léann an bhéaloidis, áit ar chuir sé aithne ar scoláirí móra ar nós Mac Edward Leach agus Kenneth Goldstein. D'fhág na blianta a chaith sé i Meiriceá a rian air, faoi mar a d'fhág ar mhórán a bhí ann le linn na 1960í. D'fhill an fear óg ar Éirinn ina scoláire béaloidis a raibh a chuid féin déanta den teangeolaíocht agus den antraipeolaíocht aige, rud a d'fhág ina bhéaloideasaí an-neamhghnách é ó thaobh na hÉireann de. Lean sé den antraipeolaíocht níos déanaí in ollscoil ghradamach eile, i Sasana an uair seo, an London School of Economics, agus chas sé ar an teangeolaíocht nuair a chaith sé tréimhse ag obair in Institiúid Teangeolaíochta Éireann i mBaile Átha Cliath. B'as Coláiste Oideachais Thuamhumhan (atá anois ina chuid d'Ollscoil Luimnigh), áit a raibh sé ag múineadh na Gaeilge ann, is ea a d'fhill sé ar a *alma mater*, sa bhliain 1977, chun cúrsa nua a bhunú.

Teangeolaí, antraipeolaí, scoláire litríochta agus béaloideasaí a bhí sa bhfear a thosnaigh ar an Léann Dúchais a chur ar a bhonnaibh mar ábhar idirdhisciplíneach as Gaeilge, faoi choimirce Bhord na Gaeilge agus Roinn Stair na hÉireann. Bhí an béaloideas le cur ina lár, ábhar nua maidir le hollscoileanna na hÉireann de, gort léinn nach raibh an chéad roinn ollscoile ag plé leis ach le dornán beag blianta (i gColáiste na hOllscoile Baile Átha Cliath). B'iomaí mac léinn i gCorcaigh ina dhiaidh sin a bhain an chéim amach trí mheán na Gaeilge ar fad leis an dá ábhar, an Léann Dúchais agus an Ghaeilge. D'fhéadfadh mic léinn staidéar a dhéanamh ar an mbéaloideas go dtí leibhéal na dochtúireachta feasta, agus ar ball tugadh an rogha chéanna do Bhéarlóirí. Is mar sin a bunaíodh traidisiún léinn eitneolaíochta a d'eascair as an mball sin ar tháinig an teangeolaíocht, an antraipeolaíocht, léann na litríochta, léann na Gaeilge, an stair agus léann an bhéaloidis lena chéile ann, ball nach mbeadh in aon chor ann murach gur cheap Gearóid Ó Crualaoich é. Bhí an traidisiún sin léinn dílis d'aisling faoi leith d'Éirinn, ómós aige don traidisiún Gaelach agus d'Éirinn Ghaelach an lae inniu ach meas aige ar gach traidisiún Éireannach agus é oscailte i leith an domhain mhóir. D'éiligh sé caighdeán dianmhachnaimh agus critice go háirithe, a thiocfadh as dul i ngleic go leanúnach leis na teoiricí agus leis an bpraitic sna heolaíochtaí sóisialta agus sa léann daonna, agus ós rud é go raibh teoiricí agus modhanna oibre nua riamh ag teacht ar an saol, d'éiligh sé riamh an tsúil nua a chaitheamh ar an seanábhar.

I gcuntas a thug Gearóid ar a chuid taithí féin le déanaí,[1] tráchtann sé ar an tionchar a bhí ag an dúchas seanchais air féin mar scoláire. Fear mór seanchais is ea é féin. Ní raibh cruinniú ná comhdháil ná cupán caife riamh ná bíodh croíléis ann agus cluas le héisteacht ar an mbailiú ar fad, Béarla an Locha agus na mBarrach – Cumann Náisiúnta Fionnbarra Naofa – agus a chuid Gaeilge breátha scóipiúla féin i dteannta a chéile ann. B'annamh an Béarla le clos ag cuid againn ach amháin nuair a bhíodh duine gan Ghaeilge ina fhochair. Bhuaigh ábhar an tseanchais ar an teanga go minic pé scéal é sa chaoi is ná tabharfá faoi ndeara cé acu teanga a bhí á labhairt.

Pé ábhar a tharraingeofaí anuas, ó iománaithe Chorcaí go dtí deasghnátha an tórraimh, ba é an duine an laoch i gcónaí. Níor bhuaigh an claonadh foirmiúil a bhíonn i réimsí áirithe den léann ar an gcroí mór. Ní nach ionadh, bhí Gearóid chun tosaigh i gcónaí sna hiarrachtaí chun Tionscnamh Béaloidis an Chinn-Thuaidh nó an Northside Folklore Project a bhunú. Thugadh sé mic léinn na seimineár taighde ar 'turas amach' go minic chun sráidíní na cathrach a shiúl ina theannta. B'fhiú a bheith ann chun éisteacht leis an seanchas a bhain leis na ceantair ó Bhaile Mhic Thomáis thuaidh amach. Ba chuma é a bheith sa seomra léachta nó ar cheann lána sa tSeandún, chuirfeadh sé saol na ndaoine os comhair na súl don éisteoir ar shlí mhothaitheach, neamhchoitianta. Ní ábhar intinne amháin a bhí ann; bhí sé le clos, le bolathaíl, le feiscint agus le brath. Ar cheann de na turais seo d'iarr sé ar na scoláirí lámh a bhaint le binn tigín ar Shráid na Blárnan go mothóidís saol an tí, na sráide agus na muintire timpeall orthu. Bhí rabhán beag áitiúil aige don ócáid: 'The boys of Boyces' Street, bate the girls clane, Thugamar féin an samhradh linn'.

Mar sholaoid ar an léann fairsing, seo cuid de na scoláirí a bhí ar liosta léitheoireachta LD231 'An Creideamh Tíre', sna 1980í: Walter H. Capps, Seán J. Connolly, Hans Peter Duerr, Raymond Firth, Bernard Hamilton, Theo Hoppen, E.O. James, Ioan M. Lewis, David Mandelbaum, Edward Norbeck, Bryan Wilson, Hanns Bächtold-Stäubli, Mircea Eliade, William A. Lessa, Keith Thomas, Lady Wilde, W.G. Wood-Martin, Richard Breen, Wendy Davies, J.G. Delaney, Glyn Penrhyn Jones, Edmund Lenihan, Patrick Logan, Patricia Lysaght, Gearóid Mac Eoin, Joseph F. Nagy, Caoimhín Ó Danachair, Daithí Ó hÓgáin, Angela Partridge (Bourke), Ann Ross, Nancy Scheper-Hughes, Nancy Schmitz, Kathryn C. Smith, Don Yoder . . . agus ní raibh ansin ach an dara bliain.

Is ag Gearóid atá bua na múinteoireachta agus gan uaidh ach cailc agus clár dubh. Is mór an trua é nár tógadh grianghraf de na léaráidí iomadúla a tharraingíodh sé ar na cláir sin sa seomra ranga in uimhir a haon Elderwood agus ar fud an Choláiste go deimhin, i rith na mblianta. Pé ábhar cainte a bhí aige, ní túisce focal as a bhéal ná an chailc á beartú aige d'fhonn téamaí móra an scéil a chur i dtuiscint. Bheadh líne suas síos chun rothlú na gréine a cheangal le ceannfhéile éigin; líne eile soir siar chun an spailpín a cheangal le Dia nó le Lugh, líne eile fós síos amach ar fad chun banúlacht na tíre a cheangal leo go léir. Théadh sé i ndiaidh a chúil cúpla truslóg ar deireadh, leathcheann air agus gan fágtha aige faoin am seo ach snaibín beag den chailc. Thugadh sé faoi arís de ruathar as a chabhail, aon chiorcal amháin eile a tharraingt timpeall ar a raibh de línte cheana ann agus b'fhéidir 'na sinsir' a bhualadh mar theideal ar an iomlán. Líníocht sheolta oilte ba ea í seo; ealaín an léinn, dearadh an eolais, fad, leithead is doimhneacht. Iontas ba ea an léaráid féin, rud a shamhlófá ar dtús le heolaíocht, le matamaitic nó le huimhríocht b'fhéidir, léiriú d'inscne, d'aicme, de chroí agus d'aigne an duine in imeacht na gcéadta bliain, léamh mór síceolaíoch, fealsúnach, sóisialta, antraipeolaíochtúil a chuir Victor Turner ag cogarnaíl le Tomás Ó Criomhthain. Tá cuid againn ag iarraidh na léaráidí sin a shamhlú i gcónaí.

Tá léann an dúchais faoi bhláth i gcónaí. Chuaigh Gearóid i gcion ar chúpla glúin mac léinn.[2] Bhí sé riamh foighneach tuisceanach leo. Is iomaí duine óg a theoraigh sé ar bhóthar na scoláireachta, agus is iomaí scoláire a bhfuil meas agus gean aige air dá bharr. Bhí bua riamh chun cairdis aige agus d'fhág sé cairde ina dhiaidh gach áit a raibh sé; ní taise do Choláiste na hOllscoile Corcaigh é, áit ar éirigh sé as obair (go luath) sa bhliain 2004, agus braitheann a chomhgleacaithe uathu an chuideachta, an fhoighne, an greann, agus an fhlaithiúlacht. Ach ní bhraitheann siad rómhór uathu é (!), mar níl sé i bhfad uathu, ar Bhóthar na Laoi, agus d'éirigh leo cur ina luí air gurbh fhiú leis an Roinn an nasc a choimeád leis i slí is gur minic a fheicimid a chéile agus nach strainséir do na mic léinn é, agus leanann sé air ag gabháil don léann saor ó chuing institiúide. Le blianta beaga anuas, más ea, is minicí ag baile é, i dteannta le Gay agus, nuair a bhíonn siad tagtha aniar, a iníon Sorcha, fear a iníne Tom agus a macsan, Jack. Lasmuigh dá mhic léinn, dá chomhgleacaithe agus dá leathbhádóirí i saol an léinn agus na hintleachta, is óna chuid scríbhinní is mó atá aithne air agus go háirithe ó aistí áirithe a raibh machnamh chomh grinn sin iontu agus argóint chomh líofa gur ar éigin ab fhéidir ábhar a bpléite a scrúdú feasta gan tosnú le Gearóid. Tá an saol Gaelach agus an léann trí chéile ag fanacht leis an gcéad aiste eile dá shórt.

Ba mhaith linn a cheapadh gur maith an teist ar na blianta fada léinn sin an fhéilscríbhinn seo agus go gcuirfidh sí leo. Tá cuid de na téamaí is ansa leis, agus linn go léir, inti: an cultúr ábhartha, an cúlra scolártha, dioscúrsaí seanchais agus léinn, lámhscríbhinní, músaeim, prós, litríocht, bailiú agus cur i láthair an bhéaloidis sna laethanta atá caite agus inniu féin. Iarmhic léinn agus iarchomhghleacaithe dá chuid féin a scríobh cuid mhaith acu. Ba mhaith linn a cheapadh gur comhartha lúith an leabhar seo i léann an bhéaloidis agus na Gaeilge, agus comhartha geana ar Ghearóid agus comhartha ómóis dó uainne a bhraitheann go mór faoi chomaoin aige traidisiún faoi leith i léann na hÉireann a chothú, a chur chun cinn agus a chur ar aghaidh. *Ad multos annos*, a Ghearóid!

Tuireamh agus Caoine ar Shéamas Óg Mac Coitir

†Breandán Ó Buachalla

Áirítear crochadh Sir Séamas Óg Mac Coitir i gcathair Chorcaí sa bhliain 1720 ar cheann de na tarlaingí ba choscraí dar tharla in Éirinn sa chéad leath den ochtú haois déag; crochadh é a chuaigh i bhfeidhm go mór ar an tuairimíocht phoiblí ag an am agus riamh ó shin. Léiriú amháin air sin nár ghin aon chrochadh eile san aois an oiread céanna marbhnaí.[1] Filí aitheantúla na Mumhan – de Bhál, de Nógla, Mac Cairteáin, Mac Coitir, Mac Dónaill, Mac Gearailt – a scríobh formhór na ndánta sin. Ach saothar dí-ainm is ea a thuilleadh acu is leagtar dhá cheann acusan ar bhanaltra Shéamais Óig. Faightear cóip den dá dhán sin, agus iad taobh le taobh, i lámhscríbhinn a ghraf Seán Ó Muláin i gcathair Chorcaí sa bhliain 1818.[2]

Bhí Seán Ó Muláin (†1826) ar dhuine de na comhghleacaithe a bhí ag Mícheál Óg Ó Longáin i saothrú an léinn dúchais i gcathair Chorcaí sa chéad cheathrú den naoú haois déag. File-scríobhaí ba ea é a d'fhág againn cnuasach dánta agus breis agus fiche lámhscríbhinn.[3] Cuimsíonn na lámhscríbhinní sin idir phrós is fhilíocht, idir sheanchas is ghinealaigh, idir phrós cráifeach is scéalta: an gnáthmheascán ábhair a fhaightear sna lámhscríbhinní déanacha. Bhí scríobhaithe eile páirteach le Ó Muláin i soláthar na lámhscríbhinní sin, go háirithe Seán Ó Dreada, Donncha Ó Floinn, Éamann Ó Mathúna, Donncha Ó Súilleabháin, Eoghan Ó Tóibín, is muintir Longáin. Seasann lámhscríbhinn amháin dá chuid amach ar a toirtiúlacht agus ar a tábhacht. Is í lámhscríbhinn í an lámhscríbhinn ar a dtugtar M 9 i gColáiste Phádraig, Maigh Nuad.[4] Cúig chéad leathanach atá sa lámhscríbhinn sin – an lámhscríbhinn is mó dar bhreac sé – agus is eisean féin a scríobh í ó thús deireadh ach amháin clár na gcéadlínte, an teideal is an réamhrá a scríobh Mícheál Óg is Pól Ó Longáin. 'An tAbhránuíghe'[5] atá mar theideal ar an lámhscríbhinn agus sid é an réamhrá atá ina tosach:

> Chuim an leaghthóra,
> A léightheóir ionmhuin, aig si dhuit an tAbhránuíghe si .i. leabhar ionna bhfuilid iomad d'abhránaibh breághtha boga fada fírbhinne agus do bhúrdónaibh suairce snasta sárchumtha do ghlan tsaothar filídhe fáigeámhla focailcheartadh ó gach aon taobh d'Éirinn, agus

air na sgríobhadh san chairt si, no san chairt chomhthrom cheathair uilleannach so, chuim usáide an diadhaire deaghshomplaig .i. an tathair Seaghan Ó Murchadha .i. easbog Corcaidhe.

Tá le tabhairt faoi deara nach ndeineann an sliocht sin d'idirdhealú san ábhar ach idirdhealú idir amhráin agus burdúin (*iomad d'abhránaibh . . . agus do búrdónaibh . . .*), agus cé gur léir go bhfuil an dá chatagóir sin i gceist tá, ina dteanntasan sa lámhscríbhinn, laoithe fiannaíochta is véarsaíocht shiollach chomh maith. Ach níl aon cheist ach gurb é is mó atá sa lámhscríbhinn cnuasach cuimsitheach de shaothar na bhfilí aitheanta ó thús an tseachtú haois déag anuas: Céitinn, Ó Donnchú, Ó Bruadair, Mac Cruitín, Ó Rathaille, Ó Murchú, Mac Dónaill, Ó Tuama, Mac Gearailt, Ó Longáin, de Barra agus filí eile nach iad. Tá, chomh maith, roinnt dán dí-ainm. Ina meascsan tá an dá mharbhna ar Shéamas Óg Mac Coitir a leagtar ar a bhanaltra. Mar seo a chuireann an scríobhaí an dá dhán sin i láthair:

'Tuireabh do rín a bhanaltra do Sur Seamus mhac Coitair
Aisling do chuala air maidin do bhuair me . . .' (343),
'An Caoine sonn ag an mnaoi cceadna
Mo chéad carra thu is breágh thígheach hata dhuit cloidheamh cinn . . .' (345).[6]

Díol spéise é an t-idirdhealú a dheineann an scríobhaí idir an dá dhán: *tuireabh* is ea ceann acu, *caoine* an ceann eile.[7] Ba mhóide tábhacht an idirdhealaithe sin an bunús a bhí ag an scríobhaí leis a bheith ar eolas againn. Níl, ach b'fhéidir gur cúrsaí meadarachta agus/nó stílíochta is bun leis an idirdhealú sin. Gan amhras, bíonn baint chomh dlúth sin ag meadaracht agus ag stílíocht le chéile – agus ní sa Ghaeilge amháin é – gurb ionann difríocht mheadarachta go minic agus difríocht stílíochta chomh maith. Tá difríocht shuntasach mheadarachta idir an dá dhán, cé gur véarsaíocht aiceanta atá i gceist iontu araon: véarsaíocht strófach ar an bpatrún 3A + B atá sa *tuireabh*;[8] caoineadh (leagan aontroitheach) is ea meadaracht an *caoine*. Is as an dá mheadaracht sin a eascraíonn an difríocht stílíochta: stíl 'fhileata' fhoirmeálta aidiachtach sa *tuireabh*; stíl lom chomhráitiúil roscach sa *caoine*. B'fhéidir gur mó de dhíol spéise fós é gur ón údar céanna a thagann an dá dhán, cé gur údar dí-ainm í. Más fíor don scríobhaí, is í an bhean chéanna, banaltra Sir Séamas, a chum an dá dhán. Is léir nach taobh le haon mhód cumadóireachta a bhí sí; bhí idir thuireamh agus chaoine ar a cumas: file ab ea í, is é sin le rá, duine a chleacht ceird na véarsaíochta. Duine í, is cosúil, de na 'filídhe fáigeámhla focalcheartadh' a bhfuil dánta leo bailithe le chéile ag Ó Muláin in 'An tAbhránuíghe'.

Difríocht eile idir an dá dhán is ea an difríocht san fhoirmle údarthachta a chleacht an scríobhaí: 'tuireabh do rín a bhanaltra' i gcás amháin; 'An Caoine sonn ag an mnaoi cceadna' sa chás eile. Músclaíonn an difríocht fhoirmiúil sin ceist bhunúsach: an bhfuil difríocht shéimeantaice i gceist idir an dá fhoirmle – difríocht a léireodh feidhmeanna difriúla b'fhéidir – nó an bhfuil an dá fhoirmle ar aon bhrí? Sa lámhscríbhinn trí chéile, agus dánta difriúla (ó thaobh meadarachta, ábhair is seánra de) á gcur i láthair ag an scríobhaí, is é an nod *cct* (.i. *cecinit* = a chan) an fhoirmle is coitianta a chleachtann sé:

> 'An Bard Ruadh cct
> *Clanadh Riocaird ait teacht ó aifrionn . . .*' (M 9: 1),
> 'Bharántas Chaipín Uilliam Brún et Éadbhárd do Nógla cct . . .
> *Wheras go ttáinaidh Uilliam uasal . . .*' (19),
> 'An tAthair Tomás Boilear cct air bhás an Athair Donnchadh Mhic Seaghain Bhuidhe
> *Sgéal caoíghuil a ccriochaibh Fáil . . .*' (79),
> 'An sgríobhnnóir cct dá naoidhe féin
> *Se Riostárd do Barra an fear caithiseach caoin cródha . . .*' (127),
> 'Seághan na Raithíneach cct uim an adhbhar cceadna
> *A chléirigc chneasda is Athair fhéil ghluinn aoírd . . .*' (492).

Uaireanta eile ní bhíonn aon fhoirmle i gceist; ní thugann an scríobhaí údar, teideal ná ceannscríbhinn:

> '*Tráthnóna déanach is mé cois leasa muth . . .*' (M 9: 17),
> '*Gaibh mo theagasc a bhean óg . . .*' (63),
> '*Do sgríobh siad cóip cheannsa ba greannda s ba tréitheach . . .*' (153),
> '*A thigherna na bhflaitheas fuair peannuid is céasa a ccrann . . .*' (233),
> '*Ce fada dham air buaireamh cuir tuairaisg na mbéithe is feárr . . .*' (329).

Is ceart an cheist a chur an bhfuil idirdhealú (idirdhealú feidhme/idirdhealú foinse?) i gceist idir na dánta a bhfuil ceannscríbhinn ag dul leo is na dánta nach bhfuil, ach ní léir dom go bhféadfaí an t-idirdhealú sin a chruthú. Is minic, ag na scríobhaithe trí chéile, ábhar gan cheannscríbhinn á chur ar fáil sna lámhscríbhinní acu.

Maidir le *rín*, an aimsir chaite den bhriathar *déanamh*, tá roinnt bheag samplaí eile ag an scríobhaí den úsáid chéanna, sa chomhthéacs ceánna, sa lámhscríbhinn seo agus i lámhscríbhinní eile dá chuid:

> 'Ag so deantús do rinneadh do Colonel Barry . . .
> *A leoghan nách tim a ttreas . . .*' (MN M 9: 224),
> 'Ag so caithréim do rinne Aindrias Mac Cruitín do Dhonn Duamhach an tan meathdur na huaisle air
> *Beannúghadh doímhuinn a Dhoinn na Doídhche . . .*' (MN M 5: 89),

'Eóghan Ua Dubhthaircc, bráthair bocht dórd S Prónsiás do rin an dán so . . .
Leíg dod chomórtas dúin . . .' (MN M 5: 307),
'Teasdus tug Donnchadh duanógach Macnamara ar thuireadh do rinneadh le Laighneach do Thioboid Builtéar
Tuigim ad thuireamh, a Laighnigh . . .' (MN M 14: 266).

Gan amhras, ós ábhar fréamhaithe den chuid is mó atá á sholáthar ag an scríobhaí, ábhar a chóipeáil sé as lámhscríbhinní eile, tá sé beagnach cinnte go raibh na foirmlí difriúla a chleachtann sé mar chuid den ábhar a tháinig anuas chuige.[9] Ach, ina choinne sin, tá a fhios againn freisin go raibh na foirmlí sin á n-úsáid coitianta ag scríobhaithe na Nua-Ghaeilge nuair nach ábhar fréamhaithe a bhí i gceist. Bhí an briathar sin *déanamh*, mar shampla, ar cheann de na briathra ba ghnách leis na scríobhaithe trí chéile a chur in ócáid agus gníomhaíocht na cumadóireachta á cur in iúl acu:

'Do gríosuigheadh an file . . . do chum an Tuireadh si do dheanadh . . .' (RIA I v 1: 23),
'So abhran rinigh Seaan Ó Neachtain air Caitrina Nui Ceoiris . . .' (LN G 135: 83),
'*Eadar dhá thír* . . . mairgneadh eile rinnidh Séamus Mhac Cuarta . . .' (RIA 3 B 38: 317),
'Áodhagán Úa Ratuille ó Sliaibh Lúachra do rinneadh an déantúis seo . . .' (LN G 496: 60),
'An cheád abharan do rinneadh le Seaghan O Tuama an Ghrinn . . .' (RIA 23 L 24: 240),
'Do chuir a athair an leabhar air gan abhránn do dhéanamh . . .' (MN R 69: 133),
'Eogan Ó Suilliobhain ar leabuig an bháis na tri bhéarsa deanacha do rinne sé . . .' (UCD F 23: 88),
'An marbhna do rin a tAithir Uilliam Englis . . .' (LN G 220: 1),
'Buachail bó . . . do rinneadh na h-abhrain diadho so, mar do spur an Spioradh Naomh é . . .' (RIA 23 E 7: 147),
'Muiris Ó Cróinín do dhein *Dá n-éireofása let rannaibh* . . .' (UCC T 97: 124),
'Mac Amhlaoibh a dhein *A lucht cleachtaithe an airgid* . . .' (UCC T 97: 127).

Sna lámhscríbhinní trí chéile malartaíonn an briathar sin le briathra eile (ar nós *chan*, *cheap*, *chum*, *dúirt*, etc.) sna foirmlí, ach ní móide go bhfuil aon difríocht feidhme i gceist; táid, is cosúil, ar aon fheidhm is ar aon bhrí (sa chomhthéacs áirithe seo): 'X a chum an dán seo' is brí do na foirmlí sin trí chéile.[10]

Maidir leis an bhfoirmle 'An Caoine sonn ag an mnaoi cceadna', ní heol dom aon sampla eile de ag an scríobhaí – sa lámhscríbhinn seo ná in aon lámhscríbhinn eile dá chuid – ach tá an dá chomhchuid di (*sonn* agus *ag*) coitianta go maith sna lámhscríbhinní. Ba ghnách leis na scríobhaithe trí chéile an dobhriathar ionaid *sonn* (= *anseo*)[11] a úsáid mar áis chláraithe agus teideal/údar/bunábhar na míre a bhí á scríobh amach acu á chur in iúl do léitheoirí acu. Mar sin freisin a chuireann Ó Muláin in ócáid é:

> 'Aithrí Uilliam Dáll sonn
> *Iosa beannaighthe cheannaigh me air daorchrois . . .*' (M 9: 41),
> 'Duain na mbreath sonn
> *Is fada fairsiong puball Dé . . .*' (48),
> 'Domhnall Ó Luasadh cct do Chonchúbhar Ó Riordáin, sonn
> *A fhir eagnaicc d'éillimh me gan adhbhar . . .*' (105),
> 'Caoine na nGáodhal sonn,
> *Mo dheacair dhubhach is mo cheasna cúmadh . . .*' (155),
> 'Eachtra Dhonnchadh Rúaidh Sonn,
> *Do ríarfuinn sgeól dom chómharsa air aon rod . . .*' (397).

Chomh fada le *ag* sa chomhthéacs seo (*An Caoine sonn ag an mnaoi cceadna*) is úsáid agus struchtúr é a bhí bunaithe go maith sa teanga, go háirithe i bhfoinsí agus i gcomhthéacs liteartha:[12]

> 'is é a etarchert ic Aquil *fidelitur*; is é a etarchert oc Cirinne *vere*' (*Passions and Homilies*[13] 7982),
> 'do gheall Críosd . . . san seiseadh caibidil x ag Matha . . . ag Eóin san chaibidil dhéighionnaigh . . .' (Mac Aingil[14] 5599–5605),
> 'dá léghthá an sgéul atá ag Esopus . . .' (*Desiderius*[15] 3519),
> 'aithristear ag Aesopus go rabhadar . . .' (*Desiderius* 3524),[16]
> 'go bhfuil a n-aghoidh an sgrioptúr ag S. Séum adeir . . .' (*Desiderius* 4239),
> 'do réir mar léaghthar san ochtmhadh caibidil ag Daniel chéadna . . .' (*Three Shafts*[17] 21),
> 'Aní léaghtar ag Eóin san treas caibidil *in Apocalypsi* . . .' (*Three Shafts* 126),
> 'léaghtar ag Iul Caesar, isan seiseadh leabhar d'á stáir . . .' (Keating I[18] 72.95),
> 'léaghthar ag Doctúir Usser san deascán do chnósaigh sé . . .' (Keating III 41),
> 'amhuil adeirthear san 21. caib. do Leabhar na Seanfhocal ag Solamh . . .' (*Parliament na mBan*[19] 2885).

Is léir nach 'seilbh' (*tá airgead ag Seán*) is feidhm ná brí do *ag* sna samplaí sin thuas ach gníomhaireacht: údar saothair á ainmniú. Tá úsáid *ag*, mar mharcálaí údair, le cur i gcomparáid le húsáid an réamhfhocail *re/le*, sa chomhthéacs céanna, úsáid nach dtagann chun cinn, chomh fada agus is eol dom, go dtí lár an ochtú haois déag:

'Marbhna Bhriain mhic Rosa Uí Lochlainn . . . le hAodh Buidhe Mac Cruitín' (LN G 296: 15),
'Duan Mharbhna a mhná . . . le Toirdhealbhach Ua Cearbhallain . . . ' (BPL 31: 14),
'An Giolla Ruadh re Uilliam Ruagh Mac Cuitir . . .' (RIA 24 P 20: 98),
'A New Way of Wooing le Seán Clárach *Lá is mé tríd na dtír ag taisteal* . . .' (RIA 23 L 13: 113),
'Beóchaoine Sheághuin Chláruicc le Seághan Ó Tuama an ghrinn . . .' (RIA 23 C 8: 420),
'Stáca an Mharga le hEoghan Ó Súilliomháin *Ag taisteal na Blárnan* . . .' (TCD H.6.9: 119),
'Clara burc a comadh le Ricard bán mhac Ciobúin san mbliain 1700 . . .' (QUB B 16: 67),
'Cúirt an Mheódhan Oidhche . . . le Brian Mac Giolladh Mheire annseo . . .' (LN G 496: 1),
'Céim an Fhiadh le Máire Bhuidh Ní Laoghaire . . .' (LN G 441: 153),
'Baile na Cléire. Re Eadhmon Ó Flaithbhearta *A mBaile na Cléire* . . .' (BA 3: 126).

Níl aon cheist ach go bhfreagraíonn úsáid *re/le*[20] sa chomhthéacs sin (údar saothair éigin á ainmniú) d'úsáid *by* sa Bhéarla (*a poem by Yeats*) agus go bhfreagraíonn siad araon d'úsáid *ag* sa sampla seo againne 'An Caoine sonn ag an mnaoi cceadna'. Ba dheacair, dá réir sin, aon locht a fháil ar an aistriú a rinne Paul Walsh air: 'The caoine by the same woman'.[21]

Ach in alt léi ar an seánra trí chéile, is é a deir mo chomhghleacaí, an Dr Sarah McKibben, agus í ag tagairt don dán seo: '*Caoineadh Shéamais Mhic Choitir*, "The Lament for Sir James Cotter", performed by his nurse some fifty years earlier . . . .'[22] An ghníomhaíocht phoiblí a chuireann an fhoirm bhriathartha sin *performed* in iúl, ní léir dom, ar an bhfianaise atá againn, conas is féidir í a thagairt don téacs seo ná do ghníomhaíocht an údair.[23] Is cinnte nach dtugann Seán Ó Muláin sin le tuiscint sa chomhthéacs ina bhfaightear an dán. Comhthéacs liteartha é sin: lámhscríbhinn a scríobh scríobhaí gairmiúil ina bhfuil saothar a bhain le 'filídhe fáigeámhla focalcheartadh ó gach aon taobh d'Éirinn', saothar, is léir, a athscríobhadh as lámhscríbhinní eile;[24] an dán á chur i láthair i bhfoirmle liteartha gona ghramadach ghradamúil choimeádach; an dá mharbhna leis an bhfile céanna á suíomh i dteannta a chéile i measc dánta le filí aitheantúla na Mumhan. Ba bhreá linn go léir dá ndéarfadh Ó Muláin linn cá bhfuair sé an téacs is dá mbeadh breis eolais againn i dtaobh sheachadadh an dáin; faraoir níl. Go dtí go mbeidh, caithfear fuineadh de réir na fianaise atá againn.

Aguisín A

Cuirim an dá dhán in eagar anseo. Tá na nodanna scaoilte agam is tá normálú déanta ar an ortagrafaíocht agam. Tugaim na léamha is tábhachtaí agus nótaí téacsúla. Chuir Ó Foghludha[25] idir thuireamh is chaoineadh in eagar cheana; tá an caoineadh curtha in eagar ag Bourke[26] maille le haistriúchán.

An Tuireamh

Aisling do chuala ar maidin do bhuair me
lenar chailleas mo ghruaig is mo shláinte,
is gur scata ban uaisle bhí i mbaile cois chuain
ag stathadh a gcuach is ag gárthadh;
i ndiaidh fharaire an tsuanroisc bhí marbh i dtuama
i gCarraig Uí Thuathail lámh linn,
lena easpa má ghluaiseann ní rachad chum suaimhnis
san gcathair úd fuar gan áitreabh.

A Shéamais Mhic Coitir, a ghéag bhreá oirirc,
is mór an dochma tú d'Éirinn;
a ghaoil na gCormac sciathach gclogadach
riarach gcosantach d'éigsibh;
bráthair Dhonncha ag triall ar chogadh thú
is Fhínín Eochaidh na gcaol-each,
is mór an osna so bhuail im chodladh me
an uair chuala crochta thú in éitheach.

Ba ghaol go hard duit an dá Mhac Cárthaigh
is banríon Máire Déiseach,
Ó Caoimh dána nár chuí bheith tláth
is Róisteach ard ón Léithchloch;
Cúrí Cearnach de chlainn fáidhe,
trúp ba láidir aonta,
nó an Prionsa atá dá dhiúltadh ar fán,
cé gur dlúth a ráinig i ngaol duit.

Mo chreach is mo léir nár cailleadh tu féin
in achrann éigin slóite,
ar farraige thréin nó i gcogadh na bpiléar
mar ar cailleadh na céadta leon mear;
seoch conablaigh éithigh ad dhamaint 's ad dhaoradh,
mo chreach is mo léan mo bhrónchreach,

is a liacht ainnir bhreá bhéasach ó chaladh go Béarra
na dtaitnfeadh léi do bhéal dá pógadh.

Ba róbhreá an gníomh san dul chuim suíte
lá breá aoibhinn aerach;
is tú bheith sínte i measc do dhaoine
is do bhanaltra chíortha at éileamh;
bráthair Bíocan is iarlaí tíre
is tiarnaí bhíodh san Éigipt
nó na gcuraí ngroí do ghníodh an gníomh
is do ghearradh cinn gan aontoil.

Is róbhreá an gradam so do gheall t'athair dhuit,
dá mb'áil leat seasamh i dtíos leis:
mórán bailte poirt cois na farraige
is *Squire* mar ainm ort choíche;
thug sé an scathamh glan in oileán acfainneach,
bhain sé an caladh dá ndícheall;
d'fhúig sean-Sagsanach cloíte marbhlag
is na céadta pearsa ina thimpeall.

Léamha

2 ghruagh 6 Uí Thuathaigh 7 len easpadh . . . ní reachad 9 oírdheirc 12 ccosantach éigsibh 18 bánnrígheann 19 chuíbhe tláith 20 ón leithchloich 21 Chúirīghe cearnach do chloinn fáidhe 29 cnoblaidh eithigh ad dhamhaint 31 beasach ó caillaith 33 na ttainntheach chuim súighte 36 ad téilliomh 39 nó na ccoirruidhe ngráoidhe 44 square 45 tug sé an sgathabh. glan an oilleán 48 inna thíompcholl, Finis

An Caoine

Mo chéad chara thu!
is róbhreá thíodh hata dhuit,
claíomh cinn airgid,
bhíodh sráid dá glanadh dhuit,
bóithre dhá ngealadh dhuit,
cóiste ocht gcapall duit,
is Sacsannaigh ag umhlú go talamh dhuit,
is ní le taitneamh dhuit
acht le haonchorp eagla.

Greadadh oraibh is brón,
a lucht na mbolg mór,

fanaidh siar go fóill,
is ligidh Séamas romhaibh
mar is do ba chuí is ba chóir.

A mhná, ó mo scairt,
druididh uaim amach
chuim go bhféachad san aird aneas
go bhfeicinn an Ridire críonna ag teacht,
nó Séamas Óg a mhac;
srian bhéil óg na n-each,
claíomh cinn óir 'na ghlaic,
is a choisí roimhis amach,
ag dul go doimhin sa chath,
do dhéanfadh sé dhíbh spreas,
nó gheobhadh sé díol a mhaic.

A dhianghrá lár na gcarad,
is iomdha dailtín smeartha
ód chistin go n-id halla,
do gheobhadh bean in aisce
nó bean ar chárt leanna,
ní áirím bean gan baisteadh,
gan ionladh, gan aisce,
nár chrom a glúin chum sagairt,
is ná dúirt riamh a paidir,
is nárbh fhios cé é a hathair,
acht Betty Squibbs a hainm,
táinig anall tar caise
chuim mo lao do thachtadh
is nárab dé 'na beatha!

Léamha

1 mo céad carra 4 glana duit 5 bóirthe dha ngeala duit 7 go talmh dhuit 13 reómh 15 sgart 17 cuim go bhfeachad 18 go bhfiacainn an Ruidaire 19 ná Seamas roímheis 23 go dóimhinn 25 diol a mhac 27 is iomdha 28 gona ad halla 31 ní áirbhim 35 cía é 36 Bettii sgiobs 38 is narab dé na béatha Finis

Nótaí ar an Téacs

An Tuireamh

7. B'fhéidir gur chóir *má ghluaisim* a léamh; *len easpadh ma ghluaisean* atá sa LS.
11. *na gCormac*, Séarlas I (†1649) is Séarlas II (†1685), is dócha.

13. *bráthair Dhonncha*, Donncha Mac Cárthaigh, Bíocunta Mhúscraí (†1665), is dócha.
is Fhínín, Fínín (na Ruachtaí) Mac Cárthaigh (†1642), is dócha.
17. *an dá Mhac Cárthaigh*, Saorbhreathach Mac Cárthaigh (†1694) agus Donncha Mac Cárthaigh, Iarla Chlainne Cárthaigh (†1734), is dócha. Féach *an dá Mhac Carthaigh* (Breandán Ó Buachalla, *Nua-Dhuanaire* II. Baile Átha Cliath: Institiúid Ardléinn, 1976. Dán a 3 líne a 10).
18. *banríon Máire Déiseach*, is deacair a dhéanamh amach cé tá i gceist.
20. *ón Léithchloch*, Carraig Liath, baile fearainn i mbarúntacht Fhear Maí, Co. Chorcaí (táim an-bhuíoch de Phádraig Ó Cearbhaill a sholáthair an t-eolas sin dom).
21. *Cúrí Cearnach*, is cosúil go bhfuil dhá phearsa dhifriúla measctha anseo: Cúrí mac Dáire agus Conall Cearnach.
23. *an Prionsa*, Séamas III (†1766) is dócha.
28. *gona id* atá sa LS; b'fhéidir gurbh fhearr *go n-id* a léamh.
29. *cnoblaidh eithigh* atá sa LS ach ní heol dom an focal *cnoblach*/*cnoblaí* a bheith ann; glacaim leis gurb é an uimhir iolra de *conablach* atá i gceist.
32. *na dtaitnfeadh*, a dtaitnfeadh léi (forainm coibhneasta neamhdhíreach is ea *na*). Cé gur deacair brí iomlán a bhaint as na línte seo, is dóichí gur tagairt iad don tréimhse a chaith Sir Séamas Mac Coitir, athair Shéamais Óig, ina 'ghabhairnéir ar na hoileánaibh' (Par. na mB. 70), nó don tréimhse a chaith sé i Sasana (Ó Bruad. iii: 186). Féach Brian Ó Cuív, 'James Cotter, a Seventeenth Century Agent of the Crown' in *Journal of the Royal Society of Antiquaries*' 89 (1959), ll. 135–59. 47–8. Tagairt na línte seo don pháirt a bhí ag athair Shéamais Óig i marú John Lisle, an rímharfóir. Féach Ó Cuív, 'James Cotter'. Ar imeall na LS i bpeann luaidhe i láimh eile tá '.i. Lisle, the regicide-at Lausanne'.

An Caoine

18. *an Ridire*, athair Shéamais Óig.
25. *díol a mhac* atá sa LS; b'fhéidir gur cheart *'na mhac* a léamh.
36. *Betty Squibbs*, an bhean a chuir i leith Shéamais Óig go ndearna sé éigniú uirthi. Féach Breandán Ó Buachalla, 'The Making of a Cork Jacobite' in Patrick O'Flanagan agus Cornelius G. Buttimer (eag.), *Cork: History and Society*. Baile Átha Cliath: Geography Publications, 1993, ll. 469–98; agus N. Garnham, 'The Trials of James Cotter and Henry, Baron Barry of Santry' in *Irish Historical Studies* 31/123 (May 1999), ll. 328–42.

Aguisín B

Ó scríobhas an t-alt thuas thánag ar an gcaoine seo i lámhscríbhinn a scríobh Séamas Goodman (1828–96).[27] Cnuasach d'amhráin na Mumhan is mó atá sa lámhscríbhinn agus is ar ll. 113–15 atá an téacs seo a bhfuil *Séamus Mac Coitir (Caoine)* mar theideal air.[28] Ní deir an scríobhaí cá bhfuair sé an t-ábhar ná ní luann aon fhoinsí. Cé gur faide téacs Goodman ná téacs Uí Mhuláin, fós is léir go bhfuil cosúlachtaí cinnte idir línte áirithe sa dá théacs sa tslí gur dóichí, ar an mórgóir, gur dhá leagan iad den chaoine céanna. Tá normálú ortagrafaíoch curtha i bhfeidhm agam ach tugaim na léamha is tábhachtaí agus pléim fadhbanna téacsúla sna nótaí.

Séamas Mac Coitir

I

Léan ort, a Chorcaigh,
léan ort agus dochar,
ná hiann suas do dhoras,
is ná dúnann do chlocha,
is gan Séamas Óg Mac Coitir
bheith inniu dá chrochadh.

Curfá: Uilil liú liú liú oró, a Shéamais Óig,
uilil liú liú liú oró a ghrá 's a stóir.

II

Aró mo thaisce is mo ghamhain tu,
is deas do thagadh hata trí mbeann duit,
agus bróg chaol ghallda,
is tú ag siúl do ghleannta
ar dhrúcht lá samhraidh,
a mharcaigh nár chrannda.

III

A dhaoine uaisle na bhfear,
druididh féin amach,
is féachaidh soir agus ó dheas,
d'fhéachaint a bhfuil Séamas críonna ag teacht
is a dhá chéad míle fear,
a shrian airgid lena each,
is a chlaíomh cinn óir 'na ghlaic,
teacht ag baint Shéamais Óig amach.

IV

Mo ghrá thú is mo thaisce,
is do gheibhteá bean in aisce,
is ní hí an bheanín dubh ná smeartha
ná iníon an Quaker shalaigh
nár chrom a glún chum sagairt,
is ná dúirt riamh an phaidir.

V

Léan ort agus ruaig,
iníon ón bhféarán gránna rua,

ná feiceann tú oidhre na gcúig gcuan
is na gcúig gcaisleán ar a mbruach
ar sileadh chughat anuas,
is gan aon deor led ghrua.

VI

Mo ghrá is mo thaisce thu,
is maosach do bheadh caille bheag
do bheathódh leanbh
do stumpa Sagsanaigh,
ar chúig puintíní airgid
is ar haincisiúirín dathannach.

VII

Mo ghrá is mo thaisce thu,
is níorbh é sin agairt liom,
do bhronntá orm eachra,
ór agus airgead,
is chuirteá cóiste sé gcapall chugham
nuair a théinn drig aifreann
is ag teacht arís abhaile dhom,
a Shéamais an anama.

VIII

Mo thaisce is mo rún tu,
is nuair a rachad sa bhúille
drigead chúigear,
fiafróid siad a bhfeicinn chugham tu
is déarfad go dtugas do chú liom,
mar bheadh glas ar thrunca
do rachadh eochair amú air.

Léamha

Curfá: cur fa Iuilil liu liu liu oro . . . iuilil liu liu liu oro ghra . . . 7 Aro 9 caol galdha 10 'stu siubhal 14 dridig 15 féacuig 19 chinn 22 do gheabhtha 25 a ghlún 28 inghion an bhfearain granda 31 chugad 34 maosach . . . caile beag 38 handcerchuírín 48 abhuílle 49 drig ad 50 chugam

Nótaí ar an Téacs

16. *Séamas críonna*, athair Shéamais Óig, Sir Séamas Mac Coitir (c. 1630–1705). Féach Ó Cuív, 'James Cotter'.

22. *do gheabhtha* atá sa LS; b'fhéidir gurbh fhearr *do gheobhfá*. Creideadh gur bhaill de Chumann na gCarad ba ea muintir Squibb ach b'fhéidir nárbh ea, ach baill den

Eaglais Bhunaithe (féach Garnham, 'The Trials', l. 337).

28. *inghion an bhfearain granda* atá sa LS; b'fhéidir gur chóir *an fhéaráin ghránna* a léamh. 34. *maosach*, cf. '*maothasach*, plausible, vain, boastful' in Patrick S. Dinneen, *Foclóir Gaedhilge agus Béarla*. Baile Átha Cliath: Irish Texts Society, 1927.
35. Níl ach dhá shiolla sa bhfocal *leanbh*, ach trí cinn a éilíonn an mheadaracht (: *caille bheag* : *Sagsanaigh*); tá focal eile, i bpeann luaidhe, scríofa isteach ar imeall an leathanaigh ach is deacair é a léamh ar a dhoiléire atá.
38. *handcerchuirín* atá sa LS.
48. abhuílle atá sa LS.
49. *drig ad* atá sa LS; = go dtí do.

Aguisín C

San alt tionscantach a scríobh sé ar an gcaointeoirecht, chuir Tomás Ó hAilín ['Caointe agus Caointeoiri' ii in *Feasta* (Feabhra 1971), l. 5] blúire as caoine ar an gCoitireach i gcló agus chuir i láthair mar seo é: 'Ag seo smut de chaoineadh a deineadh do Shéamus Óg a' Choitir a crochadh i gCorcaigh sa mbliain 1720. Bean a dhearbhaigh air'. Cuirim in eagar anseo é agus normálú ortagrafaíoch curtha i bhfeidhm agam air. Cé nach bhfuil anseo ach blúire (níor éirigh liom fós teacht ar théacs iomlán Uí Ailín), is léir (línte 5–6) go bhfuil cosúlachtaí téacsúla idir é agus leagan Goodman.

Léan ort, a Chorcaigh,
ná hiann suas do dhoirse
mar beidh fuil againn ina logaibh
tar éis Shéamais Óig Mhic Coitir.

Féach soir agus ó dheas,
féachaint a mbeadh Séamas críonna ag teacht,
is a choin is a ghadhair len ais,
agus a chlaíomh cinn óir ina ghlaic,
do scaoilfeadh daill is diabhail amach
d'aimhdheoin Gaill agus glas,
agus dá fheabhas a bheidís ann.

Léan is ár ort,
a bhean gan náire,
agus is fada tú in airde
féd hata is féd chába
is féd éadan gan náire
ag cur bréag ar mo ghrá geal.

Léamha

4 a'Choitir

12 . . . ort a bhean gan náire.

Nótaí ar an Téacs

6. *Séamas críonna*, Sir Séamas Mac Coitir (c.1630–1705), athair Shéamais Óig. Féach Ó Cuív ('James Cotter') agus thuas B, 16.

FOINSÍ

Lámhscríbhinní

BA = Boston Athenaeum, Boston
BPL = Belfast Public Library, Béal Feirste
LN = An Leabharlann Náisiúnta, Baile Átha Cliath
MN = Coláiste Phádraig, Maigh Nuad
QUB = Ollscoil na Banríona, Béal Feirste
RIA = Acadamh Ríoga na hÉireann, Baile Átha Cliath
TCD = Coláiste na Tríonóide, Baile Átha Cliath
UCC = Coláiste na hOllscoile Corcaigh
UCD = An Coláiste Ollscoile, Baile Átha Cliath

Críocha an Chirt: Téacsúlacht, Taibhléiriú agus Tuiscint san Amhránaíocht

Lillis Ó Laoire

Deir an seanfhocal go mbíonn dhá leagan déag ar amhrán, nath a aithníonn an malartú a bhíonn i gceist le téacsanna a chuirtear ar aghaidh ó bhéal go béal. Cé go ndearbhaíonn lucht aithrise i dtraidisiún na Gaeilge a chuireann téacsanna béil ar aghaidh a ndílseacht d'údarás an téacs, maíonn siad go minic nach n-athraíonn siad an téacs ar chor ar bith.[1] Is léir go bhfuil tuiscint ann do dhinimic an athraithe chomh maith le mian na seasmhachta, nó 'the twin processes of attrition and accretion'.[2] Tá sé léirithe agam in áiteanna eile cé mar a oibríonn a leithéid i measc aon teaghlaigh amháin i bpobal Thoraí, agus cé na himpleachtaí atá ag a leithéid do thuiscintí inmheánacha an phobail sin ar an rud is 'ceart'.[3] Coincheap ilghnéitheach é an 'ceart' a eascraíonn as an díospóireacht bheo is dual do phobail bhríomhara a bheith acu faoi ghnéithe éagsúla dá saol. Cruthaíonn an seanchas agus an argóint a éiríonn as gnáth-theagmháil an phobail tuiscint den phobal mar aonad uathúil. Ní hé atá i gceist nach n-aithníonn daoine na cosúlachtaí atá idir iad féin agus pobail eile. Aithníonn go deimhin, agus seans gurb iad na cosúlachtaí sin a thugann orthu béim a leagan ar na difríochtaí sainiúla a dhealaíonn iad óna gcomharsana, ionas go bhforbraíonn siad tuiscint dá bhféiniúlacht speisialta féin.[4]

Is próiseas é seo a théann i bhfeidhm ar gach gné de shaol an phobail. San aiste seo ba mhaith liom díriú isteach ar théacsanna amhrán áirithe agus ar na díospóireachtaí a chothaíonn siad. Ba mhaith liom a thaispeáint go bhfuil tábhacht le 'dhá leagan déag' an amhráin ar shlite nach mbaineann ar chor ar bith le mian an eagarthóra téacs caighdeánach liteartha a chur ar fáil dá chuid léitheoirí. Seans an-mhaith go bhfuil an creideamh sa téacs do-athraithe i dtraidisiún béil na hÉireann faoi anáil ag tionchar an traidisiúin liteartha. An chaibidil a spreagann an chomhimirt idir an t-athrú agus an tseasmhacht théacsúil i dtraidisiún na Gaeilge, is fráma é trínar féidir scrúdú a dhéanamh ar an phróiseas seo agus tuiscint níos fearr a fháil ar a bhfuil i gceist leis mar chleachtas agus mar dhinimic chultúrtha.

Ní dhéanfar scrúdú ar dhá leagan déag aon amhráin san aiste seo ach beifear ag plé mar thús le dhá leagan d'aon amhrán amháin. Is í an ghné is inspéise den dá leagan seo go dtagann siad araon as dhá phobal ar leith i nGaeltacht Thír Chonaill, dhá phobal a maireann dúchas na n-amhrán mar ghné bheo den phobal i gcónaí iontu. Léireofar go marcálann difríochtaí i leagan amach, i bhfonn agus i dtéacs an amhráin ó leagan go leagan, críoch a dhealaíonn an dá phobal ó chéile chomh maith le haon teorainn tíreolaíochta. Iompraítear críocha an phobail sa chultúr, rud a chuireann béim ar éagsúlacht agus ar uathúlacht na bpobal agus a thugann tuiscint dóibh ar a bhféiniúlacht ar leith. Aithneofar as an phlé seo go bhfuil níos mó i gceist le malairtí agus le difríochtaí téacsúla agus ceoil ná taismí a tharla sa phróiseas seachadta, cé nach séanaim go dtarlaíonn na taismí sin chomh maith. Is díol spéise na malairtí iontu féin mar gheall ar a bhfuil le foghlaim againn astu i dtaobh fhéinaitheantas an phobail. Go minic, i measc scoláirí téacsúla, déantar neamhiontas de na difríochtaí seo nó dearctar orthu mar ghnéithe achrannacha den phróiseas eagarthóireachta, mar chonstaicí arb é dualgas an eagarthóra iad a réiteach chun téacs coigeartaithe, caighdeánach, deifnídeach a chur ar fáil. Sin ceird inti féin, gan amhras, agus ceird a bhfuil gá léi. Fágtar go leor gnéithe den scéal ar lár san eagarthóireacht sin go minic, gnéithe atá inspéise iontu féin dar liom. Is é cuspóir na haiste seo léargas a thabhairt ar na bríonna sainiúla atá le cuid den ábhar sin. Cuimsíonn an tuiscint, nó an easpa tuisceana ar mhalairtí, is dóigh liom, cuid den bhearna a aithnítear idir cultúr 'ardcheannasach' na litríochta sna hinstitiúidí agus 'cultúir chúlráideacha neamhtheicneolaíochta'.[5]

Tá an obair atá déanta ag Anthony Cohen fíorfheidhmiúil agus an scrúdú seo ar siúl againn. Is í an argóint láidir a dhéanann sé gur trí mheán na gcríoch, críocha a thógtar agus a chothaítear idir phobail éagsúla, a aithnítear coincheap an phobail féin ag feidhmiú.[6] Cuireann Cohen in aghaidh thuairimí Scoil Chicago go láidir, de réir an eolais uirthi atá i scríbhinní Robert Redfield go háirithe. Mhaígh siadsan gur phobail shimplí gan mórán éagsúlachta ná castachta iontu a bhí i bpobail thuaithe. Mhaígh siad go raibh saol na bpobal seo iomlán difriúil le saol coimpléascach ilsraitheach na cathrach ar an uile bhealach. Deir Cohen go bhfuil saibhreas ar leith siombailí ar fáil i bpobail thuaithe a chuidíonn leo mionscagadh a dhéanamh idir rólanna sóisialta. Is trí mhionghrinniú den chineál seo a aithnítear ceannairí. Éiríonn le daoine mar sin a n-údarás a chur i bhfeidhm ar an phobal ar bhealach nach mbaineann leas ar chor ar bith as modhanna tíorántachta ná ansmachta. Dá ndéanfaí iarrachtaí ar a léithéid theipfeadh glan orthu mar go rachaidís in aghaidh phrionsabail an chothromachais a bhíonn de ghnáth chun tosaigh in idé-eolaíochtaí na bpobal seo.[7] Ní in ábhar fisiciúil an phobail is féidir comharthaíocht a leithéid de shiombalachas a aimsiú. A mhalairt ghlan atá fíor dar le Cohen. Is san intinn is mó a mhaireann na tuiscintí seo dá réir siúd, 'the distinctiveness of communities, and thus, the reality of their boundaries similarly lies in the mind, in the meanings which people attach to them, not in their structural forms . . . this reality of community is expressed and embellished symbolically' (98).[8]

Is féidir tógáil ar thuiscintí Cohen agus sinn ag déileáil leis an amhránaíocht mar chleachtas liteartha agus taibhléirithe i bpobail Ghaeltachta na hÉireann dar liom.[9] Mar is eol do chách ní gá ach go dtógfaí duine fiche míle ó áit ar leith in Éirinn go dtí go n-amharctar air mar strainséir san áit sin. I dTalamh an Éisc chomh maith, áit a bhfuil tionchar cultúrtha na nÉireannach le brath, tugtar 'come-from-away' ar dhuine nár tógadh ar an oileán agus ní le meas é. Bíonn an teannas idir an t-ionannú le háit agus le grúpa daoine ag feidhmiú i bpáirt le tuiscintí ar chosúlachtaí agus ar dhifríochtaí le pobail eile. Is mithid dúinn na tuiscintí seo a iniúchadh i dtaca le haon phobal amháin chun sampla coincréiteach a chur ar fáil dá bhfuil i gceist leo i bhfeidhmiú agus i gcleachtadh an chultúir.

Maidir le hobair sa 'ghort' is é Oileán Thoraí, oileán mara ar chósta thuaidh Thír Chonaill, is fearr a bhfuil eolas agam féin air, agus mar sin de is air a dhíreoidh mé i dtús báire.[10] Leathnóidh mé an plé amach chuig ceantair eile ar ball. Tá baint idir cleachtas na hamhránaíochta agus cruthú críoch i bpobal Thoraí dar liom. Más í Éire 'náisiún na mbailte fearainn' de réir Liam Uí Mhuirthile, is féidir féachaint ar Thoraí mar shampla den chomhfhreagracht sin. Is áit í atá cosúil le go leor bailte beaga tuaithe eile ar fud chósta an Iarthair ach tá a gnéithe sainiúla féin ag baint léi chomh maith. Tá baint ag tuiscint an 'oileánachais' leis seo dar ndóigh.[11] Is féidir a thabhairt faoi deara go cinnte ar an oileán seo go gcruthaíonn fráma na díospóireachta faoi amhráin agus faoin amhránaíocht críocha nó teorainneacha a chuidíonn le buntuiscintí na n-oileánach orthu féin mar phobal a dheimhniú, a fhorbairt agus a chur chun tosaigh.

Is beag ceangal atá déanta idir an amhránaíocht agus cur chuige den chineál seo in Éirinn. De bharr na béime ar fad ar chúrsaí litríochta i léann na Gaeilge, déantar neamhaird de na hamhráin mar 'fhíricí sóisialta' agus den bheatha shóisialta a chuimsíonn siad. Anuas air sin tá claonadh an náisiúnachais chultúrtha le tabhairt faoi deara go láidir ar léann an bhéaloidis in Éirinn. Sa mhúnla seo, aithníodh an tIarthar agus na ceantair Ghaeltachta go háirid mar leagan 'domhain' d'Éirinn a raibh deacrachtaí aicmeachais, dífhostaíochta agus nua-aoiseachais ar fionraí ann.[12] Leag leithéidí Ernest Renan agus Matthew Arnold béim ar na Ceiltigh Iartharacha mar dhaoine a bhí tugtha don spórt agus don spraoi, a bhí neamhphraiticiúil ó thaobh chúrsaí an tsaoil, gan tíos gan coigilteas iontu.[13] Daoine spontáineacha gan móran airde ar an réasún a bhí iontu dar leo. Dream leanbaí a bhí i gcodarsnacht iomlán leis an Angla-Shacsanach a raibh cónaí air sa chathair agus a d'oibir go dian, dícheallach sa mhonarcha gan smaoineamh ar chor ar bith ar chaitheamh aimsire ná ar phléaráca.

Bhí Dubhghlas de hÍde ar an té ba luaithe a chuir béim ar eolaíocht an bhéaloidis in Éirinn. Rinne sé nasc idir an béaloideas agus an náisiúnachas san am chéanna. In aiste a scríobh sé ar amhráin na tuaithe deir sé gur baineadh stangadh as de bharr thréithe na n-amhrán:

> Many adjectives have been applied by many writers to the Gaelic genius, but to my mind nothing is so noticeable about it as its inconsequentness, if I may use such a word – a peculiarity which, as far as I know no one has yet noticed. The thought of the Irish peasant takes the most surprising and capricious leaps. Its movement is like the career of his own goblin, the Pooka; it clears the most formidable obstacles at a bound and carries across astonishing distances in a moment. The folk-song is the very incarnation of this spirit. It is nearly impossible to find three verses in which there is anything like an ordinary sequence of thought. They are full up of charms that the mind must leap, elipses that it must fill up, and detours of movement which only the most vivid imagination can make straight . . . Whenever we do meet anything like the 'ballad', that is like a story told in verse, we find everything abrupt, wild and disordered. The lyric style has always best suited the impetuous and inconsecutive temperament of the Irish Celt.[14]

Is píosa an-spéisiúil é seo ar chúpla cúis. Dá dhílse agus dá dhúthrachtaí dá raibh An Craoibhín, mar a thug sé air féin, is léir go raibh tionchar ag dearcadh steiritípeach rómánsach Renan agus Arnold air. Déantar codarsnacht idir liric neamhleanúnach an Ghaeil agus an bailéad. Cé nach ndeir sé amach díreach go bhfuil ord agus leanúnachas i gceist leis an bhailéad, is leor nod don léitheoir. Tá 'abrupt wild disorder' an amhráin Ghaeilge go hiomlán difriúil leis an bhailéad. Is léir gurb é an Béarla teanga na mbailéad seo agus dá bhrí sin is féidir a rá go gcuireann an Craoibhín codarsnacht Arnold agus Renan os ár gcomhair go meafarach trí shiombailí na n-amhrán. Níl loighic ná réasúnaíocht dá laghad ag baint leis an Cheilteach ná luí ar bith aige le dul chun cinn san insint a bheadh ordúil agus de réir a chéile. Sa dearcadh seo, deimhníonn na malairtí agus na hathruithe a fhaightear san amhrán, luathintinn agus samhlaíocht mhíphraiticiúil an Ghaeil. Nuair a áitítear nach leagann Gaeil aon bhéim ar ord leanúnach seasmhach ina gcuid amhrán, cuirtear in iúl go bhfuil intinn na nGael níos scaipthe ina smaointe ná grúpaí daoine a raibh leanúnachas líneach an bhailéid le fáil ina gcultúr. Féach go ndéanann de hÍde ginearálú iomlán ar na tréithe seo sa mhéid is go bhfaightear sna hamhráin iad. Is scáthán iad ar aigne agus ar mheon 'the Irish Celt'. Ní 'an Irish Celt' nó 'some Irish Celts' a deir sé, rud a chuireann in iúl go mbaineann na tréithe a luann sé go huilíoch leis an chine go léir, beag beann ar dhaoine aonaracha. Séanann an dearcadh seo difríochtaí idir dhaoine agus, ar bhealach, baineann a leithéid d'íomháineachas le dearcadh an choilíneachais. Rinne lucht an choilíneachais díspeagadh orthu siúd a bhí faoina gcinseal lena leithéid d'íomhánna, ar bhealach a dhearbhaigh agus a bhuanaigh a gceart féin.[15] Is díol suime sa phíosa seo gur moladh atá ag an Chraoibhín ar an mheon seo, ar a chruthaithí agus ar a ghéarchúisí atá sé. Cuireann sé an steiréitíopa diúltach ar mhullach a chinn agus déanann sé rud dearfach de. Is dóigh le Diarmuid Ó Giolláin go raibh eagla ar de hÍde go n-athrófaí pobal tuaithe na hÉireann ina sluaite d'oibrithe tionsclaíocha mar a bhí i gceist i Sasana. Dearcadh coimeádach go maith a bhí ann, cuid de 'ghramadach chultúrtha' na náisiúntachta, a bhí ag iarraidh sainiúlacht an náisiúin a chosaint ó thruailliú.[16]

Is féidir a leithéid de dhearcadh a scrúdú ó thaobh mheon na téacsúlachta chomh maith. Is cuid bhunúsach de gur aonad neamhspleách í an cheathrú, an véarsa singil d'aon amhrán. Dob fhéidir iad a chur le chéile le cinn eile ar comhchrot agus ar comhthéama ar bhealach ar bith le hamhráin iomlána a dhéanamh díobh. Tacaíonn fianaise na mbailiúchán leis seo dar ndóigh. Feictear iliomad leaganacha éagsúla iontu nach mbíonn scéal á insint iontu amach go díreach ach a gcuireann a scéal in iúl go cliathánach. Go minic insítear an scéal roimh an amhrán mar aonad ann féin a dtugtar 'údar' nó 'brí' nó 'scéal' air.[17] Ní mór a admháil go ndéanann an 'dearcadh téacsúil' a bhíonn ar thóir an leagain 'is fearr' creach ar na leaganacha éagsúla béil go léir gan leithscéal chun téacs socair, seasmhach a chur ar fáil.[18]

D'ainneoin gur modh intuigthe againn é tóraíocht an leanúnachais agus an scothleagain údarásaigh, tá easnamh ar léamh de hÍde ar mhalairtí agus ar athruithe na n-amhrán dar liom. Is é atá in easnamh ar léamha den chineál sin ná nach gcuireann siad coincheapa agus dearcadh na bpobal a chanann na hamhráin san áireamh ná comhthéacs an taibhléirithe lena mbaineann siad. Is lú ná sin an aird a thugann an dearcadh téacsúil seo ar bharúlacha aon phobail faoi ord ceart dílis a chuid amhrán iomlán féin. Measaimse gur faillí é sin i léann na n-amhrán agus go deimhin gur éagóir é a cheileann go leor tuiscintí saibhre ilghnéitheacha ar chleachtas na n-amhrán mar chuid bheo de shruthlú an chultúir. D'ainneoin go bhfuil na tuairimí sin i gcló le fada ní dhearnadh mórán scrúdaithe orthu agus seasann siad i gcónaí dá bharr sin.

Is mithid dom anois m'aghaidh a dhíriú ar roinnt samplaí dá leithéid de leaganacha ar leith ar áiteanna ar leith. As sin a thiocfaidh léargas ar smaointe, ar mhínithe agus ar bhríonna siombalacha na n-amhrán agus na bealaí trína shainmhíníonn a leithéid an pobal ar bhealach speisialta. Tá sé léirithe cheana agam an spéis a chuireann pobal amháin i dtéacsúlacht amhrán, meon a bhfuil cosúlachtaí idir é agus meon an phrionta ar bhealaí áirithe ach a bhfuil difríochtaí tábhachtacha le sonrú ann chomh maith, go háirithe nuair a bhaineann sé leis an dearcadh 'focal ar fhocal'.[19]

Tá an 'Droighneán' nó an 'Draighneán Donn' ar cheann de na hamhráin is mó cáil i stór amhrán na Gaeilge. Déantar staidéar air, cuirim i gcás, mar chuid de chanóin litríocht na Gaeilge ar chúrsa na hArdteiste. Bhí an oiread sin éilimh air in áiteanna gur tugadh 'rí na n-amhrán' mar leasainm air agus tá thráchtas léannta scríofa faoi.[20] Tá sé de ghradam ag an amhrán go bhfuil sé ar cheann de na chéad seanamhráin a cuireadh i gcló in Éirinn. Foilsíodh sa bhliain 1789 é in *Reliques of Irish Poetry* le Charlotte Brooke. Cuireadh i gcló go mion is go minic ó shin é.[21] I ndiaidh Brooke, bhailigh Bunting féin an t-amhrán agus chuir Donal O'Sullivan eagar air.[22] Is é an modh a chleacht sé i mbun na hoibre seo gnáthshlí na heagarthóireachta téacsúla. Is é sin cumasc as leaganacha clóite éagsúla ag cur malairtí eile i bhfonótaí. Is díol suime go dtugann an Súilleabhánach an chraobh i measc na leaganacha clóite don téacs atá in *Amhráin Chlainne Gael.* Deir sé gurb é siúd an 'fullest and best version'.[23] Léiríonn breithiúnas seo an tSúilleabhánaigh an dearcadh daingean, cinnte téacsúil ar thagair mé dó cheana. Tá claonadh faoi leith ann bheith ag roghnú earra den chéad scoth. Is cinnte gur ar an earra atá an bhéim anseo agus ar fhad agus ar éagsúlacht na véarsaí ann.

Déanann a leithéid de bhreithiúnas neamhshuim sna leaganacha sin a bhfuil ceangal díreach acu le ceantair éagsúla Ghaeltachta. Is oileán Gaeltachta Toraí a maireann traidisiún láidir béil ann agus an amhránaíocht mar chuid lárnach de. Tá an 'Droighneán Donn' beo mar chuid den stór. Beidh mé ag díriú ar an díospóireacht a tharlaíonn sa phobal i dtaobh an amhráin seo. Ní hé atá i gceist go gcuirfí breithiúnas

Uí Shúilleabháin de dhroim seoil ach go n-aithneofaí go ndéantar dearmad go minic ar ghnéithe eile den ghníomhaíocht a tharlaíonn timpeall ar an amhrán. Tá tábhacht ag baint leis an ngné seo mar tugann sí léargas dúinn ar fheidhmiú pobail trí mheán chleachtadh na litríochta agus an cheoil, mar a deir uí Ógáin, 'an dul thar a chéile idir an saol, an t-amhránaí, an t-amhrán, scéal amhráin, file, pobal agus bailitheoir'.[24] Is bealach eile é sin le cur síos ar an rud a bhí i gceist ag an Chraoibhín, ach féach go gcuirtear an saol agus an t-amhránaí ag ceann an liosta, rud nach ndearna sé féin.

Sa bhliain 1984 bhí sé d'ádh orm aithne a chur ar Shéamas Ó Mianáin, Jimí Shéamais Bháin (1897–1991) mar a thugtar air go háitiúil, amhránaí as an Cheann Thoir i dToraigh. Bhí sé ina chónaí lena neacht Sorcha Uí Bhaoill (1920–2001) agus lena muintir i mBaile an Easa an uair sin, cóngarach do bhaile an Fháil Charraigh ar tír mór. Is trí mo chuid léitheoireachta mar mhac léinn in Ollscoil na Gaillimhe a thuig mé go raibh a leithéid ann. Bhí sé ina fhaisnéiseoir ag Heinrich Wagner agus staidéar á dhéanamh aige ar Ghaeilge Thoraí don *Atlas*. Bhailigh Noel Hamilton, mac léinn de chuid Wagner, amhráin uaidh a chuir sé i gcló mar théacsanna foghraíochta ina mhonagraf ar chanúint an oileáin.[25] Duine a bhí i Jimí a chuir spéis ar leith in amhráin agus a mhair nuair a bhí saol an oileáin bríomhar go maith. Speisialtóir a bhí ann i bpobal a raibh suim thar an choitiantacht aige i gceol agus in amhráin, rud a d'fhág go raibh go maith os cionn an ghnáthstóir amhrán aige. I mí Mheán Fómhair 1984 rinne mé socrú cuairt a thabhairt air agus thaifead mé suas le dhá amhrán déag uaidh an tráthnóna sin. Bhí a leagan féin den 'Droighneán Donn' ar cheann díobh sin. De bharr go raibh aois mhór aige, 87 a bhí sé, tháinig dearmad air ó am go ham le linn dom a bheith ag taifeadadh agus d'éirigh sé measctha faoi ord na véarsaí. Bhí Sorcha ann le linn an tseisiúin agus rinne sise iarracht teacht i gcabhair air. Tharla an mearbhall seo le linn dó a bheith ag gabháil don 'Droighneán Donn'. Tar éis dó an tríú véarsa a rá, stop sé agus, d'ainneoin tréaniarrachta, theip glan air an t-amhrán a chríochnú. Stop sé i ndiaidh an cheathrú véarsa agus ar an ábhar nach bhféadfadh sé an cúigiú ceann a thabhairt chun béil, ní rachadh sé ar aghaidh. Rinne Sorcha tarrtháil air agus thug dó líne as ceathrú eile. Dhiúltaigh sé an leid sin a leanúint. Ní raibh sé sásta leis mar gurbh é an véarsa deireanach ar fad é agus nár cheart é a rá in ionad an cheathrú véarsa a bhí ceart. Chuir mé in iúl dó gur cheart dó an véarsa a rá ar chuma ar bith ach chuir sé sin trína chéile níos mó é agus d'éirigh sé as ar fad.

Chuala mé an t-amhrán go léir a rá ag Teresa Mhic Chlaifeartaigh, neacht le Jimí, ag ceolchoirm a d'eagraigh coiste Shean-nós Cois Life i mBaile Átha Cliath d'amhránaithe Thoraí sa bhliain 1995. Phléigh mé an t-amhrán le Teresa arís sa bhliain 2000 agus scríobh mé síos na focail uaithi. Mheas mé an uair sin go raibh an leagan 'ceart' agam de réir shlata tomhais mhuintir Thoraí. Is fiú suntas a thabhairt don dúshlán a bhí roimh Jimí Ó Mianáin an t-amhrán a chur i láthair go cruinn, beacht, le hord na véarsaí i gceart agus é a choimeád gan locht, gan mháchail. Nuair a léimid é in aghaidh thráchtaireacht de hÍde, is léir go mbréagnaíonn ceann amháin an ceann eile. Ní eisceacht a bhí in Jimí sa chás seo ach cuid de ghréasán cultúrtha an oileáin. Na tuiscintí a bhí aige de cheart a cheirde is tuiscintí iad a bhí, agus atá, forleathan i measc mhuintir an oileáin. Is cuid den oidhreacht chomhchoiteann aeistéitice i leith amhrán iad. Mar atá léirithe agam is coincheapa iad 'an ceart' agus 'an chuma' a ritheann trí gach gné de shaol an oileáin, idir obair agus chaitheamh aimsire.[26] Is dóigh liom gur féidir a rá go bhfuil tois eiticiúil nó mhorálta ag baint leo fiú amháin. Is féidir iad a mhíniú i gcás Shéamais Uí Mhianáin i dtéarmaí ar a dtugann Herzfeld 'the poetics of the self'.[27] Dá réir seo, bhí roinnt mhaith dá fhéinaitheantas nasctha lena chumas amhráin as a stór a rá chun a shástachta féin agus daoine eile, rud a mhéadaigh a sheasamh ina phobal féin mar shaineolaí i dtuairimí a chomhaoiseach. Ina chás siúd, ba ionann é sin agus fad a shaoil de shúgradh idir a 'dhúil' chun amhráin a thaibhléiriú agus laige na cuimhne daonna, iarracht arbh é a chuspóir an lámh in uachtar a fháil ar 'uafás na díchuimhne'.[28] Is eagla í seo a mhúnlaíonn an ghníomhaíocht a bhíonn ag an duine leis an am atá caite. Is cuid bhunúsach é den ghréasán de bhríonna cultúrtha a thógann an duine timpeall air féin.[29] Dearbhaíonn a mhuintir an spéis shíoraí a bhí aige in amhráin, é ag rá ceathrúna dó féin go minic á chinntiú go raibh siad san ord ceart nó nach n-imeoidís as a chuimhne. 'Cha raibh aon amhrán ann nach raibh aige,' a deir siad faoi, ag díriú airde ar an ollstór d'amhráin i nGaeilge agus i mBéarla a bhí aige. Chomh maith le Wagner agus le Hamilton, bhailigh Aodh Ó Dónaill, Seán Ó hEochaidh agus Hugh Shields amhráin uaidh in imeacht na mblianta.

Maidir le téacs an amhráin seo is léir go raibh próiseas an tseachadta béil ag feidhmiú air. Níl ach trí líne sa véarsa deireanach cuirim i gcás. Is feiniméan é seo atá coitianta go maith in amhráin Thoraí agus is rud é ar féidir a bheith ag súil leis sa traschur béil gan beann ar an scríbhneoireacht. [30] Táimid ar ais arís mar sin ag an téacs scríofa agus, d'ainneoin cheathrú na dtrí líne a chuireann isteach ar ár n-éileamh go mbeidh ceithre líne i ngach véarsa, tá cuma shocair dho-athraithe air. Is amhrán é an 'Droighneán Donn' mar sin féin nach bhfuil socair ó thaobh téacs de. Chomh maith leis sin níl sé cinnte an amhrán i mbéal fir, i mbéal mná nó agallamh idir lánúin atá i gceist, dhá ghné a ndíríonn Ó Catháin a aird orthu. Is ó fhear a tháinig an leagan atá tugtha agam anseo agus tá peirspictíocht an fhir in uachtar, mar shampla 'fear gan chéill mé a bheadh ag dréim leis an chraoibh a bheadh ard/ Is crann beag íseal lena thaobh sin ar a leagfadh sé lámh'. Tá sé cloiste agam á rá ar bhealach eile chomh maith: 'Bean gan chéill mé a bheadh ag dréim leis an chrann a bheadh ard/ Is crann beag íseal lena thaobh sin ar a leagfainn mo lámh'. Sorcha Uí Bhaoill a bhí ag amhrán an uair sin agus í ag athrú an amhráin lena chur in oiriúint dá hinscne féin ba dhóigh leat. Ar an ábhar go raibh eolas agam ar an leagan eile a raibh guth an fhir i gceist ann baineadh stangadh asamsa nuair a chuala mé an leagan eile seo.[31] Tá a leithéid d'athruithe inscne le tabhairt faoi deara san amhrán 'Seán Bán mo Ghrá' fosta, amhrán a bhfuil an téama céanna (cumann a chuaigh in aimhréidh agus a bhfuil leidí ann go bhfuil an cailín ag iompar clainne) le fáil ann.[32] Seo an *chanson de jeune fille* i rangú Uí Thuama, seánra atá pléite go mion ag Máirín Nic Eoin fosta.[33]

Léiríonn sé go raibh nós ag fonnadóirí amhráin a chur in oiriúint dá bpeirspictíochtaí féin ar an saol. Is dóigh liom gur thuig daoine gur bhain an chruinneshamhail a nochtar sna hamhráin do chúinsí a saoil féin. Tá ionannú níos cóngaraí le tabhairt faoi deara idir reacaire an amhráin agus an t-amhránaí i gcás an leagain a bhfuil dearcadh na mná á nochtadh ann, rud a chuireann le cumhacht na filíochta dar liomsa. Aithníonn an t-amhránaí ban, más go cliathánach féin é, leagan amach patrarcach an tsaoil agus is féidir a rá go bhfuil ceistiú indíreach ar an chinseal a imríonn a leithéid de chóras ar mhná, go háirithe ó thaobh cúrsaí gnéasúlachta agus giniúna. Measaimse go ndiúltaíonn an t-amhránaí ban don smacht seo sa mhéid is go gcuireann sí an t-amhrán in oiriúint di féin. D'fhéadfaí a rá ar an láimh eile go ndeimhníonn leagan an fhir an dearcadh patrarcach. Leagann na malairtí ó dhuine go duine i dtéacs an amhráin méar ar theannais agus ar cheisteanna corracha inscne agus ar na patrúin iompair a leanann dóibh sa phobal seo agus i bpobail eile fosta. Tugann an malartú le fios go raibh ciall ag na daoine do na ceisteanna seo agus go raibh bealaí acu le tuairimí a nochtadh a bheadh deacair a chur in iúl amach díreach. Is furasta an plé íogair seo ar chúrsaí an tsaoil a chur ina thost nuair a chuirtear téacs socair údarásach, ar mhaithe leis an leagan deifnídeach, i láthair. Rinne Colm Ó Baoill staidéar ar an mhalartú seo agus deir sé gur rud seanda go maith i bhfilíocht bhéil na hÉireann agus na hAlban atá ann. Seift atá ann a neartaíonn ar theachtaireacht mhothúchánach amhráin agus is dóigh liom go bhfuil sé sin le feiceáil anseo. D'ainneoin a chaolchúisí agus atá an t-athrú sílim go mbailíonn sé fórsa nuair a thuigtear gur cuid de dhíospóireacht faoi rólanna agus faoi idé-eolaíochtaí inscne atá i gceist.[34]

Sa staidéar cuimsitheach a rinne sé ar an amhrán seo[35] thug Ó Catháin faoi deara go raibh véarsaí a bhailigh Noel Hamilton ó Jimí Ó Mianáin, agus a aithnítear i go leor leaganacha mar chuid den 'Droighneán Donn', i gcló mar dhá théacs ar leith.[36] Ardaíonn sé an cheist an dhá amhrán ar leith atá i gceist san amhrán seo? Is féidir liom a dhearbhú gurb é seo go díreach an cás atá i gceist agus go n-amharcann an chlann seo ar an dá théacs seo mar dhá amhrán ar leith. Is díol suime mar sin féin gurb é an fonn céanna atá leis an 'dá' amhrán. Dúirt Teresa Mhic Chlaifeartaigh liom gur óna haint Neilí, deirfiúr le Séamas, a fuair sise é agus gur amhrán ar leith dó féin a bhí ann nach raibh baint aige leis an 'Droighneán Donn', ainneoin go raibh an fonn céanna i gceist.[37] Phléigh mé an scéal seo le hamhránaithe eile i dToraigh agus dúirt siad nár chuala siad a leithéid de scéal agus gur gnách na véarsaí áirithe eile a chanadh mar chuid den 'Droighneán Donn' uaireanta. Níor aontaigh siad leis an tuairim gur dhá amhrán ar leith a bhí sa dá théacs seo, ainneoin nach mbeadh siad sásta an pointe sin a dhéanamh go poiblí ina láthair siúd a bhí ag tacú leis an tuairim. D'admhaigh Teresa go raibh daoine ann a chuireadh an dá théacs le chéile ach cháin sí an nós seo a rá go raibh sé mícheart. Is dóigh liom go nochtann sé seo cleachtas na n-amhrán sa phobal ar bhealach fíorspéisiúil. Feidhmíonn sé mar chomhla éalaithe do theannais inmheánacha an phobail agus coinníonn sé an pobal sláintiúil. Mar a deir Nabokov, 'it is the incessant wrangling over truth, and the sense of endless rehearsal, that are the yeasty essence of cultural reproduction, and that provide one of humankind's most creative alternatives to totalitarianism, and the delaying tactics that often minimize violence'.[38]

Marcálann an díospóireacht seo an argóint a bhíonn ar siúl faoin rud is traidisiún ann agus, mar bharr air sin, faoi údarás traidisiúnta. Bíonn siad siúd ar spéis leo na cúrsaí seo ag coimhlint le chéile faoin rud atá 'ceart' agus faoin rud a bhfuil 'cuma' air. Is comórtas é nach stadann ach a leanann ar aghaidh agus a choinníonn brí sa chomhrá agus sa dúchas. Sa mhéid go bhfuil an díospóireacht beo i gcónaí, agus nach rud é atá go hiomlán socair, is deacair teacht ar théacs údarásach deifnídeach dá thairbhe. Ar bhealach, is amhlaidh a shainmhíníonn an díospóireacht críocha an phobail mar gur argóint í a bhaineann le muintir an phobail amháin. Is cineál de rún inmheánach de chuid an phobail é agus dá bhrí sin is gné dá saol é nach mbeadh eolas ná tuiscint ag daoine ón taobh amuigh air. Ní bheadh an argóint chéanna ar siúl sa dara pobal agus d'ainneoin go measann daoine ón taobh amuigh gur beag difríocht ó phobal go pobal atá ann, ceileann cuma na cosúlachta seachtraí réimse leathan d'éagsúlachtaí agus de dhifríochtaí. Sa mhéid is go dtarraingítear críocha cinnte teorann idir an dá théacs seo taobh istigh den phobal is féidir a rá go gcruthaíonn sé críoch a chuimsíonn an pobal ón taobh amuigh chomh maith.[39] D'ainneoin oiread agus a chabhraíonn sé le 'comhdhlúthú sóisialta' tá an ceart ag Bauman gur 'uirlis choimhlinte' an béaloideas chomh maith ach a aithint fosta gur dhá thaobh iad an choimhlint agus an comhdhlúthú seo den fheiniméan cultúrtha céanna.[40] B'fhéidir go bhféadfaí a áitiú gurb é sin an coincheap atá ar chúl an tseanfhocail gur fearr an t-imreas ná an t-uaigneas.

Cuireadh é sin ina luí orm sa bhliain 1995 nuair a bhí grúpa amhránaithe as Tír Chonaill ar cuairt in Ollscoil Luimnigh agam mar chuid d'Fhéile Lá na nAmhrán. Bhí muintir Thoraí ar an ghrúpa ba mhó ach bhí amhránaithe eile i gceist chomh maith. Bhí Gearóidín Breathnach, scéalaí agus amhránaí aitheanta as Rinn na Feirste, ceantar cáiliúil Gaeltachta ar mhórthír Thír Chonaill ina measc. Dúirt Gearóidín a leagan féin den 'Droighneán Donn' ag ceann de cheolchoirmeacha na Féile.[41] Seo mar a théann na focail i leagan Ghearóidín:

Síleann céad acu gur leo féin mé nuair a ólaim lionn
Téann dhá dtrian síos domh nuair a smaointím ar a gcomhrá liom
Sneachta séidte is é dá shíorchur ar Shliabh Uí Fhloinn
Is tá mo ghrása mar bhláth na n-áirní ar an Droighneán Donn

Fear gan chéill a bheadh ag dréim leis an chrann atá ard
Is crann beag íseal lena thaobh sin ar a leagfadh sé lámh
Cé gur ard an crann caorthainn bíonn sé searbh as a bharr
Fásfaidh sméara agus bláth sú craobh ar an chrann is ísle bláth

Dá mbeinn 'mo bhádóir nár dheas a shnámhfainn an fharraige seo anonn
Dá mbíodh léann agam scríobhfainn líne le barr mo phinn
Is é mo léan géar gan mé 'gus tú a chráigh mo chroí
I ngleanntán sléibhe le héirí gréine mar a bíos an drúcht 'na luí

Ní bean ribín ná bean búclaí a d'fhóirfeadh díom
Ach a' ghearrchaille ghruama bhí dána dubh

Maighre na gcuirnín is í a phógfadh mo bhéal
Tá mé buartha fá mo mhuirnín is ní nár liom é

Má thig tú choíche, tar san oíche go cúl an tí
Tráthnóna nó go moch ar maidin nuair a bíos an drúcht 'na luí
Cé nach labhraim bím ag meabhrú go mór fá mo chroí
Is tú mo chéadsearc agus ní féidir mo chumhaidh a chloí.

Pléadh an leagan seo go mion nuair a bhí mé ar cuairt ag cuid de mhuintir Thoraí tamall ina dhiaidh sin. Moladh a guth agus a cumas mar amhránaí agus a tuiscint ar an amhránaíocht. Easaontaíodh leis an ord ina raibh na véarsaí aici agus dúradh go raibh véarsa as amhrán eile istigh sa 'Droighneán Donn' aici. Tabhair faoi deara go dtosaíonn leagan Thoraí leis an véarsa atá mar véarsa deireanach ag Breatnach. Maidir leis an véarsa 'as amhrán eile', is rann a trí i leagan Ghearóidín é sin, rud a thagraíonn gan amhras don scoilt atá idir an dá théacs ag cuid d'amhránaithe Thoraí. Is léir gur mhothaigh roinnt d'amhránaithe Thoraí míshocracht éigin agus iad ag éisteacht le leagan Ghearóidín Bhreathnach mar gheall ar an díospóireacht bheo a bhíonn ar siúl eatarthu féin faoin amhrán agus a cheartghabháil. Dearbhaíonn an leagan atá ag Breathnach teorainneacha an phobail arís sa mhéid is nach gcloíonn a leagan siúd le leagan Thoraí. Tá dhá phríomhchúis, (a) ord na véarsaí agus (b) véarsa a bheith san amhrán nach mbaineann ó cheart leis i súile chuid de mhuintir Thoraí. D'aithin amhránaithe Thoraí difríochtaí idir an dá fhonn chomh maith ag rá go raibh 'nótaí móra arda' aici ann nach raibh sa leagan acu féin. An té a dhéanann staidéar ar an dá fhonn, aithneoidh sé go bhfuil réimse níos leithne nótaí i leagan Thoraí ach go bhfuil idirchéim mhór i leagan Rann na Feirste atá níos leithne ná ceann ar bith dá bhfuil i leagan Thoraí. Is dóichí ná a mhalairt gurb í an idirchéim seo atá i gceist leis na 'nótaí móra arda'.

Is féidir cruth an leagain atá ag amhránaithe áirithe i dToraigh den 'Droighneán Donn' a aithint mar ghné ar leith de na críocha siombalacha a tharraingíonn teorainn idir iad féin agus pobail eile. San am céanna tá paradacsa i gceist sa mhéid is go bhfuil an díospóireacht chéanna ar siúl taobh istigh den phobal. As an easaontas a thagann aontacht, más iontach le rá é, rud a dhearbhaíonn Cohen: 'tensions which inhere potentially in *intra*-community differentiation become externalised and thereby reinforce group solidarity as a whole'.[42]

Feictear an próiseas seo ag feidhmiú i gceantair eile agus le daoine eile chomh maith. Tá leagan den 'Droighneán Donn' i gcló sa leabhar *Faoi Rothaí na Gréine*, cnuasach amhrán a bhailigh Máirtín Ó Cadhain i gConamara ó Bheairtle Rua Ó Conaire. Deir Ó Cadhain gur léigh sé 'a trí nó a ceathair de cheathrúnaí' as *Amhráin Chlainne Gael* don fhear a thug an leagan atá aige dó agus go ndúirt seisean mar fhreagra, 'fág mar sin é. Focal ó gach uile amhrán atá ann. Níl cuma ar bith air'. [43] D'ainneoin bhreithiúnas údarásach Donail O'Sullivan, a thug an chraobh don leagan seo mar 'the fullest and best version', nochtann Beairtle Rua a mhalairt de thuairim. Sin go díreach an dearcadh a bheadh ag grúpa áirithe d'amhránaithe Thoraí; ó tharla nach gcloíonn leagan lena dtuairim féin den cheart, tugtar an droimdhiúltú dó. Dhéarfadh muintir Thoraí an rud ceanann céanna. D'aithneoidís formhór na véarsaí i leagan *Amhráin Chlainne Gael* ach d'áiteoidís nach cuid den 'Droighneán Donn' iad, go mbaineann siad le hamhráin eile. Dála Bheairtle Rua gheobhaidís locht ar an tslí ina bhfuil na véarsaí curtha le chéile dá dhíobháil sin. Locht eile a bheadh air, dar liom, an t-amhrán a bheith rófhada. Sa scéim a bheadh ag feidhmiú i dToraigh, ba leor 10 gceathrú *ar a mhéad* le scéal an amhráin a insint. Ba fhurasta cur in aghaidh a leithéid seo de bhreithiúnas ar an gcúis gur mó i bhfad an scoláireacht a bhí ar an Súilleabhánach agus nach raibh ar Ó Conaire ach an bhunscolaíocht. Dhearbhódh an tuairim sin cinseal agus ceannas na n-institiúidí léinn ar thagair mé dóibh cheana agus d'fhanfaimis dall ar an fheiniméan fíorspéisiúil agus ar a bhfuil i gceist leis, an dílseacht logánta áitiúil atá chomh tábhachtach sin i bhféinaitheantas na hÉireann agus na dTrí Oileán más fíor do lucht leanúna Cohen. Seans gur féidir an dearcadh áirithe seo a fháil ar fud na hEorpa agus níos faide ó bhaile.

Tá na nótaí a scríobh Ó Cadhain ar na hamhráin a bhailigh sé breac ballach le breithiúnais den chineál seo ar mhalairtí leaganacha nach réitíonn leis na cinn atá ar eolas go maith ag na hamhránaithe. Is sna nótaí seo atá cuid mhaith de shaibhreas an leabhair. Feictear Ó Cadhain é féin i lár phróiseas an bhailithe agus an dúshuim aige i gcleachtas beo na hamhránaíochta agus i dtuairimí na n-amhránaithe i dtaobh a gceirde agus a n-ealaíne.[44] Aithnítear go cinnte nach leaganacha 'deifnídeacha' ceann ar bith de leaganacha na n-amhrán gan a gceart comhthéacsúil féin a thabhairt dóibh. Is díol spéise go raibh an focal 'cuma' á úsáid i dToraigh chomh maith. Is dóigh liom féin gur téarma ar chúrsaí aeistéitiúla a bhí i gceist leis agus go raibh diminsean morálta agus eitice ag baint leis chomh maith, tóraíocht na fírinne agus an chirt mar dhiúltú don díchuimhne agus don mhíchruinneas.[45]

Tá cúrsaí fírinne agus cruinnis, agus a gceangal le críocha pobail, go mór i gceist in amhrán eile a ndearna Máirtín Mac Donnchadha cur síos cuimsitheach air. Sin 'Amhrán na Trá Báine' nó 'Amhrán Bhríd Ní

Mháille', amhrán atá go mór i gceist mar shiombail aitheantais sa phobal ar de é go dtí an lá inniu. Baineann an cheist seo le hainmneacha na ndeartháireacha a bádh mar a luaitear san amhrán iad. Is iad Máirtín, Peats, Tom, agus Micil a n-ainmneacha de réir mhuintir na Trá Báine ach ní mar sin a bhí siad ag Seosamh Ó hÉanaí, mór-amhránaí Charna ar an taobh thiar thuaidh de Chuan an Fhir Mhóir. Seán agus Peadar a deir seisean ina leagan siúd san áit ar Peats agus Tom na hainmneacha cearta de réir chuntas Mhic Dhonnchadha. Ní thaitníonn an botún le muintir na Trá Báine. Baineann sé seo le duine a bhfuil clú air a bheith ag cur leagan mícheart sa timpeall agus is tromchúisí arís an scéal nuair is leagan taifeadta é a bhfuil údarás aige agus teacht ag daoine air. Baineann sé le tuiscintí áitiúla agus le críocha teorann idir na pobail chomh maith. 'Fear Charna' a thug Jóín Sheáin Tom Ó Ceallaigh, an té a phléigh an t-amhrán le Máirtín Mac Donnchadha, ar Sheosamh Ó hÉanaí le míshástacht, á ionannú lena áit dhúchais agus ag déanamh difríochta idir an leagan mícheart atá san áit sin agus an leagan ceart atá ina áit féin.[46] Is cuid den athrú a tharla i gcás leagan Charna den amhrán nár coinníodh sonraí an amhráin i gcuimhne, de bharr nach raibh aithne ar na daoine a cailleadh b'fhéidir, agus gur tharla an malartú is *dual* don bhéalaireacht. Ina n-áit féin ba í an aithne a choinnigh na hainmneacha beo i gcuimhne an phobail. Mar sin de ní féidir locht rómhór a fháil ar Sheosamh Ó hÉanaí de bharr an athraithe. Tá seans an-mhaith ar fad ann nach raibh an t-eolas a bhí ar fáil ag pobal na nOileán faoi na carachtair a ndearnadh an t-amhrán fúthu ar fáil go leitheadach. D'fhéadfadh cúis mhaith a bheith leis sin, siocair gur amhrán é a phléann le heasaontas teaghlaigh agus leis an streachailt a bhí idir dhaoine i gceantar cúng le haghaidh an talaimh. Tá seans maith ann gur amhrán é a mbeadh sé deacair é a phlé le daoine tráth den saol. Ní bhaineann an botún seo le mórchumas Uí Éanaí na mothúcháin atá san amhrán a chur in iúl mar thragóid dhaonna. Is léir gur mheall an scéal sin é agus go raibh sé sin ar chúis a mbíodh sé a ghabháil, ag léiriú chás an duine ar leibhéal níos uilí ná an leibhéal logánta amháin. Le filleadh ar bhreithiúnas fhear na nOileán, b'fhéidir gurb é an t-údarás agus an gradam poiblí atá ag Seosamh Ó hÉanaí agus ag a chuid leaganacha d'amhráin áirithe a ghoilleann air. Measann sé gurb é leagan Uí Éanaí a leanfar nuair is eol dó féin go bhfuil leagan níos cruinne le fáil i measc daoine nach bhfuil an t-aitheantas céanna acu.

Feictear próiseas na díospóireachta agus ceist na 'cuma' agus an 'chirt' ag feidhmiú sa chás sin go díreach mar a bhí i measc amhránaithe Thoraí eatarthu féin agus idir iad agus amhránaithe as pobail eile. Is díospóireacht í atá forleathan agus a bhfuil leagan di ag díriú ar ghnéithe sainiúla de chultúr an phobail, bíodh siad ina n-amhráin nó ná bíodh. I gcás na n-amhrán cothaíonn an chaibidil seo go léir argóintí bríomhara beo thart ar ghabháil agus ar thaibhléiriú na dtéacsanna. Cothaíonn sí argóintí laistigh den phobal, easaontais a bhfuil spéis ar leith ag daoine áirithe iontu. Ina dhiaidh sin, tarraingíonn easaontas den sórt seo líne idir an pobal seo agus pobail eile, ag deimhniú a n-aontachta dá n-ainneoin féin b'fhéidir. Is comhartha é ar nádúr beo idirghníomhach an chultúir. Léiríonn sé nach daoine gan stuaim, gan mheabhair shocair, gan dearcadh ar leith iad na daoine a chothaíonn a leithéid d'argóint, mar a mhaígh an Craoibhín, ach go bhfuil siad féin sa tóir ar leanúnachas, ar chiall, ar fhírinne agus ar réasún chomh maith leis an dara duine. B'fhéidir nach ionann na tuiscintí atá ag daoine a bhfuil an bhéalaireacht in uachtar ina measc is atá ag daoine a bhfuil an litearthacht chun tosaigh acu. Baintear 'feidhm as an rithim, as patrúin, as an athrá, as an uaim, as téamaí seanchaite, as seanfhocail' sa bhéalaireacht go cinnte.[47] B'fhéidir go gcailltear fíricí na staire agus go gcaitear dul i muinín fhírinne na síceolaíochta sa phróiseas béil. Ba mhór an trua dá ndéanfaí díspeagadh ar 'éiceolaíocht éagsúil na filíochta béil'[48] i bhfianaise chumhacht ollmhór réabhlóideach an fhocail scríofa agus na réamhbhreithiúnas a spreagtar dá bharr.[49] Mar sin ná cuireadh tóraíocht na deifníde agus na cinnteachta, dá riachtanaí sin, an t-allagar faoi bhrí an téacs bhéil ina thost. Mar a deir uí Ógáin,'buntréithe den traidisiún iad an síorathrú, an tsamhlaíocht, an saibhreas agus an bheocht seo a chloistear san ábhar béil. Tá sé ag cur thar maoil le hanam, le beatha agus le héagsúlacht'.[50]

Aguisín: Téacsanna

1. *Téacs an amhráin 'Droighneán Donn' ó Jimí Ó Mianáin Meán Fómhair 1984*

Má thig tú choíche a ghrá mo iarraidh tar go cúl an tí
Tar san oíche nó go luath ar maidin nuair a bíos an drúcht 'na luí
An t-am nach labhraim bím a' smaointiú go mór fá mo chroí
Is tú mo chéadsearc agus ní féidir dom mo chumha a chur díom

Fear gan chéill mé a bheadh ag dréim leis a' chraobh a bheadh ard
Is crann beag íseal lena thaobh sin is ar a chuirfinn mo lámh
Cé gur ard an crann caorthainn bíonn sé searbh as a bharr

Fásfaidh sméara agus fásfaidh craobha ar an chrann is ísle
bláth

Síleann gach óigbhean gur leofa féin mé nuair a ólaim lionn
Is ar shuí síos dom beidh mé ag smaointiú ar a gcomhrá liom
'Chom is míne fá dhó ná'n síoda tá ar Shliabh Uí Fhloinn
Tá mo ghrása mar bhláth n-airní atá ar an 'Droighneán Donn'

Chan bean búclaí ná bean ribíní a d'fhóirfeadh díom
Ach an géarchailín gruama a bhí dána dubh
Maighdean dheas na n-ór buí nár dheas mar phógfainn a béal
Tá mé buartha fá mo mhuirnín 'gus ní nár liom é.

Stad:

Sarah: Tá cluanaí beag fir
Jimí: Chan eadh. Sin an cheathrú dheireanach ar fad.
'Lucht na mbréag agus na scéaltaí' – sin an tús atá air.
Sarah: Tá an t-amhrán millte agat.

Na Ceathrúna Breise (ó Teresa Mhic Chlaifeartaigh)

Fuair mé féirín lá aonaigh ó bhuachaill deas
Is féirín eile arís 'na dhiaidh sin ó lúth na bhfear
Cuirim lá léin ar an té a déarfadh nach tú mo shearc
Is gur lucht na mbréag agus na scéaltaí a d'fhág mo dhíobháil
ort.

Tá cluanaí beag fir ar an bhaile seo thiar
'S cha phósann sé aon bhean i mbliana mura bhfagha sé mé
Is nach trom a shilfeas sé nuair a chluinfeas sé gur pósadh mé.

2. *'Dá mbeinn 'mo bhádóir'*
(Foinse: Ó Laoire 2002, 350 agus traic 19 ar an dlúthdhiosca)

Dá mbínn 'mo bhádóir nár dheas mar shnámhfainn ar an
fharraige anonn
Scríobhfainn chugat líne le barr mo *phen*
Faraoir nach bhfuil mé agus grá mo chroí
I ngleanntán sléibhe i bhfad ar uaigneas mar a bíos an drúcht
ina luí.

Is a Dhia dhílis caidé a dhéanfainn dá n-imeofá uaim
Níl agam bó ar maidin chois tí ná bruach
Tá m'athair faoi leatrom 's tá mo mháthair ins an uaigh,
Tá mo bhunadh uilig i gcorraí liom is tá mo ghrá i bhfad uaim.

Cuirimse mo mhíle slán leat a bhaile na gcrann
Is gach baile udaí eile a mbíonn mo ghrá ann
Is iomaí bealach fliuch salach agus [e] bóthar cam
Atá ag gabháil idir mé agus an baile udaí a bhfuil mo róghrá ann.

Guí an Phobail
Amhráin Bheannaithe Ó Iarthar Chontae na Gaillimhe

Ríonach uí Ógáin

Is féidir breathnú ar amhráin bheannaithe i gcomhtheács i bhfad níos leithne ná an traidisiún amhránaíochta as féin agus tá léargas le fáil sna hamhráin bheannaithe ar go leor gnéithe dár mbéaloideas cráifeach, dár litríocht bhéil agus dár stair chultúrtha, shóisialta agus chreidimh.[1] I gcomórtas le béaloideas cuid mhór tíortha eile aithnítear go forleathan go bhfuil saibhreas ar leith i réimsí áirithe den traidisiún béil. Ar na réimsí seo áirítear an amhránaíocht, an scéalaíocht, creidiúintí agus scéalta sí. B'fhéidir gur fiú a thabhairt faoi ndeara gur an-mhinic an seanchas cráifeach agus cúrsaí creidimh chomh mór sin chun tosaigh sa réimse leathan ábhar seo. Sa mbliain 1942 a foilsíodh *A Handbook of Irish Folklore* le Seán Ó Súilleabháin den chéad uair.[2] Tá le léamh as an leabhar an chaoi a sníonn an seanchas cráifeach tríd an traidisiún ar fad beagnach. Tagann sé go mór chun tosaigh i rannóga áirithe den lámhleabhar, sa rannóg 'An Pobal' mar shampla, ina ndírítear aird ar chaidreamh taobh istigh den phobal, ar chleachtadh creidimh agus ar oideachas. Sa gcaibidil 'Réimse Saoil an Duine' tá ábhair ar nós 'deasghnátha an tsaoil', 'casadh na marbh' agus 'nósmhaireacht agus rialacha i gcreidiúintí agus i gcleachtadh pobail'. Tá rannóg dar teideal 'daoine a bhfuil cumhachtaí osnádúrtha acu' agus áirítear naoimh, sagairt, lucht tairngreachta agus lucht leighis anseo. Tagann creideamh an phobail i gceist i rannóga eile nach mbeifí ag súil leis b'fhéidir. Faoin teideal 'stoc agus barraí a chosaint' tagaimid ar thagairt do 'uisce coisreacan nó luaithe a chroitheadh ar na beithigh nó ar chlaí teorann nó sna garrantaí mí na Bealtaine mar chosaint'. Faoin luibhsheanchas déantar tagairt d'aiteann Muire a bhfuil sé ráite faoin té a chaithfidh é nach mbainfear barrthuisle as.

Sa mbliain 1952 foilsíodh an bailiúchán *Scéalta Cráifeacha* le Seán Ó Súilleabháin.[3] Léiriú atá sa mbailiúchán sin ní hé amháin ar thóir an phobail ar an gcineál seo ábhair ach ar ról lárnach an tseanchais bheannaithe i dtraidisiún béil na hÉireann trí chéile. Tá suas le 200 scéal ann a bailíodh i nGaeilge idir na blianta 1935 agus 1950 agus mórán téamaí agus móitífeanna morálta iontu a bhfuil cuid acu sna hamhráin bheannaithe freisin. Mar sin, ní féidir breathnú ar an amhránaíocht bheannaithe aisti féin amháin. Faoi mar a tharlaíonn le cineálacha eile amhrán, tá baint ag na hamhráin bheannaithe le cuid mhór gnéithe eile den traidisiún, go díreach nó go hindíreach.

Tá pointí a bhfuil tábhacht faoi leith leo maidir leis na hamhráin bheannaithe i dtraidisiún na hÉireann agus tá baint lárnach ag gach aon cheann acu le stair bhailiú an bhéaloidis sa tír seo. Ba Chaitlicigh iad ó thaobh cúlra agus tógála de na bailitheoirí lánaimseartha a bhí ag obair i gCoimisiún Béaloideasa Éireann ón mbliain 1935 go dtí 1971 agus gach seans go mba náisiúnaithe a bhformhór i dtéarmaí polaitíochta freisin. É sin ráite, bhailigh cuid mhór acu ó dhaoine a raibh réimsí éagsúla creidimh agus polaitíochta acu agus bhí na bailitheoirí cairdiúil chomh maith le daoine ó gach uile chineál cúlra. Sa leabhar *Narrative Singing in Ireland* tá tagairt do 'transmitted cultural legacy'[4] maidir le hamhráin agus le hamhránaíocht. Tugtar mar shampla de seo suíomh ina raibh an t-údar féin ag taifeadadh amhráin i ngrúpa ina raibh os cionn fiche duine agus gan ach neamhChaitliceach amháin ina measc. Ba Chaitlicigh an chuid eile. Dúirt gach amhránaí roinnt mhaith amhrán don bhailitheoir agus is cosúil gur fearr a thaitnigh bailéid na Breataine, sean agus nua, leis an bProtastún seachas mar a thaitnigh lena chuid comharsana Caitliceacha. Den chuid is mó is dóigh go ndéantar ábhar a lorg ó dhaoine, agus go gcuireann daoine ábhar ar fáil, i suíomh bailitheoireachta ina bhfuil an creideamh céanna ag an mbailitheoir agus ag an amhránaí nó ag an scéalaí. Is cinnte go mbíonn an-tionchar ag an méid seo mar sin ar na bailiúcháin féin agus b'fhiú go mór tuilleadh staidéir agus taighde a dhéanamh ar na réimsí seo.

Tá pointe tábhachtach eile nár mhór béim a leagan air. Ag breathnú ar na hamhráin bheannaithe agus ag iarraidh iad a léiriú, is dóigh go bhfuilimid ag breathnú ar ghnéithe de thraidisiún a bhí i bhfad Éireann ní ba bheoichte san aimsir chaite agus go dtí aimsir an dara cogadh domhanda. Is cinnte go bhfuilimid faoi chomaoin mhór ag na daoine a bhfuil curtha acu lenár gcuid eolais ar na hamhráin bheannaithe, agus acu sin a bhailigh agus a chaomhnaigh na hamhráin agus an seanchas atá mar chuid den réimse sin. Is fíor nár bailíodh na hamhráin chráifeacha oiread agus a bailíodh na hamhráin ghrá mar shampla. B'fhéidir go raibh sin amhlaidh i ngeall ar go raibh an traidisiún féin ag dul i léig. Tá an-éifeacht aige seo, dá réir sin ar fad ar ndóigh, ar an méid, nó ar a laghad, ábhar atá ar fáil le staidéar nó anailís a dhéanamh air. Is cinnte go raibh níos mó amhrán grá sa traidisiún pé scéal é agus mar sin, d'fhéadfaí a rá go léiríonn an bailiú an suíomh mar a bhí.

Déantar tagairt do chreideamh nó d'ábhair a bhfuil baint acu le cúrsaí creidimh in an-chuid amhrán a ndéantar iad a aicmiú nó a chlárú faoi chineál eile amhrán. Díríonn na tagairtí seo aird ar an mbealach gur cuid den saol agus den amhrán laethúil nathanna, creidiúintí agus ócáidí a cheanglaítear le creideamh agus le cleachtadh creidimh. Tarlaíonn sé ar bhealach imeallach, mar shampla i líne amháin san amhrán grá 'Grá mo Chroí Thú',[5] deirtear 'Cé go dtéim chun an Aifrinn ní le *devotion* ach le súil go bhfeicfinn mo mhíle stór ann'. B'fhéidir go mbeadh an tagairt níos lárnaí san amhrán faoi mar atá, mar shampla in amhrán grá eile ina bhfuil an cheathrú: 'Is nach deas an sagairtín é stór mo chroí/Nach beannaithe an pobal a dtéann sé thríd/Tá branda ó Mhuire aige 'gus séala ó Chríost/Is tá sé ag triall ar na coláistí'.[6] Ar ndóigh bíonn nathanna agus impí seasta sna hamhráin ghrá, mar shampla, 'A Mhuire dhílis! céard do dhéanfas mé, nuair imtheochas tú uaim'.[7] D'fhéadfaí a rá faoi chuid mhór amhrán go bhfuil téamaí nó móitífeanna beannaithe iontu. B'fhéidir go bhfuil cuntas iontu ar imeachtaí stairiúla a bhfuil baint acu le cúrsaí creidimh: mar shampla fuascailt na gCaitliceach nó iompú creidimh. Tá comhrá faoin gCríostaíocht i gcuid de na laoithe Fiannaíochta sa gcaint a tharlaíonn idir Oisín agus Pádraig. Scríobh Raiftearaí amhrán faoi 'An Cíos Caitliceach'[8] ina ndéanann sé cur síos ar an *Hibernian Bible Society* agus is iomaí amhrán eile ann a bhfuil béim nó insint ann ar chúrsaí creidimh go minic ó thaobh na staire dhe.

Is iomaí cineál amhrán, nó cuid d'amhrán, a bhféadfaí an focal beannaithe a cheangal leis. Is minic cur síos nó mothúchán láidir in amhráin bheannaithe a bhféadfaí a rá fúthu go bhfuil siad an-phearsanta. D'fhéadfadh an duine aonair agus an pobal breathnú orthu chomh maith mar phaidir phearsanta nó spioradálta nó mar chaidreamh spioradálta de chineál éigin. Is beag staidéar a bhí déanta maidir leis na hamhráin bheannaithe áirithe seo go dtí gur foilsíodh an mórshaothar ag Angela Bourke *Caoineadh na dTrí Muire*[9] ina ndírítear aird ar théama na Páise sa bhfilíocht bhéil i nGaeilge. Sna hamhráin bheannaithe atá bailithe, tagaimid ar roinnt amhrán i nGaeilge ina mbíonn na téamaí céanna arís agus arís eile, is é sin Páis agus Aiséirí Chríost agus amhráin a bhfuil baint acu leis an Maighdean Mhuire chomh maith. Tá dornán beag amhrán ann a bhféadfaí 'bailéad' beannaithe a thabhairt orthu. Is i bhfoirm scéil atá siad seo agus gan aon churfá leo de réir cosúlachta. Tá, mar shampla, 'Hymn Dhomhnach Cásca' atá ar cheann den mbeagán bailéad de chuid Child[10] atá ar fáil sa nGaeilge. 'The Cherry Tree Carol' is iondúil air seo sa mBéarla.

Ní minic a chloisfí an t-amhrán sa traidisiún beo inniu ach bailíodh leaganacha de sna Gaeltachtaí. Is minic gur i bhfoirm dáin nó filíochta amháin a bailíodh é. De réir an scéalamhráin seo, bhí Seosamh agus Muire ag taisteal go dtí an fásach agus an teas uafásach ag cur as go mór do Mhuire. Dúirt sí le Seosamh go ligfeadh sí a scíth faoi chrann. Chabhraigh Seosamh léi teacht anuas den mhiúil. Chonaic Muire torthaí ag fás ar an gcrann agus d'iarr sí ar Sheosamh cuid de na torthaí a fháil di. Le teann feirge, dúirt Seosamh gur cheart d'athair an linbh na torthaí a phiocadh di. Labhair an leanbh sa mbroinn agus thug ordú don chrann cromadh síos le deis a thabhairt do Mhuire na torthaí a phiocadh. Tháinig aiféala ansin ar Sheosamh i ngeall ar an easpa muiníne a bhí aige. Trí lá ina dhiaidh sin a saolaíodh Íosa i stábla i mBeithil. D'fhiafraigh Muire de céard a bhí i ndán dóibh agus rinne Íosa tairngreacht maidir lena chéasadh, a bhás agus a aiséirí.

Tá ráite ag Hugh Shields faoin leagan Gaeilge go dtógann sé bailéad an Bhéarla gan aon deacracht isteach in aicme chráifeach ar a dtugtar 'dán' sa lá atá inniu ann. Athraíonn an t-amhrán i nGaeilge stíl an bhailéid Bhéarla cuid mhór. Ó thaobh na liriciúlachta agus na stíle de deir sé go bhfuil an t-amhrán i nGaeilge níos dlúithe agus go dtugtar chomh mór sin isteach i réimse an amhráin bheannaithe é go dtagann an Cháisc i gceist in áit na Nollag.[11] Go bunúsach cloítear sa nGaeilge le snáth an scéil Bhéarla. Is í an Cháisc, ar ndóigh, an séasúr is mó a shamhlaítear leis na hamhráin bheannaithe i nGaeilge. Bhí tóir ar an amhrán in an-chuid tíortha agus déantar an 'toradh' ar an gcrann a chur i bhfeiliúint dá ithir féin. I mBéarla, is crann silíní a bhíonn i gceist i gcónaí. I gCatalóinis agus i bProvençal is crann úll a bhíonn ann. Maidir leis an toradh, luaitear silíní, úllaí agus 'bláistí' sa leagan a bailíodh ó Mhicheál Ó Concheanainn, Rinn na hAirne, Anach Cuain.[12] Rugadh Micheál thart ar 1904 agus ó dheirfiúr a athar a thug sé leis an t-amhrán. Is fiú a lua anseo gur bailíodh an t-amhrán ó Mhicheál i bhfoirm dáin nó mar a dúirt sé féin 'ina fhoclaí' freisin.[13] Amanna bhíodh ceol leis na hamhráin bheannaithe, amanna eile ina bhfoclaí a deirtí iad. Amanna eile fós bhíodh cineál leathcheoil nó cantaireachta i gceist. Tharlódh go dtugann an méid seo le tuiscint gur breathnaíodh ar amhráin agus ar dhánta beannaithe mar chineál paidre agus go gcreidtí go raibh an té a déarfadh iad seo naofa nó ar a laghad go gcuirfí lena naofacht ach an t-amhrán a rá. Mar sin, b'fhéidir nach raibh an ceol chomh riachtanach sin ná ina chuid chomh bunúsach sin de na hamhráin bheannaithe i gcomórtas leis na hamhráin ghrá nó le cineálacha eile amhrán.

I 'Hymn Dhomhnach Cásca' leagtar béim ar ról na Maighdine Muire agus, den chuid is mó, tá an bhéim sin chun tosaigh i bhformhór na n-amhrán beannaithe. Amhrán beannaithe eile atá an-ghar do agus a athraíonn an bhéim ón Nollaig go dtí an Cháisc, 'An Oíche a Rugadh

Mac Dé', ina ndéantar cur síos ar an stábla agus ar chuairt na dtrí ríthe, agus ina dhiaidh sin, tarlaíonn comhrá idir an Mhaighdean Mhuire agus a Mac a dhéanann tairngreacht maidir lena chéasadh agus lena bhás agus mionsonraí pianmhara aige. Tá roinnt línte as an tairngreacht ar aon dul beagnach leis na línte céanna i 'Hymn Dhomhnach Cásca'. I leagan de a bailíodh ó Mháire Ghabha, Bean Uí Cheannabháin as an Aird Thoir, Carna, chuir Máire deireadh leis an amhrán le curfá atá an-ghar don chaoineadh traidisiúnta[14].

Amhrán beannaithe é 'The Virgin Mary Had a Young Son' a bhfuil baint aige leis an Nollaig agus le cineál amhráin a mbeidh trácht ar ball air san aiste sa mhéid go dtugtar liosta imeachtaí i ndiaidh a chéile agus go gceanglaítear na himeachtaí le línte a ndéantar iad a athrá. I mBéarla atá an t-amhrán agus leagtar béim anseo ar ról Mhuire mar mháthair ag gasúr óg. Léirítear é seo sa líne: 'She sent him up to Heaven to school'.[15] Amhrán gearr, áthasach é agus níl aon tagairt ann do chéasadh ná do bhás Ár dTiarna. Níor thángthas ar aon tagairt ná ar aon taifeadadh eile den amhrán áirithe seo.

Is éard atá i gceist le hamhrán na mban ná amhrán a chum bean, seachas amhrán a cumadh fúithi. Agus í ag caint ar amhrán na mban i dtraidisiún na hÉireann deir an t-amhránaí Nóirín Ní Riain nach gá banchumadóir i ngeall go bhfuil téacsanna cuid mhór de na hamhráin bheannaithe dírithe ar Mhuire. Deir sí go bhfuil gnéithe den íomhá seo de Mhuire a thugann tuiscint agus léamh mná ar Mhuire an Mháthair chun tosaigh.[16] Ar an gcéad dul síos deir sí go dtaispeántar í in amanna agus í ag caint lena mac ar fear anois é agus é dhá chéasadh agus in amanna go bhfuil sí ag caitheamh a saoil in éineacht leis. Is é an caoineadh an dara gné ó thaobh léamh mná, gné atá in an-chuid de na hamhráin a léiríonn bás Chríost go drámatúil. Deir Ní Riain gur suíomh na caointeoireachta a bheadh anseo i súile na mná Gaeltachta. Ag caint ar amhránaithe agus ar chumadóirí amhrán, deir Shields i gcás amhrán beannaithe, nó dánta, gur ban-amhránaithe is mó a bhíonn chun tosaigh. Deir sé go mb'fhéidir nach meon na mban amháin atá i gceist anseo ach ról lárnach na mban i gcúrsaí caointeoireachta chomh maith. Deir sé go bhfuil rian de nós neamh-Chríostaí seo an chaointe go bunúsach fágtha ar na hamhráin bheannaithe Chríostaí. Cé go bhfuil leide tugtha sna hamhráin Chríostaí seo maidir le cumadóir i ngeall ar na téamaí apacrafúla meánaoise, deir sé freisin go samhlófaí údair de chuid na n-ord déirce leo ach níl aon fhianaise chinnte ann.[17]

Is cinnte go bhfuil ríthábhacht ag baint le ról Mhuire i dtraidisiún na n-amhrán beannaithe. Chéasaigh Muire an bás peacach i ngeall ar an mbreith mhaighdeanúil.[18] Ghlac sí páirt in íobairt a mic a fuair an lámh in uachtar ar an mbás. De thoradh ar an méid sin déantar pearsa di i reiligiún an phobail a bhfuil ról faoi leith aici maidir le geallúint ar an mbeatha shíoraí ina ndéantar neamhní de chumhachtaí an dorchadais chomh maith lena gcomhchoibhneas leis an mbás agus leis an gciapadh. Sa Diagacht is é idirghuí na Maighdine lena Mac uilechumhachtach a thugann seo chun críche. Ní fheidhmíonn sí riamh as a stuaim féin.[19] Is trí Chríost amháin a fheidhmíonn sí. Tugtar tacaíocht don tuairim seo i gcuid mhór de na hamhráin chráifeacha. Iarrtar ar Mhuire idirghuí a dhéanamh thar ceann an pheacaigh, mar go bhfuil sise féin gan aon pheaca. Féach, mar shampla 'Déan mo shíocháin le Mac Dé'.[20]

I measc na n-amhrán beannaithe ba choitianta sa nGaeilge bhí 'Seacht Sólás na Maighdine' agus 'Seacht nDólás na Maighdine'. In 'Seacht nDólás na Maighdine' is í fulaingt Mhuire trí chéasadh Chríost a léirítear. Déantar athrá ar na téacsanna agus ar an gcurfá sna hamhráin sin agus tá an-tábhacht leis an gcurfá. Tagann an uimhir 'seacht' go mór chun tosaigh i ndán cráifeach dúchasach chomh maith; is é sin 'Seacht Sailmide Beannaithe na hAithrí' nó 'An gCuala sibh Seacht Sailm?'[21] Tugadh carúil uimhriúla nó *numerical carols* ar 'Seacht Sólás' agus 'Seacht nDólás na Maighdine'.[22] Tá loinneog leo ina ndéantar ceol dhá fhrása na ceathrún a athrá agus cruthaíonn sé seo aontacht san iomlán. Is cabhair chuimhneolaíoch iad na huimhreacha maidir le himeachtaí agus le leagan amach na n-amhrán agus tagann an t-uimhriú le cantaireacht. Dúirt de Bhaldraithe agus é ag scríobh faoi 'Seacht Sólás na Maighdine' gur dóigh go dtéann sé siar go dtí an dara haois déag go traidisiún iomainn *gaude* nó iomainn áthais ina raibh na móitífeanna céanna agus ar a raibh crot den chineál céanna.[23] B'fhéidir go ndeachaigh traidisiún iomann Biosántach nó *Hymnos Akathistos* ón séú agus ón seachtú haois i bhfeidhm orthu seo. Aistríodh go Laidin iad thart ar an mbliain 800 nó go luath ina dhiaidh sin.

Sa dara haois déag tháinig cineál nua iomainn do Mhuire chun cinn, an t-iomann *gaude* a raibh an-tóir i Sasana air; agus ceaptar gur chum Tomás Becket, Ard-Easpag Chanterbury, ar a laghad ceann amháin de na hiomainn seo le linn na haoise sin. Tá iomainn ann ón tréimhse idir an dara agus an séú haois déag, seacht nó naoi sólás, ceithre nó cúig shólás déag na Maighdine ar neamh agus ar talamh.[24] Is cosúil gur bunaíodh carúil uimhriúla na Gaeilge orthu seo. Níorbh iomainn liotúirgeacha do chur i láthair poiblí a bhí in iomainn *gaude* na Laidine agus bhí an-chosúlacht acu le 'Seacht Sólás' agus 'Seacht nDólás na Maighdine' ó thaobh struchtúir agus téama de. Am éigin tar éis an dara céad déag a cumadh na hamhráin Ghaeilge 'Seacht Sólás' agus 'Seacht nDólás na Maighdine'. Sa nGaeilge, ach oiread leis na hamhráin bheannaithe eile, táthar ag teacht go mór le caint na ndaoine. I leagan amháin a bhailigh de Bhaldraithe ó Áine Seoighe, Leitir Mealláin (a bhí timpeall trí scór bliain d'aois) tá an líne 'an cúigiú sólás a fuair an Mhaighdean gur bhuail Sé trí phoc báire'. Sampla é seo den rud ar a dtugann de Bhaldraithe 'Gaelú macánta'.[25] Tá na hamhráin seo cosúil le cineálacha eile amhrán sa nGaeilge nach bhfuil aon téacs daingean buan leagtha amach díobh; athraíonn amhránaithe fad, loinneog agus corp an amhráin cuid mhór de réir mar a fheilfidh dóibh féin nó don ócáid.

Is cinnte go dtéadh na hamhráin bheannaithe go mór i bhfeidhm ar dhaoine. Chonacthas deora le daoine agus iad ag éisteacht le Pádraig Ó Cadhain, An Cnocán Glas, An Spidéal agus 'Seacht Sólás na Maighdine' agus véarsaíocht eile á rá aige.[26] Bhaineadh Ó Cadhain leas as cineál cantaireachta nó leathcheoil. Thug Breandán Ó Madagáin 'ceol reacaireachta' air le cineál a leagan ar an gceol a théann leis an gcaoineadh, leis an laoi fiannaíochta agus leis an iomann siollabach i measc véarsaíochta eile. Shamhlófaí tionchar ag nós cantaireachta agus ag téamaí na n-amhrán seo ar an mothú ag an amhránaí agus ag an lucht éisteachta.[27] San amhrán 'Caoineadh Mhuire', 'Caoineadh na dTrí Muire' nó 'Gol na dTrí Muire' déantar athrá ar an gcurfá freisin. In aineoinn an churfá is cosúil go mba chur i láthair ag amhránaí aonair seachas ag grúpa ba mhinicí a bhíodh ann.

Sa bplé a dhéanann sé ar thraidisiún na mbailéad in Éirinn deir Shields gur i nGaeilge a cumadh 'Caoineadh na Páise' nó 'Caoineadh na Maighdine' agus gur cosúil gur aithris atá ann ar fhoirm agus ar stíl an bhailéid.[28] Deir sé go ndéantar cur síos ar an bPáis ann atá ag teacht go hiomlán leis an scéalaíocht. Is léir go raibh an-tóir ar an amhrán. Foilsíodh ar mhórbhileog a cuireadh i gcló i mBaile Átha Cliath é timpeall na bliana 1850 ach gur dóigh go mba as Contae Mhaigh Eo ó thus é.[29] Cuirtear tús leis an amhrán i bhfoirm comhrá idir Muire agus Naomh Peadar. Fiafraíonn sise dhe an bhfaca sé a mac. Cuireann sí ceist cé hé an fear atá á chéasadh agus ní chreideann sí go bhféadfadh sé gurb é a mac é a d'iompar sí trí ráithe faoina broinn, an mac a rugadh i stábla. Tugann sí mionsonraí ansin faoi chéasadh agus faoi fhulaingt uafásach a mic. Tá sé ag iompar na croise agus ag déanamh achainí ar na Giúdaigh gan drochíde a thabhairt dá mháthair. Deir siadsan mar fhreagra air go maróidh siad eisean agus go mbuailfidh siad a mháthair. Iarrann sé ar a mháthair gan a bheith trína chéile. 'Éist a mháithrín is ná bí cráite, tá mná mo chaointe le breith fós a mháithrín'.[30] Deirtear gur duine den triúr acu máthair Eoin Baiste. Tá sé le tuiscint as úsáid an téarma 'na trí Muire' go n-aithníonn an pobal éisteachta an coincheap seo. Tá an íomhá faoi thriúr ban coitianta i mbéaloideas na tíre seo agus i mbéaloideas tíortha eile ach nach ndeirtear go hiondúil cé hiad féin. I scéalta na hÉireann tagaimid ar thriúr deirfiúr, mná naofa go hiondúil, nó trí phearsa bhaineanna. Pearsana de bhandéithe iad i dtéacsanna de chuid na Sean-Ghaeilge agus sna finscéalta miotaseolaíochta. Is cosúil go bhfuil dul thar a chéile i gceist maidir le traidisiún réamh-Chríostaí dúchasach agus coincheap na dtrí Muire in Éirinn.

Sa nGaeilge amháin de réir cosúlachta a bailíodh leaganacha de 'Caoineadh na dTrí Muire' i gcontaetha éagsúla in Éirinn. Shamhlófaí gur léiriú é seo go bhfuil dlúthcheangal idir é agus staid na Gaeilge. Is cosúil go raibh sé níos coitianta i gContae Mhaigh Eo ná i gceantair eile ach tá cuid mhór leaganacha ann as contae na Gaillimhe freisin. Tugann Seosamh Ó hÉanaí 'Caoineadh na dTrí Muire' air.[31] Tá an loinneog 'Ochón agus ochón ó' leis tríd síos. Ní bean chiúin, chráifeach í an Mhaighdean anseo ach bean atá ag dul as a meabhair le fulaingt. In íomhánna eaglasta a bhaineann leis an suíomh seo, cuirtear bean i láthair nach gcailleann a smacht ar an saol. Is é dearcadh na heaglaise gur léirigh Críost cneácha a bhí sofheicthe ach go raibh gortú Mhuire dofheicthe, cé go raibh sí cráite ar fad taobh istigh. Pictiúr eile ar fad atá againn di i dtraidisiún amhránaíochta na Gaeilge. Comhlíonann sí íomhá na mná cloíte mar atá sí sa gcaoineadh dúchasach. Tá cuid den siombalachas i gceist i 'Caoineadh na dTrí Muire' faoi mar a bheifí á rá ag tórraimh agus ag sochraidí. Is léir nach raibh aon deacracht ag mná amhrán a rá faoi Mhuire agus í briste ag an mbrón, ná a aithneachtáil gurb í Muire í ag caoineadh a mic atá básaithe.

Bailíodh leagan de ó Shorcha Ní Ghuairim a dúirt gur fhoghlaim sí cuid d'fhocail an amhráin seo óna deirfiúr Máire agus línte eile ó dhaoine éagsúla eile. Dúirt sí, agus aitheantas á thabhairt aici do ghné lárnach na caointeoireachta, 'Ó mo mháthair a d'fhoghlaim mé an caoineadh atá ag gabháil leis'.[32] Amhrán an-chumhachtach atá ann ó thaobh íomhá agus mothúchán de agus ba mhinic agus an t-amhrán á rá go ndeachaigh sé i bhfeidhm go mór orthu. Bhíodh sé le feiceáil ar Mháire Ghabha, mar shampla, chuile uair dá dtáinig sí fhad leis an líne 'Muise, a mhicín mhuirneach, tá do bhéal is do shróinín gearrtha', go mbíodh sí trína chéile. Seo is dóigh mar a labhrófaí le gasúr óg. Stop Máire ag rá an amhráin nuair a tháinig sí fhad leis seo agus dúirt sí go raibh sí gaibhte fhad agus ab fhéidir léi. Ba léir go raibh scéal an amhráin ag cur isteach uirthi. [33] Rinne sí cur síos ansin ar an gcaoi a bhfuair sí an t-amhrán óna seanmháthair agus an chaoi a mbíodh an t-amhrán ag dul i bhfeidhm uirthi.

Bailíodh leaganacha den amhrán 'D'éirigh an dá Mhuire' i gConamara.[34] San amhrán seo téann an dá Mhuire le hÍosa a chaoineadh. Tagann aingeal agus coinneal ina lámh dheas aige. Deir Rí Geal na nGrást 'Is é do bheatha a Mhuire'. Leagtar béim ar an tábhacht atá le faoistin, paidreoireacht agus an tsacraimint naofa. Má thugtar aire dóibh seo seasta ansin beidh slánú i ndán don duine a chaith a shaol ar bhealach cóir agus casfar Peadar agus Pól ar neamh air. Tá leagan den amhrán curtha san áireamh i leabhar de hÍde i bhfoirm dhá cheathrú amhail is dá mba rud é go raibh an Mhaighdean ag labhairt agus ag fiafraí de Chríost cén chaoi an bhféadfadh sé oiread maiteanais a bheith ann go dtáinig sé ar an saol arís i ndiaidh na drochíde a bhí faighte aige, mar nach mbeadh duine ar bith de shliocht Ádhaimh lán maiteanais mar sin.[35] Is amhrán é a léiríonn nádúr solúbtha so-athraithe na n-amhrán béil maille le nascadh móitífeanna éagsúla.

Bhí an t-amhrán 'Dán na hAoine' ann. Bailíodh leaganacha de i dTír Chonaill, Maigh Eo, Ard Mhacha, Port Láirge agus Gaillimh cé gur beag leagan de a tháinig chun solais ó iarthar na Gaillimhe.[36] Is í Páis Ár dTiarna atá i gceist ann agus is trí fhulaingt Mhuire a chuirtear fulaingt a mic in iúl san amhrán. Is cosúil gur paidir é ba cheart a rá Aoine an Chéasta. I bhformhór na leaganacha déantar cur síos ar an lá brónach a bhí ann an Aoine seo. Feiceann Muire fuil a mic ar an mbóthar agus is beagnach go dtéann sí as a meabhair le brón nuair a thuigeann sí go bhfuil a hAonmhac básaithe. Tagann sí air agus déanann caoineadh de réir an dúchais. Nuair a aithníonn na Giúdaigh í ardaíonn siad suas ar a nguaillí í agus caitheann siad síos arís ar an tsráid í. Ansin crochann siad leo a Mac. Tugtar mionsonraí i roinnt leaganacha ar an sciúrsáil agus ar an gcoróin spíonta a cuireadh anuas ar a chloigeann. Is bean chaointe í Muire san amhrán agus í ag fulaingt. Dúirt bean amháin i dTír Chonaill leis an mbailitheoir Séamus Mac Aonghusa go ndéarfadh daoine an t-amhrán seo cois tine na laethanta timpeall na Cásca agus Aoine an Chéasta. I roinnt leaganacha deirtear go ndeachaigh Muire ina cuid bonnaíocha agus gur scaoil sí síos a cuid gruaige, fhad lena cosa in amanna.

San alt ina ndéanann sí cur síos ar chineál agus ar chlárú na n-amhrán beannaithe dúchasach deir Ní Riain nár cuireadh caint chráifeach an Chaitlicigh in Éirinn ina tost ach tháinig dearcadh aonair chun tosaigh ina raibh spioradáltacht inbheirthe an duine ina cuid iomlán den saol laethúil.[37] Ar chúiseanna staire a tharla an méid seo, i ngeall ar an gcaoi ar brúdh cleachtadh an chreidimh Chaitlicigh faoi chois. Dá réir sin, rinneadh amhránaíocht neamhliotúirgeach as an amhránaíocht chráifeach thraidisiúnta den chuid is mó. Bhí suíomh sóisialta agus meán lena chur i láthair ag an amhránaíocht seo a bhí ar aon dul le cineálacha eile amhrán. Leagann Ní Riain béim air gur ó bhéal go béal a scaiptí na hamhráin. Is cosúil go mba chur i láthair aonair a bhíodh i gceist leis na hamhráin bheannaithe seachas a bheith ina gcuid de shearmanas eaglasta nó de dheasghnáth. Ní léir aon fhianaise go ndeirtí mar chuid d'adhradh eaglasta ina nguí pobail iad. Bailíodh cuntais a deir go mbíodh daoine ag amhrán agus ag rá paidreacha le ceol ag codanna áirithe den Aifreann ach ar bhealach príobháideach nó leathphríobháideach agus ní mar chuid de liotúirge aitheanta oifigiúil. Dúradh freisin gur le foinn a raibh eolas forleathan orthu a deirtí na hamhráin. Tá an-chosúlacht idir na foinn a úsáidtear leis na hamhráin bheannaithe agus leis na foinn a bhíonn le cineálacha eile amhrán dúchasach.[38]

Ar an iomlán níl na hamhráin chráifeacha suibiachtúil ar an gcaoi chéanna ina bhfuil na hamhráin ghrá. Tá mothúcháin an-láidir sna hamhráin bheannaithe ach is san insint nó sa gcur síos atá siad, mar shampla, sa gcur síos ar fhulaingt Mhuire nuair a fheiceann sí a haonmhac á chéasadh. Is iondúil an cur síos seo sa tríú pearsa. Is cosúil go mbíodh cuid mhór de na hamhráin bheannaithe á rá ag sochraidí agus ag tórraimh. De réir cosúlachta ní deirtí na hamhráin bheannaithe chomh minic céanna agus a deirtí cineálacha eile amhrán. Ag amanna áirithe den bhliain a mbídís á rá agus is cosúil go mba mhinic nach mbídís ach ag dream beag daoine in aon phobal faoi leith. Deirtí cuid acu sa gCarghas, amanna trí huaire in aghaidh an lae. Mná a bhí roinnt sean a deireadh iad go hiondúil cé gur ó fhir a bailíodh roinnt mhaith de na samplaí atá ar fáil. Is léir gur bhreathnaigh na hamhránaithe agus an pobal féin ar na hamhráin seo mar chineál áirithe amhrán. Bhí daoine in ann, is dóigh go bhfuil siad i gcónaí in ann, na mná a ainmniú a raibh de cháil orthu na hamhráin seo a bheith ar a dtoil acu. Bhí an-cháil ar an scéalaí Peig Sayers go raibh stór mór amhrán den chineál seo aici agus paidreacha freisin. Bhreathnaigh daoine ar na hamhráin mar phaidir. Amhrán gearr eile an t-amhrán 'Dá mbeinnse sna Flaithis' agus léiríonn an t-amhrán an pointe sin go han-mhaith.[39] Deir Ó Madagáin:

> An t-amhrán beannaithe nach bhféadfadh duine a úsáid mar léiriú díreach ar a chroí féin, d'fhéadfadh sé é a ghabháil go neamhdhíreach nó go siombalach. Sampla an-mhaith air sin is ea 'Caoineadh na dTrí Muire' a bhíodh á ghabháil coitianta ag tórraimh nó le linn an Charghais. Bhí sé de phribhléid agam féin uair amháin Peig Sayers a chloisint á úsáid go siombalach, ina teach beag féin i mBaile Bhiocáire: Bhí sí dall dearóil faoin am sin, gan inti éirí as an leaba; ag cur síos di ar ainnise a saoil chrom sí ar 'Caoineadh na Maighdine', a cás féin agus cás Mhuire á chaoineadh aici in éineacht go dtí go raibh na deora féin léi. Ba nádúrtha ar fad mar a d'iompaigh sí ón gcaint go dtí an caoineadh.[40]

Thug Máire Ghabha le fios go raibh an dul thar a chéile seo i gceist agus go ndeachaigh na paidreacha agus na hamhráin i gcion go mór uirthi:

> Na paidreachaí a dúirt mé leat ar ball a bhíodh san oíche ach insa lá a bhíodh sí [a máthair mhór] dhá múineadh seo [amhráin bheannaithe] an bhfuil a fhios agat, nó i dtús na hoíche sula ndeachaigh muid a chodladh ar chor ar bith agus muid inár ngasúir bheaga. Ach choinnigh mise cuimhne orthu ariamh. Is minic abraím iad nuair a bhím liom féin agus is minic a bhím ag caoineadh ansin ó uaigneas . . .[41]

Tá an dlúthbhaint seo ag paidreacha agus ag amhráin bheannaithe lena chéile le feiceáil chomh maith sna bailiúcháin lámhscríbhinní i gCnuasach Bhéaloideas Éireann, áit ar minic paidreacha tugtha síos in éineacht le hamhráin chráifeacha. Is minic a tharlaíonn seo le gnéithe eile den traidisiún chomh maith nuair a mheabhraíonn seanfhocal amháin seanfhocal eile nó scéal greannmhar amháin scéal greannmhar eile.

Is amhrán é ‘Amhrán na Páise’ ar mó de chur síos ann ar an aiséirí ná ar an gcéasadh. Iarrann Críost ar Pheadar a bheith ag faire in éineacht leis ar feadh uair an chloig agus deir leis a chuid feola a ithe agus a chuid fola a ól tar éis a bháis. Tamall ina dhiaidh sin, tagann na saighdiúirí agus nuair a cheistíonn siad Peadar faoi Chríost deir sé gur mó de sheans atá ann go n-éireoidh an coileach atá ag fiuchadh sa bpota ná go n-éireoidh Críost ón mbás. Déantar cur síos ar na trí Muire ag teacht ar cuairt chuig an tuama maidin Dhomhnach Cásca le haire a thabhairt do chneácha Chríost. Tagann aingeal as na flaithis agus taispeánann sé dóibh go bhfuil Críost éirithe ó na mairbh. Éiríonn an coileach as an bpota agus canann ‘Mac na hÓighe Slán’. De réir an tseanchais is é seo an bunús atá leis an bhfuaim atá ag glaoch an choiligh.[42] Faoi mar a tharlaíonn in an-chuid de na hamhráin bheannaithe tá loinneog anseo, a bhfuil an tús ‘Aililiú leá agus aililiú ailiú’ leis tríd síos.[43] Dúradh an t-amhrán agus gan aon loinneog leis i leagan a bhailigh Angela Bourke san Aird Thoir, Carna.[44] Rinne Máire Ghabha a cuid féin den amhrán agus rinne pearsanú air. Labhair sí le hÍosa sa gcéad cheathrú agus dúirt: ‘Íosa an fíréan Dia dílis don Athair, is tú a rinne ár gceannach ón daoirse; nuair a d’fhulaing tú an Pháis...’. Is féidir a rá go ndéantar treisiú dá réir ar bhlas an dlúthchaidrimh agus ar na mothúcháin ann.

Cé is moite d’amhráin bheannaithe ar nós ‘Seacht nDólás’ agus ‘Seacht Sólás na Maighdine’ agus amhráin a bhfuil baint ar leith acu le Páis agus le bás Chríost, tá cuid mhór amhrán ann a chuireann cráifeacht an-domhain in iúl agus a bhfuil baint acu le téamaí lárnacha na Críostaíochta. In *Amhráin Diaga Chúige Chonnacht* tugtar go leor samplaí d'amhráin agus de véarsaíocht ina ndeirtear céard ba cheart a dhéanamh agus cén sórt saoil ba cheart a chaitheamh le teacht slán.[45] Tá saothar go leor filí de chuid an ochtú agus an naoú céad déag sa mbailiúchán seo. Leagtar béim ar an aithrí, ar an bpaidreoireacht agus ar fhreastal ar Aifreann. Is minic a luaitear suáilcí ar nós na carthanachta nó bealaí le teacht isteach ar neamh. Tá aithreachas i bpeacaí riachtanach. Déantar íomhá de Lá an Bhreithiúnais a chur i láthair. Is é Dia an breitheamh atá ina shuí in ionad an bhreithiúnais agus caithfidh gach duine cuntas a thabhairt ar a shaol nó ar a saol féin ar talamh. Tógtar na daoine a bhfuil Parthas tuillte acu ar thaobh na láimhe deise agus na hanamacha damnaithe ar thaobh na láimhe clé. Tá atmaisféar maorgachta, feirge agus díoltais i gceist. Tá an dúlra trína chéile agus, thar rud ar bith eile, tá ollchumhacht Dé le tuiscint agus le feiceáil go poiblí.

Cuirtear pictiúir de neamh agus d'ifreann, agus mionsonraí iontu, i láthair. Is mó go mór an bhéim a leagtar ar ifreann ná ar neamh. Tarraingítear pictiúr de thine agus d'anamacha ag dó in ifreann agus is é an ceacht a bhíonn le foghlaim as gurb é a sheachaint ach saol Críostaí a chaitheamh. Sa gcomhthéacs seo, faoi mar a bheifí ag súil leis, bhí an-tóir ar dhánta agus ar amhráin Raifteaí, go háirithe 'Achainí Raifteaí ar Íosa Chríost'.[46] Feictear go bhfuil fearg ar Dhia agus go gcuireann sé an calar go hÉirinn. I measc na n-íomhánna tá, 'nuair a sheasfas Críost ar thaobh an tsléibhe, cruinneoidh sé ar fad an cine daonna' agus 'fosclóidh ifreann agus flaitheas in éineacht, múchfaidh an ghealach is solas na gréine'. I ngeall ar íomhánna agus bagairtí mar seo a bheith ann, deir Raifteaí nár mhór do dhaoine aithreachas a dhéanamh. Is iomaí amhrán ann ina ndéantar faoistin agus aithreachas san iarracht saol sona a bhaint amach sa gcéad saol eile. Orthu seo tá mar shampla 'Faoistin Raifteaí'[47] agus 'Achainí Raifteaí ar Íosa Críost' a luaigh mé ar ball.[48] Is amhrán é 'Cailín Deas Crúite na mBó' a cheanglaítear go minic le geis nó le cosc mar go raibh sé ráite faoi go dtáinig an t-amhrán idir sagart agus glaoch ola. Samhlaítear leis an diabhal é i roinnt leaganacha. I leaganacha áirithe déantar aithreachas agus athrú saoil a mholadh:

> Agus an trua libhse lucht drannaíle agus drúise,
> Lucht meisce, lucht drúise agus póit,
> Bhíonns ag éirí ar maidin Dé Domhnaigh,
> Agus ag caitheamh mímhúin [?] ag tí an óil,
> Ná failligí an tAifreann ar aon chor,
> Mar níl sólás fán saol seo níos fearr,

Ach guígí míle is céad buíochas,
Leis an tAon-Mhac a d'fhulaing an Pháis.[49]

Dúirt Dominic Daly sa réamhrá leis an gcéad eagrán de *Amhráin Diaga Chúige Chonnacht* gur meon na nÉireannach maidir le chuile ghné den saol a bhí le feiceáil go fírinneach sna hamhráin seo. Tógadh na hamhráin ó dhaoine a mba ghné dhearfach dá saol laethúil den chuid is mhó a bhí i gceist le creideamh beo gníomhach.[50] Níl foirmeáltacht ag roinnt leo. Ní cleachtadh anois agus arís a bhí i gceist leis an bpaidreoireacht ag na fir agus na mná a dúirt na hamhráin seo. Dearcadh agus fealsúnacht saoil a bhí i gceist. Is cinnte go mbíodh comhthéacs i gcur i láthair na n-amhrán beannaithe an-so-aitheanta.

Bhí feidhm spioradálta ag na hamhráin seo ach is dóigh go raibh feidhm shóisialta i gceist freisin. Tugann siad comhthéacs Críostaí do nósanna nach dteastaíonn ón bpobal iomlán iad a chur i leataobh ar fad. Is cinnte go bhfuil a n-áilleacht féin ag baint leo. Ar leibhéal eile d'fhéadfaí a rá go gcabhraíonn siad le bearna a líonadh i scéal bheatha na mban agus a stór amhrán; réimsí a bhféadfaí a rá fúthu go ndearnadh neamhshuim díobh cuid mhór i saol na bailitheoireachta. Anuas ar an méid sin tagann teagasc i gceist le cuid mhór de na hamhráin. Is iomaí feidhm leo faoi mar is dual do chuile amhrán traidisiúnta agus is minic dul thar a chéile idir na feidhmeanna éagsúla. Tá amhráin an-chosúil le hamhráin bheannaithe dhúchasacha na Gaeilge i dtíortha Eorpacha eile. Bíonn an fheidhm chéanna leo agus baint acu le Páis Chríost, leis an gCarghas agus le haimsir na Cásca i gcoitinne. Níl aon mhórstaidéar déanta ar amhráin bheannaithe i dtraidisiún an Bhéarla in Éirinn agus b'fhiú go mór a leithéid a dhéanamh. [51]

Léirítear tábhacht na bailitheoireachta sna samplaí fuaime atá ar fáil de na hamhráin. Níl an ceol sa leabhar ag de hÍde ná ní luann sé fonn ná foinn ach is dóigh go raibh fonn ceoil le cuid mhór de na samplaí a d'fhoilsigh sé nó gur dúradh iad i bhfoirm cantaireachta. Ar an drochuair tá na foinn le cuid mhór de na hamhráin seo imithe díreach mar atá na hamhráin féin imithe le sruth. Le fírinne, is dóigh nach cuid de thraidisiún beo cuid de na hamhráin seo ó 1930 nó 1940 i leith. Sa gcomhthéacs seo ní mór breathnú ar an laghdú atá ann maidir le seasamh nó le ceangal le creideamh bunaithe agus ar an athrú forleathan i ngnéithe den chreidiúint san osnádúr. Tá seo tagtha taobh le taobh le culú na Gaeilge. Dúirt de hÍde nár mhair na hamhráin seo slán áit ar bith a dtáinig an Béarla in ionad na Gaeilge inti.[52] Tharlódh go bhfuil i bhfad níos mó ná scéal na teanga i gceist anseo. D'fhéadfaí a rá go bhfuil an amhránaíocht i nGaeilge fós réasúnta láidir ach go bhfuil traidisiún na n-amhrán beannaithe an-lag. Sa lá atá inniu ann is beag duine a dhéarfaidh na hamhráin bheannaithe agus is minic gur ar iarratas ó bhailitheoir béaloidis nó ó iriseoir nó a leithéid a dhéarfar iad. Bíonn cuid acu le cloisteáil ag ócáidí eaglasta. Is deacair a shamhlú go mairfidh traidisiúin ná amhráin bhéil ó ghlúin go glúin ach an fhad a bheidh siad ábharthach ag an bpobal a mbaineann siad leis ach tugann a bhfuil ar fáil de na hamhráin bheannaithe léargas ar chuid den timpeallacht lena mbaineann siad.

Ar Scáth a Chéile: Coimisiún Béaloideasa Éireann agus Lámhscríbhinní Iarchlasaiceacha na Gaeilge

Mícheál Briody

In ainneoin go mbíodh sé de nós ag Séamus Ó Duilearga foláireamh a thabhairt do bhailitheoirí béaloidis faoi scéalaithe a raibh léamh acu, thuig sé go raibh an focal scríofa agus an focal labhartha i ngleic lena chéile le fada in Éirinn agus nárbh oidhre ar chultúr béil amháin é Seán Ó Conaill ná go leor scéalaithe nach é.[1] Ag trácht dó ar choincheap an 'primal oral culture' i gcomhthéacs na hÉireann de, scríobh Gearóid Ó Crualaoich:

> Notwithstanding that the majority of the Irish population could not, until relatively recently (c. 150 years ago), write or read in any language, Irish culture had, simultaneously, been a literate culture for at least 1500 years. *Seán Ó Conaill*, despite his inability to read or write, despite his never having been at school, participated in a culture that was literate to a degree. He was aware of and recognised that world of literacy. He knew and had dealings with its agencies and its representative agents: the priest, the schoolmaster, the policeman and the folklore collector – *Ó Duilearga* himself.[2]

D'fhéadfaí cur leis an liosta thuas gan dabht; sula raibh múinteoirí scoile ná bailitheoirí béaloidis in aon chor ann bhí na scríobhaithe Gaeilge agus na scoláirí bochta ann. B'iomadúla go mór fada toradh a gcuid saothair, na lámhscríbhinní a chuireadar i dtoll a chéile, a chóipeáladar is a chrochadar leo ó áit go háit; gan trácht ar an rian a d'fhág na scríbhinní sin ar an traidisiún béil i mórán ceantar, Cill Rialaigh ina measc.

An Focal Scríofa is an Focal Labhartha

Cé gur bhreá leis an Duileargach a rá nach raibh léamh ná scríobh ag Ó Conaill, an chéad sárscéalaí ar bhailigh sé ábhar uaidh, bhí a fhios aige go raibh foinsí liteartha tar éis dul i gcion ar a stór scéalta is seanchais, ina measc seanlámhscríbhinní Gaeilge.[3] Ina theannta sin, bhí meas thar meon ag an Duileargach ní hamháin ar thraidisiún liteartha na Gaeilge ach ar an litearthacht. Deir Nagy, 'Delargy–caught up in a *gesunkenes Kulturgut* theory of folklore, and dangerously uncritical of the myths of unwavering oral transmission perpetuated by the storytellers themselves–transformed oral tradition into literature, the *sgéalaí* into a walking library, and the romantic tale into a literary artifact imported from abroad, an erstwhile aristocrat of tales'.[4] Ní haon ionadh más ea agus é ag caint ar 't[h]ábhacht agus tairbhe béaloideasa na hÉireann' i meamram a chuir sé go dtí iarThaoiseach an stáit, Éamon de Valera, i samhradh na bliana 1945, gur thagair sé d'oidhreacht liteartha na Gaeilge:

> Ba dheocair tábhacht an oidis béil seo na hÉireann do mhuinntir na tíre seo agus don domhan i gcoitchinne a mheas ná a mholadh thar mar ba chóir. Tá curtha le chéile ag Coimisiún Béaloideasa Éireann le deich mbliana anuas stór chomh mór agus chomh luachmhar san de sheanchas na ndaoine i nGaedhilg gur beag ná go bhfuil sé ar chomh-chéim, le tábhacht agus le luach, leis na cnuasaigh mhóra d[h]o-sháruithe de MSS. a bhaineas le leitríocht na Éireann atá i dtaisce sa tír seo agus i leabharlannaibh thar lear.[5]

Murach oidhreacht liteartha na Gaeilge ní dócha go dtabharfadh Ó Duilearga faoi bhéaloideas na hÉireann a tharrtháil a chéaduair. Go deimhin féin is san oidhreacht liteartha is túisce a chuir sé spéis agus ba bheag nár chaith sé dúthracht a shaoil léi seachas leis an mbéaloideas.

Ag Gabhal Dhá Bhóthar

Scríobhann Máire Mac Néill go ndúirt an Duileargach léi gur ó mhuintir Hamilton, muintir a sheanmháthar agus athmháistrí ar thailte Turnley, a fuair sé an dúil a bheith ag bailiú taifead éagsúil. Ba nós leo gach uile bhlúire páipéir a thagadh ina líon a shábháil agus b'óg ina shaol a chruthaigh Ó Duilearga an dúil chéanna.[6] Sa bhliain 1920 d'fhógair John S. Crone, eagarthóir *The Irish Booklover*, go raibh cumann nua le teacht ar an bhfód:

> It is proposed to establish 'The Manuscripts and Records Society of Ireland.' (1) To promote the study and, where necessary, assist in the preservation of MSS. and Records chiefly of the Eighteenth Century. (2) To register collections of MSS. of Literary, Linguistic and Historical importance, which are in private possession, and (3) To edit and publish, as occasion arises, the researches of the members. The hon. secretaries, Messrs J.J. O'Neill and Hamilton Delargy, University College, Dublin, will be glad to hear from any person willing to join. Considering that a large amount of MS. material is in danger of being irretrievably lost, and that unique and

> valuable documents have been allowed to pass into alien hands, such a society is greatly needed, and I cordially wish it all success.[7]

Ní raibh an aimsir tráthúil do chumann den saghas seo agus dealraíonn sé nár tháinig sé ar an bhfód in aon chor. Ar a shon sin, ba thráthúil an smaoineamh a bhí ag an mbeirt fhear óga fhadbhreathnaitheacha seo iarracht a dheánamh seanlámhscríbhinní Gaeilge agus seantaifid liteartha agus stairiúla eile a aimsiú, a chlárú, agus a chur ó bhaol. Is ó fhoinsí príobháideacha a fuaireadar cuid acu. Dúluachair na bliana 1919–1920 ba ea í. Bhí an tír á suaitheadh cheana féin agus níorbh fhada go raibh sé ina chogadh idir Óglaigh na hÉireann agus fórsaí an Rí in go leor áiteanna ar fud na tíre. Le linn an chogaidh sin agus le linn Chogadh na gCarad a lean é scriosadh a lán cnuasach lámhscríbhinní agus taifead den uile shaghas. Bhí cuid acu i seilbh phríobháideach agus cuid eile acu i seilbh an stáit; ina measc bhí Oifig na Stát-Pháipéar sna Ceithre Cúirteanna. Cé nár tháinig an cumann úd riamh ar an bhfód, laistigh de dheich mbliana bunaíodh Coimisiún Lámhscríbhinní na hÉireann. Thug an coimisiún seo faoi mhórán na hoibre céanna a bhí molta ag an mbeirt fhear óga seo.[8]

Ní heol dom cad a bhain do J.J. O'Neill ach bhí sé i ndán dá chomhbhádóir sa tionscnamh seo dlúthbhaint a bheith aige le lámhscríbhinní Gaeilge, lámhscríbhinní de bhunadh an ochtú haois déag go háirithe. Is ag Acadamh Ríoga na hÉireann a bhí an cnuasach ba mhó seanlámhscríbhinní Gaeilge um an dtaca seo. Sa bhliain 1926 tosaíodh ar na lámhscríbhinní seo a chlárú agus catalóg a ullmhú don chló. Bhí Ó Duilearga i measc na ndaoine a earcaíodh chun na hoibre seo. Bíodh is dóichí go raibh spéis aige san obair seo dealraíonn sé gur chun pinginí breise a thuilleamh a thóg sé an cúram air féin chomh maith. Faoin tráth seo bhí sé fostaithe mar chúntóir do Dhubhghlas de hÍde i gColáiste na hOllscoile, Baile Átha Cliath. Bhí sé fós ag gabháil do chlárú na lámhscríbhinní nuair a casadh Carl Wilhelm von Sydow, an béaloideasóir Sualannach, air i mí Iúil na bliana 1927.

Thuig von Sydow go raibh mianach ar leith sa bhfear óg seo agus flosc chun oibre air. Mhol sé dó cuairt a thabhairt air i gcathair Lund in Oirdheisceart na Sualainne chun eolas níos doimhne a chur ar léann an bhéaloidis. An t-earrach dár gcionn bhain Ó Duilearga cathair Lund amach. Ní i dtortaobh le hoiliúint von Sydow amháin a bhí sé áfach. Le linn dó bheith as baile thug sé cuairt ar a lán institiúidí béaloidis agus eitneolaíochta i gCríoch Lochlann, sa bhFionlainn agus san Eastóin. Ar a chamchuairt chonaic sé cnuasaigh lámhscribhinní a cuireadh le chéile ó bhéalaithris murab ionann agus formhór na lámhscríbhinní a raibh sé ag plé leo san Acadamh. Orthu seo bhí dhá chnuasach ar leith a chuaigh i gcion go mór air, cnuasach Chumann Litríochta na Fionlainne i gcathair Helsinki agus Cartlann Bhéaloidis na hEastóine i gcathair Tartu.[9] Dealraíonn sé go rabhadar seo ar na cnuasaigh bhéaloidis ba mhó a chonaic sé ar a shiúlta. Tar éis dó an Fhionlainn a fhágaint scríobh sé ó fheirm i Småland na Sualainne go dtí Kaarle Krohn:

> In two months I return to Ireland. I do not know what lies in store for me there but I hope that I shall get the chance I ask for to save 'Quae superaverunt fragmenta, ne pereant'. I grudge the time I spend abroad when I think of what remains to be done at home and how few there are who care. But please God, it won't be always so and in a few years time we may have something to show and a national collection to be proud of.[10]

Dá mb' fhada leis go mbeadh sé ar ais in Éirinn, b'fhaide fós leis go mbeadh sé réidh le clárú lámhscríbhinní an Acadaimh, gan trácht ar chúraimí ollscoile. Go gairid tar éis dó filleadh ar Éirinn ghearán sé a chás le von Sydow: 'In addition [.i. i dteannta le heagarthóireacht *Béaloideas*] the daily grind at the College and R.I. Academy takes up all the best part of my day & I am tired at night when I come home after 8 hours of it'.[11] Ní hamháin go raibh an dá chúram seo ag baint den am a d'fhéadfadh sé a chaitheamh ag bailiú béaloidis, bhraith sé go raibh obair an bhéaloidis ag luí airsean amháin geall leis agus an oiread sin le déanamh. I litir a sheol sé go dtí von Sydow roinnt laethanta níos déanaí tá léargas ar an saghas brú a bhí air. Bhí daoine éagsúla ar fud an bhaill ag tathant air sceálta an tseanóra seo nó an tseanóra siúd a bhailiú ar eagla go gcaillfí iad ach ní fhéadfadh sé gach ní a dhéanamh, 'here am I cataloguing the contents of 18th MSS. which are perfectly safe in libraries while much more valuable material is daily perishing "un-annaled and unsung" and our educational authorities only smile when some enthusiast like myself tells them of the work to be done!'[12]

Ní raibh sé ar ais in Éirinn ach cupla mí nuair a d'éirigh leis tathant ar na húdaráis Institiúid Bhéaloideasa Éireann a bhunú. Bhí súil aige go seolfaí go luath san athbhliain í ach d'imigh breis agus bliain thart sular thosaigh sí ag feidhmiú. Ag deireadh na bliana 1929 scríobh sé go dtí von Sydow faoi easpa tuisceana na n-údarás agus daoine nach iad:

> The people who should help, who should understand are those who are the obstacles to our success. Gaeldom is slowly disappearing, our folk-culture will soon be but a memory, the old seanachaidhes are fast dying out while all the time the fools in high places squabble over trivialities, occupying themselves with things which can be very well attended to in fifty years time – and slowly but steadily the only sources of supply for the study of our people are dying in the remote places, among the hills & in the valleys of the barren lands of Munster & of Connacht & the North.

Ní raibh aon ní a shásódh é ach luí isteach go hiomlán ar obair an bhéaloidis: 'I feel that I shall never make a success of this folklore movement until I have nothing else to do except folklore. I wonder will that day ever come'.[13] Bhunaigh Rialtas Shaorstát Éireann Coimisiún Béaloideasa Éireann i mí Aibreáin 1935. Dheonaigh an Coláiste Ollscoile an Duileargach a shaoradh óna chuid dualgas ollscoile chun feidhmiú mar stiúrthóir air.

Cúlbhrat do na Seanlámhscríbhinní

Má thug Ó Duilearga cúl le clárú sheanláimhscríbhinní Acadamh Ríoga na hÉireann, níor thug sé cúl leis na lámhscríbhinní féin riamh. Ní dhearna sé amhlaidh ar go leor cúiseanna. Thar aon rud, chonaic sé leanúnachas idir an obair a bhí ar siúl ag an gCoimisiún Béaloideasa agus dreamanna éagsúla a chuaigh roimhe. I measc réamhtheachtaithe an Choimisiúin, d'áirigh sé timirí Chonradh na Gaeilge, Seán Ó Donnabháin, Eoghan Ó Comhraí agus George Petrie a bhí ar fhoireann an tSuirbhé Ordanáis sa naoú céad déag. Bhí Edward Bunting agus Pádraig Ó Loingsigh a bhailigh ceol agus amhráin i Maigh Eo agus filí agus scoláirí bochta an ochtú haois déag glúin níos luaithe. I dtaobh na ndaoine seo ar fad deir sé, 'In every generation there have been such seekers after knowledge, such recorders of tradition, who rescued from the lips of old men or copied from treasured manuscripts the history of our people'.[14]

Bhí tábhacht le lámhscríbhinní dar leis mar bhí traidisiún béil na hÉireann ina oidhre ar thraidisiún léannta na meánaoiseanna ar imigh claochlú air sa seachtú haois déag. I dtaobh thraidisiún béil na Gaeilge agus Ghaeilge na hAlban deir sé:

> To this ancient, orally preserved stock of West European tradition was grafted in the course of time portion of the literature of the upper classes and of the written tradition of the schools of native learning, common to the cultivated Gael of both Ireland and western Scotland. For a thousand years this native literary manuscript tradition had run its course side by side with, although not entirely independent of, the oral tradition of the peasant; now by force of circumstances, the two streams of tradition were joined.[15]

D'fhág seo go raibh an traidisiún béil go mór faoi chomaoin ag na seanlámhscríbhinní seo agus lucht a ndéanta dar leis agus bhí cáilíocht liteartha ar leith ag béaloideas na hÉireann de bharr na teagmhála seo. Ach dá mba chuid de shlabhra liteartha iad lámhscríbhinní an Choimisiúin a bhí ag síneadh siar go dtí aimsir na Sean-Ghaeilge, thuig Ó Duilearga go raibh tábhacht ar leith acu suas le go leor de na seanlámhscríbhinní. Mar shampla, b'ilghnéithí an t-ábhar a bhí iontu ná sa chuid is mó de lámhscríbhinní an ochtú is an naoú haois déag sin. Thar aon rud eile bhí raidhse seanscéalta, eachtraithe, agus a macasamhla i gcaint na ndaoine i lámhscríbhinní an Choimisiúin. Ag trácht dó ar dhuine de na seanchaithe ar bhailigh sé lear mór ábhair uaidh, deir sé, 'Stiofán Ó hEalaoire . . . had much more for the student of Irish than most of the modern Irish MSS. of our great libraries'.[16]

Oidhre ba ea an Coimisiún ar scríobhaithe an ochtú is an naoú haois déag go háirithe dar leis an Duileargach. D'aithin sé tionchar cuid de na lámhscríbhinní sin ar an traidisiún béil. Ba chuid de chontanam iad lámhscríbhinní an Choimisiúin agus lámhscríbhinní na Gaeilge trí chéile, dar leis, ach ba mhó ná sin fós iad. Ba chúlbhrat iad chomh maith dá dtáinig rompu:

> To the student of Irish manuscript literature a thorough knowledge of oral literature and tradition is indispensable. In this unwritten literature he will find a great deal which undoubtedly emanates from or has been influenced by the literature of the manuscript tradition; but he will also find a huge quantity of literary material which has not been influenced by the manuscript literature – material which is the cultural background to the manuscript literature, the drop-curtain as it were to it all.[17]

Ní haon ionadh más ea gur fhéach sé chuige go mbaileodh bailitheoirí an Choimisiúin eolas faoi na lámhscríbhinní seo. In *A Handbook of Irish Folklore* tá roinn faoi 'Manuscripts and Books' agus ceann eile faoi 'Poor Scholars'. Liostaítear go leor ceisteanna faoi sheanlámhscríbhinní. Mar shampla, faoin tslí ar scaipeadh iad, faoin gcineál ábhair a bhí iontu, agus faoina léamh os ard. Ach moladh do bhailitheoirí fiosrú a dhéanamh faoi cháipéisí eile seachas seanlámhscríbhinní Gaeilge:

> Did the local people preserve family papers or documents? If any manuscripts or documents of historical or literary value survive locally, write down detailed accounts of them. Find out whether the present owners would be willing to have them deposited in a national archive or library for safe-keeping. Detailed accounts of lost or destroyed manuscripts and historic documents should be written down.[18]

Cúlbhrat do Chnuasach an Choimisiúin

Mhaígh Ó Duilearga sa bhliain 1945 go raibh 'cnuasaithe ag an gCoimisiún so le deich mbliana anuas an téagar béaloideasa is mó agus is luachmhaire ar domhan'.[19] Má bhí an ceart aige um an dtaca sin, áirítear cartlann bhéaloidis Chumann Litríochta na Fionlannaise, Suomalaisen Kirjallisuuden Seura, ar an gcartlann bhéaloidis is mó ar domhan faoi láthair. Ní bhaineann toirt le hábhar puinn, dar liomsa, ach ní mór cuimhneamh san am céanna go bhfuil toise ag cnuasach Choimisiún Béaloideasa Éireann nach bhfuil ag cnuasach béaloidis Chumann Litríochta na Fionnlannaise nó a mhacasamhail i dTartu na hEastóine, is é sin a bhfuil de sheanlámhscríbhinní Gaeilge i seilbh institiúidí agus i seilbh phríobháideach in Éirinn agus thar lear, go háirithe lámhscríbhinní iarchlasaiceacha de bhunadh an ochtú agus an naoú haois déag. Cé nach ó aithris bhéil a tiomsaíodh formhór na seanlámhscríbhinní seo, ní ceart do bhéaloideasóirí an lae inniu bheith dall nó beag beann ar na cnuasaigh eile lámhscríbhinní seo ar go leor cúiseanna. Ar shlí, chun casadh a bhaint as ráiteas Uí Dhuilearga thuas, d'fhéadfaí a áiteamh gur saghas cúlbhrait iad do chnuasach an Choimisiúin.

Ní furasta cnuasach an Choimisiúin a scarúint ó chuid de na cnuasaigh eile seo pé scéal é, mar luíonn siad trasna ar a chéile ábhairín. Tá roinnt seanlámhscríbhinní i bpríomhchnuasach an Choimisiúin agus tá cuid mhaith béaloidis i measc na gcnuasach lámhscríbhinní eile seo. Baineann cuid den ábhar seo le Ré na hAthbheochana. Mar shampla na lámhscríbhinní ina bhfuil torthaí chomórtais an Oireachtais i Leabharlann Náisiunta na hÉireann,[20] nó an t-ábhar ón mbéalaithris a fhaightear i measc Chnuasach Thorna i gColáiste na hOllscoile, Corcaigh.[21] Tamall de bhlianta sular bunaíodh an Conradh thosaigh Pádraig Feirtéar ón mBaile Uachtarach i gCorca Dhuibhne ag cóipeáil is ag bailiú lámhscríbhinní ar fud Chiarraí agus ag breacadh síos ábhair ó aithris na ndaoine ina cheantar dúchais. Thug sé ar bhailigh sé leis go Meiriceá agus lean thall de bheith ag bailiú lámhscríbhinní agus ag breacadh síos ó thraidisiún béil lucht imirce. D'fhill a chuid lámhscríbhinní ar Éirinn tar éis a bháis agus tá siad anois i seilbh Leabharlann An Choláiste Ollscoile, Baile Átha Cliath.[22]

I rith an naoú haois déag ar fad bhí daoine ann a chuir spéis sa traidisiún béil. Fear as an bparóiste céanna leis an nDuileargach, an Dr. Séamus Mac Domhnaill, a ghríosaigh agus a chabhraigh le cuid mhaith den obair seo i dtuaisceart na tíre. Sa bhliain 1792 bhí an Domhnallach ar dhuine d'eagraithe Thionól na gCruitirí i mBéal Feirste inar tugadh le chéile ó chian is ó chóngar buíon de chláirseoirí deireanacha na hÉireann. Bhí sé i gceist go mbreacfaí síos na foinn a sheinnfí ag an ócáid chomh maith le focail na n-amhrán a ghabh leo mar aon le traidisiúin bhéil na gcláirseoirí. Faoi mar a tharla níor breacadh ach an ceol ar deireadh.[23] Spreag an tionól seo Edward Bunting chun iarracht chuthaigh a dhéanamh ceol na hÉireann a tharrtháil. Níorbh fhada gur chuir sé chun bóthair i mbun bailithe ar fud Uladh agus thuaisceart Chonnacht. Ní raibh aon Ghaeilge ag Bunting féin ach sa bhliain 1802 fostaíodh Pádraig Ó Loingsigh chun focail na n-amhrán a ghabh leis an gceol a bhreacadh síos.[24] Níor lean an comhoibriú idir an bheirt seo ach achar bliana nó mar sin. Bhreac an Loingseach síos na céadta amhrán atá fós ar marthain i measc chnuasach Bunting in Ollscoil na Ríona, Béal Feirste, mar aon le go leor ábhair eile faoi thraidisiún ceoil agus amhránaíochta na hÉireann a bhailigh Bunting féin agus lucht a chabhartha.[25]

Ba chúltaca riamh Mac Domhnaill ag Bunting agus níor staon sé i gcaitheamh a shaoil do bheith ag iarraidh an Ghaeilge a chur ar aghaidh. Amach sa naoú haois déag bunaíodh Cuideacht Gaeilge Uladh i mBéal Feirste (1830), a raibh baint ag an nDomhnallach léi chomh maith. Bhí bailiú lámhscríbhinní Gaeilge i measc na n-aidhmeanna a bhí ag an gcumann seo.[26] Bhí duine de na daoine ba ghníomhaí sa Chuideacht, Roibeard Mac Ádhaimh, ar a mhíle dícheall ag bailiú agus ag cóipeáil lámhscríbhinní Gaeilge ar son an chumainn, agus níorbh fhada gur thosaigh sé ag cur suime sa traidisiún béil chomh maith. Ba chás le Mac Ádhaimh meath na Gaeilge agus meath an traidisiúin bhéil. I dtaobh amhrán, 'seansgéulta agus seandána' dúirt sé, 'ní maith liom nach bhfuil na daoine óga, do réir mar cluinim, dá gcur a gcuimhne nó dá bhfoghluim ó bhéulaibh na seanachaidh atá ag dul síos go laetheamhail chum na huaighe. Is mairg gur mur so atá an cás air feadh gach uile chóigeadh d'Éirinn acht le cuidiughadh do dhaoinibh uaisle mur tusa b'fhéidir mórán maitheasa do dhéanamh fós san gcás so'.[27] Bhailigh Mac Ádhaimh go leor ábhair ón traidisiún béil, gach seans a fuair sé. B'acmhainn dó toisc gurbh fhear gnó é daoine eile a fhostú chun lámhscríbhinní a bhailiú, a chóipeáil agus ábhar ón mbéalaithris a bhreacadh síos dó. I measc na scríobhaithe Gaeilge a bhí ag obair dó bhí Aodh Mac Domhnaill, ó Chontae na Mí, fear a thaistil ar fud an tuaiscirt dó ag bailiú amhrán agus lámhscríbhinní.[28] Scríobhaí Gaeilge eile a bhí fostaithe tamall ag Mac Ádhaimh agus a bhailigh go leor ábhair ón mbéalaithris ba ea Peadar Ó Gealacáin.[29] Tá an t-ábhar a bhailigh Mac Ádhaimh agus lucht a chabhartha ar fud an bhaill anois in institiúidí éagsúla agus cuid de caillte.

Níorbh é Mac Ádhaimh an t-aon duine in Éirinn a bhí ag spreagadh daoine chun ábhar a bhailiú ón traidisiún béil um an dtaca seo. I gConnachtaibh bhailigh James Hardiman, údar *Irish Ministrelsy*, ábhar ón mbéalaithris nó chuir sé daoine eile ag bailiú ábhair dó. Tá cuid den ábhar seo anois in Acadamh Ríoga na hÉireann agus i

Leabharlann na Breataine.[30] Thart ar an am céanna bhailigh an foclóirí Edward O'Reilly agus John Myles O'Reilly roinnt ábhair ón mbéalaithris faoin gcláirseoir cáiliúil, Toirdhealbhach Ó Cearbhalláin (1670–1738). Tar éis bhás Edward O'Reilly d'fhostaigh John Myles O'Reilly máistir scoile, Domhnall Ó Maoileoin, chun amhráin an Chearbhallánaigh a bhailiú i Liatroim agus Ros Comáin.[31] Thart ar ghlúin níos déanaí san iarthar bhailigh Seán Mag Fhlainn (1843–1915), eagarthóir an *Tuam News*, ábhar béaloidis agus ghríosaigh daoine eile chun ábhar a bhailiú ón mbéalaithris. D'fhoilsigh sé cuid den ábhar seo i gcolún Gaeilge an *Tuam News* ach fágadh go leor gan fhoilsiú. Tá lear mór ábhair a bailíodh ón mbéalaithris le fáil i measc lámhscríbhinní Mhic Fhlainn sa Leabharlann Náisiúnta, idir ábhar a bhailigh sé féin agus ábhar a bhailigh daoine eile dhó.[32]

Deireadh Ré agus Tús Ré

Go leor de na daoine a sholáthair ábhar do Mag Fhlainn bhaineadar úsáid as litriú leathfhoghrúil seachas an litriú Gaelach. I dtaobh na scripte leathfhoghrúla seo deir Cullen:

> Phonetic scripts were unknown in the mid-eighteenth century, emphasising that the acquaintance with literacy first derived from Irish and from the literary moulds of the language. A generation later, *circa* 1790, the phonetic scripts begin to appear. These were not numerous in the south, but where they appear they emphasised that individuals were drawing their reading knowledge from English, and that they proceeded to literacy in Irish by models already picked up from English.[33]

Is i gCúige Chonnacht is mó a fhaightear lámhscríbhinní sa script seo, agus is díol spéise gur ó aithris bhéil, de réir dealraimh, an chuid is mó den ábhar atá sna lámhscríbhinní seo.[34] Cé go raibh traidisiún láidir liteartha i gConnachta sna meánaoiseanna déanacha, níl ach dornán beag lámhscríbhinní sa pheannaireacht Ghaelach ón seachtú haois déag i leith ar marthain ón gcúige seo.[35] Ní hionann sin is a rá nár ráinigh lámhscríbhinní ó cheantair eile Chonnachta. Tá a fhios againn go ndeachaigh ábhar as na seanlámhscríbhinní seo, go díreach nó go hindíreach, isteach sa traidisiún béil ann.[36] Cóipleabhair ghioblacha gan chlúdaigh ba ea formhór na lámhscríbhinní sa script leathfhoghrúil seo agus b'fhurasta dóibh titim as a chéile. Is i bpeannaireacht den saghas seo a breacadh cuid mhaith d'fhilíocht Raiftearaí.[37] Cé gur scrúdaigh Dubhghlas de hÍde roinnt de na lámhscríbhinní seo agus é ar thóir shaothar an fhile seo, ba leasc leis iad a bhailiú. D'fhéach sé orthu mar chomhartha meatha, mar thruailliú ar an traidisiún Gaelach a bhrostaigh na Scoileanna Náisiúnta.[38] Is dócha go raibh go leor bailitheoirí ar aon intinn leis mar ní mórán díobh a fhaightear sna cnuasaigh lámhscríbhinní.

A mhalairt ar fad de thuairim atá ag Cullen fúthu, in ionad féachaint ar na lámhscríbhinní seo mar chomhartha meatha deir sé go bhfuil 'Seanchas na Sceiche' le Raiftearaí 'chomh sofaisticiúil agus chomh saibhir sin nach féidir féachaint air mar dhán de chuid na ndaoine, ná a áiteamh go mbeadh sé tagtha anuas slán dá mbeadh sé i dtortaobh leis an dtraidisiún béil amháin.' Leanann ar aghaidh:

> Maidir le filíocht Raiftearaí, nuair a chuimhnítear gur beag filíocht shofaisticiúil a bhí á chumadh i gConnachta sular tháinig ann di siúd, is léir nach deireadh ré a bhí i gceist ach tús a bheith á chur le traidisiún nua, geall leis. Bhí rath agus tóir ar fhilíocht den saghas seo mar gur athraigh an tsochaí sa tslí gur thosaigh daoine ar shuim bhreise a chur i gcúrsaí reatha, agus ar thaifeadadh a dhéanamh ar ocáidí móra polaitíochta agus ar eachtraí suaithinseacha. An rud is iontaí i dtaobh fhilíocht an Iarthair i ndeireadh an ochtú haois déag ná an tóir a bheith ar lámhscríbhinní (scríofa ag an bhfile féin ar uairibh, ach níos minicí ná sin ag daoine eile) inar deineadh tuile na filíochta a thaifeadadh i scripteanna foghraíochta a bhí ag brath ar an ábaltacht nua ar Bhéarla a scríobh. Is mó a bhaineann an próiseas seo le beocht a chur sa traidisiún agus le hiniúchadh a dhéanamh ar théamaí nua, i bhfoirm níos poiblí, agus leas á dheánamh de mheán nua réabhlóideach na litearthachta, ná le taifeadadh a dhéanamh ar sheantraidisiún a bhí riamh bríomhar.[39]

Fiú más fíor do Cullen gur chomhartha fáis ba ea na lámhscríbhinní sa script leathfhoghrúil ba bhloscadh an bháis é ar shlí. Bhí meath i ndán don Ghaeilge i gConnachtaibh agus don traidisiún Gaelach. Tar éis glúine nó dhó bhí bailitheoirí ón taobh amuigh den phobal ar an bhfód ar thóir traidisiún béil a bhí faoin am seo i mbaol a gcaillte. Ar a shon sin, is díol spéise a ndeir Cullen i dtaobh na lámhscríbhinní seo. Léiríonn a bhfuil le rá aige go feillbhinn spleáchas an traidisiúin liteartha agus an traidisiúin bhéil ar a chéile in Éirinn agus gabhlánacht an ghaoil sin.

Is i gCúige Mumhan, i gCill Chainnigh, i dtuaisceart Laighin agus in oirthear Chúige Uladh is mó a mhair traidisiún liteartha na Gaeilge tar éis an tseachtú haois déag. Faoin am go raibh Antaine Raiftearaí in ard a réime san iarthar, bhí an Ghaeilge mar theanga labhartha ag trá go tiubh in go leor de Chúige Mumhan, Laighean agus Uladh. Sna cúigí seo bhí daoine fós ag cóipeáil lámhscríbhinní in áiteanna chun a n-úsáide féin nó úsáid a gcomharsan. I bhfo-bhall bhí daoine ag bailiú isteach i dtithe istoíche chun éisteacht le hábhar á léamh amach os ard as lámhscríbhinní,[40] ach cuid mhaith den chóipeáil sa script Ghaelach a bhí ar siúl um an dtaca seo (agus is sa script dhúchasach go mór fada a bhí lámhscríbhinní á scríobh sa tír trí chéile seachas sa script leathfhoghrúil go dtí beagnach deireadh an naoú haois déag i bhfo-áit), ní ag freastal ar riachtanais an phobail a bhí sé a thuilleadh (nó ar spéiseanna an scríobhaí fiú) ach ar dhaoine lasmuigh den phobal, cuid díobh ar bheagán Gaeilge nó gan aon Ghaeilge in aon chor acu. Bhí bailitheoirí lámhscríbhinní príobháideacha (daoine a raibh gustal acu) agus institiúidí i mbun lámhscríbhinní a bhailiú nó a chur á gcóipeáil.[41] Murab ionann agus Roibeard Mac Ádhaimh agus an Dr Séamas Mac Domhnaill ní raibh spéis ag na daoine seo sa traidisiún béil ar an mórgóir; san ársaíocht ba mhó a bhí a spéis siúd. Mura mbeadh aon traidisiún liteartha sa Ghaeilge is é is dóichí go gcuirfeadh cuid de na daoine nó de na dreamanna seo níos mó spéise sa traidisiún béil. Laghdaigh an bailiú seo líon na lámhscríbhinní i measc an phobail, chomh maith leis an imirce, mar is iomaí lámhscríbhinn a crochadh sall go Meirceá.[42] Ach ar an drochuair scriosadh go leor de na lámhscríbhinní a fágadh i seilbh na ndaoine mar gheall ar chúlú na Gaeilge agus ar an athrú teanga. Caitheadh ar an gcarn aoiligh iad nó lasadh an tine leo nó ligeadh dóibh titim i léithe.

Dúshlán do Bhéaloideasóirí

Ba cheart go mba spéis le béaloideasóirí a bhfuil ar marthain de sheanlámhscríbhinní sa pheannaireacht Ghaelach nó sa pheannaireacht leathfhoghrúil. Tá ábhar iontu a bailíodh ó aithris bhéil ach ina theannta sin seasann traidisiún lámhscríbhinní iarchlasaiceacha na Gaeilge ar scaradh gabhail idir dhá chultúr, cultúr liteartha agus cultúr béil. Deir Ó hÓgáin, 'Most of the literary men of the eighteenth-century Gaelic world stood as aloof as they could from the actual stories which circulated among the ordinary people, or at least from the form in which these stories circulated. To the literati, the "correct" versions of traditions were those in book or manuscript form'.[43] Ní gá áfach go mbeadh sé seo fíor i gcónaí, go háirithe maidir le breacadh filíochta nó amhrán ón aithris bhéil. Ag caint dó ar an oiliúint i léann na Gaeilge a fuair an scríobhaí Donnchadh Ó Floinn (1760–1830), deir Pádraig A. Breatnach:

> This training makes it certain that in recording actual poetic texts from the period with which we are dealing, his bias and fidelity would have been in favour of written sources. But the same must not be assumed of even a majority of scribes. While Ó Floinn may be classed as both *Liebhaber* and antiquarian, many scribes were

> enthusiasts *pur sang*, after the manner of Pádraig Ó Crualaoi. This is especially true of many of those active in the years between 1780 and 1830.[44]

Is ceart a chur san áireamh chomh maith nárbh aon dream amháin an t-aos léinn seo ach oiread. Deir Ó Buachalla:

> Toisc gur d'aon aicme shóisialta iad, tríd is tríd, filí an 18ú céad is minic a thugtar le tuiscint gur d'aon aicme chultúrtha is oideachais iad freisin ach níor ghá in aon chor gurbh amhlaidh a bheadh agus is cinnte nach mar sin a bhí. Bhí feidhm fós ag leibhéil dhifriúla litearthachta san 18ú céad, fiú, agus bhí aicmí difriúla filí ag freagairt dá réir dóibh. Is soiléire a chítear sin i saothar fhilí an Tuaiscirt ná i saothar fhilí na Mumhan.[45]

Is fíor don Óganach nár bhac na scríobhaithe seo na scéalta a bhí coiteann i measc na ndaoine a scríobh síos, ach ceist chasta is ea í sin. Shíolraigh cuid de na scéalta sin, na scéalta gaisce, ó scéalta rómánsaíochta a cóipeáladh isteach i lámhscríbhinní i gcaitheamh an ochtú agus an naoú haois déag agus a léití amach os ard ag tionóil daoine. Ní haon ionadh nár bhac an t-aos léinn le scéalta mar seo, nó scéalta eile nach iad, a scríobh síos i lámhscríbhinní an tráth úd. Bhí an traidisiún béil fós láidir agus bhí an Ghaeilge á labhairt go fada fairsing sa tír. Bhí páipéar gann agus daor go maith. Ní mór cuimhneamh chomh maith go raibh go leor a bhain le traidisiún na filíochta liteartha nár bhac na filí nó scríobhaithe a scríobh síos.

Ina theannta sin, is cinnte nach raibh an traidisiún léannta agus an traidisiún béil chomh scartha amach óna chéile i ndáiríre. Tá fianaise sna lámhscríbhinní féin nach seachadadh liteartha amháin a bhí i gceist. Cé gur sa pheannaireacht Ghaelach atá formhór na lámhscríbhinní a tháinig anuas chugainn ón ochtú agus ón naoú haois deág, tá éagsúlacht an-mhór i litriú na lámhscríbhinní seo. Deir Pádraig A. Breatnach ina thaobh seo, 'barbarous orthography can be important in distinguishing between texts written from memory or dictation and those copied from scribal sources.'[46] Ní mór cuimhneamh chomh maith nach ag cumadh dá gcomhfhilí amháin a bhíodh filí liteartha an ochtú haois déag. Filíocht phobail ba ea an fhilíocht seo ar an mórgóir. Bhí pobal acu idir léannta is neamhléannta. Ina theannta seo, níor spéis leis an lucht éisteachta an fhilíocht nó na hamhráin seo amháin. Ba spéis leo na dálaí inar cumadh dánta nó amhráin mar aon le heachtraithe a bhain le saol na bhfilí. Go deimhin féin chun go leor de na dánta nó na hamhráin seo a thuiscint i gceart is gá eolas breise a bheith againn ina dtaobh, eolas a bhí ag lucht na linne go minic ach nár tháinig anuas chugainn. Níor ghnách eolas den saghas seo a bhreacadh sna lámhscríbhinní. Deir Ó Muirgheasa ina thaobh seo:

> Paper was scarce and dear, and copying was laborious, and biographical sketches were not 'literature' in the strict mind of the scribe, according to the precedents handed down to him by his predecessors, so this was entrusted to oral tradition, which did indeed look after it in no cold or negligent spirit. And had the Irish language lived in vigour in South Ulster, popular tradition would still have preserved most of what was worth knowing about MacCooey, but as the language gradually died and the poetry died out also, the people, no longer knowing the poetry, ceased to take an interest in, or remember anything about the poet.[47]

Ní mór a chur san áireamh go raibh traidisiúin bhéil éagsúla ag dreamanna éagsúla agus nach gá gur aon dream amháin iad aos léinn na Gaeilge um an dtaca sin. Ní i measc an phobail amháin a bhí seanchas faoi fhilí agus a saothar. Ag trácht dó ar na dánta nó na hamhráin a cumadh *extempore* i dtithe tábhairne, mar shampla, áit nach mbeadh deis a scríofa ar fáil, deir Breatnach:

> The fact that the compositions were passed on and noted down at a later stage again brings to the forefront of the problem of transmission the carriers of the tradition, oral and scribal. And in these cases especially it is difficult to separate the tradition-carriers from what I have already spoken of as the poets' audience. Donnchadh Ó Floinn (1760–1830), who resided at Shandon Street in Cork city for the last thirty years of his life, or perhaps longer, exemplifies the scribe as enthusiastic audience. In the Maynooth manuscript, compiled over a period of years for his own use, he entered much material from his personal recollection of the circumstances surrounding the composition of the texts copied.[48]

Ag trácht dó ar a bhfuil d'eolas ag Ó Floinn sa lámhscríbhinn seo, deir Breatnach, 'this kind of "seanchas filíochta" and the lore noted down in our time from Pádraig Ó Crualaoi, exemplify the unity of purpose which motivated oral and scribal bearers of the tradition alike'[49]. Soláthraíonn Breatnach fianaise chomh maith go mbaineadh filí na Mumhan san ochtú haois déag earraíocht as teachtairí béil chun a ndéantúis filíochta a sheachadadh go dtí comhfhilí a bhí ina gcónaí tamall uathu.[50] Is deacair a rá cé chomh fairsing a bhí sé seo mar nós ach is cinnte go raibh go leor dánta nó amhrán de ghlanmheabhair ag filí agus scríobhaithe agus nach as eiseamláir scríofa a bhreac said ábhar isteach i lámhscríbhinn i gcónaí.

Is cinnte nach féidir an traidisiún liteartha agus an traidisiún béil san ochtú haois deág a scaradh óna chéile. Deir Ó Buachalla mar gheall ar aislingí na Gaeilge:

> Níor dhá mheán seachadta neamhspleácha iad an litríocht scríofa agus an litríocht bhéil ach dhá mheán chomhlántacha a d'oibrigh ar a chéile, a shaibhrigh a chéile, agus a raibh síorthrácht eatarthu feadh na huaire. Nós coiteann ab ea é, is cosúil, ag an mionlach a raibh léamh acu, ábhar na lámhscríbhinní a léamh amach don chomhluadar ar ócáidí sóisialta ar an bportach, ar an aonach, sna tithe. Nós é a chinntigh gur bhain cuid éigin den ábhar scríofa pobal níos fairsinge ná an t-aos liteartha amach agus gur thaistil an t-ábhar sin go ceantracha lasmuigh de láthair a chumtha is a chóipeála.[51]

Tá go leor de dhéantús filíochta nó amhránaíochta an ochtú haois déag nár foilsíodh go fóill. Tá eagráin nua de go leor den méid a foilsíodh le céad bliain anuas ag teastáil go géar. Is é an dála céanna ag go leor de shaothair phróis an ochtú is an naoú haois deág é. Thairis sin, is le déanaí atá scoláirí ag díriú i gceart ar chomhthéacs na litríochta seo, seachas ar na téacsanna amháin. Bítear ag iarraidh léargas níos fearr a fháil ar an tsochaí as a d'eascair sí. Tá go leor le déanamh fós agus is iomaí rud nach dtuigimid go rómhaith, ina measc ról an traidisiúin bhéil agus cultúr coiteann na ndaoine san ochtú haois déag, nuair a bhí an Ghaeilge fós á labhairt i ngach contae in Éirinn, ar an tuath agus sa bhaile mór araon.

Bunfhoinsí

An Chartlann Náisiúnta (Cart. Náis.)
Comhaid Roinn an Taoisigh (D/F)
Acadamh Ríoga na hÉireann (ARÉ)
Ls. 12 Q 13 = torthaí ceistiúchán faoin nGaeilge c. 1974
Cartlann Fuaime Raidió Telefís Éireann (RTÉ)
Lunds Universitets Bibliotek /Leabharlann Ollscoil Lund
Páipéir Carl Wilhelm von Sydow (LUB)
Suomalaisen Kirjallisuuden Seura/Cumann Litríochta na Fionlainne (SKS)
Páipéir Kaarle Krohn
Eesti Kirjandusmuuseum/Músaem Liteartha na hEastóine
Páipéir Oskar Loorits (Kir. muus.)

'Tamall ar an bPeann':
Seán Ó Cróinín agus a Chín Lae

Seán Ó Duinnshléibhe

In alt a scríobh Gearóid Ó Crualaoich tamall de bhlianta ó shin thug sé cuntas cuimsitheach spéisiúil ar an mbailiú a rinneadh ar bhéaloideas chontae Chorcaí ó thríochaidí an chéid seo a ghabh tharainn i leith.[1] Sa chur síos aige ar na bailitheoirí éagsúla a bhí ag obair do Chomisiún Béaloideasa Éireann laistigh de theorainneacha an chontae, thug sé tús áite, ní nach iontach, do Sheán Ó Cróinín toisc a mhéid a bhí cnuasaithe aige i gcomórtas le bailitheoirí eile a rinne dreasa bailiúcháin sa líomatáiste céanna.[2] Luaigh sé, leis, conas mar atá an Cróiníneach ar an bhfíorbheagán saothraithe de chuid an Choimisiúin ar cuireadh an oiread sin saothar dá gcuid amach i bhfoirm leabhar ina dhiaidh sin.[3] Ag teacht dó thar an gcuntas cín lae a choinnigh an Cróiníneach, leag sé béim ar an mórthábhacht a bhaineann leis. Cuntas cín lae úd an Chróinínigh, agus a léiríonn sé mar gheall ar an mbailiú a rinne sé, sin é is cás liom anseo.[4] Mar leanas a labhair Ó Crualaoich ar an dialann:

> His *Cín Lae* or Collector's Diary is a valuable and highly instructive account of his own development as a collector. His formation took place under the tutelage of Séamus Ó Duilearga and Seán Ó Súilleabháin in Dublin and under the equal (if not *more* exacting) direction of the women and men from whom he gathered county Cork folklore so diligently and so copiously between 1938 and 1944, and again for a period from 1959 on.[5]

Maireann naoi gcinn déag de chóipleabhair ar fad againn uaidh a bhfuil cuntais chín lae iontu. Seacht gcinn déag díobh seo, a bhformhór mór, baineann siad leis an tréimhse idir 1 Aibreán 1938 agus 28 Feabhra 1942 nuair a bhí an Cróiníneach ag tosú amach ar a ghairm. Baineann an dá cheann dheireanacha leis an tréimhse idir 19 Eanáir 1959 agus 30 Meán Fómhair 1960 nuair a bhí fillte aige ar an obair seo tar éis a bheith cúig bliana déag 'ar an bhfán', mar a chuir sé féin é.[6] Ní luann Ó Cróinín sa chín lae ná ina chuid comhfhreagrais le lucht an Choimisiúin cad ina thaobh ar éirigh sé as na cuntais seo a choinneáil i gcomhair na haimsire eile idir na blianta 1942 agus 1944 agus arís ó dheireadh na bliana 1960 amach bíodh gur lean sé air ag bailiú don

Choimisiún ar an bhfeadh seo.[7] Fágann sin nach maireann aon chur síos againn, mar shampla, ar an tréimhse ocht mí nó mar sin ó 5 Meitheamh 1943 i leith nuair a bhí sé ag bailiú béaloidis ó Amhlaoibh Ó Loingsigh, Cúil Aodha, obair a bhfuil mórthoradh foilsithe air.[8] Ní hann, ach oiread, dá chómhaith de chuntas ar an tréimhse seacht lá dhéag idir 14 Iúil agus 27 Deireadh Fómhair 1942 nuair a bhailigh sé ábhar ón dtáilliúir Tadhg Ó Buachalla, cuir i gcás.[9] Os a choinne sin, tá cuntais fhada fhairsinge againn ar na turais a thug Ó Cróinín ar Sheán Ó hAodha (*alias* Hamit), iascaire ó Chuan Dor, in iarthar chontae Chorcaí, cuntais atá lán d'eolas comhthéacsúil a chaitheann solas mór ar an ábhar a bhailigh sé uaidh, ábhar a cuireadh amach i bhfoirm leabhair ina dhiaidh sin.[10]

Is corpas substainteach go leor é cnuasach seo na ndialann. Tá breis bheag is dhá mhíle leathanach ar fad díobh ann. Dá éagmais sin, tá eolas fíorspéisiúil le fáil sna cuntais trí chéile ar sheó ábhar: a chaidreamh leis na faisnéiseoirí a bhuail uime, nósanna oibre dá chuid, modhanna inste agus *répertoire* na seanchaithe agus na scéalaithe éagsúla ar ar chuir sé aithne orthu gan trácht ar a léiríonn na dialanna i dtaobh a thuairimí féin i leith na hoibre. Ní féidir cheal slí anseo plé a dhéanamh ar gach ábhar acu seo, mar sin is é a chuireas romham a dhéanamh ná na cuntais chín lae, agus an comhfhreagras idir an Cróiníneach agus lucht an Choimisiúin de réir mar a bhaineann sin le hábhar, a chíoradh agus a scrúdú maidir leis an léargas a thugann siad dúinn ar ábhair éagsúla: na modhanna bailithe a bhíodh ag Ó Cróinín, an saghas caidrimh a bhíodh aige leosan óna mbíodh sé ag bailiú, an éachtaint a fhaighimid sna cuntais ar a thuiscint féin i dtaobh ghnó an bhailithe. Déanfar scrúdú, lena chois sin, ar an bhfeidhm a bhaineadh an Cróiníneach as *vade mecum* na mbailitheoirí uile .i. an *Láimh-leabhar Béaloideasa*, mar gheall ar an treoir a thugadh sé don bhailitheoir agus don fhaisnéiseoir araon. Cuirfear síos go hachomair ar chúlra Uí Chróinín ar dtús, áfach, d'fhonn tuiscint níos fearr a fháil ar an té a bhreac na cuntais chín lae seo an chéad lá.

Seán Ó Cróinín (1915–65)

Rugadh Seán Ó Cróinín ar 8 Eanáir 1915 i gCarraig an Adhmaid i mBaile Mhic Íre, dúiche atá i bparóiste Bhaile Mhúirne. Bhí a mhuintir ar an dá thaobh lonnaithe sa cheantar sin le fada an lá: "Des na 'Pronnséisigh ón bPlantation' ab ea é ó thaobh a athar, agus de Mhuintir Iarfhlaithe ab ea a mháthair".[11] Amhránaí cáiliúil ab ea a mháthair, Eibhlís Ní Iarfhlaithe nó Bess Cronin mar ab aithnid di go coitianta, agus thagadh bailitheoirí agus craoltóirí ó chian is ó chóngar chun í a chloisteáil agus cuid dá mórstór amhrán a thaifeadadh uaithi.[12] Fuair Ó Cróinín a chuid scolaíochta ar scoil Bhaile Mhúirne, áit a raibh Mícheál Ó Briain agus Donnchadh Ó Buachalla i measc na n-oidí a bhí aige an tráth sin. Ní thagadh deireadh leis an oiliúint tráthnónta ná deirí seachtaine, áfach, mar bhí scolaíocht de shaghas eile le fáil aige lasmuigh den teach scoile: 'Le linn na haimsire sin, bhí scolaíocht bhreise le fáil ar lic a thinteáin féin ag Seán, mar is beag lá dá n-éiríodh air ná go mbíodh duine éigin des na comharsain chútha isteach ar a thorcaid, ag comhrá nó ag scoraíocht, agus geallaimse dhuit go mbíodh caint agus cóid-i-bhfaid agus cur trí chéile ar siúl'.[13]

Léiríonn suim seo an Chróinínigh ina leithéid de chur is cúiteamh seanchríonnacht áirithe a bheith ann mar gharsún, b'fhéidir. Lean a chuid scolaíochta foirmiúla ar aghaidh ina dhiaidh sin agus cuireadh é go scoil tráchtála i gcathair Chorcaí. Cúrsa gnó a bhí ar siúl aige ansin ach níor chríochnaigh sé an cúrsa amach mar nach n-oireadh saol na cathrach rómhór dá shláinte, is dealraitheach. Bhain post amach faoin Roinn Talmhaíochta agus faoi Choiste Talmhaíochta an Chontae ina dhiaidh sin mar stiúrthóir bó-thástála. Níor thráigh a shuim i gcúrsaí Gaeilge le linn an ama seo, áfach, agus stiúraigh sé cúrsa dá chuid féin ar feadh cúpla séasúr faoin ainm 'Coláiste Ghobnatan' sular thosaigh sé ag obair leis an gCoimisiún.[14] Rud eile, bhíodh sé sáite in imeachtaí cultúrtha i mBaile Mhúirne faid ar fhaid, leis: '[. . .] b'í an drámaíocht a rogha desna himeachtaí go léir', is cosúil.[15]

Gan amhras, maireann a cháil inniu a bheag nó a mhór mar gheall ar an saothrú a rinne sé mar bhailitheoir lánaimseartha béaloideasa i gcontae Chorcaí agus i gCúige Mumhan sa tréimhse dhéanach. Mar seo a thit amach gur cinneadh ar an gCróiníneach a cheapadh sa phost an chéad lá: do ghlaoigh Séamus Ó Duilearga, agus Osborn Bergin lena chois, go dtí an teach muintire i mBaile Mhic Íre sa bhliain 1937 ag iarraidh air cuimhneamh ar an bpost a bhíothas a thairiscint dó. Is amhlaidh a bhí roinnt béaloideasa seolta aige chucu roimhe sin ar bhonn páirtaimseartha agus ba é sin, is dealraitheach, a chuir i gceann an Duileargaigh cuimhneamh air le haghaidh an phoist. Ní raibh aon amhras ar a dhintiúirí eile: cainteoir dúchais Gaeilge agus duine óg suáilceach ab ea é, agus tuiscint dhomhain aige ar an traidisiún dúchais. Ghlac sé go fonnmhar leis an tairiscint agus thosaigh sé ag bailiú don Choimisiún go hoifigiúil ar an gcéad lá d'Aibreán 1938.

Is eol dúinn ó thaighde Uí Chrualaoich gur bhailigh an Cróiníneach tarraingt ar 31,000 leathanach lámhscríbhinne atá ar coimeád anois sa chartlann i Lárionad Uí Dhuilearga do Bhéaloideas na hÉireann agus Cnuasach Bhéaloideas Éireann, An Coláiste Ollscoile, Baile Átha

Cliath. Ba é an t-aon bhailitheoir é lena linn a raibh an contae ar fad amháin faoina chúram agus ní haon ionadh, más ea, gurbh é féin a thóg síos leath an chnuasaigh bhéaloidis ó Chorcaigh atá ar láimh shábhála anois sa chartlann sin. Mar a luadh sa sliocht a tugadh i dtosach an ailt seo, is idir na blianta 1938 agus 1944 agus arís ón mbliain 1959 amach go dtí go bhfuair sé bás, leathdhosaen bliain ina dhiaidh sin, a bhí sé fostaithe mar bhailitheoir lánaimseartha. Cén fáth, mar sin, ar fhág sé gnó seo an bhailithe, gnó ba gheal leis ar feadh na mblianta sin 1944 go dtí 1959? Dar lena dhearthái r Donncha gur 'cúrsaí coigilitis'[16] a tháinig idir an Cróiníneach agus obair an Choimisiúin sa deireadh agus gurbh é sin faoi deara dó éirí as a phost. Pé scéal aige sin é, nuair nach raibh teannta na hoibre seo aige a thuilleadh agus an teacht isteach a lean é, ghlac sé cúraimí éagsúla air féin d'fhonn a bheatha a thuilleamh, tábhairneoireacht agus gnó peitril ina measc, agus shaothraigh gort na hiriseoireachta ó am go chéile leis. Sholáthraíodh sé ailt agus aistí faoi ainmneacha cleite éagsúla d'fhoilseacháin dhifriúla, *Scéala Éireann*, *Evening Press*, *Kerryman*, *Réalt an Deiscirt* agus an *Irish Independent* cuir i gcás.[17] Bailiú an bhéaloidis a rogha gairm i gcónaí, is cosúil, agus is mar gheall air sin a d'fhill sé go tugtha ar an gcúram sin i ndeireadh na gcaogaidí. Cailleadh go hóg é sa bhliain 1965 agus gan ach leathchéad bliain slánaithe aige. D'fhág sé baintreach agus clann óg ina dhiaidh. Tá cor eile sa scéal, áfach. Rinneadh státseirbhísigh d'fhoireann an Choimisiúin sa bhliain chéanna ach níor mhair an Cróiníneach fada go leor chun go bhfónfadh an t-ardú céime seo dó. Rinneadh iarracht ina dhiaidh sin ar an scéal a chúiteamh lena bhaintreach agus lena chlann agus tugadh roinnt airgid don chlann i bhfoirm aisce bháis.[18] Níor ceapadh aon bhailitheoir lánaimseartha eile dá éis i gcomhair na gceantar sin a bhí ar a chúram.

An Láimh-Leabhar Béaloideasa – 'Leabhar Cúinseála'

Is follas ó na cuntais éagsúla cín lae seo go n-úsáideadh Ó Cróinín an *Láimh-leabhar Béaloideasa* go mion agus go minic le linn na hoibre.[19] Ba é an buntáiste ba mhó a bhain leis, ceann a luann sé de shíor is de ghnáth sa chín lae, ná a áisiúla is a bhí sé chun scéal nó blúire seanchais a thabhairt chun cuimhne an fhaisnéiseora go háirithe nuair ba dhóigh leis an bhfaisnéiseoir féin nach raibh aon scéal nó giota seanchais fanta ina cheann aige: '[. . .] b'áiseach an earra agam é. Is maith an eochair an leabhar san agus is mó rud a chuireann sé i gcuimhne do dhuine' a deir sé i gcuntas amháin i dtosach an bhailithe aige.[20] Eachtraíonn sé dúinn, fairis sin, ar an gcuma a mbaineadh sé feidhm as. Is é rud a dhéanadh sé, de ghnáth, ná stáir de a léamh don tseanchaí i dtreo go dtuigfeadh seisean níos fearr an saghas ábhair a bhí uaidh.[21] I dtosach seisiúin, chomh minic lena athrach, a bhaintí tarraingt as an *Láimh-leabhar* sa tslí seo cé go dtugtar cuntas dúinn sa chín lae ar aon ócáid amháin, ar a laghad, inar bhain sé feidhm as i ndeireadh seisiúin i dtreo go mbeadh deis ag an seanchaí a aigne a chíoradh sula dtabharfadh an bailitheoir a chéad chuaird eile air.[22] Is dealraitheach go mbeadh seanchaithe áirithe ag brath leis go minic go léifí giotaí as an *Láimh-leabhar* amach dóibh ar dtús sula gcaithfidís tiomáint leo leis an seanchaíocht agus ba mhór an chabhair agus an spreagadh dóibh araon an léitheoireacht seo, mar a fheicfear sna sleachta thíos.[23]

Rud eile, tugtar eolas níos mine fós dúinn ar uairibh ar an *Láimh-leabhar* agus ar an úsáid a dhéanadh Ó Cróinín de. I gcás scéalta fada a bhailiú, cuir i gcás, is é an nós oibre a bhíodh aige ná dul go dtí 'roinn na sgéalaidheachta' sa leabhar agus tosú ar léamh fad a chuirfeadh an scéalaí cluas air féin ag éisteacht. Ghabhadh sé tríd go mall ansin go dtí go mbuaileadh sé le scéal a bhí ar eolas cheana ag an scéalaí féin. Thugadh an scéalaí tamall ansin ag iarraidh an scéal a chur as a chéile ina cheann fad a rachadh an Cróiníneach amach go dtína ghluaisteán d'fhonn an t-eideafón a thabhairt isteach. Thosódh an scéalaí ansin ar an scéal a insint agus chromfadh an Cróiníneach ar na fiteáin a líonadh.[24] Fianaise í seo nach amháin nach gan tathant áirithe a chuirfí an scéalaí ag insint i gcónaí ach go mbíodh cuid dá *repertoire* á fhuascailt ag an mbailitheoir le cabhair an *Láimh-leabhar*.[25]

Is mó cuntas atá againn ar na turais a thug Ó Cróinín ar Sheán Ó hAodha (*alias* Hamit), Cuan Dor agus ní hannamh trácht iontu thar an *Láimh-leabhar Béaloideasa*. Faightear éachtaint spéisiúil ar thuairim Hamit féin i leith an leabhair seo i gcuid de na cuntais chín lae. Is é ainm a bhaist Seán Ó hAodha air ná 'leabhar chúinseála'.[26] Seo leanas cuntas na dialainne ar ar thuig Hamit leis an ainm seo agus tá léiriú sa chuntas céanna, chomh maith, ar phatrún na hoibre eatarthu agus ar nósanna oibre an bhailitheora:

> Bhreacas liom. Níor spárálas me féinig in aon chor, agus níor spárálas Seán ach chomh beag. Ba chuma leis mar gheall air sin. Taitneann ceisteanna leis. 'Sé an rud ná taitneann leis ná leogaint do bheith ag machnamh, uaidh féin, ar rud éigin adéarfadh sé. I lár na cainte agus na hoibre dhúinn do stad sé. Bhí an láimhleabhar os mo chomhair amach agus feidhm agam á baint as. Agus anois agus arís deireadh sé – 'A' bhfuil aon ní eile sa leabhar san agat – aon cheist eile a chuirfá chugham?' Ach, fé mar adubhart, do stad sé, agus d'fhiafraigh sé dhíom cad é an ainm a bhí ar an láimhleabhar. Do mhíníos do gur láimhleabhar béaloideasa, sé sin leabhar

> ceistiúcháin. Dubhairt sé go raibh ainm aige féin a bheadh oiriúnach do. 'Cad é féin?', adubhart-sa. 'Leabhar chúinseála', adubhairt sé. Bé brí a bhí leis, adubhairt sé, ná rud a spriocfadh duine chun machnaimh agus chun cainte a dhéanamh.[27]

Fáilte, is cosúil, a chuireadh Seán Ó hAodha roimh an *Láimh-leabhar* go rialta toisc a réidhe a bhíodh an obair dó féin agus don Chróiníneach dá chionn: 'Do bhí ana-mheas aige ar an láimhleabhar, agus bíonn i gcónaí, toisc gur as a thagann na ceisteanna go léir, nách mór. Measann sé go mbeimis ana-chiotach i n-éaghmhais an leabhair sin. Go deimhin, ach is mó crua-cheist a thagann as, agus is minic a chuireann sé Seán ag machnamh go doimhin'.[28] Is léir ar an sliocht seo go mbíodh an bailitheoir buíoch den treoir a thabharfadh an *Láimh-leabhar* dósan chomh maith. De réir tuairisc eile sa dialann mheas Hamit gur slán dá chuimhne féin an fhaid a bheadh an leabhar os a gcomhair: 'Do bhí ana-iontaoibh ag Seán as an leabhar san. Do mheas sé dá ndearmhadfadh sé féin aon rud nách baol go ndearmhadfadh an leabhar é'.[29]

Ó thosach an chomhfhreagrais go dtí an Cróiníneach, leagann muintir an Choimisiúin béim ar thábhacht an *Láimh-leabhar*.[30] Is minic a thugtaí comhairle dó mar gheall ar úsáid an leabhair chéanna. Deirtear leis i litir amháin feidhm a dhíchill a bhaint as agus dul 'ó phointe go pointe' le faisnéiseoir áirithe.[31] Ba é an tuiscint a bhí ag Séamus Ó Duilearga, Stiúrthóir Oinigh an Choimisiúin, ar an scéal ná go gcuirfeadh an *Láimh-leabhar* leis an stór eolais a bhí ag an mbailitheoir cheana féin ar an ábhar a bhí á chnuasach agus go gcabhródh sin leis ina dhiaidh sin sa bhailiú.[32] Ní comhairle ghinearálta ar fad a thugtaí dó áfach. Feicimid conas mar a mholann Seán Ó Súilleabháin dó ar ócáid amháin gabháil tríd an gcaibidil sa *Láimh-leabhar* Béarla ar an 'Leigheas Tíre' toisc gur caibidil an-tábhachtach í seo, dar leis, agus gan puinn cnuasaithe ina thaobh um an dtaca sin.[33] An leagan Gaeilge den *Láimh-leabhar*, leagan na bliana 1937, a bhíodh aige agus é i mbun bailithe ar dtúis. Bhí an leagan Béarla aige féin faoi Fheabhra na bliana 1942 agus sin é a d'úsáid sé den chuid ba mhó ina dhiaidh sin.[34]

Mothaíonn an léitheoir an-tábhacht a bheith leis an *Láimh-leabhar* go mór mór i gcás na scéalaithe agus na seanchaithe sin nach bhfaigheadh aon chaoi ar scéalta nó seanchas den tsaghas sin a bhí á lorg ag Ó Cróinín d'eachtraí puinn a thuilleadh, na 'passive bearers of tradition' mar a luadh cheana.[35] Is treise fós a mhothaítear tábhacht an *Láimh-leabhar* i gcás faisnéiseoirí a raibh ábhar i nGaeilge á bhailiú uathu agus gan taithí acu le tamall anuas ar scéalta nó seanchas d'insint sa teanga sin. Tá seo le brath, mar shampla, i gcás na seanchaithe agus na scéalaithe a bhuail leis ar an taobh theas den chontae timpeall ar an Sciobairín, ar an taobh thoir i mBaile Mhac Códa agus ó thuaidh i dtreo Dhúth Ealla, áiteanna inar bhuail sé le cainteoirí dúchais Gaeilge ach nach raibh an Ghaeilge féin ina gnáth-theanga pobail iontu le glúin nó dhó anuas, ar a bheag. Baineann an sliocht seo leanas le seanchaí darbh ainm dó Seán de Brún, ó Chruinne Lú, ball atá i dtreo Mhuisire Mhóir i dtuaisceart an chontae. Duine ab ea an Brúnach a bhí imithe as taithí na hinsinte go mór, is cosúil. Is léir ar an sliocht seo, leis, go mbíodh an bailitheoir agus an faisnéiseoir ag cur is ag cúiteamh le chéile roimh an insint féin agus toradh fónta ar an scéal ar deireadh mar gheall ar an *Láimh-leabhar*:

> Eachtraí fada a bhreacas uaidh an turas so. Bhaineas úsáid as an láimhleabhar chun na heachtraí seo a chur i gcuimhne dho. Mura mbeadh san is baolach ná heireodh liom, mar tá a bhfurmhór caillte ag Seán anois. Deireadh sé – 'D'airíos é sin fadó riamh: ní fhéadfainn aon phioc de a chur le chéile anois'. 'Sin scéal eile a airíos nuair a bhíos ana-óg. Níor fhan sé im cheann in aon chor. Níor airíos ag aoinne é riamh ó shoin,' – agus mar sin de. 'Na dhiaidh san do chuimhnigh sé ar chúpla ceann a bhí go maith fada, agus thugas tamall maith ag gabháil dóibh sin chun iad a thabhairt liom i gceart.[36]

Níl dabht air ná gur mhinic a bhain an Cróiníneach leas agus earraíocht as *Láimh-leabhar* an tSúilleabhánaigh agus gur mhór an teannta dó é agus é i mbun ceistiúcháin. Is follas gur chabhraigh sé go mór le faisnéiseoirí, leis, nuair a theipeadh an chuimhne orthu féin nó nuair a mheasaidís go rabhadar sniogtha ag an mbailitheoir.

Múineadh na Seifte: Léiriú ar Mhodhanna Bailithe eile Dá Chuid

Bhíodh sé de nós ag Seán Ó Cróinín ar uairibh, mar a luadh roimhe seo, an faisnéiseoir a chur ar an eolas i dtaobh an ábhair a bheadh faoi chaibidil an chéad turas eile d'fhonn é a spriocadh chun machnaimh idir an dá linn. Tagann seo i gceist, cuir i gcás, nuair a thugann an Cróiníneach faoi eolas a bhailiú ar bheatha Hamit féin. Seo insint na dialainne ar an scéal:

> Do bhí sé ar aigne agam le tamall maith cuntas ar a bheatha a fháil ó Sheán Ó hAodha. Bhíos ag cuimhneamh ar na fiteáin a úsáid chuige sin i dtreo go bhféadfainn an obair a dhéanamh go maith tapaidh. [. . .] Do bhí an scéal mínithe agam do Sheán cheana féin, agus do bhí súil agam go mbeadh sé ullamh chun tabhairt fén gcuntas. Shroiseas an tigh agus do bhuail sé chugham amach, agus

> an píopa 'na bhéal aige. Chuireamair speic ar a chéile agus dubhart-sa leis go raibh an meaisín agam agus go gcaithfeadh sé bheith ag ullmhú chun scéal a shaoil a insint. Do sprioc san go mór é, ach, 'na dhiaidh san, do bhí iarracht d'fhaitíos air. [. . .] Do dheineamair roinnt chainte ansan ar conas mar ba cheart tabhairt fén obair. Do bhí a lán eolais agamsa i dtaobh cúrsaí a shaoil agus bhíos a d'iarraidh úsáid a bhaint as san chun cabhruithe leis. Ba ghearr eile ansan gur thosnaigh sé. 'Tosach maith leath na hoibre,' adeirid siad. Bhíos ag cuimhneamh air sin. Bhí sé ag cur de ansan ar a dhícheall, ar feadh tamaill. Do theastaigh uaidh an chaint d'aireachtaint ansan. Do scaoileas chuige í, agus do bhí sé sásta go maith leis an iarracht a bhí déanta aige. Bhí carráiste níos fearr aige ansan, agus do chuir sé tuilleadh cainte de.[37]

Insint fhada a fuair sé sa deireadh ar bheatha Sheáin Uí Aodha.[38] Is díol spéise é gur fhág an Cróinínеach an obair seo le déanamh go dtí deireadh a chúrsa sa Sciobairín agus gur bhain sé leas as an eolas ar an bhfear féin, pé beag mór é, a bhí pioctha suas aige feadh na slí chun cabhraithe leis i gcur le chéile an chuntais sin. Ní fada a bhí Ó Cróinín i mbun an bhailithe an tráth sin ach léiríonn an eachtra seo ar an tuiscint agus ar an ngreim a bhí faighte aige cheana féin ar mhodhanna éifeachtúla bailithe.[39] Léiriú atá sa sliocht seo, chomh maith, ar an gcur is cúiteamh a bhíodh eatarthu i dtús seisiúin agus iad ag cur chun na hoibre. Cuirtear in úil dúinn nach amhlaidh a bhíodh an bailitheoir ag tiomáint an fhaisnéiseora treo nó treo eile ach go mbíodh an bóthar á réiteach i bpáirt acu, rud atá feicthe againn cheana i gcuntais eile.

Ní i gcónaí a bheadh an faisnéiseoir réidh nó de réir a chéile ina insint agus sa chuntas seo leanas ar Dhiarmuid Ó Mathúna, an Sciobairín, cuireann an Cróinínеach síos dúinn ar an slí a ndéileálfadh sé le daoine a rachadh ó ábhar go hábhar go tobann, daoine ná 'coinníodh an cúrsa', mar a deir sé féin. Is cosúil gurbh é an leigheas a bhí aige ar an ngalar áirithe úd ná ceisteanna a chaitheamh go dtí an faisnéiseoir d'fhonn é a mhealladh ar ais ar an mbóthar ceart:

> D'eirigh liom roinnt mhaith béaloideasa a bhailiú uaidh i gcaitheamh na haimsire sin. Fear is ea Diarmuid go bhfuil a lán eolais aige dá bhféadfaí é bhaint as. Ach sin í an fhadhb! Is deacair aon ábhairín de a bhaint as, mar bíonn eachtraí eile ag déanamh buartha dho. Ní choingbheann sé an cúrsa in aon chor. Ach tá a lán Éireann daoine ar an gcuma san. Nuair ná bíd siad féin corrthónach bíonn an aigne corrthónach aca! Níl aon slí chun teacht as ach iad do thógaint bog agus bheith á mealladh thar n-ais diaidh ar ndiaidh. Agus is é an rud is fearr chuige sin ná ceisteanna. Cuireann na ceisteanna ag machnamh iad arís, agus deineann san an gnó.[40]

Is i bhfreagra ar litir a fuair sé ó Shéamus Ó Duilearga a fhaighimid ceann de na radhairc is soiléire ar an gcaoi a gcuireadh sé chun an bhailithe. Is ann a bhí an Duileargach tar éis tuairisc na hoibre i gCairbre a chur agus is ag míniú dósan atá Ó Cróinín anseo cad ina thaobh ar rogha leis díriú ar bheagán faisnéiseoirí agus é ag cnuasach seachas bualadh timpeall i measc mhuintir an cheantair. Seo mar a ghabhann an chuid sin den litir atá i gceist agam:

> Má bhím ag dul ó dhuine go duine, agus gan puinn aimsire a chaitheamh le haoinne aca, ní fhéadfaidh mé aon úsáid mhór a bhaint as an láimhleabhar. Bheadh sé ró-mhall; thógfadh sé ró-fhada iad do chur i dtaithí na hoibre agus gan é d'acfuinn agam leanúint den obair leo. Nuair a bhreacaim na nithe is goire do bhéal seanchaí, deir sé ansan ná fuil a thuilleadh seanchais ná scéalta aige féin. Ní bhímse ach ag bogadh chun na hoibre an uair sin. Deirim leis nách féidir ná go bhfuil cuntas aige i dtaobh so nó súd – agus gur seanchas agus nithe tábhachtacha iad san go léir. Sid é an uair a cuirtear ag machnamh é, agus as a mhachnamh a gheibhtear an t-eolas. Sin é mo thuiscint féin ar an scéal.[41]

Is léir gur thuig sé nár leor bailiú neafaiseach a dhéanamh ó dhuine go chéile ach gur ghá foighneamh go fada le seanchaithe maithe áirithe agus machnamh a mhúscailt iontu de réir a chéile i dtreo go dtiocfadh sé ar ábhar fónta. Agus dar leis go gcuirfeadh an foighneamh fada seo agus an ceistiú leanúnach ar a chumas feidhm cheart a bhaint as an *Láimh-leabhar* sa tslí seo, gan amhras, chomh maith.

Dá éagmais sin, ní hannamh báúlacht Uí Chróinín i leith an fhaisnéiseora á cur in iúl sa dialann. An túisce a bhraithfeadh sé go raibh an faisnéiseoir á thuirsiú, mar shampla, scaoilfeadh sé leis. Níor mhaith leis ach oiread leanúint rófhada ar aon duine a bhí aosta nó breoite.[42] Ní dhéanfadh sé an donas ar dhuine go raibh gnó práinneach éigin le cur de aige ar fud an chlóis nó amuigh sa gharraí.[43] Is é an pictiúr den Chróiníneach a fhaighimid tríd is tríd ná gur dhuine so-ranna grámhar é a thuig an chuideachta agus an caidreamh daonna go maith agus a d'éireodh as an obair dá mba léir dó go gcoirfí an seanchaí dá leanfaí air níos sia nó nuair nach raibh an faisnéiseoir sásta leis an gcúram ar chúis nó ar chúis eile.

Dála bhailitheoirí uile an Choimisiúin, ba nós leis braon biotáille nó blúire tobac a thabhairt don fhaisnéiseoir mar chomhartha buíochais ar a raibh déanta aige dó. Thuig sé an chomaoin a bhí curtha ag a fhaisnéiseoirí féin air agus bhí sé buíoch agus umhal i leith na comaoine sin, rud a léiríonn sé go mion minic sa dialann.[44] Bhí rudaí eile a chabhraigh leis ina shiúlta dó, an Ghaeilge féin agus a dhintiúirí mar chainteoir dúchais, cuir i gcás, agus is díol spéise é gur 'comhacht iontach' a luann sé leis an teanga nuair a bhuaileann sé le Seán de Brún, Cruinne Lú, den chéad uair.[45] Suaitheantas féiniúlachta a bhí i bpáirt acu ab ea í. Chabhraigh an Ghaeilge leis arís is arís eile nuair a chuir sé aithne den chéad uair ar fhaisnéiseoirí éagsúla eile ar mhór acu í: Hamit, mar shampla, nó Diarmuid Ó Duinnín, Sráid an Mhuilinn nó Mícheál Ó Donnchadha, Cathair Chiagáin, Cluain Droichead.[46] Thar aon ní eile, ámh, seiftiúlacht agus fadaraí i láthair stuacachta nó deacrachta d'aon tsórt ar thaobh amháin agus tuiscint agus báúlacht i leith na bhfaisnéiseoirí ar an dtaobh eile is minice a thagann trasna sna cuntais seo.

A Chaidreamh Le Faisnéiseoirí ar Leith

Is mó seanchaí agus scéalaí ar chuir Seán Ó Cróinín aithne mhaith orthu i gcaitheamh a sheala mar bhailitheoir. Is iad na hainmneacha is túisce a rithfeadh le duine ná Amhlaoibh Ó Loingsigh, Pádraig Ó Cruadhlaoich, Seán Ó hAodha agus Tadhg Ó Buachalla toisc cuid mhaith dár bailíodh uathusan a bheith foilsithe anois. Tá daoine eile ann fós ar mhór agus ar fhairsing a chaidreamh orthu: Seán de nGeard ó Bhaile Mhac Óda, cuir i gcás, nó Mícheál Ó Donnchadha (*alias* Maidhc Pheatsaí) gurbh as Baile Mhúirne dó ó dhúchas ach a bhí tagtha chun cónaithe go Cluain Droichead nuair a chuir Ó Cróinín aithne air ar dtús i ndeireadh na gcaogaidí. D'fhéadfaí cur leis an liosta seo, gan amhras: Diarmuid Ó Duinnín, Múirneach eile a bhí ina chónaí i Sráid an Mhuilinn ónar bhailigh sé a lán amhrán agus seanchais nó Seán de Brún, Cruinne Lú, i gCill Chóirne, cainteoir dúchais Gaeilge a rugadh agus a tógadh i Sráid an Mhuilinn ach a bhí lonnaithe i gceantar Chill Chóirne le fada an lá.

Ba é ab fhearr leis an gCróiníneach aithne dhoimhin a chur ar bheagán faisnéiseoirí in aon cheantar ar leith seachas dul go dtí dorn maith seanchaithe agus scéalaithe agus roinnt éigin a bhailiú ó gach duine acu, rud a luadh níos túisce san alt seo, agus rud a thagann trasna i gcuid dá litreacha go dtí muintir an Choimisiúin.[47] Mheas sé gurbh fhearrde an toradh a bheadh ar a chuid bailithe an caidreamh seo a chothú agus sin é a rinne sé go mór mór i gcás Hamit, mar shampla.[48] Feiceann an léitheoir sna cásanna seo an caidreamh agus an cumann ag fás idir an bailitheoir agus an faisnéiseoir. Diaidh ar ndiaidh tagann an Cróiníneach isteach ar ghnáthchúrsaí a lae féin is tuigeann cathain a bheidh fáil ar mhuintir an tí is cathain nach mbeidh. Cuireann sé aithne, leis, ar dhaoine muinteartha agus ar chomharsana de chuid a fhaisnéiseoirí agus ní fada go nglactar leis an obair seo mar ghnáthchuid dá lá. Go minic sna cuntais dialainne mothaíonn an léitheoir go mbíonn an-fháilte ag cuid mhaith de na faisnéiseoirí roimh an mbailitheoir agus roimh an gcuideachta a leanfadh an ócáid, go háirithe iad sin a chónaíonn leo féin.[49] Chuirfeadh sé seo ráiteachas cáiliúil Dorson ar an gcuma a bhfáiltíodh faisnéiseoirí in Éirinn roimh an mbailitheoir i gcuimhne do dhuine: 'The old men respond eagerly to his coming, both from social pleasure and from a vague appreciation of the significance of the work'.[50] Anuas air sin mothaíonn tú an taitneamh a bhain seanchaithe agus scéalaithe áirithe as a stór féin a insint agus a roinnt mar go dtabharfadh sé an seansaol agus daoine a bhain leis an saol sin ina steillbheatha chucu arís.[51]

Is minic méid a chaidrimh le faisnéiseoir ar leith le haithint nuair a bhíodh deireadh bailithe i gceantar agus slán le fágáil ansin ag seanchaí nó seanchaithe áirithe, ceann de na cora móra i saol an bhailitheora. Seo cuntas ar thuras deireanach a thug sé ar Sheán de nGeard, a bhí ag cur faoi i mBaile Uí Chríonáin, baile fearainn atá siar ó dheas ó Bhaile Mhac Óda. Tréimhse chúig mhí nó mar sin, idir 9 Bealtaine 1939 agus 18 Deireadh Fómhair 1939, a chaith sé ag glaoch go dtí Seán agus a iníon siúd Eibhlín agus ghlacaidís leis mar a bheadh duine muinteartha dá gcuid, geall leis de, sa deireadh:

> Shocraíos ansan ar *ch*uaird a thabhairt ar Sheán de nGeárd chun ceisteanna áirithe do chur air. Bhíos chun Baile Mhic Códa d'fhágaint tar éis breis agus leathbhliain do chaitheamh ann [. . .] Ba mhaith liom a rá anso go bhfuil sé chomh deagh-chroíoch d'fhear agus a casadh orm riamh agus gur chabhraigh sé go mór liom ar gach cuma. Sea, thugamair tamall eile ag caint nuair a chuireamair deireadh leis an obair. Bhíos troma-chroíoch go maith, admhaím, mar bhí sé buailte isteach im aigne ná feicfinn go deo arís é. Sea, d'eiríos i ndeireadh thiar agus dubhart leo go raibh sé in am bheith ag imeacht domhsa. Bhíos tar éis a rá leo go rabhas ag imeacht as an ndúthaigh ar fad, agus do bhain san ana-gheit asta. Bhíomair ana-mhór lena chéile an fhaid a bhíos i mBaile Mhic Códa. D'fhágas slán agus beannacht aca ansan agus dubhart leo go raibh súil agam go bhfeicfinn uair éigin arís iad. Leis sin d'imíos. Gura fada buan an seanchaí seo![52]

Mothaítear an t-uaigneas anseo go follasach ar scaradh na gcarad ach ní miste cuimhneamh air gurbh é seo an chéad uair aige mar bhailitheoir lánaimseartha ag scaradh le faisnéiseoir a raibh an oiread sin aithne aige air. Tá an dobrón agus an t-uaigneas céanna le brath ar an gcur síos a dhéanann sé ar an turas deireanach i gcomhair bailithe a thug sé ar Hamit agus ar an gcuma ar scar sé leis an uair sin.[53]

Bíonn a bhuairt le brath nuair a imíonn seanchaí nó scéalaí ar shlí na fírinne mar a tharla i gcás Dhiarmuda Mhic Coitir, Doire na Sagart, Baile Mhúirne, mar shampla. Nochtar an scéala báis áirithe seo dúinn eachtra ar eachtra sa chín lae. Is é an chéad rud a deirtear linn ná go raibh sé breoite le tamall anuas. Leisce atá ar an mbailitheoir cuairt a thabhairt ar an gCoitireach mar go dtuigeann sé go maith go bhfuil an bás aige:

> Do bhí turas romham le tamall agus dá bhfaghainn aoinne a thabharfadh thar mo cheann é bheinn fé chomaoin aige. An Coitireach a bheith buailthe suas agus gur cheart dom dul á fheiscint. Bhíos á chur siar agus faitíos nó lagsprid fé ndeár é. Bhí's agam go raibh an bás aige agus dob oth liom go mór é. Chuas á fheiscint sa deireadh thiar thall. D'aithin sé me agus ní raibh ann ach san. An fear bocht! Do buaileadh go holc é. 'Stroke' ab ea é. Níl ach an fhaid a bhéarfaidh sé leis. An rud ná fuil leigheas air foighne is fearr air.[54]

Ní fada ina dhiaidh sin go dtráchtann sé ar bhás an fhir chéanna. Dhá chuntas atá againn sa dialann ar an scéal. Baineann an chéad chuntas le tórramh an Choitirigh[55] agus cuireann an ceann eile síos ar a shochraid.[56] Tugaim an sliocht deireanach acu seo toisc gurb é is spéisiúla ar an dá chur síos, dar liom:

> Chuas féin agus bean an tí agus na haosóga go dtí an tsochraid siar go Baile Mhúirne. Shíleas ná fanfadh Diarmuid i mBaile Mhúirne, gur in Ínse Geimhleach a chuirfí é, ach d'fhan sé thiar. Níor Mhúirneach é dar ndóigh. Ós na Curraithe in Uíbh Laoghaire ab ea é. Ba mhór aige muintir Bhaile Mhúirne. Thug sé corraíocht agus deich mbliana fichead ar Doire na Sagart. Tá sé ansúd thiar i roilig Ghobnatan anois agus ní miste a rá ná gur mhór aige Naomh Gobnait. Is trua liom nár mhair sé tamall eile. Is mór an méala é agus an saol Gaelach mar athá sé. Athach i measc na n-abhac ab ea é. Bhí binneas agus do bhí cruinneas aige. Ach toil Dé bíodh déanta. Fuair sé saol fada: bhí sé tímpeall cheithre fichid. Solas na bhFlaitheas dá anam.[57]

Tá an t-uaigneas agus an urraim le brath in éineacht sa sliocht seo. Uaigneas toisc aithne a bheith curtha i gceart aige ar Dhiarmuid Mac Coitir le tamall anuas agus urraim don fhear agus don traidisiún as ar fáisceadh é. Tá sé le léamh ar an gcuntas seo go raibh dán na Gaeilge agus bailiú an bhéaloidis ceangailte lena chéile in aigne an Chróinínigh i gcónaí, ní nach iontach, nuair a chuimhnítear ar a chúlra agus ar na háiteanna inar cuireadh ag obair é.

Éachtaint ar a Thuiscint Féin i Leith na hOibre

Is mór, ar shlí, idir na cuntais chín lae a mhaireann againn óna chéad chúrsa bailithe agus an dá dhialann dheireanacha a choinnigh sé ar fhilleadh ar an bpost dó i ndiaidh tamall fada de bhlianta a chaitheamh gan aon bhailiú a dhéanamh. Tá difríochtaí stíle le haithint go héasca ar dhialanna an dá thréimhse. Is greanta agus is deise i bhfad an stíl scríbhneoireachta a chleachtann sé sna cuntais dheireanacha. Ina choinne sin, tugann an léitheoir faoi deara ar uairibh go mbíonn cuma an deithnis ar a pheannaireacht, go ngabhann sé cóngar thall is abhus agus iontrálacha áirithe á scríobh aige sna dialanna deiridh seo. Siúd is nach mbíodh sé leanúnach ar fad i gcoimeád na gcuntas cín lae luath, níl an deithneas céanna le brath orthu seo ar a shon sin. Is dealraitheach go mba nós leis go minic tabhairt faoi scríobh na ndialann déanach in aon ráig amháin agus cuntais seachtaine nó coicíse a sholáthar mar sin go deifreach. Labhraíonn sé go minic ar an lá ar fad a thabhairt 'ar an bpeann' nó ar a bheith 'ag gabháil d'obair pinn' á soláthar seo.[58] Dá laghad féin iad an dá chuntas dheireanacha seo, 312 leathanach, i gcomórtas lena bhfuil de dhialanna luatha againn, tá tábhacht leo nach mbaineann leis na cinn eile. Is é sin, is léir go raibh machnamh déanta ag an gCróiníneach idir an dá linn ar an obair seo agus ar an tábhacht a mheas sé a bhí léi. Déanann sé an machnamh seo a chur trí chéile ina cheann nuair a thuigeann go mbeidh sé ag filleadh ar ghnó an bhailithe go grod ina dhiaidh sin. Is fánach a fhaightear aon ní i bhfoirm machnaimh chomh soiléir seo ar obair an bhailithe sna cuntais luatha ar fad toisc go raibh sé ag tosú amach agus an gnó á chur i gcrích aige de réir mar a rith leis. Fágann sin tábhacht bhreise leis na nótaí deireanacha seo, dá ghainne féin iad, agus tugaim sliocht samplach go leor anseo thíos den saghas atá i gceist agam:

> Is fadó adubhairt an tAthair Peadair Ó Laoghaire go raibh lámh Dé in obair na Gaeluinne. Níl aon amhras ná go bhfuil lámh Dé ins an obair seo do bheartaigh an Coimisiún Béaloideasa lá den tsaol. Tá éacht oibre déanta le chúig bhliana fichead anuas agus dar ndóigh tá an obair ar a faobhar i gcónaí. Tá súil le Dia agam go rithfidh liom mo chion féin den obair sin a dhéanamh. Thugas roinnt bhlianta im' bhailitheoir cheana agus im' shiúltaibh dom i gcaitheamh na mblianta san do casadh a lán seandaoine orm. Tá a bhfurmhór tar éis bháis agus is baolach go bhfuilimíd leathlámhach 'na ndiaidh. 'Bain a bhféadfair den anachain,' adeireadh Pádruig Ó Murchadha. Dá mb'áil leis an mbás fanúint socair go fóill. . . . ach ar ndóin ní fhanfaidh![59]

Cuid de na seanchaithe agus scéalaithe a raibh aithne aige orthu a bheith ag tabhairt an fhéir anois, luann sé Seán Ó hAodha agus Amhlaoibh Ó Loingsigh cúpla uair, a dheimhníonn tábhacht na hoibre dó. Tugann sé turas ar 'Árus an Choimisiúin', is é sin Oifig an Choimisiúin, i ndeireadh mhí Eanáir 1959 tamall de laethanta tar éis dó an méid sin thuas a scríobh. Ag iarraidh é féin a spreagadh chun bailithe an athuair is ea a bhí sé ach tugtar siar ar bhóithrín na smaointe é ina theannta sin nuair a bhreithníonn lámhscríbhinní béaloidis i gCartlann an Choimisiúin. Rud a ritheann leis le linn an turais seo ná práinn na hoibre, dar leis go bhfuil a mhithid tagtha dó tosú air arís:

> Thugas tamall den lá so arís ag féachaint tré láimhscríbhinní. Bhíos á cheapadh le cúpla lá anuas gur mhithid dom bheith ag cuimhneamh ar fhilleadh abhaile. Is mithid dom cloch eile a chur sa charn so – agus dar ndóigh an té bhíonn amuigh fuarann a chuid. Ní tráth chun faillí é. Tá cos ins an uaigh agus cos ar a bruach ag an muintir atá ag feitheamh liomsa.[60]

Cuid suntais é go bhfuil meafair a bhaineann leis an mbás ar fud a chéile sa tsliocht sin thuas. Pé ar domhan é, gríosann an turas seo ar Oifig an Choimisiúin go mór é agus tiomáineann sé leis an obair ar a fhilleadh abhaile dó agus spionnadh curtha ann dá chionn.

Bíonn an tuiscint atá aige ar an rud is 'béaloideas' ann, faoi mar a luadh níos túisce, ceangailte go dlúth leis an nGaeilge. Tugtar é sin amach sa sliocht seo leanas as dialann luath dá chuid. Ina theannta sin, leagtar béim ann ar an deighilt a chonacthas dó idir an seansaol a raibh leagan de á chur ar pár aige agus 'saol an lae inniu', saol a thaibhsigh a bheith beag beann ar an mbéaloideas:

> Is mór atáim fé chomaoin aige [.i. ag Hamit] cheana féin, mar tá cion fir déanta aige, má dhein aoinne riamh é. Agus dá mbeadh duine as gach deichniúr ar nós Sheáin Uí Aodha, ní bheadh aon bhaol ar an nGaedhilg! Ach cad é an chabhair é ' rá? Níl an scéal san amhlaidh. Is fánach iad na Gaeilgeoirí anois, agus bíodh is go bhfuil an scéal go holc ní deirim ná go mbeadh sé níos measa. Smaointe den tsord san a bhí ag rith im cheann, agus mé féin agus Seán 'nár seasamh ag an ngeata. Agus níor fhéadas gan a rá liom féin gur beag go léir an bhaint a bhí ag an seanchaí, agus daoine dá shord le saol an lae inniu. Tá a ré sin caite. Tá saol nua tagaithe, agus athrú éachtach mór. Agus is ar éigin más fearrde sinn é.[61]

Sin é a spriocadh chun na hoibre é, is cosúil, an tuiscint seo don deighilt chéanna sin a mhair idir an dá shaol úd agus an meas thar cuimse a bhí aige ar an ábhar a bhí á chnuasach agus ar an ndream a thugadh uathu go fonnmhar é.

Iarfhocal

Is é a dhearthháir Donncha a thug mar theist air go raibh 'súil aibidh, cluas ghéar, agus an greann séimh úd go raibh síog den íoróin tríd'[62] i

Seán Ó Cróinín agus é ag trácht ar an mianach iriseoireachta a bhí ann. Tá na tréithe seo le haithint ar gach aon leabhar cín lae a choinnigh sé ó thosach deireadh. Ba mhór an spéis a léirigh sé i réimsí eile den tsaol timpeall air agus é ag bailiú, réimsí nár bhain le hábhar ar fad ar fad: an Dara Cogadh Domhanda, aimsir na ciondála[63], laethanta toghcháin[64] nó an taobh tíre a bhí os a chomhair agus é ar a thaistealaibh cuir i gcás. Ní hannamh nótaí pearsanta a bheith le fáil sna dialanna. Chuimhneodh an léitheoir láithreach ar bhás a athar[65] nó ar bhás a charad, Conchubhar Ó Cuilleanáin.[66] Is é an tábhacht is mó a bhaineann leis na cuntais seo ná go bhfeicimid cúrsa an bhailitheora féin. An Cróiníneach óg ag foghlaim a cheirde i dtosach, é ag dul i dtaithí na hoibre agus na bhfaisnéiseoirí faid ar fhaid agus ar deireadh an duine meánaosta ag filleadh ar an gcúram ba gheal leis agus an flosc céanna chun saothair air an turas sin. Tugtar léargas dúinn ar chomhthéacs an bhailithe: ar na hócáidí inar cnuasaíodh an t-ábhar féin, ar an gcaidreamh a bhí aige le seanchaithe agus le scéalaithe ar leith farana thuiscint féin ar a raibh ar bun aige. Is foinse mhórshuime iad na dialanna seo, gan aon agó, nach bhfuil ach tosach scagtha déanta orthu.

Seanchas na Fiosrachta agus Léann an Dúchais

Stiofán Ó Cadhla

Deirtear gur i bhfad ó bhaile a bhíonn na hiontais agus is beag amhras ach gurb é an *curiositas*, an cinseal, an chaidéis, an fhiosracht nó an fhiafraitheacht, bunús léann an dúchais. Is é an modh taighde is fiannaí ar domhan é.[1] Siúd is nár tháinig cruth nua-aoiseach dó go dtí na blianta idir 1500 agus 1800 ní foláir nó tá sé comhaois leis an duine féin. Is mó cor, casadh agus deirc ar bhóthar an léinn áirithe seo. Tugann sé ón rí go dtí an rámhainn, ón mbanríon go dtí an chuigeann, ó sheanGhael go nuaGhall, ó sheanGhall go dtí nuaGhael, ó sheanléann na hÉireann go dtí léann nua-aoiseach an domhain sinn. Tuigtear do staraithe na hantraipeolaíochta go mbíodh a bheag nó a mhór den fhiosracht ag gabháil steallaidh den duine daonna ó thosach. Is breá lena chroí tuairisc na gcomharsan a fháil:

> They have gossiped about them, fought them, married them and told stories about them. Some of these stories or myths have been written down. Some writings were later criticized as inaccurate or ethnocentric (or flatly racist). Some stories were compared with others, about other peoples, leading to more general assumptions about 'people elsewhere'.[2]

Is fánach a bheith ag iarraidh méar a leagan ar an nóiméad dearg nó ar an mball díreach inar thosaigh dámh nua-aoiseach an bhéaloidis, na heitneagrafaíochta nó an léann dúchais. Is le Herodotus (*c.* 484–425), fear a rugadh i mbaile beag Gréagach ar chósta iardheisceart na Tuirce, a thosaíonn eachtra an tseanchais go minic. Fear siúlach scéalach a bhí ann a raibh tabhairt amach aige ar na ciníocha a theagmhaigh leis na Gréagaigh ón Áise go dtí an Éigipt.

An Teanga agus an Litríocht

In Éirinn tá fianaise na teanga againn gur thagair an téarma *coimcne* do sheanchas an léinn cúpla míle bliain ó shin. Deir Gearóid Ó Crualaoich, ceann an léinn seo i gCorcaigh ar feadh i bhfad, 'it emphasizes both the sharing of cultural knowledge and the central importance of the knowledge shared; such knowledge being necessary for the comprehension of life experience and the proper conduct of social life'.[3] Aistrítear *coimcne* go Béarla mar *antiquarian lore* nó *historical knowledge* sa *Dictionary of the Irish Language*. An té a chuirfeadh roimhe nó roimpi seanchas na fiosrachta a scríobh is dócha gur i muinín na n-eachtraithe agus na n-iomramh a rachfaí ar dtúis. Rinne Aniér Mac Con Glinne suirbhé magúil ar shaol na manach in *Aisling Mhic Con Glinne* mar shampla: 'tá trí rud nár cheart gearán orthu san eaglais, torthaí nua, beoir nua agus cuid oíche Dhomhnaigh'.[4] Ní taise do Bhran Mhic Fheabhail agus aghaidh á tabhairt aige ar an bhfarraige. Shamhlaigh sé an domhan mór taobh amuigh d'oileán na hÉireann, 'tá trí caoga inis chian, sin *oceon* uainn thiar, is mó ná Éire faoi dhó, gach aon díobh, nó faoi thrí'.[5] Le linn an turas fionnachtana seo tráchtann an fhilíocht ar chluichí, ar cheol, ar fhíon, ar chapaill chorcra agus órbhuí, ar thíortha agus ar shaol eile thar eolas, ar bhruach an bhaile nó ar imeall na samhlaíochta féin.[6] Is ábhar suime go n-úsáidtear an focal iasachta *oceon* anseo, an Laidean *oceanus*, is é sin an t-aigéan idir an Οἰκουμένη, an domhan a bhí ar eolas agus an crios a bhí thar eolas.[7]

Tá idir sheanchas agus litríocht breac le samplaí d'aistear seo an duine thar a eolas féin. Baineann mealladh, fiafraitheacht agus imní le haon turas, le himirt, le taibhreamh, le haisling, le hoilithreacht (focal a nascann *ithir* agus *eile*), le háibhéireacht, le spailpínteacht, le timireacht, le scéalaíocht nó le scannánaíocht féin. Meafar is ea an turas ar bheatha agus ar bhás an duine, idir chroí, anam agus intinn. Is cuma turas nó suirbhé ar shlí, 'travel is a kind of survey, since the traveler, lacking the self-evidence of his own way of life, has to question many people – and he himself is frequently questioned by his hosts'.[8] Chuaigh spailpín ó Chiarraí go dtí Rinn Ó gCuanach ar a phá. Nuair a chas sé arís ní ligfeadh an fhiosracht dá mhuintir gan fiafraí de cad a fuair sé le hithe thoir: 'prátaí beirithe ar scéith agus ceanna éisc tríotha' an freagra a thug sé ag tagairt, is dócha, do líon na n-iascairí san áit.[9] Ba dhóigh le fear na Rinne ná raibh thiar ach 'clocha breaca is caoire', ag tagairt do thírdhreach samhalta a bhí bocht. Baintear adhmad as blúirí beaga eolais ar dhúiche eile nó ar ealaín bheatha an strainséara. Cad a itheann sé? Cad a ólann sé? Cén sórt é? Nuair a bhíonn imirthí agus tabhairt faoi ndeara i dteannta a chéile bíonn ábhar seanchais agus tosach eolais ann.

Oghamchraobh agus Músaeim

Ní hannamh ábhar seanchais i bpóca an té a bhíonn siúlach. Is minic a chuir bóithreoir nó bádóir meabhracháin nó *aides mémoire* chuige. Le himeacht aimsire d'iompaigh dúil an bhailithe amach ina cheird inti féin. Caithfidh sé gurb í an oghamchraobh an *aide mémoire* is ársa in Éirinn. Is í leis, ní foláir, an fhianaise is fiannaí dá bhfuil ar marthain ar an tsnaidhm uaigneach idir an duine agus a scéala. Tá raidhse samplaí de mheabhracháin ón tseanlitríocht againn. Craobh phailme a thug Ailbhe ón saol eile leis san fhíor-sheanaimsir. Samhlaítear le *flabellum*, *cuilebad* nó cuilbhá Cholm Cille na craobha a thug Mac Riagla agus Snédgus leo abhaile. Gearrann duine de ghaiscígh Mhaol Dúin sliseog de staicín gloine agus fágann ar an altóir in Ard Mhacha é.[10] Ba chodanna iad, ní foláir, de chreach na taiscéalaíochta, na fionnachtana agus na heachtraíochta. Níl sa mhéid sin ach blaiseadh beag d'fhiosracht chianda na sean is na sinsear.

Tá litríocht na hársaíochta sa Bhéarla breac le samplaí den iontasúlacht agus den fhantaisíocht ó óige an léinn seo. I gceann de scéalta Thomas Crofton Croker cuirtear músaem ar thóin poill in amhras. Tugann murúch, ársaitheoir fir atá ann dála Crofton Croker féin, cuireadh go dtí a thig thíos ar ghrinneall na mara don daonnaí. Deir sé go maorga ardnósach leis, 'now, my dear boy, if you follow me, I'll show you my *curiosities*!'[11] Dob fhéidir léann an andúchais a thabhairt air thiar sa tseanaimsir toisc gur luíodh riamh ar an iontas, ar an éagsúlacht agus ar earra andúchasach. De réir mar a bhí na céadta á gcaitheamh cromadh ar ord agus ar eagar a chur ar na cnuasaigh seo de mheabhracháin. Chuir teicneolaíocht na scríbhneoireachta agus an chló go mór le cumas an duine cuntas a choimeád ar nithe nó ar imeachtaí éagsúla. Tógadh tithe agus foirgnimh faoi leith i mbailte móra na n-impireachtaí chun na bailiúcháin a chur ar láimh shábhála. De réir a chéile d'éirigh músaeim, leabharlanna, cartlanna agus acadaimh. Is ón Iodáilis *museo* don bhfocal músaem, seomra ina dtaispeántaí *curiosities* a bhí ann, an Béarla *museum*. Bhí feabhas á chur ar cheird an bhailithe riamh is choíche. Cuireadh comhairle, treoir agus oiliúint ar fáil do lucht taistil. Tugadh *ars apodemica* nó ealaín na heachtraíochta air. Dréachtadh ceistneoirí agus meamraim a chuir bonn faoi lorgaireacht léannta an tseanchais. I mí Bealtaine 1682 scaip William Molyneux, bunaitheoir agus rúnaí Chumann Fealsúnachta Bhaile Átha Cliath (1683), ceistneoir a raibh sé cheist déag ann mar shampla. Bhí sé curtha roimhe aige *A Natural History of Ireland* a scríobh. Níor chuaigh sé chun cinn leis an saothar seo choíche ach i measc na gceisteanna bhí 'what curiosities of art, or nature, or antiquity are or have been found there?' agus 'what peculiar customs, manners, or dispositions the inhabitants of each county or town have among them?'[12]

Ní iomramh a bhí i ndán don tír sa tréimhse luath seo ach ionradh. Ar theacht na gcoirnéal agus ridirí na himpireachta cuireadh an léann dúchasach, an léann Gallda agus an léann domhanda trína chéile. Má bhí oileáin i bhfad siar á samhlú sa litríocht bhí oileán na hÉireann, an fichiú hoileán is mó ar domhan, lámh le hoiléan níos mó, oileán na Breataine. Ba chuid den chinseal iasachta béascna an phobail a fhiosrú gan amhras ach bhí léann an dúchais rompu. Caithfidh mé súil anseo ar chuid de scoláirí nua-aoiseacha an dúchais idir Ghall is Ghael. Sa bhliain 1904 scríobh Daithí Coimín 'all before 1893 is darkness' ach is léir inniu ná raibh an ceart aige.[13] Tá a leithéid déanta ag Ó Danachair cheana ach is beag scoláire dúchasach a luann sé.[14] Ba mhaith liom aird a tharraingt ar roinnt de na scoláirí a shaothraigh an léann sa teanga seo.

Ionradh agus Iomarbhá

Ag tagairt don dara himleabhar déag de *Collectanea de Rebus Hibernicis* ó 1783 thug Ó Danachair 'the first practitioner of ethnology in Ireland' ar an nGinearál Charles Vallancey (1721–1812).[15] Tá sé le tuiscint go raibh iarracht den leisce air an chraobh a thabhairt do Sheathrún Céitinn toisc go raibh drochmheas ar an gcosmhuintir aige dar leis. Is féidir an méid a dúirt sé faoi Chéitinn a rá faoi Vallancey chomh maith céanna. Bhí Vallancey i gcoinne scolaíochta d'Éireannaigh agus ba bheag air an Ghaeilge de réir dealraimh. Ní raibh inti ach 'jargon still spoken by the unlettered vulgar'.[16] Ina theannta sin dealraíonn sé gur minic gearradh thar fóir aige á thabhairt do dhaoine bochta.[17] San ochtó agus sa naoú haois déag is ar éigean a bhí aon fháil ag daoine ar oideachas foirmiúil in aon teanga. Deir Dawson, 'i mbunscoileanna, i meánscoileanna, in ollscoileanna agus sna scoileanna scairte féin ba é an Béarla an teanga theagaisc agus ba é léann Shasana an t-ábhar. Ba é an *Irish Society* an t-aon dream a d'fhéach le léamh agus scríobh na Gaeilge a theagasc do na Gaeil'.[18] Ní raibh caoi ag formhór na ndaoine teacht isteach ar léann comhaimseartha na hEorpa mar a bhí sé. Ní dócha go bhfuil sé cruinn a rá go raibh an Béarla in uachtar ach ba é teanga an uachtaráin gan aon agó é. Chreid réimeas na himpireachta gurb é an Béarla stoc na sibhialtachta agus gurbh ann a bheadh tógáil na hÉireann. Bhí cuid de scoláirí móra na nua-aoise ar aon fhocal leis fiú. Dealraíonn an scéal gur shíl Séamus Ó Duilearga, Osborn Ó hAimhirgín agus D. A. Binchy i lár an fichiú haois 'nach raibh sé indéanta ábhair léinn a theagasc trí Ghaeilge'.[19] Is fód bog faoi shíolchur an bhéaloidis sa bhfichiú haois an tuairim seo. Is deacair an líomhain a thuiscint inniu ón uair gur léir gur *toradh léinn* an-chuid den eolas atá againn seachas bac ar léann.

Níl dul dá shéanadh mar sin féin gur cheannródaithe ina gcáilíochtaí féin Thomas Crofton Croker (1798–1854), Patrick Kennedy (1801–1873), Sir William Wilde (1815–1876), Lady Jane Francesca Wilde (Speranza 1821–1896), Samuel Ferguson (1810–1886) nó Lady Isabella Persse Gregory (1852–1932).[20] Ba den chinsealacht an chuid is mó acu. Deir Wilson Foster, 'for the early folklorists the peasantry was exotic, and upper-class collectors had the outsider's curiosity, condescension, and brashness that resulted in a great quantity of data'.[21] Dream ab ea iad a raibh cuid acu tar éis dul amach ar choincheap agus ar mhodhanna comhaimseartha na hársaíochta i Sasana. D'fhoilsigh Crofton Croker *Fairy Legends and Traditions of the South of Ireland* sa bhliain 1825. Tá sé suimiúil go ndeirtear i dtaobh an leabhair seo gurbh é an chéad bhailiúchán béaloidis é a bunaíodh ar thaighde sa ghort. Braitheann líomhain dá leithéid ar an dtuiscint a bheadh ag duine ar an dtaighde sin. Ní dócha go bhfuil sé ceart a áitiú gur thar loch isteach a tugadh cleachtas an léinn. Chítear dom gur tuiscintí dá leithéid a chuir bonn faoin mbéaloideasú a bhí á dhéanamh ar ghnéithe áirithe den chultúr dúchais. Ní foláir nó gur thosaigh an próiseas sa seachtú, san ochtó agus sa naoú céad déag. Bhí tosach ag Crofton Croker agus ag John Murray, an foilsitheoir cáiliúil a bhí aige i Londain Shasana. Bhí ráchairt ar fud na himpireachta sna céadta seo ar aislingí mealltacha na n-ársaitheoirí ó thír na bhfinscéal, na bpiseog agus na dtraidisiún. Níor chuaigh Crofton Croker slán ón gcáiréis pholaitiúil atá sa treis sa léann comhaimseartha. Tá amhras caite ar an dtuairim a bhí aige den Éireannach. Deir Schacker mar shampla, 'Croker invokes an established colonialist rhetoric that places the reader . . . squarely in a position of critical authority and cultural superiority'.[22]

Béaloideas agus *Folk-Lore*

Is é an Béarla teanga an rialtais agus an rachmais le blianta fada agus, ó tháinig sé de bheart i gcás gurb é teanga mhór an domhain inniu é, is ann a ríomhtar bunús an léinn. Cuirtear i gcuimhne dúinn go minic gurb é teanga an ardléinn agus mangaire mór an eolais é. Bhí ar acmhainn an Bhéarla réimsí faoi leith den chultúr dúchais a roghnú, a chóiriú, a aicmiú, a tháirgeadh agus a dhíol. Tá bearna mhór idir dámha na Gaeilge, dámha le Gaeilge, dámha dátheangacha agus dámha atá i dtortaobh leis an mBéarla. Samhlaítear léann, taighde, foghlaim agus tabhairt suas leis an mBéarla. Samhlaítear ábhar léinn, béaloideas, traidisiún agus neamhlitearthacht leis an nGaeilge. Ba chuid éigin den phróiseas seo dearadh an bhéaloidis nua-thraidisiúnta, is é sin le rá na gnéithe oiriúnacha den chultúr dúchais a aimsíodh agus a ainmníodh as an nua mar 'thraidisiúin fhiannacha'. B'fhéidir gur oir an íomhá seo nó íomhá dá leithéid d'údair agus d'údarás an Bhéarla. Ní fhágann sé sin go bhfuil aon phioc den bhfírinne nó de cheart na scoláireachta nó an léinn ag gabháil léi.

Cad is béaloideas ann? An malairt an léinn, iarlais an Bhéarla nó athrach léinn é? Tugtaí *popular antiquities* nó *local tradition* ar a leithéid sa Bhéarla sular cheap William Thoms an nuafhocal *folk-lore* sa bhliain 1846. Bhí an focal 'seanchas' sa Ghaeilge le fada ach d'fhan sé formhór na haimsire faoi scáth an bhéaloidis nua-aoisigh seo. D'áiteoinn gur ag freagairt d'fhocal Thoms go príomha a bhíonn sé anois seachas ag tagairt d'eolas nó do dhioscúrsa an dúchais. Pé ar domhan de ba luath léir a ghlac Béarlóirí an oirdheiscirt leis an bhfocal nua Béarla. Thagair Sir William Wilde do *folks-lore* ina leabhar *Irish Popular Superstitions* sa bhliain 1849, ar a shon nár tháinig an leabhar amach go dtí 1852.[23] Bhí Cumann Seandálaíochta Chill Chainnigh ag tagairt don *folk-lore of Ireland* sa bhliain 1853, seacht mbliana ó ceapadh é, nuair a foilsíodh *Transactions of the Kilkenny Archaeological Society*.[24] Ní raibh glactha leis an bhfocal i dtíortha eile san Eoraip ag an am. Níor bunaíodh an *Folklore Society* i Londain Shasana féin go dtí 1878. Má bhí nuálaíocht ag gabháil le *folk-lore* i saol an Bhéarla is focal nua ar sheanchoincheap é. Déantar amach gurbh é Seathrún Céitinn, 'our Irish Herodotus' mar a thug Séamas Ó hArgadáin air, a scríobh síos an focal béaloideas a chéaduair.[25] An mar a chéile go baileach an focal seo atá chomh coitianta inniu agus ainm nua-aoiseach na dáimhe a bhláthaigh agus a bhuanaigh é féin san bhfichiú haois?

Seathrún Céitinn: Rí-Eitneagrafaí

Deirtear gur i mBuiríos i dTiobrad Árann a rugadh Céitinn (1580–1644) agus go raibh cónaí air féin agus ar a mháthair sa tigh a bhí ag muintir Uí Chathail ann más fíor.[26] Bhí sé ar an saol tríocha éigin bliain i ndiaidh 'athair agus príomhéigeas na hársaíochta' sa Bhreatain, William Camden (1551–1623), údar *Britannia*.[27] Bhí ceachtanna den saothar céanna ag plé le 'béasa agus le nósanna na seanGhael'. Ní róshásta a bhí Céitinn le tuairisc Camden ná le staraíocht a chomhghleacaithe. Nós an phriompalláin a bhí acu dar leis, is é sin le rá cúl a thabhairt le bláth dá dheiseacht agus aghaidh a iompú ar bhualtrach bó nó ar otrach capall. Is fiú a rá gur in aimsir an Chéitinnigh is ea a d'éirigh an taighde sóisialta eagraithe a chéaduair.

Bhí *anthropologia*, léann an duine, aitheanta ceithre scór bliain faoi ar rugadh é siúd is go gceaptar ná raibh puinn cur amach air seo taobh amuigh den Ghearmáin ag an am.[28] Tá sé de cháil ar an gCéitinneach gur chuir sé síos 'na trí nithe lena ndearbhaítear fírinne na staire ... mar atá béaloideas na sean, sean scríbhne agus séadchomharthaí dá ngoirtear i Laidin *Monumenta*'.[29] Is é a chiallaíonn *monumentum* ná rian nó séadchomhartha, *antiquity* ag ársaitheoirí an Bhéarla nó arís 'the physical, visible remains of the historic past'.[30]

Tá an focal 'béaloideas' le fáil i bhfoclóir a clóbhualadh i bPáras na Fraince sa bhliain 1732 agus é ag freagairt don Bhéarla *tradition.*[31] Is fianaise é ar thrácht soir siar a bheith idir na coincheapa sa dá chultúr le fada, 'ar a aclaí, a dhinimiciúla a d'fhéad teanga na Gaeilge freagairt do fhoclóir shaol sócúil uirbeach na huasalaicme'.[32] Is giorra ciall an fhocail 'foras' do *compendium* nó *omnium-gatherum* ná do *history* cé gur aistrigh Coimín amhlaidh sa bhliain 1902 é. Ciallaíonn *foras* bonn nó fotha agus deir O'Halloran gurbh fhearr *Foras Feasa ar Éirinn* a aistriú mar 'compendium of wisdom about Ireland'.[33] Aistríonn an *Dictionary of the Irish Language* go dtí 'a firm foundation of knowledge of Ireland' é.[34] An ar an mBéarla amháin a bhí an Coimíneach ag cuimhneamh nó ar an gcomhthéacs nua-aoiseach ráite gur dhein sé neamhshuim ar fad den bhfocal eile atá lámh leis, an focal *fios*. Is focal é seo ó fhoclóir dúchasach an eolais. Cuireann sé tuiscint nó eagnaíocht in iúl ina shlí shainiúil féin. Athraíonn Coimín go dtí 'the origins of Irish History' sa díonbhrollach é. Is é atá ann, dar leis an údar 'leanúint nó lorgaireacht sheanchais agus sinsearachta na críche', barrshamhail den saothar léannta comhaimseartha ar dhúchas tíre nó cine.[35]

Leis sin de is taisceadán de sheanrianta na tíre *Foras Feasa ar Éirinn*. Ba ladhar den léann céanna é a ghin eitneolaíocht, eitneagrafaíocht nó béaloideas ar ball. In airde an náisiúnachais nua-aoisigh a bhí an Coimíneach ag scríobh. D'oir dó hata ard an staraí náisiúnta a chur ar cheann Chéitinn. Ní raibh aon teimheal fós de dhámh nua-aoiseach an bhéaloidis, an léinn dúchais ná na heitneolaíochta. Ní raibh go ceann tríocha éigin bliain eile. Foilsíodh *The Story of Ireland* le A. M. O'Sullivan, 'one of the great bestsellers of all (Irish) time' sa bhliain 1867.[36] An raibh Céitinn á tharraingt isteach sa seánra Béarla a dtugann Foster 'ur-stories of the Irish national history' air?[37] Is giorra saothar Chéitinn don nós comhaimseartha an saol polaitiúil, cultúrtha agus sóisialta a chur i láthair in aon mhór-iarracht amháin. Chuir *Foras Feasa ar Éirinn* le bá na nÉireannach lena chéile agus rinne díon intleachtach dóibh ar shíorachasán na barbarthachta ó stocairí na coilíneachta. Ní cóir don léann beagán a dhéanamh den meas mór a bhí ar an saothar seo. Nuair a d'aistrigh an fear léannta Micheál Ó Cearnaigh an saothar go Béarla sa bhliain 1635 dúirt sé rud simplí a ndéantar dearmad i gcónaí air, is é sin gurbh fhéidir a rá gurbh iad na coilínígh a bhí barbartha ráite ná foghlaimeoidís an Ghaeilge.[38]

Deir Ó Buachalla gur cheangail Céitinn an seanchas agus an daonnacht Eorpach: 'to the received canon of traditional lore he had grafted, in a most sophisticated manner, a contemporaneous perspective'.[39] Tharraing sé ar an gcultúr dúchais, ar mhiotaseolaíocht, ar naomhsheanchas, ar ghinealach, ar bhéaloideas, ar chróineolaíocht agus ar eolas na tíre i gcanúint chomhaimseartha an léinn. Deir Cunningham 'it was a compendium that preserved what was important from the distant past'.[40] Mar atá ráite ó chianaibh mhair an saothar cúpla céad bliain tar éis a bháis. Ní bréag a rá go raibh sé ina réalta eolais ag lucht leanúna an léann dúchais. Dúirt an tAimhirgíneach, 'Keating's stories are the most interesting part of the history, and to them is due the popularity the work enjoyed in manuscript copies for two hundred years after its first appearance'.[41] 'Seanchaíocht Chéitinn' a thug an file Seán Ó Murchú air agus dán á chumadh aige chun an lámhscríbhinn a cheiliúradh. In 'Amhrán na Leabhar' chásaigh Tomás Rua Ó Súilleabháin (1785–1848) na leabhair a chaill sé nuair a bádh an bád a bhí á n-iompar anonn go Góilín Dairbhre. Bhí 'Céitinn leabhar an tseanchais' ina measc.[42] Is é Céitinn, dá bhrí sin, éarlamh an léinn dúchais, rí-eitneagrafaí Éireann lena linn sa mhéid sin amháin.

Foclóir Nua-Aoiseach an Léinn

Ba sa seachtó, san ochtó agus sa naoú céad déag a tháinig cuid mhaith d'fhoclóir nua-aoiseach an léinn chun cinn. Tháinig na téarmaí *folk-lore*, socheolaíocht, cartagrafaíocht, antraipeolaíocht, eitneolaíocht, eitneagrafaíocht, béaloideas, staidreamh, teicneolaíocht agus sibhialtacht féin in ionú. Tháinig an tuiscint ar shaineolaí agus ar shaineolas amach i dteannta na haimsire céanna. Ní raibh aon eolaíocht réamhdhéanta ina measc. Cleachtais logánta ab ea cuid acu a d'fhréamhaigh sa léann foirmiúil agus a bhláthaigh tar éis tamaill. Bhí ealaíona an stáit, cleachtas an chléireachais agus comhaireamh an staidrimh ag leathnú ar mhór-roinn na hEorpa. Bhí taithí, cleachtadh agus oiliúint á bhfáil ag impireachtaí móra sa taighde sóisialta. Faoi úrghné an bhéaloidis bhí codanna den chultúr dúchais éirithe i dtuairim mhaithe agus mhór-uaisle na tuaithe agus na cathrach araon ó chábáin an phátrúin go dtí bord an pharlúis. Bhí fánaithe, turasóirí, seandálaithe, ársaitheoirí agus suirbhéirí sna sála ar a chéile ag iarraidh dála na muintire a bhreathnú lena súile cinn féin. Bhain Crofton Croker (1798–1854), muintir Hall (1800–1881), Dixon Hardy (1794–1875), Windele (1801–1865) agus Westropp (1860–1922) pátrún na hAirde Móire amach, gan ach áit amháin agus ócáid amháin a lua.[43] Thug cuid acu an tsúil chrom ar iompar na ndaoine ach d'fhágadar tuarascálacha ina ndiaidh a bhíonn úsáideach nó a thugann tuiscint dúinn ar an gcultúr dúchais san am atá caite.

Bhí corraíocht is céad go leith bliain ó aimsir Chéitinn go dtí aimsir Sheáin Uí Dhonnabháin. Bhí na healaíona nua ag fás agus ag leathnú sna himpireachtaí móra agus, ní ba dhéanaí, sna stát-náisiúin agus mhéadaigh go mór dá réir sin ar mhaoirsiú an eolais. Ó aimsir an tSuirbhé Shibhialta agus Shuirbhé an Dúin sa seachtú haois déag bhí suirbhéanna móra agus suirbhéanna beaga á gcur i gcrích ag údaráis éagsúla. Rannóga aitheanta de na suirbhéanna seo ab ea an seanchas, an stair, an comhshaol, 'an tseandálaíocht' mar a tugadh as Gaeilge ar an ársaíocht, agus béascna na ndaoine. Thionscain rialtas impiriúil na Breataine an Suirbhé Ordanáis sa bhliain 1824 chun bailte fearainn na tíre a mheas ar mhaithe le hathnuachan an chóras chánaigh.[44] D'fhostaigh an suirbhé foireann ársaíochta agus logainmníochta a bhfuil cáil orthu inniu. Bhí Éadbhard Ó Raghallaigh (1770–1829), Seán Ó Donnabháin agus Eoghan Ó Comhraí (1796–1862) ar na chéad eitneagrafaithe proifisiúnta sa tír. Ní raibh sa suirbhé ach gné amháin dá saothar dar ndóigh. Bhí duine díobh, Tomás Ó Conchubhair, ag cabhrú le Nioclás Ó Cearnaigh agus le Matthew Moore Graham ag an am. Bhí scríobhaithe, seanchaithe agus lucht léinn griothalánach ar fud na tíre. Is minic a maítear go bhfuil ceallamán béaloidis le fáil i gcáipéisí an tsuirbhé. Níl sé seo fíor, pé léirmhíniú a dhéanfá ar bhéaloideas féin, ach chuir an fhoireann eolas ar mhodhanna agus ar theicníocht chomhaimseartha a bhí faoi mheas ar fud na hEorpa agus níos faide ó bhaile leis gan amhras. Bhí an ceart ag de Valera gur 'cnuasach mór d'eolas staitistíocht ar an il-iomad ábhar atá iontu; cúrsaí Creidimh, Geilleagair, Sóisialtachta, Talaimh, Béasanna, Seandálaíochta, srl' a bhí inti.[45]

Ag cuimhneamh siar dó ar na laethanta a chaith sé ag bailiú eolais i gcontae an Chláir luaigh Séamus Ó Duilearga (1899–1980) an chomaoin a bhí curtha ag scoláirí seo an tsuirbhé air. Thrácht sé air féin mar 'the first collector of the tradition of the Irish speakers of Thomond since O'Curry and O'Donovan wrote their letters from Corofin and Ennistymon to the Ordnance Survey almost a century later'.[46] Fiafraitheacht na himpireachta agus riachtanas na reachtaíochta a cheangail an chartagrafaíocht leis an eitneagrafaíocht sa suirbhé. Bhí gnó ag earnáil an riaracháin d'impireacht na Breataine den léann dúchais. Bhí seantaithí ag an impireacht ar chiníocha éagsúla a chuntas ar fud an domhain cheathair-airde. Bhí togha na teicneolaíochta agus rogha na dteoiricí comhaimseartha faoina lámha acu. Má bhí, is ar mhaithe le heolas straitéiseach a chonlú a bhíodar don chuid is mó agus ní ar mhaithe le heicléictiúlacht eitneach ná le héagsúlacht an chultúir. Ní raibh aon fháil acu logainmneacha a thuiscint gan spéic a chur ar scoláirí nó ar sheanchaithe na tíre.

Seán Ó Donnabháin

Rugadh Seán Ó Donnabháin (1806–1861) timpeall na bliana 1806 in Áit an Tí Móir i ndeisceart Chontae Chill Chainnigh. I ngiorracht trí cinn de mhílte do chathair Phort Láirge atá an baile sin. Dealraíonn an scéal gur fear toghail meabhrach a bhí ann agus aithnítear é mar oidhre ar an gCéitinneach babhtaí. Bhí sé ar an gcéad eitneagrafaí a dhírigh ar bhóithre na hÉireann ar a phá lae. Tá cáil na litreacha a scríobh sé le linn dó a bheith ag obair don tsuirbhé air.[47] Bhain an suirbhé adhmad as na modhanna ba dhéanaí a bhí amuigh maidir le rangú eolais agus chuir sé suim sna 'habits of the people'. Ag tagairt do na laoithe agus do na scéalta fada fiannaíochta i nDoire Cholm Cille sa bhliain 1834 scríobh sé 'these tales and poems . . . are better recited in the mountains of Waterford and Kerry than in O'Kane's country'.[48] Ceannródaí a bhí ann a chaith meabhair go macánta le fuascailt na bhfoinsí is le fírinne na faisnéise. Bhí sé de stuaim ann maitheas na staire lena linn a mheas agus ba bheag air cuid di: 'there is no end to the wild assumptions and fooleries of modern Irish historians, legend writers and topographers'.[49] Thomas Moore, Crofton Croker, Vallancey agus na suirbhéirí atá i gceist ansin.

Rinne sé cúram de na bunfhoinsí, de théacsaí, de lámhscríbhinní, den Ghaeilge agus, ina shlí féin, den chultúr. Ní ina thost a bhíonn i gcónaí ar aonach an chultúir. Ní raibh sé sásta leis an ngné den léann comhaimseartha ar bhaist sé *fairyology* nó *hagiology* uirthi. Bhí sé os cionn céad bliain chun cinn ar an gcriticeas a thástálfadh toradh na ndioscúrsaí léannta a mheas. Cruinneas agus cirte a bhí ag déanamh tinnis dó go minic. Luigh sé go trom ar an bpráinn a bhí le modhanna nua: 'for the present conformation of society it is found necessary (*recte.* Pleasing) to have dancing masters as well as farmers, and Antiquarian and Historical as well as Horticultural and Agricultural Societies'.[50] Ag scríobh ó Bhaile Átha Luain sa bhliain 1837 chuir sé ar a shúile don stiúrthóir nárbh é an Suirbhé Ordanáis a chuir crann ar an léann: 'I wish to point out distinctly how much had been done before this Survey'.[51] Is fíor nár thosaigh sé an léann ach thug sé ealaíona, teoiricí agus samhlaíocht nua isteach ón léann domhanda. Bhí stair, eolas na tíre, staidreamh, seandálaíocht agus seanchas ina n-orlaí tríd an léann a bhí ag teacht chun cinn sa Bhéarla. Ba liosta le háireamh na leabhair a chuir staraithe, seandálaithe, taistealaithe agus ársaitheoirí an Bhéarla ar fáil ó chontae go chéile.[52]

Seanchaithe, Scríobhaithe agus *Antiquaries*

Maíonn Carr go mbraitheann stádas an fhíorais ar an nglacadh a bhíonn leis.[53] Mhaithfí don té a dhéanfadh amach nach raibh i scoláirí na Gaeilge go minic ach teangairí do leithéid Vallancey, George Petrie (1790–1866), Edward Bunting (1773–1843) nó Charlotte Brooke (1740–1793) nuair a bhí an fómhar Ceilteach á tharlú. *Antiquaries* a tugadh ar an gcéad dream a shaothraigh seanchas agus sean-eolas sa Bhreatain. Sa tír seo, má tá trácht orthu choíche, is annamh a thugtar *emanuensis* ar éinne acu; éigse thánaisteach 'gan paitinn, gan pá, gan cháin, gan éileamh'.[54] Déanann idir réimeanna diúltacha agus réimeanna dearfacha den díospóireacht amach gur bhaineadar le foléann Ceilteach faoi cheilt, 'a few lonely scribes working by rushlight'.[55] Aistriú ar an mBéarla *scriviner* nó *scribe* is ea an focal scríobhaí. Tagraíonn sé do ghnó faoi leith nó d'ábhar taighde faoi leith ach nuair a leathnaítear ar chomhthéacs na hoibre an gceileann an teideal stádas an léinn? Meabhraíonn sé Máirtín na Scríobála nó *Martinus Scriblerus* ar a chroí díchill ag cóipeáil lámhscríbhinní do phiarda an Bhéarla.[56]

Is í tuiscint chanónda an bhéaloidis sa bhfichiú haois gur béalaireacht, litríocht bhéil, béalaithris nó litríocht neamhscríofa an seanchas. Tá ceisteanna fós le cur mar gheall ar an ngaol seo idir an litríocht scríofa agus an litríocht bhéil.[57] Siúd is go bhfuil fianaise mhuiníneach ann go léití lámhscríbhinní oícheanta airneáin sa tseanaimsir is fíorannamh litearthacht á samhlú le seanchas. Conas a tharla meas chomh mór sin a bheith ag seanchaithe ar obair an Chéitinnigh nó conas a cóipeáladh lámhscríbhinní gan léamh ná scríobh?[58] Tá fhios againn gur dhein Pádraig Ó Cearmada (1833–1909) trí mhacasamhail de *Foras Feasa ar Éirinn*.[59] Luann Máirtín Ó Cadhain ar lámhscríbhinn den 'Mharthain Phádraig' a fuáileadh taobh istigh de chóta mar dhíon ar anachain agus duine ag dul ar imirce go Meiriceá.[60] Chonaic Pádraig Ó Cadhla leabhar urnaithe 'i láimh sheanduine de mhuintir Mhuiríosa ó Mhóin an tSeabhaic i bparóiste Sheisceannáin ar Shliabh gCua'. Thug sé faoi ndeara nach cló a bhí ar an leabhar ach gur lámhscríofa a bhí sé.[61] An tuiscint dhúchasach í in aon chor nach cuid den seanchas an peann, an pár nó an cló? An bhfuil iarracht den tuiscint bhéaloideasúil nua-aoiseach taobh thiar de?

Scríobh an Donnabhánach ó Dhoire sa bhliain 1834, 'some time ago in these glens there were Irish Scholars whose principal amusement was to read over at their fireside on Winter evenings tales and poems concerning the exploits of Fin and his Fians'.[62] Ag tagairt do chultúr liteartha atá an Donnabhánach; i gceann céad bliain eile rinne béaloideas de chuid den chultúr dúchais.

Corradh is céad bliain ina dhiaidh sin scríobh Ó Máille go neafaiseach go mbíodh 'seanscríbhinní Gaeilge ina lán áiteacha agus lucht a léite dá réir'.[63] An fearr a d'oir an íomhá de thuathánaigh gan léamh ná scríobh do na réimis dhifriúla, d'ársaitheoirí, do choilínigh nó do náisiúnaithe oifigiúla an stáit dhúchasaigh? Conas a thabharfaí litríocht neamhscríofa nó cultúr béil ar sheanchas a bhí á scríobh agus á léamh le cúpla míle bliain? Deir McManus: 'the poet/hedge schoolmasters certainly never regarded themselves as poor peasants ... they saw themselves as men of learning'.[64] Deir Harrison 'gur oidhrí ar na glúine scoláirí a chuaigh rompu' iad agus cuid de chomhluadar léannta a raibh caidreamh aige ar ársaitheoirí Gallda in Éirinn agus thar lear. Thug a gcuid oibre ó Londain go hOxford agus go sráid Bhaile Átha Cliath iad.[65]

Lucht Léinn

I ndeisceart na tíre bhí léann á dhéanamh ag leithéidí Phádraig Uí Néill (1765–1832), Shéamais Uí Scoireadh (1820–98) agus Amhlaoibh Uí Shúilleabháin (1780/3–1838). Muilleoir agus feirmeoir ab ea Ó Néill agus ní hamháin go raibh léamh agus scríobh aige ach bhí leabharlann mhór aige. Chonlaigh sé lámhscríbhinní, scríobh sé filíocht, cheannaigh sé popcheol na haimsire, d'fhoilsigh sé leabhair, rinne sé staidéar ar sheandálaíocht, ar sheanrianta, ar réalteolaíocht, ar cheimic, ar fhisic agus shíl sé gluaiseacht Ghaeilge a chur ar bun.[66] Bhí foinn cheoil á gcur chuige aige ina dhúiche féin agus gan ach scór bliain aige. Ba shin dhá scór bliain faoi ar fhoilsigh Crofton Croker *Fairy Legends and Traditions of the South of Ireland.* Tharraing an bailitheoir mór ceoil George Petrie ar an mbailiú seo.[67] Bhí sé deich mbliana éigin chun cinn ar Edward Bunting féin. Bhí Seán Ó Doinn (1815–92) ó Gharraí Ricín i bparóiste Chill Lamraí i gCill Chainnigh ag bailiú dánta agus amhrán ó 1864 go dtí 1870. Chuireadh sé féin agus Séamas Ó Braonáin, suirbhéir talún agus scoláire clasaiceach ó Bhaile an Chuilinn i dTiobraid Árann, toradh an bhailithe go dtí John George Augustus Prim (1821–1875). Tá seanchas Prim suimiúil sa mhéid is gur aontachtóir a bhí ann agus duine de bhunaitheoirí Chumann Seandálaíochta Chill Chainnigh. Bhí caidreamh coitianta ag an Doinneach leis an gcumann ceannródaíoch seo agus sholáthraíodh sé eolas ar logainmneacha agus ar sheanrianta dó.[68] I litir a scríobh Ó Doinn go dtí Prim i lár an naoú haois déag rinne sé miondealú idir seanchaithe, a mbíodh leaganacha béil de na laoithe fiannaíochta acu, agus léitheoirí a mbíodh eolas acu ar na laoithe as a gcuid lámhscríbhinní féin.[69]

Léigh sé aiste os comhair an chumainn inar thrácht sé ar shaol na bhfilí agus na seanchaithe ina cheantar féin. Scríobh sé

> go raibh dúil ar leith acu bheith ag taisteal ó cheann ceann na hÉireann, chun máistreacht cheart a fháil ar an nGaeilge trí aithne a chur ar an aos léinn agus filíochta i ngach cuid den tír. Thagaidís abhaile le tiachóg mhór lán de lámhscríbhinní agus deireadh na daoine mar gheall ar dhuine a rinne an imchuairt seo gur chuaigh sé "ar rith na n-intleacht".[70]

Níl imeachtaí intleachtacha na seanchaithe seo, is cuma cé acu beagán nó mórán den bhfírinne san fhianaise sin, ag luí leis an íomhá chomónta den chóipeálaí. Níor pheannairí amháin Donncha Rua Mac Conamara (1715–1810), Pádraig Denn (1756–1828), Seán Pléimeann (1815–1895) nó Seán Ó Dálaigh (1800–1878).

Ag Leac an Fhuaráin idir Maigh Dheilge agus Tuar an Fhíona a rugadh Seán Ó Dálaigh. Bhí sé ag cur faoi i gCill Chainnigh sa bhliain 1844 nuair a chur sé *The Reliques of Jacobite Poetry* i gcló. Chuir sé *Féin-Theagasc Gaoidheilge* in eagar sa bhliain 1846 agus d'fhoilsigh *Laoithe Fiannuigheachta* faoi dhó sa bhliain 1859 agus arís sa bhliain 1861. Fear le scríobh a bhí ann don *Ossianic Society* agus don *Celtic Society.* Sa chéad chur amach de *Transactions* Chumann Seandálaíochta Chill Chainnigh, iris ar chuir sé féin cló air, tugtar 'enterprising publisher' air. Sa bhliain 1849 d'fhoilsigh sé an saothar mór *Poets and Poetry of Munster.*[71] Bhí suim mhór aige sa bhfiannaíocht, sa bhfilíocht chráifeach agus sna scéalta gaisce. Ceaptar go rabhadar seo ar na seánraí ba mhó trácht sna lámhscríbhinní, agus sa seanchas comhaimseartha ní foláir, ina cheantar dúchais.[72]

Cultúr an tSíl agus Cros-Síolrú

Is mó ealaín a bhí ag lucht léinn seachas an breacadh féin. Bhí siopadóirí, ceannaithe, múinteoirí, feirmeoirí, sagairt, nuachtánaithe, foilsitheoirí, muilleoir, filí, seanchaithe, scéalaithe agus oideachasóirí ar na scríobhaithe sa naoú céad déag. Bailitheoirí a bhí iontu a chuir chucu laoithe fiannaíochta, dánta, paidreacha, focail, logainmneacha, ainmneacha plandaí, liodáin, seanmóirí agus scéalta. Le linn don Dálach a bheith suas bhí an dearcadh ársaíochtúil, bunchloch náisiúnachas Thomáis Dháibhís (1814–1845) ar shlí, agus an léann logánta ag cromadh ar dhul ina chéile. Is ábhar suime gur fhoilsigh sé *Pious Miscellany* sa chló rómhánach ar a shon go raibh an cló Gaelach (1808–25) faiseanta nua. Bhí iarracht de rian a chomhaoisigh William Thoms ar chlár oibre an *Ossianic Society*, cumann a bhunaigh sé sa bhliain 1845. Bhí a rian ar fhorógra *The Spirit of the Nation* chomh maith. Bhí náisiúntacht na Gaeilge agus Gaelachas an Bhéarla á gcur trína chéile i rith an ama. Ó 'The Harp of Erin' le Conor McSweeny agus 'The Spirit of the Nation' le Tomás Dáibhís anonn go dtí filíocht Dhonncha Rua Mhic Chonmara agus Thaidhg Ghaelaigh Uí Shúilleabháin. Nasctar Luke Kelly le Seosamh Ó hÉanaí, na *Wolf Tones* le Nioclás Tóibín, James Clarence Mangan le Labhrás Dráipéir agus Dónall Ó Corcora le Gael Linn. Má bhí 'Róisín Dubh' sa Ghaeilge bhí 'My Dark Rosaleen' sa Bhéarla. Is dian nó go raibh cuid den dochma céanna sa dá leagan. Ba chor cinniúnach é sa phróiseas a thug ann do chultúr coiteann na tíre mar atá inniu.

Ar na gréasa a bhí mar chomhábhar sa chultúr coiteann seo bhí bailiú, lámhscríbhinní, aistriúcháin, reiligiún, fiontraíocht, teicneolaíocht, brionnú agus cruthaitheacht. Níor fhan an cultúr dúchais ina chime gan chorraí i rith an ama seo. Chum Nioclás Ó Cearnaigh tairngreachtaí a raibh an tAthair Maitiú iontu. An amhlaidh go raibh sé ag teacht i dtír ar an mór-éileamh a bhí ar sheanaimsearthacht? Thug sé iarsmaí fileata dóibh, 'tiocfai cléireach caid gan onn/ac cosc dáil deogha teimhon'.[73] An raibh a leithéid chéanna ar siúl ag an bhfile nua-aoiseach Michael Davitt leis an dán 'Mac Léighinn Bhíos gan Oibriughadh'? Chuir sé suas d'fhoráil shíoraí ar sheanaimsearthacht deoranta a déantar fós i léann na Gaeilge. Tugadh 'MacPherson na Gaeilge' ar an gCearnach fiú.[74] Dealraíonn an scéal gur chum Pádraig Ó Néill (1765–1832) 'Marbhna Leifir Grás' as an nua chomh maith.[75] Chrom Tomás Mac Coitir ar Thomas Moore a aistriú go Gaeilge.[76] D'aistrigh Ó Dálaigh féin 'Dear Harp of My Country' le Moore.[77] Is beag deighilt a bhí idir na teangacha sa chultúr coiteann ná sa léann.[78] Is grinn ón Drisceolach a aithint gur léann na nua-aoise a bhí sna siopaí leabhar ag an Dálach. Ní ceart a ligean i ndearmad gur chuir sé cló ar *Athenaeum* na hÉireann, príomhfhoilseachán na hársaíochta, *Transactions of the Kilkenny Archaeological Society*. Bhí leabhair thurasóireachta agus ársaíochta aige, saothair le Smith, le Spencer, le Carr agus le Barrow i dteannta an urscéil mhóir *The Last of the Mohicans*.[79] Luíonn Ó Drisceoil ar an dtábhacht a ghabh le foilsiú na fiannaíochta thar aon ábhar eile. Thug Ó Dálaigh fiannaíocht an iarta sa chultúr dúchais agus fiannaíocht fhaiseanta an pharlúis ar aon uisce. Ag foilsiú na fiannaíochta a bhí sé fad is a bhí Thomas Keightley

(1789–1872) ag foilsiú na piseogaíochta mar shampla. Bhí an léann agus an tsamhlaíocht ag cur ar a chéile sna dioscúrsaí éagsúla léinn.

I nDar-Mhá na nDéise i gContae Phort Láirge a rugadh Pilib F. Barún (*c*. 1802–1860). Cheannaigh an Barúnach *The Waterford Cronicle* sa bhliain 1825. Chuir sé Coláiste Gaeilge ar bun i nGarrán Fheannóige idir Coill Mhic Thomáisín agus Bun Machan sa bhliain 1833. Chuir sé crann ar irisleabhar *Ancient Ireland* agus d'fhoilsigh sé féin é.[80] Tá sé de cháil air gur thug Eoin MacNeill 'an chéad chonraitheoir' air.[81] Sa chéad chur amach den iris dúirt sé go raibh faillí déanta ar sheanchas na tíre. Bhí Gaeilge, Laidin, Gréigis, Eabhrais, Béarla, luamhaireacht agus uimhríocht ar na hábhair a múineadh sa choláiste. Nuair a chuireann tú san áireamh go raibh sé céad bliain roimh ré leis an Ollscoil Náisiúnta nó le Coláistí Gaeilge an fichiú haois is léir nach scrioblálaí amháin a bhí ann.

Scríobh Seán Pléimeann (1815–1895), atá luaite cheana agam, an chéad alt sa chéad chur amach d'*Irisleabhar na Gaedhilge*. Tugann an Pléimeannach chomh fada le tairseach an fichiú haois mé. Dhá bhliain déag is fiche tar éis a bháis a bunaíodh an Cumann le Béaloideas Éireann. Bhí sé ar dhuine de bhunaitheoirí Fhoireann Chéitinn sa deisceart. Ceaptar gur mhúin sé Gaeilge do Jeremiah Curtin (1835–1906), teangeolaí agus eitneolaí Meiriceánach a tháinig go hÉirinn, tír dhúchais a mhuintire, sa bhliain 1887.[82] Ar na leabhair a d'fhoilsigh Curtin bhí *Myths and Folklore of Ireland* (1890), *Tales of the Fairies and of the Ghost World* (1893) agus *Hero Tales of Ireland* (1894).[83] Is follas gur ag caint óna bholg cuid mhaith a bhí Richard Dorson nuair a scríobh sé gurbh é seo 'the first time a collector had directly tapped traditions in existence for over a thousand years'.[84] Murab é 'an chéad uair' é is é 'an uair dhéanach' é. Is minic a bhíonn an bailitheoir á shamhlú i riocht fionnachtaí a nochtann blúirí caillte de sheanshaol atá caite. An bhfuil baol ann go dtuigfí nach bailiú é ach amháin nuair a chuireann léann an Bhéarla seanchas Gaeilge chuige? Ina theannta sin is go dtí Pléimeann a sheoladh Pádraig Ó Cearmada scéalta, seanamhráin agus focail a bhailíodh sé.[85] Ba é a scríobh filíocht Riobaird Bheldon síos mar shampla.[86] D'fhoilsigh an Pléimeannach amhráin, véarsaíocht nuachumtha, seanfhocail agus dréachtaí seanchais in *Irisleabhar na Gaedhilge*.[87] Chabhraigh sé le Robert Atkinson *Trí Bhior-Ghaoithe an Bháis* a chur in eagar. Deirtear gur ceart ainm an Phléimeannaigh a bheith ar an leabhar áirithe sin.[88] Dúirt Atkinson le Coimisinéirí an Mheánoideachais sa bhliain 1899, 'all folklore is at bottom abominable, I know what folklore is and I would not allow any daughter of mine to study it'.[89] Níor bhaol dó mar ní raibh aon bhean ag déanamh staidéir ar an ábhar go ceann seachtó éigin bliain. Ní raibh mná ar aon seasamh go hoifigiúil leis na fir sna hollscoileanna náisiúnta go dtí 1908, bliain Acht na nOllscoileanna.[90]

Bhí cuid de na scoláirí seo chun tosaigh ar William Thoms agus ar thionscnaimh oifigiúla rialtais agus bhí cuid eile acu i gcomhaimsir leo. Bhí an chuma ar an scéal go minic go raibh cleachtadh an léinn dhúchais faoi scáth ghothaí na ceannródaíochta sa Bhéarla. Baineann ceist na tosaíochta le hiomarbhá na ndioscúrsaí agus le húdarás. Ní ó léann an Bhéarla a tháinig ealaín an bhailithe ná cúram an tseanchais. Bhí Tomás Ó hAthairne, file ón tSráidbhaile i gContae Phort Láirge a thug tamall ag múineadh i gcoláiste an Bharúnaigh, ar na seanchaithe seo. Sa bhliain 1832 sheol sé litir go dtí Séamas Ó hArgadáin (1782–1855), eagarthóir *Irish Minstrelsy*, ag cur in iúl dó go raibh sé chun 'Society of Irish Bards' a chur ar bun agus 'gach cuid de thraidisiún na Gaeilge idir scéalta, amhráin agus dánta a bhailiú agus a chur in eagar'.[91]

Cumainn agus *Collectanea*

Rugadh Nioclás Ó Cearnaigh (1802–1865) i mBaile Thomáis, cúpla míle ó Dhún Dealgan. Thug sé tamall ag obair sa tigh custaim is máil ar an mbaile sin. I dtríochaidí an naoú haois déag bhailigh sé seanchas a bhain leis an bhfile Peadar Ó Doirnín do 'The Bardic Remains of Louth'. Tugadh *Collectanea Grahamea* ar an saothar seo toisc gurbh é Matthew Moore Graham a bhí ag íoc as ach níor cuireadh i gcló riamh é.[92] Dála an Bharúnaigh agus Uí Athairne, shíl sé coláiste Gaeilge a chur ar bun. Is í an aidhm a bhí aige 'to fix the study of this venerable language on a firm basis, and to protect the relics which are daily moldering away'.[93] Bhunaigh sé *Hibernian Gaelic Society* a raibh 'the wider diffusion of a knowledge of the Irish language, antiquities, poetry etc., etc.,' mar sprioc aige.[94] Bhí baint aige leis an *Irish Celtic Society* agus leis an *Ossianic Society* a chuir Ó Dálaigh chun cinn. Ar na spriocanna ag an *Irish Celtic Society* bhí 'to preserve the evidences and landmarks of a distinct nationality by means of a more enlarged cultivation of the Language, History, Antiquities &c. of Ireland'.[95] Bhíodh comhfhreagras fada le hUilliam Haicéad ó Mhainistir na Corann i gContae Chorcaí aige ina bpléadh sé 'réamhstair agus finscéalta na hÉireann agus iarsmaí na págántachta a bhí le sonrú go fóill i bpiseoga agus i mbéasa na ngnáthdhaoine'.[96] Is léir, dá bhrí sin, go raibh na canúintí éagsúla léinn ag comhrá lena chéile go minic. Bhí tuiscintí ar phiseoga agus ar sheanreiligiún ag meascadh le tuiscintí nua ar mhiotaseolaíocht. Ó 1850 go dtí 1852 léigh sé aistí a bhain le cultúr na hÉireann do Chumann Seandálaíochta Chill Chainnigh. Leis an réamhstair a bhain an seanchas, mar shampla, 'the traditions and singular customs of the Irish people are of the utmost value to the historian, not merely because snatches of local history may be found among them, but because they reflect more light on the mythology of ancient Ireland than is generally believed'.[97]

Amach sa naoú céad déag bhí cumainn sheandálaíocha agus staire á mbunú ar fud na tíre. D'aithin an tAthair Pádraig de Paor (1862–1951) an tábhacht a bhí san ábhar léinn a bhí á shamhlú. Rugadh é i gCeallachán i bparóiste Bhaile Gunnair i mbéal chathair Phort Láirge. Bhí sé ina eagarthóir ar *Waterford and South-East of Ireland Archaeological Society* ó 1896 go dtí 1915. Ag tagairt don Easpag R. A. Ó Síocháin agus don bhliain 1894 deir sé:

> Dr Sheehan saw, more than twenty years ago, what the educational world is only now beginning to admit, that a knowledge of national antiquities is the best illustrator of national history and is indeed a necessity for him who would fully understand the latter. In our day, therefore, when archaeology, from a hobby, has become a serious study, subserved by a multitude of sister sciences as ethnology, geology and architecture, there are many to pay it honour'.[98]

Chuir líonrith an náisiúnachais leis an gcraobhscaoileadh a bhí air. Sa bhliain 1899 bhí suas le céad go leith síntiúsóir ag an iris nua seo. Bhí ailt á soláthar don iris ag William H. Grattan Flood (1732–1791), ag an Athair Éamonn Ó hÓgáin (1831–1917), ag Francis Joseph Bigger (1863–1926), ag Gabriel Redmond agus ag an Ollamh Eoin MacNeill (1867–1945). Sagairt, dlíodóirí, dochtúirí, coirnéil, ollúna agus uaisle a bhí i dtromlach na scríbhneoirí.[99] Ar na daoine a bhí ag saothrú do Chumann Seandálaíochta Chill Chainnigh bhí Sir William Wilde (1815–1876), Lady Wilde (Jane Francesca Elgee 1821–1896), Seán Ó Donnabháin, an tAthair James Graves, John Windele, Seán Ó Dálaigh, George Victor du Noyer (1817–1869), W. F. Wakeman (1822–1900), Uilliam Mac Uilliam (1820–1875), Thomas J. Westropp (1860–1922), W. G. Wood-Martin (1847–1917) agus an tAthair John Francis Shearman (1830–1885).[100] Bhí triúr díobh tar éis a bheith ar fhoireann an tSuirbhé Ordanáis. Bhí córasú á dhéanamh ar an eolas agus tuiscintí ó thíortha eile ag bogadh ar fud na hEorpa. Dealraíonn sé gur ó léann na hársaíochta sa Bhreatain a tháinig cuid de na tuiscintí nua-aoiseacha ar an eolas dúchais in Éirinn.

Scaip iris Chumann Seandálaíochta Chill Chainnigh ceistneoir ar na baill sa bhliain 1853: 'Hints and Queries Intended to Promote the Preservation of Antiquities and the Collection and Arrangement of Information on the Subject of Local History and Traditions' a bhí air.

Bunaíodh ar obair an Danmhargaigh J. J. A. Worsaae (1821–1885) é. Ba é William Thoms féin a d'aistrigh é. Bunaíodh cuid de ar lámhscríbhinn a scaip Sir William Wilde, údar *Irish Popular Superstitions*, sa bhliain 1852. D'aistrigh Thoms saothar Worsaae, *The Primeval Antiquities of Denmark*, sa bhliain 1849.[101] Ó Thoms go dtí Wilde bhí iarracht den dúchas agus iarracht den deorantacht sa bhús cruthaitheach a spreag an léann béaloideasúil comhaimseartha. Bhí cúig cinn de rannóga sa cheistneoir a bunaíodh fad áirithe ar obair Chumann Ríoga Ársaitheoirí an Tuaiscirt i gCóbanhávan: (i) Seanchas Logánta (ii) Iarsmaí Luathaoiseacha (iii) Piseoga an Phobail (iv) Seanfhoirgnimh, Séadchomharthaí agus Seanrianta agus (v) Séipéal agus Cill. Faoin rannóg 'Piseoga an Phobail' bhí an cheist, 'do the peasantry resort to "fairy-men" or "wise women" for the cure of fairy-stricken persons or cattle, or diseases in general?' Scaipeadh an ceistneoir ar fud na tíre ach ní fios ar tháinig aon toradh air.[102] Is fianaise é mar sin féin ar theacht chun cinn na tuisceana nua-aoisí seo atá againn ar bhéaloideas.

Sa bhliain 1890 athraíodh ainm an chumainn don uair dhéanach go dtí *The Royal Society of Antiquaries of Ireland*.[103] Faoin am seo bhí bonn foirmiúil éigin á chur faoi léann an dúchais agus na heitneolaíochta agus cumainn antraipeolaíochta á mbunú i bpríomhchathracha na hEorpa. Tarraingíodh treoracha a bhí bunaithe ar chlár oibre Thoms do lucht taistil, d'eitneolaithe agus d'antraipeolaithe.[104] Tugadh 'Notes and Queries in Anthropology, for the Use of Travelers and Residents in Uncivilized Lands' orthu. Tháinig an chéad leagan díobh amach sa bhliain 1874. Bhí rannóg faoi leith *notes and queries* sna hirisí seandálaíocha seo go minic. Sholáthair Pádraig Mac Códa agus Uilliam Haicéad nótaí béaloidis don iris nua. Thrácht Haicéad ar 'the reliques of our Pagan rites have formed the Koran of our Charm-mongers, herb-doctors, and other cunning persons, who contrive to keep considerable remnants of Paganism in respectable vogue'.[105] Má mhaígh cuid d'ársaitheoirí agus de staraithe an Bhéarla ó am go chéile gur tharrtháladar blúirí de dhúchas primitíbheach na tíre ó fhíor na haibhéise bhí seanchaithe agus scoláirí ann nárbh eol dóibh é a bheith caillte in aon chor. Sa chéad leath den bhfichiú aois bhí ealaín an léinn ina airde láin faoi anáil the an náisiúnachais. Bhí tuiscintí áirithe idirnáisiúnta, tuairimíocht nua na hársaíochta sa Bhreatain agus gnéithe fiannacha den léann dúchais á meascadh le chéile.

Litríocht Náisiúnta, Aontaí Idirnáisiúnta, Oidhreacht Dhomhanda:
Trí Chaibidil i Stair an Bhéaloidis

Diarmuid Ó Giolláin

San aiste seo ba mhaith liom trí ghné de chuid an bhéaloidis a phlé. Go minic tuigtear léann an bhéaloidis mar cheann de na 'heolaíochtaí náisiúnta', gort léinn a scrúdaíonn an chuid is dúchasaí den chultúr náisiúnta, i dteannta na teanga agus na litríochta náisiúnta. Sa tslí sin, ba sa rud sainiúil ar an leibhéal náisiúnta a chuir sé an spéis, cé gurb eol dúinn gur bhain scoláirí an bhéaloidis le gréasáin idirnáisiúnta ó aimsir na ndeartháracha Grimm (a bhí i dteagmháil leis an mbéaloideasaí Éireannach Thomas Crofton Croker, cuir i gcás) i leith. Mar sin féin, bhí léann an bhéaloidis an-difriúil leis an bhfealsúnacht, abair, a lorg an tuiscint uilíoch, nó leis an antraipeolaíocht a lorg an rud uilíoch in eagrú shaol an duine (cé gur i dtéarmaí na héabhlóide agus faoi scáth an choilíneachais ar feadh i bhfad é).

I slí, 'béal an phobail' is ea an béaloideas, cuid den chultúr a sheachadtar trí bhéal agus a bhaineann leis an bpobal ar fad. Bhí an chuid sin den chultúr chomh fite fuaite leis an saol tráth nach raibh téarma faoi leith ann chun tagairt dó seachas na téarmaí a thagair do *genres* ealaíonta faoi leith de: scéal, seanfhocal, caoineadh. I dtosach, ciall eile a bhí le 'béaloideas', ar luaigh Seathrún Céitinn i measc fhoinsí na staire é, agus gurbh é ba bhrí leis an traidisiún béil a bhí ag an aos léinn. Dar leis an gCéitinneach, bhí trí fhoinse lasmuigh den Bhíobla ann le fírinne na staire a mheas: seanscríbhinní, *Monumenta*, agus béaloideas na sean. Ba é gearán an Chéitinnigh gur dhein staraithe gallda neamhaird ar 'shubhailcibh nó ar shobheusaibh na n-uasal do Shean-Ghallaibh agus do Ghaedhealaibh do bhí ag áitiughadh Éireann re n-a linn', agus ba leis an aicme sin a bhain na 'seana' a raibh an 'béaloideas' acu. Is léir nach ionann an 'béaloideas' sin agus an t-ábhar a dtagraíonn an dá fhocal dó a tháinig ar an saol san 18ú agus sa 19ú haois, *Volkskunde* sa Ghearmáinis agus *folklore* sa Bhéarla. Ba faoina n-anáil sin a athbheodh an focal seanbhunaithe 'béaloideas' sa 20ú haois agus an bhrí nua leis. Ní gá ach an Céitinneach a léamh chun a thuiscint nár bhain an 'béaloideas' ina thuairimsean leis na gnáthdhaoine. Ba é a ghearán gur dhein na staraithe gallda cur síos ar 'bheusaibh fodhaoine agus cailleach mbeag n-uiríseal, ar dtabhairt maith-ghníomh na n-uasal i ndearmad'. Chuir sé i gcomparáid leis an bpriompallán iad, arbh é ba nós dó 'bheith ar fuaidreadh go dteagmhann bualtrach bó nó otrach capaill ris, go dtéid d'á unfairt féin ann'.[1]

Tháinig léann an bhéaloidis nó an eitneolaíocht ar an saol idir na blianta 1771 agus 1787 mar chuid de thionscnamh an tSoilsithe chun ord agus eagar a chur ar an eolas (*Kunde*) a bhí á bhailiú de réir a chéile ar phobail, ar *Völker*, an domhain. Mar sin *Volkskunde*, *Völkerkunde*, *ethnologia* agus *ethnographia.*[2] Brainse den *Statistik*, léann an stáit, ab ea *Volkskunde*, staidéar ar phobal amháin, nuair a bhí an taobh comparáideach i gceist le *Völkerkunde*. Mar sin féin, ní le cion ar chultúr na ngnáthdhaoine a bunaíodh an léann sin, ach le spéis iontu mar fheiniméan sóisialta, chun leasa lucht rialaithe (agus uaidh sin, na ngnáthdhaoine, de réir mar a thuigfeadh an lucht rialaithe soilsithe é). Bhí aidhm eolaíoch i léann an bhéaloidis, más ea, ó thosach. Sa 19ú haois, faoi anáil theagasc Darwin agus a lucht leanúna, tháinig tuiscint eolaíoch faoi leith chun cinn, tuiscint ar an mbéaloideas mar iarsma ón am a caitheadh, a mhair d'ainneoin dul chun cinn shochaí an duine.[3]

San aiste seo, ní in oidhreacht an tSoilsithe i léann an bhéaloidis is mó atá ár suim. Taca an ama a raibh an tuiscint shoilsithe ar an mbéaloideas i réim, bhí tuiscint eile ag teacht chun cinn, a mbeidh an chéad chuid den aiste bunaithe uirthi. Is é sin, cuireadh spéis sa bhéaloideas mar ábhar cultúrtha dúchasach agus mar chaipiteal cultúrtha chun litríocht shainiúil náisiúnta a chruthú. Cé gur ar lorg na sainiúlachta a bhí an ghluaiseacht mhachnaimh seo, ba ar leibhéal idirnáisiúnta a tharla sí, agus d'fhág sí mar oidhreacht aici tuiscint ar an náisiún bheith ina phobal cultúrtha sainiúil. Sa dara cuid den aiste pléitear an t-aonach idirnáisiúnta mar stáitse inar chuaigh tíortha an domhain in iomaíocht lena chéile le feabhas a ndéantús agus le sainiúlacht a bpobal, agus scrúdaítear an *feedback* náisiúnta ó na haontaí nuair a cuireadh roinnt dá bprionsabail taispeána i bhfeidhm ar mhúsaeim a chuir an saol traidisiúnta náisiúnta i láthair. Sa tríú cuid den aiste féachfar ar dhomhandú na hoidhreachta cultúrtha traidisiúnta. Feiniméan fíorshuimiúil é seo; pléadh leis an mbéaloideas riamh mar oidhreacht shainiúil a bhí tábhachtach ar an leibhéal náisiúnta agus a bhí le cosaint ar an leibhéal céanna (de ghnáth chiallaigh sé sin é a iompú ina chultúr náisiúnta, rud a bhain dá shainiúlacht!). Ach le blianta beaga anuas tá oidhreacht an bhéaloidis á ceangal le dioscúrsa ar an éagsúlacht bhitheolaíoch ar thaobh amháin, agus á luacháil i sprid iar-nua-aoiseach na coibhneasachta cultúrtha ar an taobh eile, nuair atá próisis dhomhandaithe ag baint d'údarás na stát-náisiún.

(i)

Tá tuiscint eile ar an mbéaloideas ann atá chomh críonna le tuiscint sin an tSoilsithe. Tuiscint í seo a aimsigh luach speisialta sa bhéaloideas, agus atá ceangailte leis an bhfealsamh Gearmánach Johann Gottfried von Herder. Bhí Herder i gcoinne aigne an tSoilsithe a cheangail an traidisiún leis an ainbhios agus chuir sé i gcoinne an ardchultúir chomhaimseartha Ghearmánaigh, a bhí bunaithe ar phatrúin iasachta – na Fraince go háirithe. Loighic an tSoilsithe ab ea cultúr uilíoch, faoi mar a d'aithin na fealsúna soilsithe duine uilíoch.[4] Dhiúltaigh Herder dó seo, ag dearbhú go raibh iliomad cultúr ann, agus nárbh fhéidir iad a mheas ach de réir a slata tomhais féin. Mhair Herder agus intleachtaigh Ghearmánacha a linne i réimeas polaitiúil faoi leith, sna stáit phrionsúla iomadúla a bhí ann go dtí gur bunaíodh impireacht na Gearmáine sa bhliain 1871. Stáit absalóideacha ab ea iad, ina raibh an chumhacht ar fad i lámha na n-uasal, aicme iltíreach cheannasach a labhair an Fhraincis, teanga idirnáisiúnta an ardchultúir agus an ardnóis. Baill den mheánaicme iad na hintleachtaigh, agus bhíodar míshásta lena stádas imeallach, agus ba de bharr an mhíshásaimh agus an choimhthithe chultúrtha agus shóisialta sin a mholadar dearcadh nua ar cad ba chultúr ann. Chuir Norbert Elias ar ár súile dúinn gur dearcadh stadach ar an gcultúr a bhí anseo i gceist. Theorannaigh an coincheap Gearmánach sin, *Kultur*; thagair sé do rudaí a bhí cheana ann a léirigh féiniúlacht phobail. Chuir *Kultur* fírinneacht dhúchais in iúl a bhí bunoscionn leis an uilíochas iltíreach a bhí á chraobhscaoileadh ag an Soilsiú. Bhí *Kultur* éagsúil le coincheap na sibhialtachta, *civilisation*, sa Fhraincis nó sa Bhéarla, a bhí inleathnaithe agus comhshamhlaitheach agus a tháinig as taithí na Fraince agus Shasana, stáit a fhréamhaigh ó phobail a chuaigh 'thar maoil', a leathnaigh thar a dteorainneacha leis na céadta bliain agus a ghlac chucu féin agus a dhein a gcuid féin de na pobail lasmuigh díobh (go deimhin le foréigean go minic).[5]

Dar le Herder, bhí grúpaí daonna aontaithe ag na traidisiúin agus ag an gcuimhne a bhí i gcoitinne acu agus go háirithe ag an teanga, a chur taithí chomhchoitianta an ghrúpa in iúl.[6] Chuir sé an fhilíocht bhéil (*Volkspoesie*) i gcomparáid leis an bhfilíocht léannta, agus d'áitigh sé gurbh í ab fhearr a léirigh nádúr pobail mar ba chóngaraí do phréamhacha stairiúla an phobail í. Spéis aeistéitiúil, seachas eitneolaíoch, a chuir sé san fhilíocht bhéil mar sin féin, agus dhein sé beag is fiú den deighilt idir *plebs* (an chosmhuintir) agus *populus* (an pobal i gcoitinne). Ba é Antonio Gramsci ba mhó a léirigh an débhríocht idé-eolaíoch san fhocal *Volk* féin, a chuireann an choitiantacht agus an náisiún araon in iúl sa Ghearmáinis (agus atá éagsúil ansin le *folk* an Bhéarla, cé go bhfuil an phréamh chéanna leis ó thaobh na sanasaíochta), agus má aimsigh Herder dúchas náisiúnta in amhráin na ngnáthdhaoine (*Volkslieder*), bhí sé le tuiscint go raibh an tréith sin in easnamh sa litríocht iltíreach a bhí á cothú ag aos léinn na Gearmáine.[7]

Léiríonn Pascale Casanova an bhaint idir bhunú litríochta agus bunú náisiúin. Ba i bPáras a bhí slat tomhais na litríochta ar feadh i bhfad: is é sin, ní aithneofaí luach saothar litríochta go hidirnáisiúnta mara n-aithneofaí i bPáras é (ní trí sheans gur bhain Joyce nó Beckett nó Breandán Ó Beacháin an chathair sin amach, ná gurbh ann a mhol Yeats do Synge óg triall ar Árainn). Ar ndóigh bhí príomhchathracha eile ann maidir leis an litríocht de, príomhchathracha impiriúla de ghnáth, ach rug Páras an barr orthu go léir. Bhí teagasc Herder réabhlóideach mar léirigh sé do scríbhneoirí a bhí ar imeall an réimis sin go raibh acmhainní litríochta acu féin. Na scríbhneoirí a chuir i gcoinne cheannas Pháras agus na n-ardchathracha eile, ba é an lón cogaidh a bhí acu na traidisiúin dhúchais insinte – an 'ealaín bhéil' – óna dtíortha féin. Bhailíodar scéalta béaloidis agus dheineadar ábhar litríochta náisiúnta díobh. Bhunaíodar amharclanna náisiúnta a leathnaigh raon an teanga dhúchais, d'úsáideadar téamaí béaloidis mar ábhar drámaíochta, agus mhealladar agus i slí chruthaíodar lucht féachana náisiúnta. D'aithníodar an tseandacht náisiúnta mar oidhreacht agus tríd is tríd chuireadar i gcoinne shlat tomhais uilíoch na litríochta.[8]

Mar sin féin, níor fhíric shóisialta nó eitneagrafaíoch é an pobal do scríbhneoirí, ach constráid liteartha, 'uirlis fhuascailte liteartha agus pholaitiúil', slí chun an difríocht liteartha agus an caipiteal liteartha a chruthú nuair a bhíodar in easnamh nach mór.[9] Áitíonn Casanova gurbh é an béaloideas a bhailigh, a d'eagraigh, a d'athscríobh agus a d'fhoilsigh scríbhneoirí tírghrácha an chéad acmhainn le spás nua litríochta a chruthú.[10] In ionad an bhéaloidis bheith mar fhianaise ar an bpróivínseachas nó ar an gcoilíneachas, sholáthair sé amhábhar don difríocht chultúrtha agus do chruthú an chultúir náisiúnta. Nuair a bhailigh dochtúir tuaithe, Elias Lönnrot, amhráin ghaisciúla, nuair a chuir in eagar iad agus nuair a d'aontaigh iad i saothar leanúnach i bhfoirm eipice, *Kalevala*, a foilsíodh sa bhliain 1835, bunaíodh litríocht náisiúnta Fhionnlannach. Ba é an dálta céanna é ag an scríbhneoir Airgintíneach José Hernández, nuair a fhoilsigh sé *Martín Fierro*, scéal bunaithe ar éachtaí *ghaucho* sa bhliain 1872. Tháinig athbheochan chultúrtha na hÉireann go hindíreach as teagasc sin Herder: murach é, ní bheadh an chéad dráma Gaeilge, *Casadh an tSúgáin* leis an gCraoibhín ann ná *Séadna* an Athar Peadar, bunaithe ar scéal béaloidis, ná litríocht Bhéarla Yeats nó Synge nó Gregory, bunaithe ar an mbéaloideas agus ar litríocht mheánaoiseach na Gaeilge araon.

Is féidir a áiteamh go ndeintear cultúr an phobail a luacháil go háirithe nuair a bhíonn bunú náisiúin ina thionscnamh.[11] Sa ré Rómánsach is deimhin go bhfuil bunú litríochta agus bunú náisiúin fite fuaite lena chéile. Deineadh beag is fiú den difríocht idir *phlebs* agus *populus* agus litríocht náisiúnta á bunú, agus d'éirigh leis an mbéaloideas éalú óna dhlúthcheangal le saol an tuathánaigh. Thug an staraí André Chastel faoi ndeara go nglactar le saothar ealaíne san oidhreacht náisiúnta ar bhonn a uathúlachta nó a shainiúlachta, rud atá bunoscionn le smaoineamh na hoidhreachta eitneolaíochta, a ghlacann le rud ar bhonn a thipiciúlachta.[12] I slí, más ea, ní raibh obair na scoláirí béaloidis ach leatheitneolaíoch.

(ii)

Bunaíodh go leor músaem náisiúnta san Eoraip faoi anáil an Rómánsachais sa 19ú haois, ach bhain siad ar fad, geall leis, leis an réamhstair agus leis an meánaois, na réanna gur chucu a rianadh siar préamhacha an náisiúin. Níor chuireadar suim i gcultúr an ghnáthphobail go dtí lár an 19ú haois, faoin anáil chéanna go deimhin, cé gur chuir lucht liteartha suim ann i bhfad roimhe sin. Ba sna gnéithe ábhartha de a cuireadh an spéis, rud a luíonn le réasún agus músaeim i gceist. Phréamhaigh na músaeim ó chnuasaigh iontas an Renaissance ('*cabinets of curiosities*', '*Wunderkammern*'), bailiúcháin ilghnéitheacha rudaí nádúrtha agus cultúrtha a spreag an fhiosracht eolaíoch, ach cnuasaigh phríobháideacha iad, gan cead isteach iontu ach ag baill na n-aicmí arda sóisialta. Ba í an institiúid a bhunaigh Elias Ashmole in Oxford an chéad institiúid a d'úsáid an téarma *museum*, agus sna statúidí a d'fhoilsigh sé, i 1714, luadh feidhm an oideachais thar aon ní eile. Ach de réir a chéile, go háirithe faoi anáil an tSoilsithe san 18ú haois, tuigeadh go mba chóir go mbeadh cnuasaigh ann á n-eagrú ar bhonn réasúnach agus teacht ag an bpobal orthu. D'fháiltigh músaeim den sórt sin roimh an bpobal ar fad agus theastaigh uathu na gnáthdhaoine agus na haicmí arda – dhá dhream a bhíodh scartha óna chéile sa chaitheamh aimsire go dtí sin – a mheascadh le chéile mar chuairteoirí. Chíonn Tony Bennett caidreamh nua ag teacht chun cinn sna músaeim, idir an pobal mar shaoránaigh dhaonlathacha agus an stát.[13]

Ní raibh bunchuspóir an mhúsaeim á léiriú sna hearraí a bhailigh sé ná sna téacsanna a chur síos orthu ná sna sraitheanna éabhlóideacha inar míníodh iad ná sna hoird uilíocha inar cuireadh iad, nó ar a laghad ní raibh sé iontusan amháin. Go háirithe ba ina leagan amach, ina eagar, ina chur i láthair a léiríodh nádúr an mhúsaeim, a chuir chun cinn an saghas smachta agus caidreamhachta i measc na ngnáthdhaoine a bhí á moladh le haghaidh na sochaí nua-aoisí agus a bhí á léiriú in ionaid phoiblí eile sna bailte móra, ar nós páirceanna agus gairdíní poiblí. Bhí sé le tuiscint go raghadh sibhialtacht agus dea-bhéasacht an mhúsaeim mar ionad eolais, oideachais agus caitheamh aimsire i bhfeidhm ar ghnáthdhaoine, a dhéanfadh aithris ar iompar na gcuairteoirí meánaicmeacha ann.

Bhain tábhacht faoi leith leis na haontaí idirnáisiúnta i gcur i láthair an chultúir thraidisiúnta.[14] Is féidir an t-aonach tionsclaíoch agus tráchtála a rianú siar go dtí deireadh an 18ú haois sa Fhrainc, agus faoin mbliain 1851 bhí suas le 150 taispeántas tionsclaíoch tar éis bheith curtha ar siúl i dtíortha éagsúla na hEorpa. Sa bhliain sin i Londain a cuireadh an chéad taispeántas nó aonach tionsclaíoch agus tráchtála a bhí idirnáisiúnta i gceart ar bun, 'The Great Exhibition of the Works of Industry of All Nations', ar ghlac 14,000 ionadaí ó 27 tír páirt ann, ar thug breis is sé mhilliún cuairteoir turas air agus ar tógadh foirgneamh ard-nua-aoiseach iarainn agus gloine mar shiombal agus mar ionad taispeántais dó: an Crystal Palace. Théadh cuairteoirí gan chuimse go dtí na haontaí domhanda, agus chuir siad d'aon ghnó an fhéiniúlacht náisiúnta chun cinn. Dar le Bjarne Stoklund bhí na taispeántais ar na chéad ollmheáin chumarsáide agus chum siad 'teanga thaispeántais' ar leithligh ar bhain na músaeim feidhm aisti ar ball, go háirithe na músaeim a tháinig ar an saol de bharr taispeántais náisiúnta nó idirnáisiúnta, a bhfuil samplaí díobh i mórán tíortha.[15]

Phréamhaigh músaem eitneagrafaíoch an Trocadéro i bPáras, a bhunaigh Ernest Théodore Hamy, ó *exposition universelle* 1878 agus cuireadh i bhfoirgneamh a tógadh d'aon ghnó don taispeántas é (an Palais du Trocadéro). Déanadh athnuachan air faoin ainm Musée de l'Homme, faoi stiúir Paul Rivet agus a chúntóra Georges Henri Rivière, d'aonach domhanda 1937. Cuireadh an Musée de l'Homme agus músaem nua do chultúr traidisiúnta na Fraince, an Musée National des Arts et Traditions Populaires (faoi stiúir Rivière), a bunaíodh an bhliain chéanna, i bhfoirgneamh nua a tógadh d'aon ghnó don taispeántas (an Palais du Chaillot – leagadh an Palais du Trocadéro). Phréamhaigh an Musée national des Arts d'Afrique et d'Océanie (MAAO) ó thaispeántas coilíneach 1931.[16] Uaireanta tuigeadh go gcuirfeadh na taispeántais tionscnamh músaeim faoi leith ar bun, go háirithe músaeim bunaithe ar an ealaín fheidhmeach. Cuspóir amháin le taispeántas Londain i 1851 ab ea ceardaíocht na Breataine Móire a athnuachan (mar tuigeadh go raibh caighdeán na ceardaíochta dulta i léig le dul chun cinn an déantúis thionsclaíoch). Bunaíodh an Museum of Manufactures an bhliain dár gcionn dá bharr (faoin ainm South Kensington Museum ó 1854 agus Victoria and Albert Museum ó 1899), músaem ar deineadh aithris air mórthimpeall na hEorpa.[17] Ar ndóigh d'fhág na haontaí idirnáisiúnta rianta eile ina ndiaidh freisin. B'fhéidir go bhfuil Túr Eiffel ar an gceann is cáiliúla orthu (ó thaispeántas 1889). Cuireadh an Cork International Exhibition ar bun ar thalamh ar bhruach na Laoi sa bhliain 1901 agus nuair a bhí an taispeántas thart, cuireadh an talamh ar fáil don phobal mar pháirc phoiblí, Páirc Mhic Gearailt, ainmnithe in onóir an Ardmhéara a bhí ann ag an am. Bhí bunús den tsaghas céanna le Páirc Hoireabaird i nDroichead na Dothra i mBaile Átha Cliath, i ndiaidh an Irish International Exhibition i 1907.

Ní raibh taobh eitneagrafaíoch le taispeántas Londan, ach is amhlaidh a bhí leis na taispeántais a tháinig ina dhiaidh, go háirithe *exposition universelle* Pháras, sa bhliain 1867.[18] Úsáideadh mainicíní céarach chun cultacha tuathánacha traidisiúnta a chur i láthair sna chéad aontaí domhanda, ach dhein aonach Pháras nós de, ag iarraidh ar thíortha a bhí páirteach ann mainicíní céarach tipiciúla faoi chulaith thuathánach a chur chuige ionas go gcuirfí i rannóg nua-chumtha de chuid an taispeántais iad. Mar aon le luachanna náisiúnta a chur in iúl, bhí an feisteas á léiriú chun an cheardaíocht agus an tionsclaíocht áitiúil a spreagadh. Bhunaigh Páras coincheap an phailliúin freisin, agus ina dhiaidh sin, bhí foirgnimh eitneagrafaíocha riamh á dtaispeáint.

D'úsáid an Sualannach Artur Hazelius mainicíní céarach faoi chulaith thuathánach sa Nordiska museet, an músaem uile-Lochlannach a bhunaigh sé i Stockholm i 1873. Dealraíonn sé gur ó na músaeim chéarach a fuair sé an smaoineamh. Bhíodarsan forleathan ag an am agus ba mhinic meascán de cheacht anatamaíochta (le múnlaí céarach de bhaill choirp agus de phróisis bhitheolaíochta), taispeántas de dhaoine anchruthacha nó *freak-show* agus cur i láthair daoine coimhthíocha iontu. Cuir i gcás Castan's Panoptikum, a bunaíodh i mBeirlín sa bhliain 1871: i dteannta mainicíní céarach de dhaoine cáiliúla nó droch-cháiliúla, bhí múnlaí céarach anatamaíochta, daoine anchruthacha agus baill de phobail choimhthíocha (ina mbeatha) ann, agus iontais éagsúla ar nós starrfhiacla eilifinte, coirp dhaoine, ailigéadair agus goraillí buanchaomhnaithe. Ba léir an bhaint idir é agus na taispeántais thaistil chéarach agus anatamaíochta sa 19ú haois. Bhí ráchairt mhór ar an músaem céarach mar chaitheamh aimsire na meánaicme sna 1880í agus 1890í. Chuir Hazelius feabhas ar a chuid taispeántas agus thug sé leis iad go dtí *exposition universelle* Pháras sa bhliain 1878, áit ar chuadar go mór i bhfeidhm ar an bpobal agus ar chuir siad a mhachnamh ar mhúsaeim chun cinn ar leibhéal idirnáisiúnta. Spreag sé ceannródaí Danmhargach na músaem, Bernhard Olsen, cuir i gcás, a bhuail leis i bPáras. Bhí cúlra Olsen sna healaíona agus bhí sé ina dhearthóir stáitse sarar ceapadh é ina stiúrthóir ealáine do pháirc shiamsaíochta Tivoli i gCóbanhávan (bhí sé sa phost sin ó 1868 go 1885). Sa bhliain 1879, bhunaigh Olsen dhá mhúsaem san fhoirgneamh céanna sa phríomhchathair, an Dansk Folkemuseum, daonmhúsaem náisiúnta, agus an chéad mhúsaem céarach nó *panoptikon* i gCríoch Lochlann.

Bhunaigh Hazelius daonmhúsaem* amuigh faoin aer – Skansen – sa bhliain 1891 a chuir – i slí – leagan laghdaithe den tSualainn i láthair. Bhí foirgnimh ann ó cheantair éagsúla sa tír, agus *flora* agus *fauna* ilghnéitheach Lochlannach ann. Theastaigh uaidh go spreagfadh na hearraí a bhí ar taispeáint ann an tírghrá i measc cuairteoirí – aidhm choitianta go maith ag músaeim náisiúnta. Ba mhaith leis go mbeadh Skansen ina ionad le haghaidh féilte náisiúnta. D'eagraigh sé féilte ar laethanta tábhachtacha náisiúnta agus cultacha traidisiúnta á gcaitheamh ag na rannpháirtithe.† Bunaíodh féile na brataí náisiúnta i Skansen i bhfad sarar deineadh comóradh náisiúnta de, agus ba uaidh a leathnaíodh roinnt féilte eile ar an tír ar fad.[19]

Is léir go bhfuil an-chosúlacht lena chéile idir dhaonmhúsaeim, músaeim ealaíne feidhmí agus músaeim chéarach. Tá roinnt daonmhúsaeim in aontíos le músaeim don ealaíon fheidhmeach a bhfuil cnuasaigh earraí ón gcultúr tuathánach iontu – seomraí iomlána ó thithe feirme, mar shampla – agus ba mhinic a theastaigh ó dhaonmhúsaeim ceird éigin tuaithe a athbheochan, an fhíodóireacht nó an tsnoíodóireacht adhmaid, cuir i gcás. Tá daonmhúsaeim áirithe tugtha do shaothar ceardaithe traidisiúnta, an Museu do Folclore Edison Carneiro i Rio de Janeiro, mar shampla (a bhfuil institiúid taighde náisiúnta faoi choimirce an Aire Cultúir lonnaithe ann, an

* Ní miste daonmhúsaem agus músaem eitneagrafaíochta a idirdhealú óna chéile. Táid gaolmhar lena chéile go deimhin, ach tá an chéad cheann dírithe go háirithe ar an gcultúr tuathánach traidisiúnta *náisiúnta* agus ceangal aige le léann an bhéaloidis agus leis an eitneolaíocht náisiúnta. Baineann an músaem eitneagrafaíochta de ghnáth le pobail lasmuigh den Eoraip a raibh smacht ag Eorpaigh orthu tríd an gcoilíneachas. Uaireanta tugtar músaem antraipeolaíochta air, agus léiríonn an t-ainm sin an brainse den léann is mó a bhfuil baint aige leis. Tá deacracht áirithe leis an bhfocal *folk/Volk* sna teangacha Gearmánacha a aistriú mar cuireann siad coincheap débhríoch in iúl atá in easnamh sa Ghaeilge. Níl 'daon-' an-sásúil mar tagraíonn sé do phobal iomlán ('daonáireamh', 'daonlathas'), rud a dheineann 'eitnea-' chomh maith ('eitneach', 'eitneagrafaíocht').

† Ceist eile stairiúil, a bhaineann le roinnt tíortha Eorpacha, is ea conas ar déanadh culaith náisiúnta de chultacha áirithe tuathánacha.

Centro Nacional de Folclore e Cultura Popular). Eascraíonn na daonmhúsaeim cuid mhaith ó na haontaí idirnáisiúnta ó thaobh crutha agus ábhair de. Tionscnaimh ab ea iad don oideachas don slua agus chun athbheochana náisiúnta a spreagadh. Ach d'úsáid siad na teicnicí céanna leis na músaeim chéaracha, agus go deimhin is féidir trácht ar an oideachas agus an caitheamh aimsire bheith fite fuaite lena chéile iontu, faoi mar a bhí i gcás na n-aontaí domhanda.[20]

Baineann tábhacht faoi leith leis an World's Columbian Exposition a reáchtáladh i Chicago sa bhliain 1893.[21] Cuireadh an grá tíre go mór chun cinn ann: comóradh Columbus Day den chéad uair lena linn agus ina theannta sin, bhí an Columbian Exposition ar cheann de na chéad ócáidí ar deineadh aithris phoiblí ar 'The Pledge of Allegiance to the United States Flag', a scríobh Francis J. Bellamy níos túisce sa bhliain chéanna agus an t-aonach domhanda ar aigne aige. Thug 28 milliún duine nach mór cuairt ar an taispeántas. Sna haontaí domhanda roimhe, d'éirigh le hocastóirí agus le mangairí caitheamh aimsire agus cuideachta don slua a chur ar bun lasmuigh den taispeántas foirmiúil, rud a bhain bonn d'fheidhm oideachais an taispeántais dar leis na heagraithe (agus a thóg uathu cuid dá mbrabach airgid). I Chicago den chéad uair socraíodh caitheamh aimsire don slua mar chuid den taispeántas oifigiúil, leis an Midway Plaisance cáiliúil a bhí in aice leis an White City a raibh na taispeántais tionsclaíochta agus teicneolaíochta ann. Páirc míle ar fad ab ea Midway a raibh iliomad taispeántas agus caitheamh aimsire suite ar a fud, ó ghnáthiontais fhaiche an aonaigh go dtí sráidbhailte Eorpacha agus Afracacha a raibh muintir na réigiún sin ina steillbheatha iontu.* Bhí Frederick William Putnam, ceannasaí roinn antraipeolaíochta Ollscoil Harvard, i bhfeighil Midway. Thug Putnam agus an t-antraipeolaí iomráiteach Franz Boas Indiaigh Kwakiutl ó Bhritish Columbia chun deasghnátha agus rincí a chur i láthair ann.

Bhí dhá shráidbhaile Éireannacha sa Midway a raibh 25 *cent* mar chead isteach an ceann iontu. Bhí cur síos ar 'Exhibit no. 2' sa chatalóg mar seo a leanas:

---

* Ag seo sampla de na taispeántais liostaithe sa chatalóg oifigiúil: 'Algerian and Tunisian Village and Theater', 'American Indians', 'Austrian Village and Old Vienna', 'Barre Sliding Railway', 'Brazilian Concert Hall', 'Bulgarian Curiosities', 'Dahomey Village', 'East India Bazaar', 'Egyptian temple', 'Eiffel Tower, Model of', 'Electric Scenic Theater', 'Ferris Wheel', 'French Cider Press', 'Hagenbeck's Zoological Arena', 'Ice Railway', 'German Village', 'Hungarian Cafe and Concert Pavillion', 'Ottoman Hippodrome, or Wild East', 'Panorama of the Volcano of Kilauea', 'Parisian Art Glassware', 'Sitting Bull's Log Cabin', 'South Sea Island Village and Theater', 'United States Submarine Diving Exhibit', 'Vienna Bakery' agus 'Workingman's Home'.

The Irish Village of the Irish Industries Association. Incorporated. President, the Countess of Aberdeen.

Grouped around the four sides of an ancient square, in the midst of which rises the Castle Blarney, are typical peasant cottages in which, especially in the industrial part, can be seen the life and labor of the frugal and industrious poor. In these humble domiciles one hears the bright sallies of wit and the keen repartee from Irish lassies who plainly have no need to kiss the blarney stone. Exquisite laces, beautiful carvings, grow before the eye, while rare old relics of the days gone by adorn many rooms. In the village hall the music of the Irish harp accompanies sweet voices singing Irish national melodies.

Exhibits in the Village. – In this village may be seen a number of Irish peasant girls working at their various occupations, such as needle point lace making from the Presentation Convent Youghal, County Cork; tambour and run lace making . . .

Bhí iliomad saghasanna lása á dhéanamh ann, agus ina theannta sin bhí an chniotáil, an tsnoíodóireacht adhmaid, an tseodóireacht agus an ghreanadóireacht ghloine. Bhí déiríocht á coimeád ag triúr mac léinn ón Munster Dairy School. Chuir an chatalóg in iúl go rachadh brabús an tsráidbhaile chun bunú agus cothú na dtionscal baile in Éirinn.[22]

Deineadh cur síos ar 'Exhibit no. 9' sa chatalóg mar seo a leanas:

The Irish Village and Donegal Castle; Mrs Ernest Hart, Founder and Honorary Member of the Donegal Industrial Fund, Concessionaire.

The Irish Village and Donegal Castle contain a representative exhibit of Irish industry, art and antiquity. The village is entered by a mediaeval gateway, which is an exact reproduction of the St. Lawrence Gate in Drogheda, on passing which the visitor enters a street of industrial cottages picturesquely grouped around the village green, on which is placed the carved market cross. Here jigs are frequently danced by the villagers to the stirring music of the Irish piper.

Bhí an dathadóireacht, an chardáil, an sníomh agus an fhíodóireacht ar siúl i gceann amháin de thithe an tsráidbhaile, déanamh lása, snoíodóireacht adhmaid, fíodóireacht línéadaigh, fuáil agus bróidnéireacht i dtithe eile, agus mar sin de. Bhí ceárta ann a dhein obair iarainn ealaíonta, bhí bialann ann, bhí macasamhail an 'Wishing Chair' i gClochán na bhFomhórach agus macasamhail cloigthí céad troithe ar airde. Dhein an chatalóg cur síos ar chuspóirí an tsráidbhaile seo:

The Aim and Object of the Irish Village. – Is to show the possibilities of Ireland by exhibiting some of her best work of both the past and the present, and to illustrate the fact that in her industrial

> *development lies her chief hope. The profits of the village will be devoted to the furtherance of the industrial and technical teaching work of the Donegal Industrial Fund, a philanthropic organization founded ten years ago by Mrs. Ernest Hart, and which has done pioneer work and exercised considerable influence.*[23]

D'fhréamhaigh an tionscal lása agus *crochet* i sráidbhailte na hÉireann ó ghluaiseacht na hEalaíne agus na Ceirde, a raibh anáil láidir aici ar an athbheochan chultúrtha.[24] Bunaíodh an Irish Arts and Crafts Society i 1894, an bhliain tar éis léiriú na dtionscal Éireannach i Chicago agus seacht mbliana tar éis bhunú an chumainn i Sasana. Bhí Yeats mór le William Morris, an phearsa ba mhó sa ghluaiseacht sin i Sasana i dteannta le John Ruskin. Bhunaigh Mrs Hart an Donegal Industrial Fund sa bhliain 1883, chun teacht i gcabhair ar na boicht sa chontae. Tugadh an-mholadh dá chuid bróidnéireachta ag *exposition universelle* Pháras i 1889 agus sa World's Columbian Exhibition i Chicago i 1893.[25] Tháinig an bhantiarna Aberdeen go Baile Átha Cliath i 1886 lena fear, Ionadaí na Banríona, agus sa bhliain chéanna d'eagraigh sí taispeántas ar éirigh go maith leis san Edinburgh International Exhibition, agus bhunaigh sí an Irish Industries Association. Bhunaigh sí tionscal lása an Líonáin i 1887 agus chuir sí borradh athuair faoin Central Irish Lace Depot i mBaile Átha Cliath. Ba í an '*guiding spirit*' (de réir chatalóg an taispeántais) do cheann de na sráidbhailte Éireannacha sa Midway. Chuaigh sí i mbannaí go pearsanta ar shábháilteacht daichead cailín Éireannach a tugadh go dtí an taispeántas mar cheardaithe. Chuir an sráidbhaile ina luí ar an bpobal sna Stáit Aontaithe agus go hidirnáisiúnta a fheabhas is a bhí an lása Éireannach. Thuill an sráidbhaile £40,000 dóibh agus úsáideadh £5,000 chun stóras den Irish Industries Association a shuíomh i Chicago.[26] Bhí taispeántas ag an Irish Arts and Crafts Society i mBaile Átha Cliath sna blianta 1895, 1899 agus 1904, bliain go rabhadar páirteach san Irish Industrial Exhibition ag an aonach domhanda i St. Louis.

'Presented to the public', arsa Rydell agus Kroes, 'as a living ethnology museum, complete with villages of Africans, Native Americans, Japanese, Chinese, Irish, Germans, and Middle Easterners, the Midway struck some visitors as a Darwinian laboratory for applying revolutionary ideas about racial hierarchy to society'.[27] I dteannta an taispeántais antraipeolaíochta, bhí an chéad roth Ferris ann (a cheap George Ferris don taispeántas) agus macasamhail shráid ó Chaireo na hÉigipte a raibh rince boilg á léiriú ann, an taispeántas ba mhó a tharraing an slua ann. Sa Midway Plaisance, den chéad uair, b'fhéidir, faighimid réamhfhéachaint ar ollchultúr a bhaineann leis na haicmí sóisialta ar fad, feiniméan Meiriceánach a leathadh mórthimpeall an domhain. Thug Midway údarás don ollchultúr Meiriceánach a bhí ag teacht ar an saol um an dtaca sin, agus léiríonn sé ilghnéitheacht an ollchultúir sin ó thaobh bunúis de.[28]

Bhí 'Hagenbeck's Zoological Arena' ar cheann de na taispeántais. Is cóir tagairt ar leithligh do Carl Hagenbeck, ceansaitheoir ainmhithe agus bunaitheoir ghairdín ainmhithe Hamburg. Pearsa tábhachtach é i dteacht chun cinn gairdíní ainmhithe nua-aoiseacha. Sna 1870í i roinnt tíortha Eorpacha smaoiníodh ar sheó zó-eolaíoch ina mbeadh daoine coimhthíocha aduaine á gcur i láthair i dteannta ainmhithe. D'éirigh chomh mór sin le chéad taispeántais Hagenbeck, le 'Samóaigh' agus le 'Laplannaigh', gur chuir sé gníomhairí ón mbliain 1876 amach chun na Súdáine le hainmhithe agus daoine – 'Núibiaigh' – a bhreith abhaile leo. I mí Lúnasa 1877 taispeánadh ceithre Núibiach déag i dteannta le hainmhithe aduaine ón tSomáil agus ón tSúdáin – camaill, eilifintí, srl. – sa *Jardin d'acclimation* i bPáras,* agus i Londain agus i mBeirlín, rud a tharraing na sluaite. Ina ndiaidh tháinig Sámi ('Laplannaigh'), Indiaigh Thierra del Fuego agus Thuaisceart Mheiriceá, agus Zúlúnna, aimsithe ag tráchtálaithe a rinne cúram den sórt seo seó i dtíortha éagsúla Eorpacha. Bhí breis agus 30 taispeántas dá leithéid sa *Jardin d'acclimation* idir 1877 agus 1912.

D'éirigh go mór lena leithéidí seo ag aontaí domhanda agus ag taispeántais choilíneacha, agus ba mhinic a déanadh buíonta 'eitneagrafaíocha' taistil, a chuaigh go taispeántais sna príomhchathracha agus sna bailte beaga. I slí, ceannródaithe do *theme parks* ab ea iad siúd. Mar a léiríonn Bancel, Blanchard agus Lemaire, bhraith bua 'gairdíní zó-eolaíocha daoine' ar choincheap an duine fhiáin – '*savage*', '*sauvage*'. Uaireanta bhí ábhairín den andúchasachas, den *exotisme*, sa choincheap sin a phréamhaigh ó Rousseau agus ón 'm*bon sauvage*', ach den chuid ba mhó ba ó theoiricí eolaíochtúla ar ord feabhais agus sibhialtachta na gciníocha a d'eascair sé, agus ón dímheas ar phobail dhúchais a cloíodh agus impireachtaí coilíneacha á dtógaint. Ag an am gcéanna cruthaíodh ciníochas sna páipéir nuachta agus i measc an tslua le leas an choilíneachais.[29]

Deineadh tráchtearra den ilghnéitheacht chultúrtha ag na haontaí domhanda. Cuireadh na haontaí ba mhó tionchar ar bun sna tíortha ba láidre ó thaobh tionsclaíochta agus polaitíochta de agus a raibh

* Gairdín sa Bois de Boulogne chun plandaí aduaine a chur i dtaithí ar aeráid nua. Ait go leor, b'ann a cuireadh an daonmhúsaem Francach, an Musée national des Arts et Traditions populaires, i bhfoirgneamh speisialta sa bhliain 1972.

coilíneachtaí iontu. Chuir na tíortha sin a sibhialtacht agus a ndul chun cinn teicneolaíochta i gcion sna haontaí agus i slí bhí na pobail dhúchais á gcur i láthair iontu chun bua na siabhialtachta ar an mbarbarthacht a chruthú. Ní raibh pobail thuathánacha nó treibheacha tábhachtach go siombalach maidir le féiniúlacht Shasana, na Fraince ná na Stát Aontaithe de, agus meascadh le chéile iad go pointe áirithe sna taispeántais ar an ilghnéitheacht dhaonna a tharraing na sluaite i leithéidí an Midway Plaisance i gcultúr nua-aoiseach tráchtála a bhí ag borradh ag an am – ab fhéidir leis roth Ferris, sráidbhaile Éireannach agus rinceoirí Indiacha a aontú sa chaitheamh aimsire. Mar sin féin, níorbh ionann le chéile iad an léiriú ar an tuathánach agus ar an 'duine fiáin'. Constráid ab ea an duine fiáin a bhí cruthaithe ag ciníochas na heolaíochta comhaimseartha, na ngnáthdhaoine agus an choilíneachais. Dá mba shinsear é an duine fiáin, sinsear ab ea é i gciall na héabhlóide seachas i gciall an ghinealaigh. Bhí an tuathánach Eorpach éagsúil; ar an gcéad dul síos margadh mór do na tionscail chultúrtha nua ab ea na himirceoirí tagtha go Meiriceá agus bhí aitheantas áirithe fachta acu cheana sna Stáit Aontaithe – cuir i gcás na laethanta speisialta tiomnaithe do na grúpaí eitneacha Eorpacha éagsúla ag an World's Columbian Exposition. Ina theannta sin, bhí an-chuid Meiriceánach i gcathracha tionsclaíochta ar nós Chicago de bhunadh tuathánach Eorpach i slí is gur thagair taispeántas an tuathánaigh Eorpaigh dá nginealach, dá maoithneachas i leith thír a sinsear, dá bpréamhacha dúchais i dtír nua, agus ag an am gcéanna, léirigh an t-aonach domhanda dóibh an dul chun cinn nach mbeadh déanta acu murach an imirce. Bhí léiriú an tuathánaigh difriúil i dtaispeántais thíortha beaga nó thíortha nua Eorpacha. Bhí siad sin de réir mhachnamh Herder nó na Rómánsach agus a dtuisceana dearfa san i dtaobh an tuathánaigh, a bhí ina chloch bhoinn don bhféiniúlacht náisiúnta. Fianaise air sin is ea saothar Hazelius. Ag an am gcéanna bhí ceangal nádúrtha ag an tuathánach le táirgí na talmhaíochta a bhí á bhfógairt sna haontaí domhanda ag na tíortha sin ar tháinig an tionsclaíocht go déanach chucu, tíortha ar nós na Sualainne. Is féidir a thabhairt faoi ndeara leis gur 'fhuinneog shiopa' do thionscail bhaile na hÉireann iad na sráidbhailte Éireannacha sa Midway, i réigiún agus i dtír ina mbeadh margadh mór dóibh i measc shliocht na nÉireannach agus na ngnáthMheiriceánach araon.

(iii)

Tionscnamh ab ea mionsamhail Herder de chultúr náisiúnta sna 1760í. Ag na haontaí domhanda agus ag na daonmhúsaeim sa dara leath den 19ú haois, bhí an stát-náisiún ag glacadh seilbhe ar an traidisiún tuathánach cheana, ach chuir na haontaí agus na músaeim luach ar thraidisiún sin na dtuathánach, daoine a raibh a gcomharthaí sóirt cultúrtha á gcailliúint acu sa tsochaí nua-aoiseach agus nach nglacfaí feasta leo ach mar shaoránaigh. Ba sa stát-náisiún a cruthaíodh an chéad nua-aoiseacht, an nua-aoiseacht bunaithe ar stát-náisiúin agus ar an sochaí thionsclaíoch. Tá ceithre rud ag baint boinn di sin dar le hUlrich Beck. An chéad rud is ea an t-indibhidiú, a lagaíonn ceangail na cuideachta. An dara rud is ea an domhandú mar fheiniméan a bhfuil torthaí eacnamúla, socheolaíocha agus cultúrtha leis, agus a sháraíonn cumhachtaí an stát-náisiúin. An tríú rud is ea an fhofhostaíocht nó an dífhostaíocht mar fhorás struchtúrtha is deacair a shárú. Agus is é an ceathrú rud ná an ghéarchéim éiceolaíoch a thugann dúshlán mhodh táirgeachta na tionsclaíochta. Áitíonn Beck go bhfuil an bonn traidisiúnta le féiniúlacht agus le saoldearcadh an ghrúpa agus an tslua ag titim as a chéile .i. an fhéiniúlacht náisiúnta, an bhaint le haicme shóisialta, agus an mhuinín i ndul chun cinn an duine agus na sochaí.[30]

Sa dara nua-aoiseacht inniu,* scaoiltear daoine ó cheangail na sochaithe náisiúnta tionsclaíocha agus ligtear isteach i ndomhan i bhfad níos indibhidiúla iad. Dar le Beck, ciallaíonn an t-indibhidiú lagú an traidisiúin a chuireadh eagar ar shaol daoine tráth, agus an saol a chaitheamh sa choimhlint phearsanta idir thraidisiúin mheasctha agus cultúir éagsúla.[31] Is é sin le rá, tá 'compás' traidisiúnta an tsaoil in easnamh agus is gá do dhaoine a slí féin a dhéanamh tríd. Áitíonn Néstor García Canclini go bhfuil domhan domhandaithe idirchultúrtha anois ann. Dar leis ní féidir féiniúlachtaí ná cultúir a thuiscint anois faoi mar gur rudaí neamhspleácha ar a chéile iad. Is amhlaidh go bhfuilid fite fuaite lena chéile. I ré an domhandaithe, chun staidéar a dhéanamh ar an gcultúr is gá bheith i do 'shaineolaí ar chrosairí'.[32] Is deacair an próiseas seo a shéanadh. Ní féidir a shéanadh ach chomh beag go raibh cultúr tuathánach Shasana éirithe measctha i lár an 19ú haois nuair a bhí réabhlóid na tionsclaíochta dulta i bhfeidhm air, agus go raibh a chomharthaí sóirt á gcailliúint. Ach is ansin a ceapadh an focal '*folklore*', chun tagairt do ghné dhílis fhírinneach den chultúr. Ar ndóigh faoi lár an 20ú haois, ní raibh sa tuiscint sin de '*folklore*' ach iarsma den rómánsachas sa chuid is mó den domhan. Ach tá athbheochan tagtha ar an gcoibhneasacht chultúrtha sa 'dara nua-aoiseacht', ó dheireadh an 20ú haois, agus tá an tóir ar an bhfírinneacht chultúrtha atosaithe.

Ghlac Rousseau leis i ndeireadh an 18ú haois nach raibh staid an nádúir ar aimsigh sé an '*bon sauvage*' ann ar marthain níos mó, agus

---

* Tagraíonn an dara nua-aoiseacht ag Beck don rud a dtugann údair eile an nua-aoiseacht dhéanach nó an iar-nua-aoiseacht air.

d'admhaigh sé go mb'fhéidir nach raibh sé riamh ann. Ach d'áitigh sé go raibh gá leis an smaoineamh, mar shlat tomhais, ionas go mbreithneofaí a ré féin i gceart. Braitheann an choibhneasacht chultúrtha ar choincheap na hilghnéitheachta cultúrtha, ar iliomad cultúr dílis fírinneach bheith ann. Ar ndóigh cuireann an domhandú isteach air sin. Toradh amháin ar an domhandú is ea go bhfuil géarú tagtha ar shaothrú acmhainní nádúrtha agus cultúrtha nár saothraíodh go dtí anois. Ag an am céanna, sa dara nua-aoiseacht tá an t-olltáirgeadh tionsclaíoch, déanamh iliomad earraí den sórt céanna le haghaidh margaidh mhóir chuimsithigh[33] dulta i léig, agus tá saghas nua táirgeachta dírithe ar dhéanamh beagán earraí le haghaidh margaí beaga ilghnéitheacha i réim, rud a dtugann an scoláire David Harvey '*flexible accumulation*' air. Mar sin is acmhainn í an ilghnéitheacht le brabús a dhéanamh aisti.

Tagann nóisean nua den bhfírinneacht chultúrtha as dioscúrsa na héagsúlachta (nó na hilghnéitheachta) bitheolaí – .i. as tuiscint an domhain mar chóras éiceolaíochta. Tá an dioscúrsa sin an-difriúil leis an dioscúrsa ilchultúrtha, a mholann an meascadh agus a shéanann, nó ar a laghad atá san amhras faoi, aon dioscúrsa a leagann béim ar an bhfírinneacht chultúrtha. Síníodh an Coinbhinsiún maidir leis an Éagsúlacht Bhitheolaíoch ag 'Cruinniú Mullaigh an Domhain' i Rio de Janeiro sa bhliain 1992 agus sa téacs admhaítear nach plandaí, ainmhithe agus miocrorgánaigh amháin atá i gceist leis an éagsúlacht bhitheolaíoch, ach daoine. I measc na moltaí, iarradh ar na stáit a shínigh an Coinbhinsiún meas a thabhairt do stíleanna maireachtála a bhaineann le hábhar maidir le caomhnú na héagsúlachta bitheolaí de, agus an t-eolas agus na nósanna oiriúnacha atá ag grúpaí dúchasacha nó áitiúla a chaomhnú.[34]

Is í an tslí is mó go mbaineann an cheist seo leis an ngnáthdhuine san Eoraip ná tríd an talmhaíocht agus tríd an bia. Sa bhliain 1935 bhunaigh na Francaigh an Institut National des Appellations d'Origines (INAO), agus is trína chóras cláraithe sin a thuigimid comharthaí sóirt fhíonta na Fraince, cuir i gcás. Leathnaíodh a théarmaí tagartha go dtí táirgí bia áitiúla eile ('*produits de terroir*') i 1990. Baineann an institiúid úsáid as painéil saineolaithe a bhfuil eitneolaithe, tíreolaithe, agranamaithe agus staraithe páirteach iontu chun sainmhíniú a thabhairt ar tháirgeadh bia agus ar limistéar a dhéanta.[35] Chum an tAontas Eorpach córas den sórt céanna i 1992 chun táirgí bia a chur ar aghaidh agus a chaomhnú le lipéid a chosnaíonn ainm áit a bhunúis agus a théann in urrús ar a dhúchas mar speisialtacht thraidisiúnta. Ba é ba chúis leis na lipéid seo, de réir an Chomhbheartais Talmhaíochta, ná an éagsúlacht a chur chun cinn sa talmhaíocht, ainmneacha táirgí bia a chosaint agus cabhrú le lucht ceannaithe bia rogha eolasach a dhéanamh.[36] San fhearann príobháideach, is léir an imní chéanna. Bunaíodh gluaiseacht Slow Food san Iodáil sa bhliain 1986 agus tá breis is 80,000 ball i gcéad tír aici, Éire ina measc. Cosnaíonn sí dúchas an bhia, a phréamhacha i gceantar faoi leith, a ilghnéitheacht áitiúil, agus cuireann sí i gcoinne lárú agus tionsclú an bhia.[37] Tá eagraíochtaí eile ann chun síolta a chaomhnú, ar nós Irish Seed Savers Association, eagraíocht dheonach a bhfuil sé d'aidhm aici síolta torthaí agus glasraí dúchasacha Éireannacha a chaomhnú.[38]

Tá seanbhaint ag UNESCO* le hiarrachtaí chun an oidhreacht chultúrtha a chaomhnú, agus tá coinbhinsiúin éagsúla curtha i bhfeidhm aige le fada – chun earraí cultúrtha a chosaint i gcás coimhlinte armtha (1954), chun cosc a chur ar iompórtáil, easpórtáil agus aistriú seilbhe maoine cultúrtha go mídhleathach (1970), chun oidhreacht chultúrtha agus nádúrtha an domhain a chosaint (1972), chun an oidhreacht sheandálaíochta faoi thoinn a chosaint (2001). I dteannta na gcoinbhinsiún, a bhfuil stádas acu sa dlí idirnáisiúnta – is conarthaí iad go bunúsach – tá cáipéisí ann i bhfoirm moltaí nó fógraí a bhaineann le hábhar maidir le ceisteanna cultúir de, cé nach bhfuil aon chumhacht acu sa dlí idirnáisiúnta. Tá moladh UNESCO maidir le cosaint an chultúir thraidisiúnta agus an bhéaloidis ann ó 1989, cé nach raibh éifeacht puinn leis. Ó 1997 tá fógairt shárshaothar oidhreacht bhéil agus neamhábhartha an chine dhaonna ann, agus tá fógairt uilíoch maidir leis an éagsúlacht chultúrtha ann ó 2001. Tá an dara ceann níos tábhachtaí; aithnítear ann den chéad uair go bhfuil an éagsúlacht chultúrtha ina hoidhreacht choiteann ag an gcine daonna agus go bhfuil sé riachtanach go heiticiúil go gcosnófaí í. Cé go luaitear an béaloideas i moladh 1989, tá UNESCO éirithe as an téarma sin ó shin agus tá téarma nua á úsáid ina ionad, téarma atá éirithe tábhachtach i bpolaitíocht an chultúir go náisiúnta agus go hidirnáisiúnta: 'an oidhreacht chultúrtha neamhábhartha' (*intangible cultural heritage* sa Bhéarla, *patrimoine culturel immatériel* sa Fhraincis, *patrimonio cultural inmaterial* sa Spáinnis).

Gníomhaireacht de chuid na Náisiún Aontaithe a bhfuil 180 tír ina mball inti is ea an World Intellectual Property Organization/ Organisation Mondiale de la Propriété Intellectuelle (WIPO/OMPI). Bhunaigh sí coiste idir-rialtasach um an tseilbh intleachtúil agus acmhainní géiniteacha, an t-eolas traidisiúnta agus an béaloideas

---

* Bunaíodh an United Nations Educational, Scientific and Cultural Organization (UNESCO) ar 16 Samhain 1945.

(Intergovernmental Committee on Intellectual Property and Genetic Resources, Traditional Knowledge and Folklore/Comité inter gouvernemental de la propriété intellectuelle relative aux ressources génétiques, aux savoirs traditionnels et au folklore) i mí Mheán Fómhair 2000. Déanann sé cúram de cheisteanna na seilbhe intleachtúla a éiríonn as aimsiú agus úsáid acmhainní géiniteacha, as cosaint an eolais thraidisiúnta nuair a bhaineann le hacmhainní géiniteacha nó a mhalairt, agus as cosaint foirmeacha inste agus taibhléirithe an bhéaloidis. Baineann cúram cúng na cosanta sa dlí le WIPO.[39]

Uirlis níos 'uilí' is ea coinbhinsiún. Glacadh le Coinbhinsiún um Chosaint na hOidhreachta Cultúrtha Neamhábhartha ag cruinniú UNESCO i bPáras ar 17 Deireadh Fómhair 2003.[40] Cáipéis thromchúiseach í seo mar tugann sí cosaint don chultúr traidisiúnta sa dlí idirnáisiúnta. Ceithre bliana níos déanaí, bhí an Coinbhinsiún sínithe ag 86 stát. San Aontas Eorpach, shínigh 14 stát é; níl Éire ná an Bhreatain Mhór orthu.* I measc na ngnéithe den chultúr traidisiúnta a gcuireann sé suim iontu tá traidisiúin bhéil agus an teanga féin mar dheis don oidhreacht neamhábhartha; na healaíona taibhléirithe; gnásanna sóisialta; deasghnátha agus féilte; eolas agus gnásanna a bhaineann leis an dúlra agus leis an gcruinne; an cheardaíocht, agus araile. Go bhfios dom níl aon leagan Gaeilge den choinbhinsiún curtha ar fáil go dtí seo, cé go bhfuil leaganacha i 18 teangacha de bhreis ar na sé theanga a bhfuil leaganacha oifigiúla díobh le léamh ar shuíomh Idirlín UNESCO. Ag seo a leanas leagan den mhíniú ar an oidhreacht neamhábhartha bunaithe ar na téacsanna as Béarla, Fraincis agus Spáinnis:

> Is é a thuigtear le 'hoidhreacht chultúrtha neamhábhartha' na gnásanna, an cur in iúl, an léiriú, an t-eolas, na hoilteachtaí – chomh maith leis na huirlisí, earraí, déantúis agus spásanna cultúrtha a bhaineann leo – a aithníonn pobail, grúpaí agus, i gcásanna áirithe, daoine aonair mar chuid dá n-oidhreacht chultúrtha. Is de shíor a athchruthaíonn pobail agus grúpaí an oidhreacht chultúrtha neamhábhartha seo, a chuirtear ar aghaidh ó ghlúin go glúin, de réir anáil a dtimpeallachta, a gcaidrimh leis an nádúr agus a staire.

---

* Na stáit Eorpacha a shínigh go dtí 28 Meán Fómhair 2010: an Airméin, an Asarbaiseáin, an tSeoirsia, an Bhealarúis, an Bhoisnia – an Heirseagaivéin, an Ostair, an Bheilg, an Chipir, an Danmhairg, an Eilbhéis, an Fhrainc, an Ghréig, an Íoslainn, an Iodáil, Lucsamburg, Monacó, an Iorua, an Spáinn, an Tuirc, an Albáin, an Bhulgáir, an Chróit, an Poblacht na seice, an Eastóin, an Ungáir, an Laitvia, an Liotuáin, an Mholdóiv, Montainéagró, an Rómáin, an tSeirbia, an tSlóvaic, Poblacht Iar-Iúgslavach na Maiceadóine, an Úcráin, an Rúis.

> Soláthraíonn sí sin mothú féiniúlachta agus buaine dóibh, a chuireann an meas ar an éagsúlacht chultúrtha agus ar an gcruthaitheacht dhaonna chun cinn. Le haghaidh an Choinbhinsiúin seo, ní chuirtear san áireamh ach an oidhreacht chultúrtha neamhábhartha atá in oiriúint d'ionstraimí idirnáisiúnta cearta daonna mar atá, do riachtanais chóimheasa idir phobail, grúpaí agus daoine, agus don fhorbairt inbhuanaithe.[41]

Tá aithris le déanamh ar fhógairt 1997 maidir le sárshaothar oidhreacht bhéil agus neamhábhartha an chine dhaonna ag an gcoinbhinsiún. Tugann WIPO treoirlínte ó thaobh na seilbhe intleachtúla do lucht bailithe, taifeadta agus digitithe na hoidhreachta cultúrtha neamhábhartha.[42] Déanfar liosta ionadaíoch den oidhreacht chultúrtha neamhábhartha agus liosta eile den oidhreacht chultúrtha neamhábhartha atá i mbaol. Beidh cead ag na stáit a shínigh an Coinbhinsiún sárshaothair a mholadh don liosta gach bliain. Ach tá sé d'iallach orthu liosta a dhéanamh. Faoi mhí na Samhna 2005, bhí 90 sárshaothar fógartha, ó thíortha éagsúla: ina measc, amhránaíocht thraidisiúnta ilfhónach na hAlbáine; dealbha fathach agus ollphéisteanna i bhféilte na Fraince agus na Beilge; *carnaval* Barranquilla na Colóime; eipic bhéil Al-Sirah Al-Hilaliyyah na hÉigipte; 'spás cultúrtha' oileán Kihnu na hEastóine; teanga, ceol agus rince na nGarifuna, pobal a bhfuil oidhreacht Indiach agus oidhreacht Afracach aige agus cónaí air i mBelize, i nGuatemala, i Honduras agus i Nicaragua; agus mórán eile nach iad.

Glacann stáit cúraimí ar leith orthu féin nuair a shíníonn siad an Coinbhinsiún. Cuir i gcás tá rannóg don oidhreacht neamhábhartha bunaithe ag Roinn Oideachais, Ealaíne agus Cultúir na hOstaire i Vín le cabhair airgid ó dhá roinn rialtais: ó Roinn na Talmhaíochta, na Foraoiseachta, na Timpeallachta agus Bhainistíocht an Uisce, agus ó Roinn Sláinte agus na mBan.[43] Tuigtear go mbeidh pobail, grúpaí and daoine aonair chun tosaigh sa liostú ar an oidhreacht neamhábhartha agus sna socruithe chun í a chosaint agus a chaomhnú. Tá ionadaithe na bpobal agus eagraíochtaí neamhrialtasacha (*NGOs*) le bheith páirteach i gcur i bhfeidhm an Choinbhinsiúin. Tá go leor tionscnamh ag dul ar aghaidh: cuir i gcás an liosta ar oidhreacht neamhábhartha Québec, '*L'Inventaire des ressources ethnologiques du patrimoine immatériel* (IREPI)', atá á dhéanamh in Ollscoil Laval.[44]

Ní deacair laigí a fheiscint sa Choinbhinsiún. Cuir i gcás an tagairt don oidhreacht chultúrtha atá le cosaint a bheith de réir cearta daonna agus an chóimheasa idir phobail: tá prionsabail inmholta anseo de réir an lae atá inniu ann, ach cuireann an-chuid traidisiún an fhéiniúlacht in iúl leis an magadh nó an díspeagadh orthusan atá lasmuigh den ghrúpa, mar shampla, agus is minic iad lán den bhforéigean, de chlaontaí patrarcacha agus eitnealárnacha. Baineann deacracht leis an liosta féin mar déanann sé níos deacra é na gnáthathruithe a thagann ar thraidisiúin bheo a aithint. Agus cabhraíonn liostaí le canónacha a chruthú agus le traidisiúin áirithe a chosaint nuair a ligtear i ndearmad na traidisiúin nach gcuirtear ar liosta. Agus is deimhin go gcuirtear cúiseanna polaitiúla san áireamh ar an leibhéal náisiúnta nuair a ainmnítear saothar le haghaidh an liosta. Braitheann coinbhinsiún mar sin ar stáit chun iad a chur i bhfeidhm ach is minic a thagann polasaithe an stáit salach ar leas pobal dúchasach agus grúpaí áitiúla; cuir i gcás de réir dhlí 2002 na hIndinéise, is i seilbh an rialtais atá cóipcheart na hoidhreachta traidisiúnta! Go stairiúil níorbh fhéidir an stát-náisiún a chruthú gan cultúir áitiúla a chur faoi chois. Cuireann an Coinbhinsiún seo an *Zeitgeist* in iúl: fianaise é ar roinnt de na meicníochtaí rialaitheacha atá á gcruthú chun dul i ngleic leis an domhandú; léiríonn sé an éisteacht áirithe a thugtar do phobail dhúchasacha i bh*fora* idirnáisiúnta inniu; is sampla é den choibhneasacht chultúrtha iar-nua-aoiseach; agus cuireann sé an bhuairt i dtaobh chailliúint na héagsúlachta bitheolaí in iúl. Tá sé tábhachtach dea-chroíoch, ach aimsíonn sé cáilíochtaí eisintiúla sa bhéaloideas i slí is go bhfilleann sé ar dhearcadh Herder i leith na fírinneachta cultúrtha athuair.

* * *

Nuair a tháinig léann an bhéaloidis ar an saol, dhein sé cúram den rud sainiúil áitiúil chun ganntanas traidisiún náisiúnta a líonadh den bharraíocht traidisiún áitiúil. Ach ag an am gcéanna, foinse éagsúlachta ab ea an áitiúlacht a thug dúshlán na haontachta polaitiúla, agus b'shin í an chúis gur ghá an béaloideas a shintéisiú ina chultúr náisiúnta: go bunúsach, cé go raibh sé féin i gcoinne an stáit, ba é seo tionscnamh Herder. Bhí an t-áitiúlachas mar fhoinse éagsúlachta tráth ina bagairt don aontacht pholaitiúil. Anois is banc éagsúlachta é an t-áitiúlachas atá riachtanach do chinniúint an chine dhaonna, rud a thugann gradam agus dlisteanacht nua don bhéaloideas mar 'eolas dúchasach' (ceist eile is ea an bhfuil a leithéid d'fheiniméan ann agus 'eolas dúchasach', neamhspleách ar athruithe stairiúla). Is í an éagsúlacht bhitheolaíoch an bunchoincheap anseo, ceangailte go hoscailte leis an éagsúlacht chultúrtha, nó le tuiscint uaithi. Is gá go dtuigfidís siúd ar spéis leo an béaloideas gur dóichí go mbeidh smacht ag rúibric seo na hoidhreachta cultúrtha neamhábhartha ar dhioscúrsa an bhéaloidis ar an leibhéal áitiúil, náisiúnta agus idirnáisiúnta feasta.

Bacaigh agus 'Boccoughs': Fianaise ar Chultúr na Gaeilge sa Naoú Céad Déag

Niall Ó Ciosáin

Más mian le duine staidéar a dhéanamh ar chultúr na cosmhuintire roimh an nua-aois, ar cheann de na fadhbanna is túisce a éiríonn tá ceist na bhfoinsí: cá bhfuil cur síos nó eolas ar an gcultúr sin le fáil? Ar ndóigh, ní le hÉirinn amháin a bhaineann an fhadhb seo. San Eoraip go ginearálta, cultúr béil ab ea cultúr an phobail, agus ní fhágann cultúr béil mórán iarsmaí ina dhiaidh. Sna cásanna seo, faraor, tá muid ag brath cuid mhór ar chuntais a d'fhág finnéithe a bhí lasmuigh den chultúr sin, finnéithe léannta a bhí scartha amach uaidh dá réir. Den chuid is mó, tá na cuntais seo naimhdeach agus diúltach. Cáineann siad gnéithe áirithe de chultúr an phobail. Is mó cuntas atá againn ó chléir na n-eaglaisí éagsúla ón séú céad déag ar aghaidh mar shampla, institiúidí a bhí ag iarraidh leasuithe creidimh agus cleachtadh a chur chun cinn agus a chur go láidir i gcoinne cultúr pobail a shíleadar bheith róthugtha don draíocht nó don ragairne. Ó lár an ochtú céad déag, áfach, tagann sórt eile finnéithe chun cinn, daoine a thug cuntas léannta ar chultúr an phobail a bhí báúil leis an gcultúr nó le gnéithe áirithe de. Ba iad seo na seandálaithe agus na réamhbhéaloideasóirí a bhí faoi anáil an rómánsachais agus an náisiúnachais.[1] I gcultúr an phobail a bhí spiorad ársa an náisiúin nó go deimhin an chine dhaonna uile, le feiceáil dar leo seo.[2]

Chruthaigh na finnéithe éagsúla seo a n-íomhá féin de chreideamh agus de chleachtadh an phobail. Rinne siad roghnú agus cur síos claonta go minic ar ghnéithe áirithe díobh. Is géirede an gá, dá bhrí sin, atá le fianaise éigin, dá laghad é, uathu siúd a bhí laistigh den chultúr. Ní hé sin le rá, ar ndóigh, go mbeidh an fhírinne lom le fáil ina leithéid d'fhianaise. Sa chéad áit, bíonn cúinsí eisceachtúla ag baint le finnéithe ar bith den tsórt. Bhí scríobh acu, mar shampla, nó thángadar os comhair cúirt dlí a chaomhnaigh a gcuid ráiteas. Sa dara háit, níorbh ionann gach uile dhuine den chosmhuintir agus beidh difríochtaí idir fhinnéithe de réir inscne, aoise, gairme agus a leithéid. Is amhlaidh le cultúr na cosmhuintire Gaelaí sa tréimhse roimh an nGorta Mór. Níl ganntanas cuntas nó tuairimíochta ann uathu siúd a chuaigh i ngleic leis ón taobh amuigh. Bhí an eaglais Chaitliceach ag cur in aghaidh gnéithe de chreideamh na ndaoine le céad bliain nó níos mó, ag cáineadh nósanna cosúil le tórraimh agus pátrúin, agus bhí seandálaithe agus réamhbhéaloideasóirí ag déanamh taighde agus ag foilsiú a gcuid tuairimí go flúirseach ó na 1820í ar aghaidh. Tá teacht ar chuntais inmheánacha i bhfoirm lámhscríbhinní Gaeilge. Maireann go leor lámhscríbhinní ón gcéad leath den naoú céad déag. Ar ndóigh, ba eisceachtaí i measc phobal na Gaeilge sa chéad sin iad siúd a raibh scríbhneoireacht acu. Chun teacht ar fhianaise ón gcultúr béil, baineann staraithe agus béaloideasóirí úsáid as sórt eile foinse, is é sin na cuimhní cinn a bailíodh níos déanaí, ag deireadh an naoú céad déag agus sa chéad leath den fhichiú aois, atá le fáil go háirithe i mbailiúchán Choimisiún Béaloideasa Éireann.

Tá an cur chuige seo le feiceáil mar shampla sa taighde atá déanta ar nósanna tórraimh in Éirinn, ar nós an bhunleabhair thagartha ar an ábhar, *Caitheamh Aimsire ar Thórraimh* le Seán Ó Súilleabháin, a foilsíodh sa bhliain 1961. Ar thaobh amháin den scéal tá foinsí léannta a thugann pictiúr ón taobh amuigh, ar nós na statúidí eaglaise a chur cosc ar ghnéithe den tórramh agus a bhí flúirseach san ochtú céad déag go háirithe, nó na cuntais a thug lucht béaloidis ar an ábhar. Ar an dtaobh eile den scéal, tá go leor den leabhar bunaithe ar an ábhar a bhailigh an Coimisiún sna 1930í agus sna 1940í a thugann pictiúr agus tuiscint i bhfad níos iomláine ar an scéal.

Ba mhaith liom ceist seo na bhfoinsí a phlé ag úsáid cuid den ábhar a bhaineann le pearsa a d'imigh i bhfeidhm go mór ar shamhlaíocht na bhfinnéithe éagsúla mar eiseamláir, finnéithe inmheánacha agus finnéithe seachtracha araon. Is í an phearsa seo an bacach, fear siúil nó fear déirce, sa naoú céad déag. Maidir leis an íomhá dhearfach ón taobh amuigh i dtosach, tá cur síos luath le fáil in *Researches in the South of Ireland* leis an réamhbhéaloideasóir Thomas Crofton Croker, a foilsíodh sa bhliain 1824:

> Buckaughs are a description of mendicants that within these few years have considerably diminished. The name implies a lame or mutilated person; but vigorous young men may be found, who, having assumed the ragged garb, crave the privileges of the impotent and aged (. . .) A buckaugh is a solitary and isolated being, one who seems to stand alone in the world without apparent occupation or pursuit. He is met travelling both on the high road and in unfrequented paths, at all hours and in all seasons, his beard unshaven, and his body encased in a garment composed of shreds and patches, or, to use the more expressive local idiom, 'a coat all stitches and packthread'. Loaded with innumerable bags and

> wallets, he strides on, assisted by a long walking pole shod with iron, and terminated by a formidable spike. In the evening the buckaugh is seen seated beside the turf fire of the poor cottager's hearth, partaking of his humble fare, the wallets and staff deposited in a corner of the cabin, and at night he reposes beside them on a bundle of straw. It is not uncommon to find these men with considerable literary acquirements; they are generally the possessors of several books and Irish manuscripts, which they have collected, and bear about from place to place with incredible fondness, nor can money always purchase part of their travelling library (. . .) The superabundance of potatoes and broken victuals bestowed upon them from motives of gratitude or charity, they usually sell to the family of the poor peasant or to city mendicants, whom they consider as an inferior order of persons, and in fact they are so, as their respective means of gaining a livelihood are essentially at variance.[3]

Cúpla bliain ina dhiaidh sin, chuir réamhbhéaloideasóir Corcaíoch eile, John Windele, an cuntas seo a leanas i gcló mar chuid de chur síos ar thuras go Guagán Barra:

> Here we found what pleased our city companion much to meet, a veritable sample of our genuine Irish boccaugh, a race for whom I entertain an ancient liking. I have always regarded them as reliques of our old Irish society; the representatives of those numerous tribes of Carouchs – Stocachs – tale-tellers and gillys, who once pursued their vagabond vocation, administering to the pleasure and entertainment of thanes and their retainers, in the old feudal halls and chambers, incurring by their attachment to their native chiefs, the displeasure of the poet Spenser. Your sturdy boccaugh is still the repository of all the legends and marvels of his own and of former times, a wandering rehearser of the tale and the lay – speaking the same language, and still nearly clad in the ancient garb, with the slight draw back of a knee breeches, and some superabundant professional patches, and surely fearless he may be of all comparison in the length of his beard or hair. We found his motto to be, as with his confreres in Kerry, 'Ullin eyem nou arrigid', 'wool, butter or money'. . .
>
> In a few moments, my friend and the ancient boccaugh seated together were busily comparing notes of places and recollections, and contending, by anecdote and legend, telling of ladies, and knights, and arms. He was just entering on a fine old Fenian romance, when our interview was suddenly broken up – '*Maw vee riav*', said he, '*is minnick a vee*' . . .
>
> 'Tut tut', cried the bard [cara le Windele], who had just entered and caught me by the arm, 'this is all *ramesh* – come my good friend, I must find you other employment besides listening to such stuff'.[4]

Is é an dearcadh atá sa dá chuntas seo ná an dearcadh a bheadh ag ársaitheoir nó seandálaí sa ré úd. Cuireann siad araon an bhéim ar an mbacach mar scéalaí nó mar léitheoir, mar dhuine a raibh traidisiún agus léann á iompar aige. Cé go n-aithníonn siad beirt gur fear siúil atá sa bhacach, tugann siad le fios nach gnáthfhear siúil a bhí ann ar chor ar bith. Chomh maith leis sin, i gcuntas Windele, tá téama eile a bhí thar a bheith coitianta i measc bailitheoirí béaloidis sa naoú céad déag, is é sin gur rud ársa a bhí i gcultúr na mbocht, sean-nósanna a mhair gan mórán athrú isteach sa nua-aois agus a raibh iarsmaí de sheanchultúr uasal Gaelach le feiceáil iontu.

Cúpla bliain i ndiaidh an dá chuntas seo, tá fáil againn ar fhianaise eile maidir le bacaigh atá eisceachtúil sa mhéid agus go bhfuil cuntas ón taobh amuigh agus ón taobh istigh araon le fáil ann. Is é seo tuarascáil a d'fhoilsigh coimisiún stáit ar an mbochtaineacht in Éirinn sa bhliain 1835. Mar chuid den iniúchadh a rinne an coimisiún sin breacadh síos fianaise an ghnáthphobail ar na sóirt éagsúla bochtáin, ar dhílleachtaí, ar bhaintreacha agus ar ndóigh ar an lucht siúil trí chéile. I measc na gcuntas agus na ráiteas faoin dream deireanach seo, déantar roinnt plé ar na bacaigh, agus tá mórán tuairimíochta fúthu ann. Maidir leis na coimisinéirí féin, is dearcadh diúltach oifigiúil a bhíonn acu ar na bacaigh agus ba sa ghnáthdhioscúrsa maidir le bochtaineacht a rinneadar siad cur síos orthu. Béarlagair faoi leith nó íomhá ab ea an dioscúrsa a bhí mar bhunús leis an bplé a rinneadh ar chúrsaí faoisimh do na boicht le cúpla céad bliain roimh na 1830í. Samhlaíodh ach go háirithe gur cleasaíocht agus cur i gcéill a bhí ar siúl ag na bacaigh. Tá cur síos beacht orthu ag na coimisinéirí i Mainistir na Búille, Contae Ros Comáin, mar shampla: 'There is a particular class of beggars, called boccoughs, who resort to deceptive means of exciting compassion; they are usually found at fairs and markets, are the most immoral class among the poor . . . Boccough is an Irish word, signifying a beggar who strolls about, affecting the appearance of impotence or scrofulous disease'.[5] Tá cur síos mar seo le fáil sna paróistí ar fud iarthar agus dheisceart na tíre: 'a distinct class of mendicants' i gCloich na Coillte, Contae Chorcaí, 'in most instances decided imposters' in Uíbh Ráthach, nó 'those notorious imposters, the boccoughs' sa mBoirinn, Contae an Chláir, rud a thugann le fios dúinn go raibh eolas ginearálta agus íomhá oifigiúil ag na bacaigh.[6]

Cé gur dearcadh oifigiúil a bhí ann ag an tús, tá an téama léannta seo le fáil go minic freisin san fhianaise a tógadh ón bpobal go ginearálta. Rinne muintir Chonga, Contae na Gaillimhe, idirdhealú idir na bacaigh agus gnáthlucht déirce ar an mbonn seo:

> The witnesses do not believe that the beggars keep themselves in dust and rags for the purpose of exciting compassion . . . There are a few beggars who produce sores on their bodies for the purpose of obtaining alms, by exhibiting them. Half a dozen or a dozen such persons may be seen at every large fair; but the same set attend every fair within a very extensive district. Some of the witnesses have met the same 'boccoughs' at fairs 40 or 50 miles distant.[7]

Dar le James Burke, a raibh siopa beag aige i gCill Dalua, 'there is one fellow who frequents this side of the country, who ties up his leg before him and carries a child upon it. I have seen this fellow when drunk in the evening let down his leg and fight like a trojan', agus in Inis Díomáin, 'there was a man there some time ago, who used to tie up his arm to make it look shrivelled, and in the evening he oiled it to give it its natural appearance and elasticity'.[8]

Tá téama eile le fáil i bhfianaise an phobail maidir leis na bacaigh, agus tháinig sé, ar nós an chur i gcéill, ón dioscúrsa oifigiúil nó léannta faoin mbochtaineacht. Samhlaíodh go raibh eagar agus cleachtais dá gcuid féin ag na bacaigh a bhí neamhspleách ar eagar an phobail mhóir i gcoitinne ach go raibh an struchtúr céanna orthu, mar a bheadh frithshochaí, d'fhéadfaí a rá.[9] Tá an dá théama seo, an cur i gcéill agus an fhrithshochaí araon le fáil sa bhfianaise a bailíodh i gCill Chríost, Contae na Gaillimhe. Dar le John Griffin, fíodóir:

> One man who goes about from fair to fair, with his arm bandaged from the elbow down, and though you would think by looking at him that he could scarcely move it, there is not a man in the room can use the two arms better than he. He was one day on the bridge of Ennis, where he had a quarrel with a policeman, to whom he gave a sound drubbing with his crutch and hunted him off the bridge.

Ag tagairt don fhear céanna, dúirt feirmeoir darbh ainm Mahon:

> That man gave his daughter £30 fortune. He is like a king over the others, and people say he has a tribute from each of them. I saw him, at the fair of Kilcreest, take off the bandage in a drunken fit, and defy any man in the fair to try him at the stick.

D'fhéadfadh spás dá cuid féin a bheith ag an tsochaí seo, dar le Christopher Gosteen, feirmeoir i gCluain Ioraird, Contae na Mí:

> There is a colony of beggars about a mile off in the bog, occupying about 10 cabins, perhaps about 40 persons; they are regularly professed beggars; the place being set expressly for lodging beggars, they call it 'the Garden of Eden'.

Do phós na bacaigh a chéile agus bhí nósmhaireacht phósta dá gcuid féin acu. Rinne saor cloiche darbh ainm Gaffney as Cill Chiaráin, Contae Ros Comáin, cur síos air seo:

> There is a place near Strokestown, where they assemble every year in immense numbers; at this fair, called the fair of Ballinafad, the beggars are married for a year. The ceremony is performed by joining the hands of the parties over a pair of crutches, and hundreds return to have the rite renewed year after year.

Agus dúirt James Brazil, feirmeoir as Cora Chaitlín, Co. an Chláir, 'I have heard one of these chaps saying to another . . . I will not give you my daughter, because you have but one crooked leg, and that would never earn enough for her'.[10]

Sníodh na téamaí seo uile le chéile san aon alt amháin a foilsíodh faoi na bacaigh le linn an naoú céad déag. Ba é William Hackett údar an ailt, ársaitheoir nó réamhbhéaloideasóir agus seandálaí Corcaíoch eile a bhí cairdiúil le Windele. Cé nár foilsíodh an t-alt go dtí 1862, tá go leor den eolas atá ann le léamh i gcomhfhreagras ó na 1840í idir Hackett féin agus Nioclás Ó Cearnaigh, scríobhaí agus eagarthóir téacsanna as Contae Lú.[11] Bhí Windele agus William Wilde páirteach sa chomhfhreagras seo freisin. Deir Hackett san alt seo:

> These mendicants are not to be confused with ordinary chance beggars, victims of adversity or improvidence: they are totally distinct, and have no point of resemblance except that both solicit alms. The Bacachs form, what to some extent may be termed, a confraternity or secret society, and one which has existed from a very remote period, probably long anterior to Christianity.[12]

Frithshochaí agus ársaíocht, más ea, ach tá téama eile dá chuid féin ag Hackett. Ar nós mórán scoláirí ag an am, go háirithe iad siúd a bhí ag plé le nósanna an phobail, seandálaíocht agus teangeolaíocht, bhí Hackett go mór faoi anáil na tuairimíochta comhaimseartha faoi theangacha Ind-Eorpacha agus faoi eitneolaíocht na hIndia. Chaith sé go leor ama ag lorg (nó ag cumadh) cosúlachtaí idir an cultúr Gaelach agus an cultúr Indiach. Chaith sé an chéad sé leathanach de chúig leathanach déag ag trácht ar chosúlachtaí ginearálta idir na cultúir sular dhírigh sé a aird i gceart ar na bacaigh. Maidir leis na bacaigh agus an India, d'inis sé céard a dúirt 'a literary friend' leis:

> On landing in Bombay . . . he was astounded on recognizing the cadences and chanting of a Fakeer to be so exactly similar to what he had heard in Ireland, that he could have almost imagined the man to have been brought out there on purpose to delude him. During his stay in India he followed out his observations on the

> Fakeers, and returned home thoroughly convinced of their being so like the Irish bacachs, that nothing but a common origin could account for the fact, no matter how many thousand years had elapsed since they first separated.

Leis an bpictiúr seo, sníonn Hackett téamaí dhioscúrsa na bochtaineachta, an fhrithchultúir agus an chur i gcéill. Deir sé gurb é Baile Mhúirne, Co. Chorcaí príomhchathair na mbacach agus gur ansin a chuir siad eolas ar a gceird, ag freastal ar choláiste dá gcuid féin:

> There dwelt the professors. What the precise course of studies might have been, is easier to imagine than to ascertain . . . there was one qualification which the ordinary observer could not fail to perceive, and which appears to have been the leading performance of their lives, this was the crónawn or beggar's chaunt . . . When the aspirant had acquired a proficiency in all the requisite qualifications, he received his diploma in the shape of a goodly black thorn stick, at the upper end of which were conspicuous a certain number of brass nails . . . one prayer of the bacach with a seven-nailed staff was as efficacious as sixty-four prayers from one of a single nail . . . There might have been in other parts of the country, similar colleges, but in the south of Ireland, Ballyvourney was the only one of any celebrity.[13]

Foinsí Gaeilge

Sin é an pictiúr de na bacaigh atá le fáil sna foinsí Béarla ón naoú céad déag. Céard faoi na foinsí Gaeilge? Tá ábhar maidir le bacaigh i roinnt lámhscríbhinní ón ochtú agus ón naoú céad déag, agus go leor eile i mbailiúchán an Choimisiún Béaloideasa ó lár na haoise seo caite. Sna foinsí seo, cuirtear an bhéim, thar gach ní eile, ar dheisbhéalaí an bhacaigh. Is iad na téacsanna is coitianta sna lámhscríbhinní agus sa bhéaloideas ná iad siúd a dtugtar 'Deilín an Bhacaigh' orthu. Is paidreacha ornáideacha iad seo a deireadh na bacaigh agus iad ag lorg déirce. Tá leaganacha i lámhscríbhinní as Cúige Mumhan agus as Oirghialla, ag dul chomh fada siar leis na 1760í. Bailíodh tuairim agus leathchéad ón seanchas ar fud iarthar na tíre.[14] Tá na paidreacha seo níos faide agus níos ornáidí ná a chéile ach is léir gur *genre* aitheanta béil a bhí ann. Castar na heilimintí céanna orainn arís agus arís eile iontu. Is le bean an tí a shamhlaítear an bacach ag caint, agus de ghnáth tosaíonn an deilín le moladh na mná seo. Seo sampla as lámhscríbhinn ó lár an naoú céad déag, a scríobh Art Mac Bionaid as Oirghialla: 'Go deimhin shiubhail mise aontaighe Mhumhan, margaidh Laighean, uaisle Uladh agus maithe Chonnacht, agus thíos nó thuas, thoir nó thiar, ní fhaca mé cailín ar bith san aistear sin is deise caol coise, barr boise, mall-rosga agus déad-fhiacail ná tusa féin amháin'.[15] Ansin déantar beannú ar an bhfeirm, ar an teach agus ar mhuintir an tí, ar nós an deilín seo a bailíodh ó Éilís Bean Uí Chróinín i mBaile Mhúirne sa bhliain 1935: 'Go mbeannuighidh Dia agus Muire agus Pádraig, Rí an Domhnaigh agus dhá cheann Chorcaighe dhuit, inghean na deagh-athar le roghadh máthar, riamh nár cáineadh i dtig 'n táirne, agus gur maith buan a mhairir-sa i seilbh na h-áite'.[16]

Is í an mhóitíf is coitianta, ar ndóigh, ná an t-iarratas. De ghnáth, is í an fhoirmle a úsáidtear ná go dtugann an bacach liosta de na málaí atá á n-iompar aige agus iarrann sé rud éigin le haghaidh gach uile cheann acu, ar nós an deilín seo as Tír Chonaill: 'Gur theann mé orm na cúig mála fichead, mála an tuighe, mála an tsogha, mála an tsalainn, chúig mhála, slis mhála, mála na héille, priocaire, riocaire agus an receiver. Croí álainn agus an mála cruinn agus falldedash os cionn an iomlán'.[17] Bhí liosta níos faide i ndeilín a bailíodh ó Chonchubhar Ó hÉaluighthe i mBéal Átha an Ghaorthaidh in iarthar Chorcaí:

> Tá mála agam don scilling agus mála agam don phingin, mála i gcomhair na hola gile, mála i gcomhair an phráta tirim – agus dá mbeadh sé mhíosa mhiona do bheadh mála agam-sa chuige. Tá dhá mhála déag ar aon bheilt, ar aon bhúcla, ar aon tsreangán amháin agam: mála an tslinneáin, mála an chromáin, mála na gualan agus an mála taobh thuas de, an pocaire, an pacaire agus an paicinéad, an receiver agus an butter-box agus an gúgán gaoithe, a mhúirnín ó.[18]

Ar bhealach, is éard a bhí ar siúl ag na bacaigh sa leagan seo ná go rabhadar ag díol a gcuid paidreacha nó a gcuid naofachta féin. Bhíodar ag tabhairt, mar a dúradh ar Chléire, 'sóinseáil phaidreacha ar phrátaí'.[19] Bhronn siad grásta orthu siúd a thug déirc dóibh, agus is cosúil go bhféadfadh an grásta a iompar leo ar go leor bealaí. Tá sé soiléir ó roinnt de na deilíní mar shampla, go rachadh na bacaigh ar na pátrúin mhóra agus go dtugaidís tairbhe na bpátrún sin do dhaoine eile. Mar a deir an deilín i lámhscríbhinn Airt Mhic Bionaid:

> Dhéanfad-sa turuis speisialta ar do shon-sa-
> aige Leaca Bó-finne
> aige Tobar Mhuire na gCoinneal
> aige Tearman Chruach Phádraig
> Turus Naomh Duach
> Turus Tobair Bhrighde
> Turus Tobair Eoin Baiste
> agus Turus tobair Rí an domhnaigh
> ó 'sé is fearr ná an iomlán.[20]

Is cosúil gur cleachtadh an nós céanna seo sa Bhriotáin ag an am.[21]

Comparáid

Ón méid sin, d'fhéadfaimis a rá, ar bhealach ginearálta, go bhfuil codarsnacht áirithe idir na foinsí Béarla agus na foinsí Gaeilge. Díríonn na foinsí Béarla ar phearsa an bhacaigh agus díríonn na foinsí Gaeilge ar fhocail an bhacaigh. Ar an gcéad fhéachaint, déarfadh duine gur dócha gur mó fírinne atá san íomhá atá sna foinsí Gaeilge, toisc go raibh cleachtadh ag gnáthmhuintir na tuaithe ar bhacaigh, agus gur dearcadh ón taobh amuigh atá sna foinsí Béarla. Is cinnte gur foirmle liteartha den chuid is mó atá sna leaganacha Béarla, agus tá fréamhacha na foirmle sin le fáil i litríocht an Bhéarla agus go deimhin i litríocht na hEorpa. Bhí luatheitneagrafaíocht na hÉireann go mór faoi anáil Walter Scott, agus tá sórt bacaigh Albanaigh le fáil ina úrscéal *The Antiquary* a foilsíodh sa bhliain 1816. Seo an cuntas a fhaighimid ar an bpearsa seo, Edie Ochiltree, ag tús an leabhair:

> He had the external appearance of a mendicant – A slouched hat of huge dimensions . . . a long blue gown, with a pewter badge on the right arm; two or three wallets, or bags, slung across his shoulder, for holding the different kinds of meal, when he received his charity in kind from those who were but a degree richer than himself – all these marked at once a beggar by profession . . . one of the last specimens of the old-fashioned Scottish mendicant, who kept his round within a particular space, and was the news-carrier, the minstrel, and sometimes the historian of the district . . . knows more old ballads and traditions than any other man in this and the next four parishes.[22]

Tá sé suntasach, is dóigh liom, go dtosaíonn cuntais an Bhéarla sna 1820í, cúpla bliain tar éis fhoilsiú úrscéal Scott, agus tá a thionchar le brath orthu, go háirithe ar chuntas Windele.

Tá an fhianaise a bhailigh Coimisiún na mBocht sna 1830í go mór faoi thionchar foirmle liteartha eile, is é sin an domhan bunoscionn nó an frithchultúr. Seo téama a úsáideadh go háirithe nuair a bhí cur síos á dhéanamh ar ghrúpaí nár tuigeadh go rómhaith, grúpaí ar cuireadh draíocht dhiabhlaí ina leith mar shampla nó buíonta gadaithe. Bhí an fhoirmle seo go láidir i gcultúr Béarla na tíre agus san Eoraip go ginearálta. San *Irish Magazine* in 1808 mar shampla bhí fógra báis ar 'Michael O'Farrell, the well known monarch of the mendicants of Munster, over whom he reigned for 70 years with mildness, justice and moderation'.[23] Roimhe sin arís, i mBaile Átha Cliath i lár an ochtú céad déag, tugadh 'King of the Beggars' ar fhear déirce darbh ainm Joseph Corrigan; 'Hackball' an leasainm a bhí air. Ghluaiseadh Hackball timpeall na cathrach ar chathaoir rothaí, agus mhair an cháil a bhí air sa chathair i bhfad. Cumadh paimfléid pholaitiúla ina ainm a cháin an rialtas, trí mhóitíf an domhain bunoscionn, agus samhlaítear Hackball ag moladh pholasaithe an rialtais toisc go raibh siad ag méadú ríocht na mbacach.[24] Roimhe sin fós sna 1730, cuireadh dráma dar teideal 'The Beggar's Wedding' ar an stáitse i mBaile Átha Cliath. Sa dráma seo cuireadh an fhrithshochaí uile ar taispeáint, le rí na ndéirceoirí, comhairle stáit agus mar sin de. Críochnaíonn an dráma le bainis atá an-chosúil leis an ngnás a luaigh an saor cloiche i gContae Ros Comáin, sa mhéid agus gur os cionn maidí croise a thógtar an mhóid: 'Let the bride advance, and in token of obedience to her lord and husband, perform the ceremony of the crutch, and the bridegroom as a mark of superiority take the usual marriage leap'. Ina dhiaidh sin, canann siad amhrán bainise, leis an gceol 'Did you not hear of boccough?'[25]

Seachas foirmleacht na bhfoinsí Béarla, tá gné eile a thacaíonn le fírinne na bhfoinsí Gaeilge. Ní heol domsa aon phaidir bhacaigh a bailíodh as Béarla nó ar a laghad paidir ar bith atá an deichiú cuid chomh hornáideach agus chomh casta leis na deilíní Gaeilge. Is cosúil gur nós a bhí i ndíol na bpaidreacha nár tháinig tríd an athrú teanga in áiteanna. Má theastaíonn uainn a rá, áfach, gur pictiúr níos fírinní atá sna foinsí Gaeilge, caithfimid a bheith an-chúramach faoin gcineál fírinne atá i gceist. B'fhéidir go bhfuil an pictiúr cruinn maidir le dearcadh na ndaoine a thug déirc, ach is beag seans go bhfuil sé cruinn maidir leis na bacaigh féin. Is íomhá liteartha go pointe áirithe atá i gceist anseo freisin. Tá go leor de mhóitífeanna an fhrithchultúir le fáil sna lámhscríbhinní agus sa bhéaloideas a bhailigh an Coimisiún Béaloideasa araon. Dar le hAmhlaoibh Ó Loingsigh, mar shampla, 'Bhí tráth éigin go mbíodh cruinniú bliantiúil eg bacaig Chúige Mún. B'í Cíl Ábáin i mBaile Mhúirne ba bhall cruinnithe dóibh. Chathach gach bacach a bheuch beó bheth ann an lá san, nú leathsgéal math a thúirt i dtaobh gan teacht'.[26] Tá an tuairim seo faoi eagraíocht náisiúnta nó réigiúnach i measc na mbacach le fáil i dtéacsanna ó chúigí agus ó cheantair eile. Tá sé in aor a scríobh Raiftearaí faoi bhainis, ócáid lena luaití bacaigh go minic:

> Tráthnóna an lae sin d'fheicfeá in éineacht
> gafa gléasta naoi gcéad bacach,
> as Abhainn Ó gCearnaigh, as Umhall Uí Mháille,
> as Uachtar Árd is as Conamara.
>
> Litir faoi shéala a chuaigh sa *mail*,
> a shiúil trí Éirinn timpeall seachtain,
> dheamhan bacach réiciúil dá gcuala an scéal,
> nár ghlac a ghléas is a chulaith ghaisce.[27]

In amhrán Ultach, tá córas náisiúnta cíosa le feiceáil:

> Is bacach bocht ar aon chois mé, cha siubhlaim-sa ró spéireamhail
> Is níl baile cuain in Éirinn nach dtógfaidh damh-sa cíos . . .
>
> Chan bhfuil bacach nó fear mála ó Chorcaigh go Cionn tSáile
> Thart Cúig' Uladh 'gus Cáirlinn is siar go Biorr ar fad
> Nach dtógann damh-sa árd chíos, sgiling ins a' ráithche
> Nó réabfainn-se a chnámha le mo bhata reamhar glas.[28]

Maidir leis na paidreacha nó na deilíní féin, tá rud amháin is fiú a thabhairt faoi deara. Ba ó scéalaithe agus amhránaithe aitheanta i measc an ghnáthphobail a scríobh na bailitheoirí béaloidis síos iad, is é sin le rá ó fheirmeoirí, ó mhná na bhfeirmeoirí nó ó oibrithe feirme, seachas ó bhacaigh nó ón lucht siúil go ginearálta. Ní hamháin sin, ach nuair a luaigh na scéalaithe céanna a gcuid foinsí, dúradar gur chualadar na paidreacha seo óna ngaolta nó óna gcomharsana, seachas ó na bacaigh féin. Is é sin le rá gurb é atá i gceist ná sórt 'reacaireachta', mar a thug bailitheoir béaloidis amháin air, a mhair sa chultúr, beag beann ar an lucht siúil nó ar bhacaigh.[29]

Tá sé seo soiléir sna deilíní atá sa seanchas ach gur dócha gur foghlaimíodh ó théacs clóite nó ó lámhscríbhinní iad. In 1935 tógadh síos leagan de phaidir fhada bhacaigh ó Eibhlís Bean Uí Chróinín (Bess Cronin) i mBaile Mhúirne a bhí cúig leathanach ar fad, agus sa bhliain 1942 tógadh síos an phaidir chéanna agus giota eile leis ó Mháire Bean Uí Luasaigh i gCúil Aodha.[30] D'fhoghlaim Eibhlís Uí Chróinín óna hathair é ach ní foláir ná go bhfuair seisean, nó gaol leis, sa dara himleabhar de *Poets and Poetry of Munster* le Seán Ó Dálaigh é, leabhar a foilsíodh sa bhliain 1860 agus a léadh go minic in iarthar Chorcaí ag an am.[31] Tá leagan Uí Chróinín mar an gcéanna leis an téacs clóite focal ar fhocal nach mór, cé go bhfuil giota beag ar iarraidh ag an deireadh. Thóg Ó Dálaigh féin an téacs as lámhscríbhinn a breacadh sa bhliain 1802 i bPort Láirge. Is é atá i gceist anseo, dá bhrí sin, ná blúire de chumadóireacht liteartha a scaipeadh trí lámhscríbhinní agus trí chló, agus atá neamhspleách ar fad ar bhacaigh ar bith a mhair sa naoú céad déag nó ina dhiaidh. Tá an neamhspleáchas seo soiléir i gcás Eilís Uí Chróinín, agus tá sé soiléir freisin i gcás Uí Dhálaigh. Chuir Ó Dálaigh an téacs i leith an Michael O'Farrell a luadh thuas:

> This is the begging petition or prayer of a beggarman, named O'Farrell, who levied tax on the farmers of Munster, and in the county of Waterford in particular, in the beginning of the present century . . . I remember my mother handing him about 7 lbs. of wool, which he indignantly threw in her face . . .

Ach i dtéacs an deilín féin, tá sé soiléir nach le O'Farrell é: 'Mac do Chaitlín de Nais agus do Sheán bocht Ó Murchú ó Thobar Rí an Domhnaigh agus ó Bhéal croise Fírinne is ea mise'.[32]

Tá an tuiscint chéanna le fáil i measc lucht bailithe béaloidis. Ina lámhleabhar cáiliúil a bhí mar threoir ag bailitheoirí an Choimisiúin, bhí an méid seo le rá ag Seán Ó Súilleabháin faoi na bacaigh: 'Many of them were well known characters. In recent years they have considerably decreased in numbers; hence the necessity for obtaining accounts of them now from the old people'.[33] Tá dhá rud le tabhairt faoi deara anseo. Sa chéad áit, tá líon na mbacach ag dul i laghad, díreach mar a dúirt Crofton Croker breis agus céad bliain roimhe sin. Sa dara háit, cé go bhfuil roinnt acu fós fágtha, ní uatha siúd atá an t-ábhar le bailiú ach ón ngnáthphobal. Cé go bhfuil go leor tráchta ar bhacaigh sna bailiúcháin bhéaloidis, níl guth na mbacach féin iontu i ndeireadh na dála. D'fhéadfaí an rud céanna a rá faoi na paidreacha snasta agus na hamhráin ghrinn faoi bhacaigh atá i lámhscríbhinní an naoú céad déag.

Dá bhrí sin tá na bacaigh féin in easnamh sna foinsí Gaeilge. Tá an t-easnamh seo le brath ar bhealach i bhfad níos drámatúla sna foinsí Béarla. Nuair a bhí Coimisinéirí na mBocht ar a gcamchuairt, mar shampla, rinneadar a ndícheall bualadh le lucht déirce an méid agus ab fhéidir. Labhair siad le mná siúil ar fud an iarthair, le Mary Hanley i mBéal an Átha, Contae Mhaigh Eo nó le Margaret Carmody i gCill an Dísirt, Contae an Chláir mar shampla agus thugadar cuairt ar shráid na mbacach i gCora Finne, Contae an Chláir. Cé gur dhíríodar a n-aird ar cheist na mbacach gach uile áit, níor labhradar, nó níor éirigh leo labhairt, le bacach ar bith. Mar an gcéanna ag lucht ársaíochta nó luatheitneagrafaíochta. Bhuail Windele le bacach in iarthar Chorcaí, ceart go leor, ach chomh luath agus a thosaigh an bacach ag aithris scéil, dhíbir cara liteartha Windele é, agus ní chloisimid faic eile ina thaobh.

Tá an sampla is drámatúla den easpa ag Hackett agus é ag cur síos ar chara leis a raibh suim aige sna bacaigh:

> The master of one of the union workhouses in the south of Ireland had for a long time turned his attention to the bacach tribe, but found that he could not obtain satisfactory information respecting them from any of the fraternity. On his appointment to the workhouse he thought he would have a favourable opportunity of

> studying them . . . To his surprise he found there was not one in the house . . . No genuine bacach had ever presented himself . . . At length, towards the end of the famine year [1847 is dócha], a hale athletic octogenarian presented himself: he had been for many years well known as a member of the tribe in the neighbourhood, and now the master made sure of solving the Bacach mystery. Accordingly, during his first leisure moments, he commenced his enquiries with 'Diarmud na crónawn', that being the name which he had acquired from his well known vocal powers. Here again he was destined to disappointment. 'Yeh, sir', said Diarmud, 'I was never a real Bacach at all'.[34]

D'inis Diarmuid scéal fada don mháistir, ag míniú dó gur duine den ghnáthphobal a bhí ann, go raibh cúrsaí go dona, agus gur mealladh le bacachas é nuair a chonaic sé go raibh airgead ann. Chuir sé culaith na mbacach air féin, fuair sé maidí croise agus fáisceán agus rinne sé aithris ar a gcrónán. Níor ghlac na bacaigh riamh leis, áfach, agus nuair a tháinig an drochshaol, níor thacaíodar leis agus chríochnaigh sé i dteach na mbocht. Níl teacht ar na fíorbhacaigh, de réir an scéil seo, agus nuair a shíleann tú go bhfuil siad agat, sleamhnaíonn siad arís uait. Más cur i gcéill gnó na mbacach, bhí Diarmuid ag ligean air a bheith ag cur i gcéill. Chomh luath agus a aimsítear bacach, éalaíonn sé.

Críoch

Bhí íomhá liteartha de bhacaigh, dá bhrí sin, sa Bhéarla agus sa Ghaeilge araon, agus bhí tréithe comónta ag na híomhánna sin. Ní hé seo le rá, ar ndóigh, nach raibh a leithéid de rud ann agus bacaigh, lucht siúil a dúirt paidreacha ar son déirce, agus fiú a bhí faoi mhí-chumas ar bhealach éigin. Ach bhí na híomhánna i bhfad níos casta ná seo – frithshochaí, eagraíocht náisiúnta, crónán agus paidreacha ornáideacha. Ba 'eile' an bacach, do phobal an Bhéarla agus do phobal na Gaeilge, d'fheirmeoirí beaga iarthar Chorcaí agus do bhéaloideasóirí léannta na cathrach, agus ní féidir linn méar a leagan air i gcuntas ar bith. Is gnáth linn a chloisteáil go ndearnadar siúd a bhí lasmuigh de phobal na Gaeilge cur síos ar ghnéithe den phobal sin a bhí claonta agus thar a bheith liteartha. Is léir go raibh íomhánna sóisialta acu siúd a bhí laistigh den chultúr a bhí chomh liteartha céanna. Is é sin le rá, bhí cuid de dhomhan na Gaeilge coimhthíoch agus strainséartha ní hamháin do mhuintir an Bhéarla ach do mhuintir na Gaeilge chomh maith, agus rinne an dá dhream léiriú air a bhí ealaíonta agus snasta.

Léann an Fheistis: Ábhar Machnaimh

Síle de Cléir

'So folklorists come into their world assuming it is not absurd' a scríobh Henry Glassie; 'it is patterned and the patterns separable from the ground of chaos are the product of human planning'.[1] Is gá cuimhneamh ar dtús, sa staidéar a dheinimid ar an gcultúr, ar an bpríomhchúis gur fiú léiriú a thabhairt agus anailís a dhéanamh ar éadaí, nó ar ghnéithe eile den chultúr ábhartha, mar fheiniméin chultúrtha iontu féin, seachas féachaint orthu díreach mar ghnéithe tánaisteacha de shaol sóisialta eacnamúil an phobail. Ní mór modheolaíocht ar leith a úsáid chun anailís a dhéanamh ar lámhdhéantúsáin agus ar an teicneolaíocht a chruthaigh iad. Tá tábhacht mhór ag baint leis an gcur chuige teicniúil seo fiú sa chás nach bhfuil mórán ar fáil don scoláire ó thaobh nithe ábhartha de, nó nuair a bhíonn na nithe atá ar fáil easpach, briste nó athraithe ó bhonn ar chuma éigin. Deir Glassie: 'Cultural understanding requires the analyst to become imaginatively the maker of the object being studied, the poet of the poem, the potter of the pot'.[2]

Modhanna Taighde: Lámhdhéantúsáin

Osclaíonn an tuiscint bhunúsach theicniúil seo tuiscintí eile amach don scoláire: tuiscint, mar shampla, ar luachanna sóisialta agus aeistéitiúla, ar obair agus ar chruthaitheacht na ndaoine, ar fhéiniúlacht an phobail nó ar fhéiniúlachtaí na ngrúpaí atá ina measc. Taispeánann bunsaothair áirithe i ngort an fheistis tábhacht na teicneolaíochta. Is ceann díobh seo *A Handbook of Costume* le Janet Arnold, a foilsíodh sa bhliain 1973.[3] Tá an bhéim theicniúil le fáil chomh maith sa bhunleabhar ar fheisteas dúchasach na hÉireann a d'fhoilsigh H. F. McClintock sa bhliain 1950, *Old Irish and Highland Dress*.[4] Is mór an chabhair agus an buntáiste í an ghné theicniúil i leabhar Mhairéad Dunlevy, *Dress in Ireland: a History*. Is féidir an aird chéanna ar shaghsanna éadaí agus ar struchtúr éadaí a aimsiú i saothar scoláirí Éireannacha eile, Anne O'Dowd agus Linda May Ballard mar shampla.[5] Níl an cur chuige seo gan chonspóid i léann an fheistis, áfach. Sa suirbhé luachmhar atá déanta ag Lou Taylor ar an ngort seo den léann cuireann sí síos ar mheon diúltach na staraithe sóisialta Ben Fine agus Ellen Leopold i leith saothar tábhachtach sa ghort: dar leo, baineann na saothair seo leis an

> wholly descriptive 'catalogue' tradition of costume history, which typically charts in minute detail over the course of several centuries the addition or deletion of every flounce, pleat, button and bow, worn by every class on every occasion.[6]

Áitíonn Taylor go *bhfuil* tábhacht, agus ríthábhacht, ag baint leis an liostú teicniúil seo agus leis na scileanna atá ag teastáil chun é a dhéanamh, ní hamháin i gcomhthéacs obair an mhúsaeim ach sa scoláireacht shóisialta chultúrtha i gcoitinne nuair a deireann sí:

> The acquisition of identification skills is a never-ending learning process and is one of the real pleasures of working as a costume curator. The challenge is constant both because few garments are ever the same and because dating mistakes are easy to make . . . With memory also sometimes an unreliable source, analysis of the construction and making-up techniques used in clothing and garment manufacture can certainly help pin down dating. The 'minute detail' which Fine and Leopold find so boring, is precisely what does in fact give the required period identification which in turn provides the basis upon which cultural theory can later be viably applied.[7]

Tugann Taylor samplaí suimiúla de shaothar scolártha ina n-oibríonn an mionscrúdú teicniúil ar lámhdhéantúsáin mar threoir bhríomhar do thuiscintí cultúrtha.

Is féidir samplaí Éireannacha a aimsiú leis. In Oileáin Árann, mar shampla, tháinig athruithe suimiúla ar an gcabhail a bhíodh á caitheamh ag mná na n-oileán sa tréimhse idir 1900 agus 1970. *Beirgiún* nó *beigriún* a tugadh ar an gcabhail olla thraidisiúnta in Inis Meáin. Tá sampla den bhalcais seo i mbailiúchán Ard-Mhúsaem[8] na hÉireann (féach Léaráid 1). Tá ball éadaigh eile le haimsiú i gcóras feistis na n-oileán ag tús an fichiú haois chomh maith: tugtar *jeaicéad* air seo in Inis Meáin agus bhíodh sé á chaitheamh ag mná go dtí, ar a laghad, lár an fichiú haois, nuair nach raibh an beirgiún á chaitheamh go forleathan a thuilleadh.[9] Tá difríochtaí tábhachtacha idir an chabhail olla thraidisiúnta, an beirgiún, agus an jeaicéad. As flainín baile a deineadh an beirgiún, is é sin as éadach a bhí snite agus fite sa dúthaigh: múnlaíodh don chorp chomh maith é agus dá bhrí sin bhí sé trom teolaí. Ball ab ea an jeaicéad a bhí déanta as dhá nó trí shaghas éadaigh. Dob fhéidir flainín siopa, flainín a bhí níos éadroime ná flainín

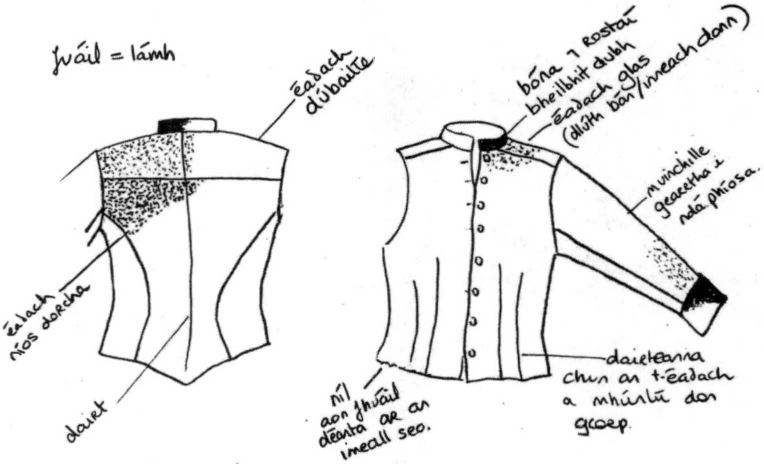

Léaráid 1: Ard-Mhúsaem Tweed Bodice/Beirgiún FT68: F1937

baile, a bheith i gceist, chomh maith le bheilbhit nó/agus cadás priontáilte. Bhí stíl an jeaicéid éagsúil le stíl an bheirgiúin leis. In ionad a bheith múnlaithe don chorp bhí sé ar nós an bhlúis, ag leanúint stíl na mblúsanna faiseanta a bhí forleathan ó dheireadh an naoú haois déag ar aghaidh.[10] Is gá a rá go raibh an blús féin ag teacht chun cinn i rith an fichiú haois: ba é an ball éadrom éadaigh seo a bhí déanta as cadás nó as éadach mín eile an 'barr' ba dhéanaí sa chóras feistis thraidisiúnta. Chaití cairdeagan cniotáilte i dteannta an bhlúis go minic.[11]

Léiríonn scrúdú teicniúil ar an jeaicéad go raibh tréithe an bheirgiúin agus an bhlúis le haimsiú ann. Bhíodh éadach dúbalta ar na guaillí go minic mar shampla, mar a bhíodh sa bheirgiún. Uaireanta, nuair a bhí cadás éadrom á úsáid mar phríomhábhar ann, chuirtí líneáil déanta as málaí plúir leis. Baineadh úsáid go minic as bheilbhit ar na guaillí agus ar na rostaí: cuirtí ciumhaiseanna bheilbhite go minic leis an mbeirgiún chomh maith.[12] Chuir na tréithe seo le troime agus le teas an jeaicéid mar ní bhíodh sé i gceist go gcaithfí cairdeagan os a chionn. Sa mhéid seo go léir is féidir macalla an bheirgiúin a aimsiú ann. Ar an dtaobh eile den scéal bhí tréithe an bhlúis le fáil sa jeaicéad chomh maith: an stíl 'bhlúsáilte' atá luaite cheana, cnaipí deasa feiceálacha, cruinnithe nó pléataí beaga chun tosaigh chomh maith le héadach agus patrún air (féach Léaráid 2).[13]

Is féidir athruithe tábhachtacha cultúrtha a aimsiú san éabhlóid theicniúil agus aeistéitiúil seo: forbairt a lean ón mbeirgiún go dtí an jeaicéad agus ar aghaidh go dtí an blús/cairdeagan. Sna cuntais ar an mbeirgiún, cuirtear béim ar theas agus ar throime an éadaigh agus ar an tslí ina raibh sé oiriúnach d'obair chrua lasmuigh.[14] Níl aon amhras

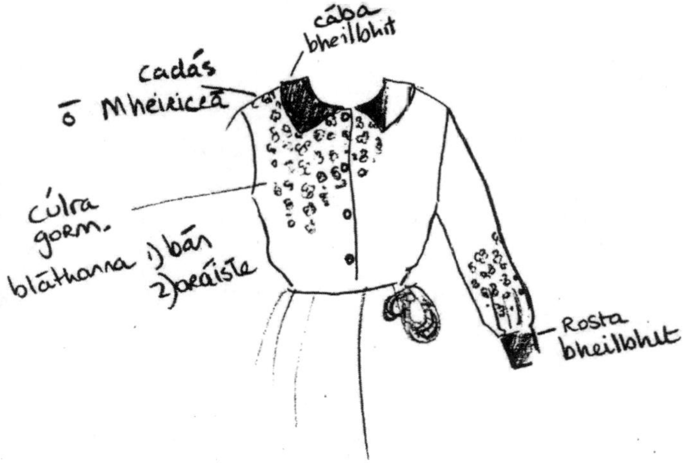

Léaráid 2: Saile Uí Chualáin; Jeaicéad
(i ndiaidh gg. a tógadh i 1970)

ach go raibh na tréithe seo tábhachtach i gcónaí, ach is gá cuimhneamh leis go raibh na faisnéiseoirí ag labhairt ar thréimhse, thríochaidí agus dhaichidí na haoise seo caite, ina raibh stádas an bheirgiúin athraithe ó phríomhbhall éadaigh sa chóras feistis go dtí feisteas oibre. Is próiseas é seo a ngabhann seanbhaill éadaigh tríd i gcónaí. Sa chóras feistis thraidisiúnta bhí na tréithe aeistéitiúla ag baint leis an mbeirgiún chomh maith. Bhí na tréithe seo ceangailte ar thaobh amháin leis an luach a bhí ag daoine ar an bhflainín baile, agus ar an dtaobh eile le struchtúr casta agus stíl mhúnlaithe an bheirgiúin a bhí ag teacht leis na cabhlacha a bhí faiseanta go hidirnáisiúnta sa naoú haois déag go dtí thart ar 1890. Leis an jeaicéad, bhí súil á coimeád ar fhaisean an bhlúis a thosnaigh thart ar 1890, ach iarracht á déanamh ar theas agus ar throime, luachanna atá praiticiúil agus aeistéitiúil, a choimeád. An t-athrú cultúrtha is mó agus is tábhachtaí atá le brath sa jeaicéad ná an bhéim aeistéitiúil ar éadach ceannaithe, flainín siopa, cadás agus bheilbhit. Ar ndóigh, bhí na héadaí seo ar fáil agus in úsáid cheana féin in oileáin Árann.[15] An ghné atá nua ná iad a bheith á n-oibriú isteach sa chóras feistis traidisiúnta, mar a tharla le forbairt an jeaicéid. Léiríonn an jeaicéad athruithe teicniúla, eacnamúla agus aeistéitiúla i saol an phobail sa chéad leath den fhichiú haois.

Foinsí Eile

Níl aon amhras, mar sin, i dtaobh lárnacht an lámhdhéantúsáin i léann an fheistis. Más ea caithfear modhanna taighde a leathnú amach ó na nithe ábhartha féin agus próisis éagsúla eile sa chultúr a chur san áireamh chomh maith. An chúis is soiléire leis seo, ceann a bhfuil mórthábhacht ag baint leis, ná an bochtanas. Baineann fadhb speisialta, ó thaobh na scoláireachta de, le cultúr ábhartha an phobail bhoicht a phlé. Sa chéad áit ní mhaireann na nithe ábhartha a bhí in úsáid sa phobal go minic toisc nach rabhadar déanta as ábhar maith a chéaduair nó, fiú más ábhar maith a bhí iontu, gur baineadh gach úsáid arbh fhéidir astu ar feadh i bhfad, agus ina dhiaidh sin, baineadh as a chéile iad chun rud éigin eile a dhéanamh. Fágann seo go mbíonn ar an scoláire foinsí eile, agus mórán acu, a úsáid chun an taighde a dhéanamh. Tá sé seo níos deacra agus níos casta ná oibriú leis na lámhdhéantúsáin féin.

Sa dara háit, tá baol ann i gcás an phobail bhoicht go gceaptar gur beag an tábhacht a bhaineann le cultúr ábhartha na ndaoine toisc a laghad ábhar atá nó a bhí in úsáid acu. Nuair a scrúdaímid seanchas agus béaloideas, cuntais eitneagrafaíochta, grianghraif, dialanna, litreacha, scannáin, péintéireacht nó foinsí litríochta, is cuma iad a bheith dírithe go speisialta ar an gcultúr ábhartha nó ar ábhar eile, tá sé soiléir gurb í a mhalairt atá i gceist.

Is fiú, sa chomhthéacs seo, féachaint ar an obair a dhein James Agee i measc tionóntaí bochta i ndeisceart na Stát Aontaithe i 1936. 'Scríbhneoir' a thabharfadh Agee air féin seachas 'eitneagrafaí'. Taispeánann a shaothar dúinn an luach is féidir a bhaint as foinsí nach eitneagrafaíocht ná antraipeolaíocht go príomha iad. Léiríonn cuntas Agee láidreacht agus iomláine an chultúir ábhartha sa phobal bocht áirithe seo nuair a chuireann sé síos ar an bhfeisteas a chaitheann 'Mrs. Gudger' Dé Sathairn, de ghnáth:

> The dress is one of two she would not be ashamed to wear away from home: they are not yet worn down or ineradicably spotted. In other respects it is like all her other dresses: made at home, of carefully selected printed cotton cloth, along narrow variants of her own designing, which differs from some we saw and is probably a modified inheritance from her mother: short sleeves, a rather narrow skirt several inches longer than is ordinary. No kind of flaring collar, but in some of them, an effort to trim with tape. They are all cut deep on the breast for nursing, as all her dresses must have been for ten years now.
>
> . . . Saturday is the day of leaving the farm and going to Cookstown, and from the earliest morning on I can see that she is thinking of it. It is after she has done the housework in a little hurry and got the children ready that she bathes and prepares herself, and as she comes from the bedroom, with her hat on, ready to go, her eyes, in ambush even to herself, look for what I

> am thinking in such a way that I want to tell her how beautiful she is; and I would not be lying.[16]

Níl ansin ach cuid bheag de chuntas Agee ar bhaill éadaigh an phobail seo, cuntas atá an-luachmhar ar a lán bealaí. Tá an liostú praiticiúil ann agus iarracht mhaith ar an mioneolas teicniúil a thabhairt. Coimeádann sé súil ghéar, ní hamháin ar na nithe beaga seo, ach ar an atmaisféar agus ar na mothúcháin a ghabhann leis na próisis phraiticiúla i réimse an fheistis. Admhaíonn sé leis nach bhfuil sé féin slán ar na mothúcháin seo, mar a dhein J. M. Synge sa chuntas aige ar Oileáin Árann.[17] An ghné is luachmhaire de chuntas Agee ná go léiríonn sé gur feiniméan cultúrtha é an feisteas sa phobal seo, in ainneoin an bhochtanais. Gan amhras tá an saol ábhartha teoranta agus an-phraiticiúil agus baineann an ghannchúis leis. Tá teannas ann ach baineann brí faoi leith leis: tá cruthaitheacht agus saibhreas cultúrtha ann.

Fráma Anailíse: An Obair

Is fiú go mór féachaint ar an bhfeisteas mar ghné lárnach de shaol oibre aon phobail ina mbíonn éadach á chruthú ag daoine dóibh féin sa bhaile nó á dhéanamh ag ceardaithe áitiúla. Sa chás go bhfuil an t-éadach féin á tháirgeadh sa cheantar, mar a bhí in áiteanna in Éirinn go dtí deireadh an naoú haois déag agus in Oileáin Árann go dtí lár an fichiú haois, tá cultúr oibre níos saibhre fós le fáil.[18] Tá samplaí tábhachtacha de sheanchas a bhaineann leis na próisis theicniúla féin i gcartlann Choimisiún Béaloideasa Éireann.[19] Is léir ón mbailiúchán sin agus ó fhoinsí béaloideasa eile gur ghlac fíodóirí, agus go háirithe táilliúirí, páirt ghníomhach bhríomhar san insint bhéil agus i dtraidisiún an cheoil chomh maith.[20] Bhí baint mhór ag mná leis an réimse oibre seo, an chuid is mó acu ag obair sa bhaile. Is léir gur láthair chruthaitheach chultúrtha ar bhealaí áirithe a bhí sa teach.[21] Cuireann Pádraig Mac Síthigh an t-atmaisféar i láthair nuair a deireann sé:

> Bhíodh tiomáint ins na tithe, de ló is d'oíche, ag mná ag sníomh. Bhí na mná ag duanaireacht agus ag sníomh na h-olla agus an lín. Ní bheadh aon cheal cuideachtan ort i dtigh snímh nó in aon tigh an uair úd.[22]

Sa mhéid seo de, ní deacair an dlúthcheangal idir déanamh an éadaigh/an fheistis agus caidreamh sóisialta an phobail a thuiscint.

Is féidir ceangal eile a aimsiú idir obair na mban sa réimse seo agus an seanchas. Léiríonn saothar Jane Schneider an tábhacht atá ag baint le sníomh sa scéal béaloidis *Rumpelstiltskin*, agus an teannas sóisialta a bhí ag baint leis an gcoimhlint idir thuilleamh airgid agus torthúlacht i saol na mban.[23] Is féidir macalla den teannas céanna a bhrath i dtraidisiún na hÉireann, deir Séan Ó Criomhthain:

> Na mná a bhíodh ag sníomh mná pósta ab ea an chuid ba mhó acu, agus gach aon bhliain shaolaídís leanbh. Aon bhean go mbeadh a leithéid aici 'leanbh an turainn' a ghlaoidís air, mar bhíodh an oíche go léir tugtha suas acu ag sníomh sara mbainfidís amach an leaba. Nár mhór an mheabhair a chaith na fir leo![24]

Léiríonn an píosa seanchais seo an tábhacht a bhí ag baint le tuilleamh airgid i saol na mban. Is léir go raibh mná, agus máithreacha ach go háirithe, freagrach go hiomlán as cúram fisiciúil an teaghlaigh ar gach leibhéal chomh maith. Is féidir lárnacht na freagrachta seo a bhrath i gcuntais a chuireann síos ní hamháin ar a bhródúla is a bhíodh mná as ceird an fheistis ach ar na deacrachtaí a bhíodh ann nuair a bhíodh an mháthair, agus a cuid oibre, in easnamh.[25]

San anailís a dheintear ar chúrsaí oibre, is gá súil a choimeád ar athruithe eacnamaíochta a chuaigh i bhfeidhm ar mheon na ndaoine i

Léaráid 3

leith na hoibre agus an chórais fheistis. Tá obair shuimiúil déanta ag Jan de Vries maidir leis na hathruithe seo i Sasana san ochtú haois déag. Labhraíonn sé ar 'Réabhlóid Shaothrach' a chuir bonn faoin Réabhlóid Thionsclaíoch a tháinig ina diaidh: de réir mar a mhéadaigh ar obair an phá sa teaghlach, tháinig méadú ar an dúil a bhí ag daoine sna nithe a d'fhéadfaidís a cheannach le hairgead dar leis, seachas na nithe a dhéanfaidís as a lámha féin.[26] Mar chuid dá hanailís ar athruithe feistis san Impireacht Otamánach, deir Jirousek mar gheall ar an bhfeiniméan seo, 'These family aspirations became incentives to transfer household resources from self-sufficient production to production aimed at the generation of disposable income'.[27]

Athrú fíorthábhachtach is ea é seo i gcultúr ábhartha an phobail. Níor cheart rá nach raibh aon rogha ábhartha sa chóras dúchasach. Bhí, ach leis an leathnú a tháinig ar sholáthar an airgid, leathnaíodh an rogha seo ar shlite éifeachtacha. Is féidir comharthaí an leathnaithe seo, a bhí ceangailte le hathruithe aeistéitiúla, a aimsiú i bhfoirm an jeaicéid i gcóras feistis Oileáin Árann mar atá pléite cheana. Tharla leathnú níos iomláine, níos luaithe i bpobail Éireannacha eile. I bhfeisteas Chorca Dhuibhne mar shampla, roghnaigh an ghlúin bhan sin a rugadh thart ar 1870 (glúin Pheig Sayers) baill éadaigh a raibh stíl agus struchtúr traidisiúnta orthu ach a bhí déanta as éadach ceannaithe: saraiste, saitín agus cadás (Féach Léaráid 3).

Gnéithe Sóisialta

Tugann Yoder treoir bheacht bhunúsach dúinn ar an bhfeisteas traidisiúnta sa phobal tuathánach: 'Folk costume is that form of dress which 1) outwardly symbolises the identity of a folk community and 2) expresses the individual's manifold relationships to and within that community'.[28] Ní deacair a thuiscint mar sin go gcaithfear scrúdú a dhéanamh ar dtús ar na bunchatagóirí sóisialta sa phobal agus ar na feidhmeanna atá ag an bhfeisteas sa chomhthéacs inmheánach seo: leanaí óga, buachaillí agus cailíní, daoine óga sna déaga, mná agus fir, mná pósta nó baintreacha. Is í príomhfheidhm an fheistis de ghnáth sna catagóirí seo ná idirdhealú a dhéanamh idir aicmí éagsúla sa phobal. Tá sé suimiúil, áfach, go bhfuil an t-idirdhealú seo beagáinín níos mine i gcás na mban. Is mór an tábhacht a bhaineann leis an idirdhealú bunúsach idir fhireann agus baineann in aon phobal. Dar le Weiner agus Schneider, is féidir dhá dhiminsean a aimsiú san idirdhealú seo: sa chéad áit, cuireann an feisteas an difríocht bhunúsach idir an dá inscne in iúl agus sa dara háit iompraíonn an feisteas teachtaireachtaí sóisialta chomh maith.[29]

San anailís a dhein Crawley ar fheisteas, áitíonn sé go bhfuil tábhacht ar leith ag baint leis an difríocht idir threabhsar agus sciorta sa chultúr i gcoitinne: cuireann an treabhsar béim ar ghéaga an fhir dar leis, tugann sé íomhá fhuinniúil, ghníomhach fhearúil dó. Cuireann an sciorta béim ar pheilbheas na mná, ag cosaint na coda den chorp atá lárnach sa ghiniúint agus ag tarraingt aird uirthi seo ag an am céanna.[30] Tá an bhéim shóisialta chultúrtha seo fite fuaite le cúrsaí aeistéitiúla chomh maith.

Caithfear féachaint ar idirdhealuithe eile chomh maith. In ainneoin shimplíocht an chultúir ábhartha bíonn difríochtaí deimhneacha idir fheisteas oibre agus feisteas Domhnaigh nó saoire. Is féidir feisteas deasghnáthach, feisteas atá níos speisialta fós, a bheith i gceist chomh maith. Uaireanta athraíonn stádas balcaise áirithe le himeacht aimsire. Bhí an seál mór mar eilimint den fheisteas deasghnáthach do mhná ar lá a bpósta in Oileáin Árann agus in iarthar na hÉireann i gcoitinne;[31] tháinig athrú air sa mhéid is gur glacadh leis mar chuid de ghnáthfheisteas na mban pósta as sin amach. Ar ndóigh, ní thar oíche a thiocfadh an t-athrú seo ar an seál: bheadh sé nua (á chaitheamh don chéad uair dá mba sheancheann é) agus speisialta ar feadh tamaill, cosúil le stádas na mná a bheadh á chaitheamh. Sa mhéid seo is féidir siombalachas an tseáil mhóir a thuiscint gan dua.

Luann Yoder féiniúlacht an ghrúpa agus an fheidhm atá ag an bhfeisteas é a chur in iúl do ghrúpaí eile. An sampla is soiléire agus is déanaí in Éirinn, i gcomhthéacs an phobail thuaithe, ná muintir Oileáin Árann thart ar lár na haoise seo caite. Bhí stíl shuaithinseach feistis ag pobal Árann, rud atá tugtha faoi ndeara ag mórán scríbhneoirí agus grianghrafadóirí. Léiríonn cás Árann castacht agus deacracht thraidisiún an fheistis. Is gá a thuiscint nár chaith gach duine de phobal Árann an feisteas traidisiúnta.[32] Ina theannta ní raibh sé á chaitheamh i gcónaí ag na daoine a bhí tugtha dó.[33] Caithfear a thuiscint go raibh eilimintí tábhachtacha d'éadach na ndaoine le feiscint i gConamara leis agus taobh amuigh de:[34] b'fhéidir, ar deireadh, nár cheart 'feisteas Árann' a thabhairt ar an stíl in aon chor. Mar sin féin d'fhorbair ceangal láidir idir feisteas traidisiúnta de shaghas áirithe agus pobal Árann sa tsamhlaíocht choitianta, agus is féidir a áiteamh gan amhras gur mhair an feisteas traidisiúnta tuaithe níos faide agus níos déanaí in Oileáin Árann ná in aon phobal eile: is fíor leis gur sheas an feisteas don phobal ar leibhéil éagsúla.[35] Tá sé suimiúil, áfach, gur roghnaigh cuid de mhuintir na nOileán, uaireanta, gan iad féin a chur in iúl sa tslí seo. Bhí gnáthéadach faiseanta acu siúd chomh maith, le caitheamh ar thurais go Gaillimh nó go háiteanna eile lasmuigh dá gceantar féin.[36] Caithfear a thuiscint, mar a thuigtear faoi ghnéithe eile den bhéaloideas, gur rud sleamhain, solúbtha é an traidisiún, rud nach féidir teorainneacha deimhneacha a chur leis de réir áite nó ama. Dúshlán mór is ea é i léann an bhéaloidis agus na heitneolaíochta patrúin chultúrtha áirithe a aithint agus a leanúint, ach a thuiscint ag an am céanna nach féidir líne néata a tharraingt timpeall orthu. Mar atá feicthe againn, ní haon eisceacht é léann an fheistis maidir leis an bprionsabal seo.

Gnéithe Aeistéitiúla

Is mó an chastacht seo nuair atá anailís le déanamh ar ghnéithe aeistéitiúla an fheistis, go háirithe nuair a thógtar san áireamh an ceangal leanúnach idir fheisteas an phobail thuathánaigh agus dioscúrsa an fhaisin. Más ceann de bhuntréithe an phobail tuathánaigh í teagmháil eacnamúil éigin a bheith ag na daoine le lárionad níos mó,[37] is fíor chomh maith gur féidir torthaí na teagmhála sin a aimsiú sa chóras feistis. Léiríonn Dunlevy tábhacht an chaidrimh seo i bhfeisteas na ngnáthdhaoine san ochtú agus sa naoú haois déag in Éirinn.[38] Níl aon cheist, mar sin, ach go raibh anáil éigin ag an bhfaisean ar an bhfeisteas traidisiúnta, agus ag an bhfeisteas traidisiúnta ar an bhfaisean chomh maith. Is mór is fiú, ó thaobh stair an fheistis sa tír i gcoitinne de, méid na hanála sin a léiriú thar am, mar atá déanta ag Dunlevy ina suirbhé ar an bhfeisteas. Léiríonn saothar McCrum anáil an fheistis thraidisiúnta ar an bhfaisean, feiniméan a chruthaíonn nach in aon treo amháin a ghluaiseann eilimintí aeistéitiúla an fheistis.[39]

Ar ndóigh, éilíonn léann na heitneolaíochta cur chuige a dhíríonn go mion ar na daoine a raibh, nó a bhfuil, an feisteas á chaitheamh acu, chomh maith leis an léarscáil mhór. Laistigh de chultúr an tsaoil mhóir, is gá pobal a aimsiú agus an grúpa seo a úsáid mar thúsphointe anailíse. Níl an próiseas seo slán ón deacracht a éiríonn san anailís eitneolaíochtúil i gcoitinne .i. conas an teannas a éiríonn idir an cuntas a thugann faisnéiseoirí an phobail ar ghné áirithe den chultúr agus an cuntas a éiríonn as dioscúrsa comhaimseartha na n-eolaíochtaí sóisialta a láimhseáil.

Taispeánann an obair a dhein Bogatyrev sa tSlóvaic Mhorávach i dtríochaidí na haoise seo caite nach ionann i gcónaí téarmaí tagartha an phobail agus an eitneagrafaí:

> Ordinarily the wearers of the costumes do not talk about the erotic function . . . the aesthetic function makes common purpose with the erotic function and often 'conceals it', as it were. When one puts the question to an informant, one usually gets the answer that the given costume and its parts are worn, not because the girls' costume

> pleases the men, nor that the men's costume pleases the women, but rather that they are good-looking costumes. On the other hand, when appraising the opposite sex, usually what is referred to is the aesthetic value of the costume, and the erotic function is left unmentioned.[40]

D'aimsíos an patrún céanna i mo chuid taighde féin in Oileáin Árann: go raibh sé deacair díriú ar cheist na tarraingteachta inti féin ach go raibh díriú, ina hionad sin, ar an rud a bhí deas, ar an rud a bhí álainn, ar an rud a bhí 'go maith' nó ar an rud a bhí 'oiriúnach' ar chuma éigin. Dhealraigh sé go raibh luach na ndaoine ar bhall éadaigh ar leith bunaithe ní hamháin ar an teas agus ar an gcompord a bhain leis ach ar mhaitheas an éadaigh a bhí ann, ar chaitheamh an bhaill éadaigh sa saol sóisialta agus ar a dheise agus ar a áilleacht.[41] An príomh-mhothúchán a bhí le brath ón bpobal i leith an fheistis ná go raibh sé oiriúnach ar na leibhéil éagsúla seo. Bheadh sé mícheart ó thaobh na scoláireachta de, agus ó thaobh na heitice de, aon chiall sa bhreis a bhaint as seo.

Ar an dtaobh eile den scéal, is féidir a áiteamh go seasann an feisteas mar fheiniméan cultúrtha a labhraíonn lena ghuth láidir féin. Is féidir feisteas pobail áirithe a 'léamh' mar théacs, ach luachanna an phobail a choimeád ar aigne chomh maith. Obair thábhachtach leanúnach atá i gceist le cruthú an chóras feistis. Is é toradh na hoibre seo ná ráiteas praiticiúil, sóisialta, aeistéitiúil a léiríonn próiseas cruthaitheach an chultúir ag oibriú sa ghrúpa. Léiríonn Ó Crualaoich an pheirspictíocht seo nuair a deireann sé:

> On that ocean of cultural knowledge, the individual, the group or the community form, as it were, provisional and dynamic islands of identity, cultural creativity and meaningfulness. These 'islands' are centres of consciousness and centres at which the flow of cultural knowledge from other island-centres is received and re-transmitted outwards again in the continual interactions and transactions of life.[42]

Cuireann an ráiteas seo cruthú agus athchruthú an chultúir i gcoitinne in iúl ach is furasta é a chur i bhfeidhm i gcomhthéacs an fheistis, go háirithe nuair atá síorghluaiseacht an fhaisin le cur san áireamh mar eilimint aeistéitiúil sa phróiseas. Tugann Glassie léiriú ar na roghanna cruthaitheachta a deintear sa phobal traidisiúnta i gcomhthéacs na tithíochta: 'Fashionable detail proves that the builder was aware of the basic modes. Traditional basic form shows that he was unwilling to surrender to them. The conflict of fashion and tradition, national and local culture, is resolved in the building of real houses'.[43] Is féidir réiteach ar an gcoimhlint idir fhaisean agus traidisiún a aimsiú i bhfeisteas na mban i bpobail éagsúla san fhichiú haois freisin. Tá forbairt an jeaicéid, a léiríonn an réiteach go maith, pléite. Tugann leaganacha éagsúla den sciorta traidisiúnta, an sciorta saraiste mar shampla, nó an 'cóta' nó 'cóta dearg', léiriú suimiúil ar chruthaitheacht agus ar luachanna na bpobal éagsúil chomh maith.

Tá tréithe tábhachtacha an chóta dheirg mar a bhíodh sé á chaitheamh in Oileáin Árann le haimsiú sa sampla i mbailiúchán an Ard-Mhúsaeim agus i ngrianghraif F. E. Stephens (Féach Léaráid 4). Sciorta fairsing ab ea é a bhí déanta as trí nó ceithre leithead de fhlainín baile, fuaite le chéile agus pléatáilte isteach i mbanda cadáis. Ba ghnách 'tiuc' san éadach féin, nó banda (nó ciumhais) bheilbhite fuaite timpeall bhun an chóta agus crios ceangailte timpeall an bhásta. Ar chótaí Domhnaigh uaireanta bhíodh cóiriú déanta ar an bhflainín: is é sin go mbíodh gibíní tarraingthe amach as an éadach agus bruth doimhin air dá mbarr. 'Cóta cóirí' a thugtaí ar an gcóta Domhnaigh seo. Ba ghnách dath dearg a bheith ar an gcóta traidisiúnta.

Ball éadaigh tábhachtach bunúsach ab ea an cóta dearg sa chóras feistis. Bhí sé praiticiúil, compordach agus teolaí, bhí sé geal, feiceálach, fairsing agus toirtiúil chomh maith, tréithe ná fuil chomh praiticiúil. Mhéadaigh ornáidíocht an chóta, ciumhaiseanna agus bandaí bheilbhite, tiucanna agus cóiriú an fhlainín, éifeacht na ngnéithe seo. I dtéarmaí Crawley, comhlíonann an cóta an fheidhm shóisialta a bhí i gceist leis an sciorta in éadach na mban san Eoraip i gcoitinne go dtí an dara leath den fhichiú haois: idirdhealú a dhéanamh idir fhir agus mná trí bhéim a chur ar na baill sin de chorp mná atá lárnach sa phróiseas giniúna. In éadach faiseanta, áfach, bhí laghdú leanúnach á dhéanamh ar an mbéim seo ó sheascaidí an naoú haois déag nuair a d'imigh pléataí i dtosach an sciorta as faisean.[44] As sin amach bhí bolg réidh ag teastáil ón mbean fhaiseanta. Tagann stíl agus dath dubh nó dubhghorm an sciorta saraiste leis an gclaonadh aeistéitiúil seo.[45] A mhalairt ar fad a bhí i gceist leis an gcóta dearg.

Tá sé suimiúil féachaint ar an gcóta agus ar an sciorta traidisiúnta i gcoitinne i gcomhthéacs shaol na mban sna pobail ina raibh na baill seo á gcaitheamh. Tá lárnacht ról na máthar luaite cheana ach ní féidir an iomarca béime a chur ar an bpointe seo. Dar le Bab Feirtéar, agus í ag labhairt ar ghlúin a máthar críonna, 'deireadh ré' a bhí ann nuair a phós siad, 'Saol eile ar fad. Ceapaimse ná raibh aon rud eile ach cúram an tí. Sníomh. Níochán. Bácáil. Ag beiriú. Tindeáil ar mhuca . . . Ní dóigh liomsa go raibh aon chuimhneamh acu ar an áit amuigh as san amach'.[46] Is gá chomh maith an corp féin agus corparthacht na máithreachta a choimeád ar aigne: ní hé go raibh mná ag iompar

Léaráid 4

clainne ó am go chéile, is é sin trí nó ceithre huaire i dtréimhse fiche bliain, ach go saolóidís leanbh, mar a dúirt Ó Criomhthain, 'gach aon bhliain'. Dar le hÁrannach amháin, agus í ag labhairt ar thréimhse a hóige i gcaogaidí na haoise seo caite, ba bheag an difríocht idir an chuma ar bhí ar na mná a bhí ag súil le leanbh agus na mná nach raibh sa mhéid seo: is féidir a rá go raibh na héadaí, an seál agus an cóta, ag teacht leis an mbail fhisiciúil a bhí mar chuid lárnach, leanúnach de shaol na mban.[47]

Má fhéachaimid ar na roghanna aeistéitiúla a chruthaigh an cóta dearg, is féidir a áiteamh nach raibh aon iarracht ar laghdú discréideach a dhéanamh ar thoirt an choirp bhaininn. Bhí beagáinín den laghdú seo mar ghné aeistéitiúil den sciorta saraiste a bhí níos faide leis, bhí sé lárnach i ndioscúrsa an fhaisin ón dara leath den naoú haois déag.[48] Is léir ón bhfianaise eitneagrafaíoch gur thuig pobal Árann dioscúrsa an fhaisin. In ionad an laghdaithe aeistéitiúil seo a shéan gné lárnach na torthúlachta i saol na mban sa phobal, is féidir, sna téarmaí a luann Ó Crualaoich, roghanna bríomhara cruthaitheacha a aimsiú sa chóta dearg a tharraingíonn aird ar an ngné thábhachtach fhisiciúil shóisialta seo, a cheiliúrann cruthaitheacht na mban agus fuinneamh dúchasach an phobail ar leibhéil theicniúla, fhisiciúla agus aeistéitiúla chomh maith.

Earraí, Airí agus Airgead:
Bunú agus Rith Daonmhúsaeim Náisiúnta in Iarthar na hÉireann

Séamas Mac Philib

Sa bhliain 1984 chuir brúghrúpa darb ainm Coiste Stiúrtha um Sheirbhís Dhaonmhúsaeim d'Éirinn plean imlíne le chéile do bhunú daonmhúsaeim náisiúnta. Mhol an plean seo go mbeadh leithéid an *Musée National des Arts et Traditions Populaires* i bPáras na Fraince mar mhúnla dó agus go mbunófaí an músaem i mBaile Átha Cliath mar gheall ar dhaonra mór na háite, institiúidí gaolmhara eile a bheith ann agus fócas an ghréasáin náisiúnta iompair ar an bpríomhchathair.[1] Is íorónta an rud é, más ea, nuair a bunaíodh a leithéid de mhúsaem seacht mbliana déag ina dhiaidh sin gur in Iarthar na hÉireann a lonnaíodh é agus go mbeadh músaem Pháras le dúnadh agus le dílárú faoi riocht nua go Marseille mar Musée des Civilisations de l'Europe et de la Méditerranée.[2] Músaem Shaol na Tuaithe nó Museum of Country Life a tugadh ar an mbrainse seo d'Ard-Mhúsaem na hÉireann a osclaíodh i Meán Fómhair na bliana 2001 ar fhearann ar le Gearaltaigh, tiarnaí talún tráth, é. Bhí siad siúd tar éis an t-eastát a dhíol le Comhairle Chontae Mhaigh Eo sa bhliain 1993. Tá sé suite i gceantar darb ainm Turlach, tuairim is sé chiliméadar soir ó Chaisleán an Bharraigh.

An bailiúchán a bhaineann le Saol Tíre na hÉireann atá mar bhonn leis an Músaem. Is bailiúchán é seo a bhí coinnithe ó shúile an phobail le fada an lá. Bhí correarra 'saol tíre' nó eitneolaíochta ag teacht isteach go hArd-Mhúsaem na hÉireann ó bunaíodh é sa bhliain 1890 ach níor tosaíodh ar a leithéid d'earraí a bhailiú níos minice go dtí tréimhse Adolf Mahr. Ostarach ab ea Mahr a ceapadh mar Choimeádaí ar Rannóg Sheaniarsmaí na hÉireann sa bhliain 1927.[3] B'eisean Stiúrthóir Ard-Mhúsaem na hÉireann idir 1934 agus 1939. Bhí roinnt mhaith suime ag Mahr sa traidisiún béil. Cuir i gcás, b'eisean faoi deara scannán a rinneadh ar dhéantús curraichín de chuid Abhainn na Bóinne sa bhliain 1929, bád atá imithe as úsáid ó shin. Ba faoi stiúir Mahr chomh maith a cuireadh an chéad taispeántas d'earraí an tsaoil tíre ar bun i bpáirt le Coimisiún Béaloideasa Éireann sa bhliain 1937.

Ortsgruppenleiter nó ceannaire den pháirtí Nazi in Éirinn ba ea Mahr. Is cosúil gur tugadh 'Dublin Nazi Number One' air lena linn féin.[4] Tharla go raibh sé ar saoire sa Ghearmáin nuair a bhris an Cogadh amach sa bhliain 1939 agus is ann a d'fhan sé chun dul ag obair le seirbhísí bolscaireachta raidió an Stáit a bhí dírithe ar Éirinn. Le himeacht Mahr, níor cuireadh dlús faoi bhailiú chultúr ábhartha shaol na tuaithe in Ard-Mhúsaem na hÉireann arís go dtí gur ceapadh A.T. Lucas mar leaschoimeádaí sa bhliain 1949. Bhí Lucas ag feidhmiú i Rannóg Sheaniarsmaí na hÉireann mar leaschoimeádaí cheana ach ceapadh é le ról faoi leith chun earraí eitneolaíochta de chuid shaol na tíre a bhailiú. Sa bhliain 1949 a tosaíodh ag coinneáil clárleabhar ar leith don airnéis seo.

Faoi Lucas a bailíodh na mílte earra eitneolaíochta, cuid de na samplaí is fearr dá leithéid a tháinig isteach riamh sa Mhúsaem ina measc. Tá go leor acu ar taispeáint i Músaem Shaol na Tuaithe i láthair na huaire. Rinneadh stiúrthóir ar an Músaem ar fad de Lucas sa bhliain 1954 ach má rinneadh, lean sé air ag bailiú agus ag déanamh taighde san eitneolaíocht agus chuir sé cúpla scór alt taighde amach sa tréimhse chéanna. Ceapadh leaschoimeádaithe eile i rannóg na heitneolaíochta sna seascaidí, John O'Sullivan agus Tim O'Neill. Ansin sa bhliain 1974 cruthaíodh Rannóg Shaol Tíre na hÉireann, ceann de cheithre rannóga de bhailiúcháin an Mhúsaeim. Sna seascaidí chomh maith cuireadh an bailiúchán de Shaol na Tíre ar stór sa Bhrú Ríoga i gCill Mhaighneann, Baile Átha Cliath. Bhí sé mar aidhm ag an am go mbunófaí daonmhúsaem san áras ársa sin ach ní mar a shíltear a bítear. Le ballraíocht de chuid Chomhphobal Eacnamaíoch na hEorpa ón bhliain 1973, chinn an Rialtas ar an mBrú Ríoga mar láthair a bheadh oiriúnach do chomhdhálacha Eorpacha agus mar sin ag deireadh na seachtóidí beartaíodh ar an mbailiúchán de Shaol na Tíre a athstóráil in 'Saint Conleth's', iarscoil cheartúcháin an Daingin, Contae Uíbh Fhailí atá timpeall ochtó ciliméadar ó oifigí na Rannóige ar Rae Mhuirfean i lár Bhaile Átha Cliath a Dó. Is ann a bhí an Bailiúchán de Shaol na Tíre le fanacht ar feadh i bhfad. Tá roinnt de na hearraí is mó toirte sa bhailiúchán seo i gcónaí ann, go minic faoi choinníollacha coinneála atá sách dona. Sna blianta céanna, bhí laghdú ag teacht ar fhoireann na Rannóige, go dtí faoi dheireadh na n-ochtóidí nach raibh ach aon leaschoimeádaí amháin ag feidhmiú inti, Anne O'Dowd agus cúntóir teicniúil, Dermot O'Sullivan.

Mar a dúradh thuas cuireadh grúpa le chéile sna hochtóidí chun bunú daonmhúsaeim náisiúnta a bhrú ar aghaidh. Iarmhic léinn nó baill foirne de chuid Roinn Bhéaloideas Éireann, Coláiste na hOllscoile, Baile Átha Cliath, ab ea baill an choiste ar fad. D'éirigh cuibheasach maith leis an gcoiste. Chomh maith le Plean Imlíne le Seirbhís Dhaonmhúsaeim a dhréachtú, eagraíodh comhdháil lae san

RDS, áras Chumann Ríoga Bhaile Átha Cliath, sa bhliain 1984 ar an téama 'A Folk Museum for Ireland'.[5] Deichniúr a léigh aiste ag an gcomhdháil, A.T. Lucas, Breandán Ó Ríordáin, a bhí ina stiúrthóir ar Ard-Mhúsaem na hÉireann ag an am, agus George Thompson, stiúrthóir ar an Ulster Folk and Transport Museum ina measc.

Bhuail an coiste le Ted Nealon an tAire Stáit a raibh gnóthaí ealaíon agus cultúir faoina chúram. Léirigh an tAire Stáit cuid mhaith suime in aidhmeanna an ghrúpa. Go gairid i ndiaidh an ama seo aistríodh mé féin as An Roinn Airgeadais, an roinn stáit a raibh mé ag obair inti, go dtí Rannóg Ealaíon agus Cultúir Roinn an Taoisigh, an rannóg a raibh Ted Nealon freagrach aisti. I measc mo chuid oibre ann cuireadh ag obair ar phlean do dhaonmhúsaem náisiúnta mé, ag measúnú láithreacha i réigiún Bhaile Átha Cliath a bheadh oiriúnach dá leithéid.[6] Láithreacha iad a bhí folamh nó, go minic, tréigthe ag an am ach a bhfuil forbairt mhór déanta orthu ó shin ar nós Stóras an Phointe, an Point Depot, Ionad Ghrúdairí na hÉireann, 'Irish Distillers' ag Margadh na Feirme, Staca A in Ionad na Seirbhísí Airgeadais agus foirgneamh Bolands ar Shráid na Mórchanálach, Teach an Státchiste anois. Mar léiriú eile ar shuim Ted Nealon agus an rialtais a raibh sé ann i dtionscnamh an daonmhúsaeim, bhí gealltanais a rinneadh in 'Access and Opportunity', Páipéar Bán an Rialtais ar an gcultúr a lainseáladh sa bhliain 1997. Dúradh ansin go raibh práinn ag baint leis an gceist, go raibh na moltaí á meas agus le cur i gcrích:

> Premises are urgently required for the display of the National Folk Life Collections, which have been in storage for many years. Proposals are currently under consideration for the housing and display of these collections.[7]

agus

> Already, in outlining policy in relation to the National Museum, a commitment was given to establishing a permanent home for the National Folk Life Collections.[8]

Ráiteas aidhmeanna a bhí sa Pháipéar Bán ag comhrialtas pháirtithe Fhine Gael agus an Lucht Oibre agus iad ag dul isteach i bhfeachtas toghchánaíochta. Chaill siad an toghchán céanna agus le teacht rialtais faoi cheannas Chathail Uí Eochaidh, rinneadh laghdú ar Rannóg Ealaíon agus Cultúir Roinn an Taoisigh agus níor chualathas mórán faoi bhunú daonmhúsaeim go ceann i bhfad eile. Ba léir go raibh tosaíocht ag tionscnaimh eile músaem ar fhorbairt an daonmhúsaeim ag an rialtas sin. Ba é an gníomh ba mhó a chuir siad i gcrích ón taobh sin de ná bunú Áras Nua-Ealaíne na hÉireann nó an Irish Museum of Modern Art i gCill Mhaighneann i mBaile Átha Cliath.

Sé bliana níos deireanaí ardaíodh ceist an daonmhúsaeim arís nuair a bunaíodh roinn nua stáit, an Roinn Ealaíon, Cultúir agus Gaeltachta, an chéad uair riamh ar bunaíodh roinn stáit tiomnaithe don ealaíon agus don chultúr. Comhrialtas 'an bhogha ceatha' de chuid pháirtithe Fhine Gael, an Lucht Oibre agus Pháirtí na nOibrithe a bhí i gcumhacht. Ba é Mícheál D. Ó hUigín an tAire a bhí freagrach as an Roinn Ealaíon, Cultúir agus Gaeltachta. Tharla go raibh ciste airgid curtha ar fáil ag an gComhphobal Eorpach, an Ciste Struchtúrtha, ar mhaithe le tionscadail a mbeadh sé mar aidhm leo fás san eacnamaíocht a éascú le feabhas a dhéanamh ar infreastruchtúr na tíre. Ina measc, chinn an Rialtas ar réiteach a fháil ar cheist na mbailiúchán in Ard-Mhúsaem na hÉireann nach raibh ar taispeáint. Na cinn ba mhó díobh sin ná bailiúcháin na Rannóige Ealaíon agus Tionscail (bailiúcháin a bhaineann leis na healaíona maisiúla agus leis an stair) agus bailiúcháin Rannóg Shaol Tíre Éireann. Ba í an aidhm ba mhó a bhí ann ná Dún Uí Choileáin i mBaile Átha Cliath a chur in úsáid d'Ard-Mhúsaem na hÉireann ón uair go raibh Arm na hÉireann á thréigean. Ag an am céanna bhí roinnt láithreacha eile á lua mar áitreabh baile don bhailiúchán de Shaol na Tíre. Bhí Páirc Thurlaigh ag Comhairle Chontae Mhaigh Eo, Músaem Talmhaíochta na hÉireann i Loch Garman, suíomh de chuid an Choláiste Ollscoile, Baile Átha Cliath, suíomh ag Ollscoil na hÉireann, Gaillimh, agus suíomh shean-Otharlann an Chinn-thuaidh i gcathair Chorcaí. Tar éis na láithreacha éagsúla a scrúdú, mhol an tArd-Mhúsaem láthair Mhaigh Eo mar an áit ab oiriúnaí dóibh.[9]

D'aontaigh an tAire Ealaíon, Cultúir agus Gaeltachta leis an moladh seo, chomh maith le Bord Fáilte Éireann agus Enda Kenny, an tAire Turasóireachta a raibh airgead an chiste turasóireachta faoina chúram. Teachta Dála do Mhaigh Eo is ea Enda Kenny agus cónaí air i gceantar Chaisleán an Bharraigh. Bhí deireadh más ea le Dún Uí Choileáin a cheapadh mar láthair do Bhailiúchán an tSaoil Tíre. Nuair a bhí sé soiléir go raibh an tionscadal le dul ar aghaidh i gContae Mhaigh Eo, tosaíodh ar straitéis chun taispeántais a fhorbairt mar aon le mionphlean do na réimsí agus seirbhísí éagsúla a bheadh sa Mhúsaem. Comhlacht as Toronto, Ceanada, Sears agus Russell, a bhí ag comhordú na hoibre seo. Comhlacht pleanálaithe léirmhíniúcháin mhúsaeim a bhí anseo. Is gairm í seo nach ann di san Eoraip mórán ach atá tábhachtach go leor i dTuaisceart Mheiriceá. Tugann comhlachtaí mar í comhairle do mhúsaeim maidir le cur i dtuiscint na dtaispeántas trí chumarsáid éifeachtach go háirithe. Cuireadh plean bunúsach le chéile don mhúsaem a bheadh úsáideach d'Oifig na nOibreacha Poiblí i mbun dheartha an mhúsaeim nua.

Faoi dheireadh na bliana 1999, bhí príomhchoimeádaí nua ceaptha ar Rannóg Shaol Tíre Éireann, Paul Doyle, a raibh an teideal Bainisteoir agus Coimeádaí aige. B'eisean an chéad phríomhchoimeádaí láncheaptha ar an Rannóg ó 1987. Bhí ceathrar leaschoimeádaí ag obair sa Rannóg chomh maith; Clodagh Doyle, Aoife McBride, Jude McCarthy agus Séamas Mac Philib. Ag deireadh 1999 chomh maith, fostaíodh Blue Sky Design, comhlacht nua comhairleoirí léirmhíniúchán músaem ó Toronto a bhí nuabhunaithe ag Ruth Freeman agus Paul Martinovich. Bhí Martinovich ag obair roimhe sin le Sears agus Russell. An ról ba mhó a bheadh ag an gcomhlacht seo anois ná saineolas na gcoimeádaithe a chainéalú agus plean cumarsáide don taispeántas a oibriú amach. Bheadh téacs iomlán an taispeántais i gceist anseo, mar aon le roghnú na n-earraí agus na n-íomhánna faoi leith agus leagan amach dearadh grafaice agus urláir. Leagfadh an plean seo an-bhéim ar chumarsáid shimplí, le stíl insinte sa téacs a sheachnódh téarmaí casta acadúla agus nach mbeadh ag súil le haon réamheolas ar an ábhar a bheith ag na cuairteoirí.

Chomh maith leis sin rinneadh iarracht ar aon rómánsaíocht ar an ábhar a sheachaint. Mar shampla, ag tús an taispeántais déantar comparáid idir íomhánna rómánsacha agus ealaíonta den saol traidisiúnta agus íomhánna a tarraingíodh níos mó ón réaltacht ar nós grianghraif go háirithe. Chun treisiú leis an réaltacht, baineadh leas as sleachta ón traidisiún béil agus ó chuimhní cinn tríd an taispeántas agus críochnaítear an turas ar fad le daoine ag cur síos ar dhiosca digiteach ilúsáide ar na hathruithe a tháinig ar an saol traidisiúnta lena linn féin. Na mórthéamaí eile atá sa taispeántas ná cúlra an bhailiúcháin, cúlra staire 1850–1950, cúlra thimpeallacht na n-earraí, ceirdeanna agus ceardaíocht, feirmeoireacht agus iascaireacht, tíos nó an saol sa teach, éadach na ndaoine, timthriall na bliana agus cúrsa an tsaoil.[10]

Ba é a bhí i gceist go bunúsach ná scéal a chumadh faoin saol traidisiúnta in Éirinn ó c. 1850 i leith go c. 1950; scéal é a léireofaí le hamharc ar earraí agus íomhánna. Cé go bhfuil bailiúchán san iomlán de thart ar 50,000 earra i mBailiúchán Shaol Tíre na hÉireann, níl ach céatadán beag díobh, thart ar 1,500, le feiceáil sa taispeántas buan. Ní raibh dóthain spáis ar chor ar bith do mhórán earraí móra ar nós feithiclí, bád nó troscán mór. Níl ach aon chairt amháin ar taispeáint cuir i gcás mar aon le trí cinn de bháid, cé go bhfuil bailiúcháin thábhachtacha den sórt seo ábhar á gcaomhnú sa mhúsaem. Is dóigh gurb é an toradh a bhí ar mhodh cumarsáide éasca na gcomhairleoirí léirmhíniúchán agus modh acadúil na gcoimeádaithe, ná téacs a bhí cruinn agus sothuigthe ag an am gcéanna. Níl sé rófhoclach agus cuirtear an chuid is mó de mhionsonraí an chuntais ar smeach-chairteacha atá ar sheastáin ar an urlár. Fágann seo nach bhfuil mórán téacs ar na ballaí agus seasann na hearraí amach ina n-aeistéitic féin.

Is éard atá sa mhúsaem ná gailearaí nuathógtha de 1,800 méadar cearnach agus foirgneamh stórais nuathógtha de 1,700 méadar cearnach. Des Byrne, ailtire le hOifig na nOibreacha Poiblí, a dhear an gailearaí i stíl lom nua-aimseartha. Tá an músaem suite in eastát de dhosaen heicteár ar le Comhairle Chontae Mhaigh Eo é. Tá seanteach mór na dtiarnaí talún ar léas ag an Músaem ón gComhairle Chontae. Tógadh é sa bhliain 1865 agus ailtire cáiliúil ó Chorcaigh, Thomas Newenham Deane, a dhear é. Tráthúil go leor, b'eisean agus a mhac Thomas Manly, a dhear sean-cheanncheathrú an Ard-Mhúsaeim ar Shráid Chill Dara a osclaíodh sa bhliain 1890 chomh maith. Tá cúpla seomra sa teach mór oscailte don phobal agus is ann atá an chuid is mó d'oifigí an Mhúsaeim.

Osclaíodh an Músaem ar an 9ú Meán Fómhair sa bhliain 2001. An tAire Ealaíon, Oidhreachta, Gaeltachta agus Oileán, Síle de Valera, a rinne an oscailt oifigiúil. Thagair sí ina haitheasc do 'bringing it all back home' agus an bailiúchán de Shaol na Tíre á lonnú san iarthar. Cinneadh ar an ainm Músaem Shaol na Tuaithe, Museum of Country Life a thabhairt air. Ní raibh na leaschoimeádaithe ar fad sásta leis seo mar theideal ag an am, go háirithe de bharr nach raibh aon tagairt ann do '*Folk*' nó do '*Folklife*' agus go bhfuil ábhair ó bhailte móra agus ó chathracha sa bhailiúchán. Ó shin, le himeacht ama tá glactha leis mar ainm go háirithe ós rud é go bhfuil ag éirí chomh maith sin leis mar láthair chuartaíochta. Ar ndóigh ní músaem de shaol na tuaithe é sa chiall is leithne den choincheap, mar is beag a bhaineann sé leis an talmhaíocht mheicniúil, le cultúr nó le hearraí na bhfeirmeoirí móra nó na dtiarnaí talún. Bhí an scéal a insítear sa mhúsaem ag brath don chuid is mó ar na hearraí a bhí sa bhailiúchán agus baineann a bhformhór le traidisiún ghnáthmhuintir na tuaithe, lucht saothraithe na talún agus ceardaithe go háirithe.

Tá lucht an mhúsaeim sásta go leor leis an tinreamh ar an láthair. Thug beagán os cionn 100,000 duine cuairt ar an áit gach uile bhliain ó 2001 agus tháinig 107,000 le linn na bliana 2007. Bunaithe ar shuirbhé margaíochta a ritheadh sa bhliain 2002, tagann seachtó faoin gcéad de na cuairteoirí as Éirinn, beagán os cionn caoga faoin gcéad díobh seo as Connachta, le tríocha hocht faoin gcéad díobh seo as Maigh Eo. Maidir le cuairteoirí ón iasacht, ba ón mBreatain Mhór go háirithe a tháinig seasca a cúig faoin gcéad de na cuairteoirí iasachta. Ní thagann ach céatadán an-bheag cuairteoirí ó Chúige Mumhan. Sa mhéid sin tá tarraingt an mhúsaeim ar réigiúin uile na tíre teoranta go leor.

Baineann timpeall 6,000 cuairteoir tairbhe as cláir imeachtaí éagsúla a bhíonn dírithe ar an bpobal, imeachtaí oideachasúla don chuid is mó ar nós ceardlann, léachtaí agus léiriúchán éagsúil. Go hiondúil i mí Lúnasa ritear mórcheardlann oscailte don phobal. I measc na n-imeachtaí a eagraíodh go dtí seo bhí déanamh curaí agus tógáil tí éiceolaíoch. Is é sin le rá teach tógtha de réir bealaí éagsúla traidisiúnta ach nach macasamhail fhírinneach é. Bhí déanamh na cairte blocrothaí bunaithe ar chairt ó Shléibhte an Chomaraigh atá sa bhailiúchán buan. Cuirtear cúpla taispeántas sealadach ar bun gach uile bhliain chomh maith. Bíonn siad seo teoranta ó thaobh spáis áfach, mar tógadh an gailearaí agus gan aon seomra faoi leith do thaispeántais shealadacha ann. B'éigean ina dhiaidh sin seomra fearais a fheistiú chuige seo.

Nuair a smaoinítear gur osclaíodh an chéad daonmhúsaem ar domhan, Nordiska Museet, sa bhliain 1873, cad chuige gur thóg sé chomh fada sin lena leithéid a bhunú ag an leibhéal náisiúnta in Éirinn? Tugadh tacaíocht stáit don bhéaloideas go luath le bunú Choimisiún Béaloideasa Éireann in 1935 ach níor bunaíodh daonmhúsaem náisiúnta go dtí 2001. Ceann de na cúiseanna gur tharraing an béaloideas tacaíocht stáit nuair nár tharraing an traidisiún ábhartha í is ea go raibh dlúthbhaint ag an mbéaloideas le hathbheochan na Gaeilge, cúis a raibh an Stát go mór taobh thiar di go háirithe go gairid tar éis a bhunaithe. Chomh maith leis sin, mar atá léirithe ag Ó Giolláin, féachadh ar an mbéaloideas mar ábhar cultúrtha lárnach náisiúnta agus thacaigh náisiúnaithe go hiondúil leis. Is cosúil go raibh dearcadh ann go ndeachaigh an béaloideas thar choinníollacha saoil na dtuathánach, ach gur chuir an cultúr ábhartha béim neamhbhalbh ar an saol tuathánach.[11] Ina choinne sin, rith stát Thuaisceart Éireann reachtú ag bunú an Ulster Folk and Transport Museum sa bhliain 1958. Bhí an stát sin compordach le cultúr Béarla a chuid aicmí tuaithe ach níor cuireadh suim oifigiúil sa bhéaloideas mar a cuireadh sa stát ó dheas, mar ní raibh aon suim ag rialtas an Tuaiscirt in athbheochan na Gaeilge ag an am.

Ar ndóigh, cúiseanna airgid chomh maith faoi deara gan an cultúr ábhartha a aithint ar bhonn oifigiúil sa deisceart. Go ginearálta, níor sholáthair an Stát mórán acmhainní d'Ard-Mhúsaem na hÉireann thar na blianta seachas do bhailiúcháin chlúiteacha luathealaíon na hÉireann ó am go chéile. Sa deireadh, airgead a cuireadh ar fáil i dtús báire ón Aontas Eorpach a d'athraigh an scéal ó bhonn le forbairt Pháirc Thurlaigh i Maigh Eo. Nuair nár leor an t-airgead sin, thacaigh Rialtas na hÉireann go fial leis an tionscadal chun é a chríochnú, ag íoc thart ar a leath den naoi milliún déag a caitheadh agus ar ndóigh ag íoc as rith an mhúsaeim ó shin.

Agus an músaem ar bun anois ó 2001 ar aghaidh, cuirtear an cheist go minic an bhfuil ag éirí le Maigh Eo mar láthair don tionscadal daonmhúsaeim náisiúnta seo. Tríd is tríd, in ainneoin nach bhfuil sé suite i ngar do mhórionad uirbeach, tá ag éirí sách maith leis an músaem ó thaobh líon na gcuairteoirí de. Ó osclaíodh an músaem sa bhliain 2001, bíonn sé go rialta i measc an deich láthair gan táille is mó cuairteoirí i bPoblacht na hÉireann mar a léiríonn na figiúirí seo de chuid Fáilte Ireland:

Deich Láthair gan táille is mó Cuairteoirí 2006 (Foinse www.Failteireland.ie)

Ionad Cuairteoirí Aillte an Mhothair	An Clár	911,876
Gailearaí Náisiúnta na hÉireann	Áth Cliath	756,510
Áras Nua-Ealaíne na hÉireann	Áth Cliath	435,000
Ard-Mhúsaem na hÉireann – Seandálaíocht ⁊ Stair	Áth Cliath	368,692
Mainistir na Croise Naofa	Tiob. Árann	260,000
Leabharlann Chester Beatty	Áth Cliath	206,695
Ard-Mhúsaem na hÉireann – Ealaíona Maisiúla ⁊ Stair	Áth Cliath	180,832
Ard-Mhúsaem na hÉireann – Stair an Dúlra	Áth Cliath	148,894
Ard-Mhúsaem na hÉireann – Saol na Tuaithe	Maigh Eo	100,645
Potaireacht Nicholas Mosse	Cill Chainnigh	80,000

I ngeall ar go bhfuil sé suite ar shuíomh dá chuid féin, tá féiniúlacht níos fearr ag an músaem ná mar a bheadh dá mbeadh sé mar chuid de mhórionad Dhún Uí Choileáin i mBaile Átha Cliath, mar shampla. Buntáistí eile a bhaineann le bheith suite san áit ina bhfuil sé, gur furasta ceangal a chothú le pobail thuaithe agus obair pháirce a dhéanamh thar mar a bheadh dá mbeimis i gcathair. I measc na gceangal seo, cothaíodh naisc le pobail Ghaeltachta trí theagasc ar chúrsaí Acadamh na hOllscolaíochta Gaeilge de chuid Ollscoil na hÉireann, Gaillimh. Sampla eile ba ea comhdháil aon lae ar an 25 Aibreán 2008 a bhí dírithe ar cheantair Ghaeltachta Mhaigh Eo: 'Gaeltachtaí Mhaigh Eo: mar atá, mar a bheidh.' Cé nach bhfuil an músaem gar d'aon cheann de chathracha na hÉireann, is dóigh mar sin féin gur féidir a mhaíomh go réasúnta go bhfuil sé tar éis áit sách tábhachtach a bhaint amach mar mhúsaem a bhfuil ról náisiúnta aige, lena chuid taispeántas, idir shealadach agus bhuan, agus lena chlár leathan imeachtaí oideachais.

An Chartlann Bheo agus Fileatas na hOibre Páirce:

Tionscnamh Béaloidis an Chinn-Thuaidh

Marie-Annick Desplanques

Is ionad taighde béaloidis agus cartlann phobail i gcathair Chorcaí é Tionscnamh Béaloidis an Chinn-Thuaidh nó *The Northside Folklore Project.*[1] Roinn an Bhéaloidis, Coláiste na hOllscoile, Corcaigh, FÁS agus *Northside Community Enterprises* na comhbhunaitheoirí.[2] Tá deich mbliana caite agam ag plé le clár taighde an tionscnaimh seo i bpáirt le foireann an tionscnaimh agus le foireann Roinn an Bhéaloidis agus ba mhaith liom den iarracht seo cíoradh a dhéanamh ar na fórsaí a thiomáineann obair pháirce agus bainistíocht chartlainne. Tá gaol acu seo leis an léamh fileata a dhéantar chun sainmhíniú a thabhairt ar bhunchoincheapa agus ar mhodheolaíochtaí na heitneagrafaíochta.[3] Cíorfaidh mé an obair pháirce féin agus an téarmaíocht a ghabhann léi. Déanfaidh mé é seo i gcomhthéacs Thionscnamh Béaloidis an Chinn-Thuaidh (TBCT as seo amach), ionad atá mar a bheadh cartlann bheo[4] a thaithíonn eitneagrafaíocht an chóngair.[5] Déanfaidh mé é seo d'fhonn solas a chaitheamh ar cheisteanna a ghabhann le léamh fileata agus le polaitíocht na heitneagrafaíochta. Cabhraíonn sé sin chun staidéar a dhéanamh ar an dioscúrsa cruthaitheach meafarach a tharraingíonn aird ar thuiscint an eitneagrafaí ar a c(h)uid modhanna oibre féin agus ar chuid de na slite chun obair pháirce a dhéanamh. Is d'fhonn próisis i ndinimic an chultúir thraidisiúnta agus i gcultúr an phobail trí chéile a aithint agus a thuiscint a dhéantar an obair seo.

'Tabhair leat na buataisí rubair' a dúirt cara liom go gealgháiriteach nuair a dúirt mé go raibh mic léinn á dtionlacan ar 'thuras páirce' trasna na cathrach agam. B'fhéidir a áiteamh nach bhfuil a leithéid de théarma agus 'obair pháirce' ann.[6] Ar chirte a rá gur ábhar cumaisc é a bhfuil cuid mhaith den diminsean fileata ag baint leis? Go háirithe nuair a úsáidtear é chun tagairt d'obair an bhéaloideasaí mar eitneagrafaí.[7] Nuair a bhíonn obair pháirce agus béaloideas i gcomhcheangal le chéile dob fhéidir iad a shamhlú ag eascairt ar dtús as idé-eolaíochtaí rómánsaithe agus iad i dtaobh le hiasachtaí ó fhoclóir talmhaíochta. Bíonn siad comhcheangailte uaireanta le réimeas heigeamaineach, le tuiscint agus le catagóiriú samhalta ar an eolas, fara modhanna a bhailithe, le hord sóisialta aicmeach áirithe. Sa leabhar *Ask the Fellows Who Cut the Hay*[8] le G. E. Evans, tugtar le tuiscint go bhfuil 'gairm'[9] an oibrí páirce sa bhéaloideas ar aon dul le slí bheatha an phobail. Déantar na modhanna eitneagrafaíocha éagsúla a chur i láthair go meafarach mar 'chnuasach' agus mar 'bhuainteoireacht'[10] mar shampla. Ag díriú ar bhailiú agus ar iniúchadh stórtha traidisiúnta agus cruinneshamhlacha a bhí fréamhaithe sa tuath a bhíothas ag an am. An mbíonn sé le tuiscint uaidh sin gur oir comparáid leis na spealadóirí, leis na buanaithe, leis na mná nó leis na leanaí a bhí ag obair sna páirceanna? Úsáidtear an téarma 'páirc' chun tagairt do thimpeallacht nach timpeallacht tuaithe í. Is cúis gháire go minic, b'fhéidir, úsáid acadúil an mheafair rómánsaigh seo.

Bíonn gné fhileata laistigh de na roghanna a bhíonn ar fáil ag oibrí páirce chun teorainneacha a t(h)uisceana a aithint. Tá sé seo fíor ní hamháin i dtaobh na timpeallachta féin ach *vis-à-vis* an pobal agus an t-ábhar atá i dtreis. Tá sé fíor leis i dtaobh an fhriotail nó an mheáin a chuireann an spiorad agus an dearcadh in iúl.[11] Má úsáidtear cur chuige fileata dob fhéidir go gcaithfí athbhreithniú a dhéanamh ar an téarmaíocht a bhí in úsáid roimhe seo chun cur síos a dhéanamh ar na daoine a roinneann a gcuid eolais linn. Mhol Dónall Ó Siochrú, iarbhainisteoir, sna blianta tosaigh go n-athrófaí ainm an tionscnaimh ó *Northside Project* go dtí *Northside Folklore Project*. Braitheadh go bhféadfaí míthuiscint a bhaint as an seanainm, go ndéanfaí amach gur turgnamh sóisialta amhrasach a bhí ann. Baineadh úsáid go forleathan as an bhfocal Béarla *informant* gan aon chuimhneamh, de dhealramh, ar thuairim an phobail de chiall an fhocail seo sa seanchas. Is minic a cuireadh an col a bhí ag an bpobal leis an téarma in iúl, an míbhuntáiste is mó a bhain leis ná a chosúlacht is a bhí sé leis an téarma *informer*.[12] Tá sé fós á úsáid ag mórán béaloideasóirí agus eitneagrafaithe, bíodh go bhfuil cuid acu a mbeadh ceist orthu ina thaobh.[13] Ní ar mhaithe le ceartaiseacht pholaitiúil amháin is gá cuimhneamh as an nua ar an téarma. Díríonn sé ar an diminsean fileata sa mhéid gur díol suime é ag an bhfíor, ag an meafar agus ag an *imaginaire*. Cuireann an téarma *informant* leis na teorainneacha idir an dream a mbíonn eolas ar chultúr á sholáthar acu agus an dream a chuireann an t-eolas céanna ar fáil. Is gaol é a fhéadfadh cruinneas a chur chun tosaigh ar shlí thábhachtach. Dob fhéidir go samhlófaí an gaol idir bhailitheoir agus faisnéiseoir a bheith sriantach. Is mó a bhaineann seo le hábhar de réir mar a thuigtear an eitneagrafaíocht a bheith ag brath go bunúsach ar chaighdeán éigin feabhais.

Is é polasaí TBCT an téarma *contributor* nó cuiditheoir a úsáid i gcónaí anois. Tuigtear as an dtéarma seo gan amhras go gcuireann an seanchaí áirithe sin le heolas an chorpais choitinn. Feidhmíonn TBCT mar chartlann bheo, is é sin le rá cartlann a chuireann béim ar chultúr coiteann comhaimseartha agus a thuigeann nár mhór deabhadh a dhéanamh le doiciméadú an ábhair agus scaipeadh eolais air. Níl a bhac air an scaipeadh seo a dhéanamh, a bhuíochas don teicneolaíocht dhigiteach. Tá sé tábhachtach, dá bhrí sin, machnamh grinn a dhéanamh ar na cineálacha gaoil a bheadh ag an tionscnamh leis an bpobal. Tá sé tábhachtach tástáil a dhéanamh ar shlite chun teacht ar réiteach[14] i dtaobh cé leis an saothar nó cé is údar dó. Fós is cóir aitheantas agus gradam a thabhairt do chách i gcoitinne i gcartlann ionadaíoch phobail.

Is téarma eile é 'stáisiún páirce' a úsáidtear uaireanta i gcáipéisí tura foirmiúla, in iarratais ar dheontais mar shampla. Samhlaítear é le hobair pháirce ach fós ar chuma éigin fágann sé an próiseas gan anam. Tugann cartlann bheo le tuiscint go bhfuil contanam idir an t-am a ndéantar cultúr a thaifeadadh agus an t-am a ndéantar é a chlárú. Fairis sin tugann sé le tuiscint láithreach a thábhachtaí is atá sé conas a dhéanfaí an próiseas a ainmniú agus a léiriú, nithe a théann i gcion chomh maith ar an tslí a gcuirtear eagar ar an ábhar.[15] Tháinig an cheist seo chun cinn nuair a bhí mionléiriú á dhéanamh ar bhunachar sonraí chartlann TBCT ar líne.[16] Pléadh réimeanna éagsúla dioscúrsa, catagóirithe agus ainmniúcháin chun ná déanfaí sárú ar na prionsabail eiticiúla a bhaineann le hobair pháirce.[17] Ar deireadh roghnaíodh idir mhodheolaíochtaí agus theicneolaíochtaí a sholáthraíonn cuardach saorthéacs ar an ábhar go léir agus/nó cuardach ar chatagóirí réamhbhunaithe faoi na lipéid 'geografach' agus 'topaic' mar shampla. D'fhonn córas a cheapadh chun eagar a chur ar na catagóirí seo agus iad a ainmniú, níor mhór scata peirspictíochtaí a mheas. Bhí sé tábhachtach teacht ar réiteach ionas go mbeadh na doiciméid chéanna ar fáil chomh saoráideach ag garsún scoile agus ag scoláire ollscoile. Daonlathaíonn sé an córas a bheith ábalta a bhfuil sa chartlann a chuardach i gcanúint na háite agus/nó sa dioscúrsa criticiúil. Ráineodh go mb'fhéidir na peirspictíochtaí a leathnú de bharr na teicneolaíochta digití a chuireann ar chumas duine ceachtar den dá dhioscúrsa a úsáid.

Pé acu an obair pháirce nó obair chláraithe a bheadh ar siúl, tá tábhacht leis an ngné fhíortha nó leis an ngné mheafarach. Tugann sí cáilíocht áirithe don ghaol idir na haisteoirí agus an dream a thugann tuairisc ar an eolas dúchais, ar na scileanna agus ar na próisis seachadta. An mór a shamhlaíonn eitneagrafaithe iad féin leo siúd a mbítear ag brath orthu chun léirmhínithe liteartha, amhairc nó closamhairc a chruthú? Is léirithe samhalta iad a rachaidh i gcion ar phobal níos leithne. D'fhéadfadh tábhacht pholaitiúil a bheith leo fiú mura mbeadh i gceist ach ardán poiblí a chur ar fáil mar ar féidir scata cruinneshamhlacha a thaispeáint agus léiriú a dhéanamh ar a gcuid stórtha cultúrtha.[18]

Is cuid den teoiric seo an gnó pearsanta a thuiscint agus a shamhlú mar ghnó polaitiúil.[19] Baineann anailís ar réamhleaganacha obair pháirce TBCT le heitneagrafaíocht eisíoch mhodalach mar a thugann Glassie uirthi.[20] Gheibhtear gaol dialachtaiciúil idir na haisteoirí éagsúla. Téann cúinsí agus fileatas an eispéiris pháirce i gcion ar roghanna an eitneagrafaí maidir leis na modhanna léiriúcháin éagsúla atá ar fáil aige. In a leithéid sin d'ócáid tarraingíonn an t-eitneagrafaí ról chuici/chuige féin. Is duine fós é agus bíonn tuiscint agus léirmhíniú ar leith mar dhuine aige a d'fhéadfadh sárú a dhéanamh ar ghuth oibiachtúil an chuntais.[21] Nochtann an gaol pearsanta mothúchánach a bhíonn againn mar dhaoine ar leith leis na hócáidí i ndiminsean cruthaitheach na dtuairiscí eitneagrafaíocha.[22] Cuireann Marc Augé nádúr scitsifréineach an bhreathnaithe rannpháirtigh ar ár súile dúinn. Bítear ag súil leis go ndiúltóidh an t-eitneagrafaí don eitnealárnachas. Ina theannta san bíonn coinne ann go seachnófaí an dul chun dúchais. Ba cheart do dhuine na teorainneacha sóisialta a aithint, a bheith in dhá áit san am gcéanna, agus a chuid scríbhneoireachta a dhéanamh ar an gcuma chéanna.[23] Bíodh sin mar atá, dob fhéidir a mhaíomh gur trí ghlacadh le gaol a bunaíodh trí shocrú pearsanta is ea a chuirtear ar chumas an eitneagrafaí, mar chruthaitheoir, mar údar agus mar aithriseoir, cuntas maith a chur ar fáil. Dob fhéidir go gcruthódh an dialóg seo dioscúrsa criticiúil; dioscúrsa a mbeadh feidhmeanna á leanúint chun foirmeacha suimiúla ilmheáin a chur chun cinn.[24]

Má dhéantar cartlann bheo a choincheapú trí úsáid a dhéanamh den teicneolaíocht dhigiteach, cinntíonn sé sin go bhfuil cultúr coiteann, a bhfuil sampláil déanta air, á chaomhnú agus á chur in eagar.[25] Ar an ábhar sin is acmhainn a rá go bhfuil sé á léiriú go cruthaitheach. Is mó cóiriú is féidir a chur ar leaganacha pearsanta d'eolas a gheibhtear ó obair pháirce. Dob fhéidir malairt cló a chur orthu agus iad a thaispeáint faoi mar go mbeidís á léiriú go healaíonta san amharclann nó i scannán faisnéise cuir i gcás.[26] Seans go dtarraingeofaí pobal féachana níos líonmhaire agus go rachfaí i bhfeidhm ar an bpobal ar shlí a chiallódh breis eolais ar thionchar an chultúir choitinn ar an bpobal.[27] Cathain ab fhéidir an físeán eitneagrafaíoch a shamhlú le radharc i scannán uafáis ionas go mbeidh cuimhne go héag ar an ábhar agus ar an gcuspóir aige?

Oibríonn dinimic obair pháirce i gcartlann bheo ar mhórán leibhéal casta. Tá a stiúir féin faoi gach aon cheann acu seo, rud a thugann le tuiscint, ar deireadh, cá mbeidh peirspictíocht intleachtúil, fhealsúnach, mhothúchánach, pholaitiúil an eitneagrafaí. Baineann sé seo le rogha ábhair agus cuiditheoirí chomh maith le próisis a gcuid taifeadtaí agus modhanna léiriúcháin. An plé, ar an leibhéal acadúil, atá de dhlúth is d'inneach sa chur chuige agus sa tuairisc ar obair pháirce *per se*, is plé é a bhaineann le hábhar sa mhéid go n-aithníonn dámh an bhéaloidis agus na heitneagrafaíochta dílseacht do na heolaíochtaí sóisialta. Baineann siad leis na healaíona chomh maith nuair a chuirtear i láthair i bhfocail nó i bhfoirm ealaíne é.[28] Ciallaíonn a leithéid sin de phlé gur ó bhonn leochaileach a bheifí ag iarraidh réamhleaganacha intleachtúla agus pragmatacha obair pháirce na heitneagrafaíochta a shocrú. Má aontaímid go bhfuil an eitneagrafaíocht cruthaitheach inti féin, is fíor go léiríonn méid agus feabhas na hoibre páirce – an ghabháil i bpáirt, an próiseas agus an breathnú – an pheirspictíocht atá réitithe ag an dtaighdeoir agus go nochtann sé trí shaoirse fhileata agus trí éagsúlacht an chuntais.[29]

Chun na ceisteanna seo a chíoradh a thuilleadh is fiú ag an bpointe seo seasamh siar agus féachaint ar na comhthéacsanna inar tháinig na nithe seo chun cinn. Is féidir dinimic an fhileatais san obair pháirce a chíoradh ach tagairt don dtrácht anailíseach ar na céimeanna beaga agus ar na próisis mhóra a bhain le tionscnamh, le léirmhíniú agus le bainistiú TBCT. Dírítear ar stórtha agus ar phróisis an chultúir choitinn. Tugann a leithéid de chur chuige agus d'ábhar spéise peirspictíocht dhúchasach don eitneagrafaí.[30] Cuirtear tuairimí daoine ar an taobh istigh le chéile agus tugtar tosaíocht dóibh. Bíonn tuairimí an eitneagrafaí féin san áireamh gan amhras. Díríonn an taighdeoir ar stórtha agus ar an léiriú a dhéantar orthu mar ghnéithe riachtanacha chun sainmhíniú, mionléiriú agus cuntas a thabhairt ar ghrúpaí cultúrtha. Ní choisceann sé seo cur chuige uileghabhálach a bheadh bunoscionn le heitneagrafaíocht chultúrtha, le stair bhéil nó le socheolaíocht.[31] Ar an láimh eile, cuireann an sainfhócas san áireamh tuiscint ar chomhthéacsanna a thugann míniúchán breise do raonta eolais níos leithne san eolaíocht bhéaloideasúil eitneagrafaíoch. Nuair a úsáideadh an téarma *folklore* féin, i scríbhinn nó sa chaint, sna cruinnithe tosaigh idir Roinn an Bhéaloidis i gColáiste na hOllscoile, Corcaigh, agus ionadaithe ó ghrúpaí pobail, chiallaigh sé nithe difriúla chomh fada agus a bhain le méid agus le héagsúlacht an diminsin fhileata de.[32]

Sna cáipéisí a dréachtaíodh chun maoiniú a sholáthar, baineadh úsáid as an téarma *folklore* sa chéill is leithne. Tugadh tosaíocht do dhearcadh dúchasach an duine laistigh den chultúr ar cad a fhéadfadh a bheith i gceist ó thaobh ábhair agus modheolaíochta de. Sa chomhthéacs seo is é a chiallaigh gar-eitneagrafaíocht ná an comhaontú cuimsitheach idir gach éinne ar cad tá i gceist le seanchas seachas cad nach bhfuil i gceist leis. Cuireadh spéis bhailí sa réimse smaointe agus léiriúchán atá chomh neamhsheasmhach agus chomh hiloibritheach sin. Baineann siad úsáid as ceardúlacht chumarsáideach chun sainmhíniú a thabhairt ar theorainneacha agus ar pharaiméadair na féiniúlachta cultúrtha ach gan srian a chur leo. Is teorainneacha agus paraiméadair iad seo a bhíonn de shíor ag aistriú. Is é atá sa mhéid seo a leanas ná sliocht as an gcéad cháipéis neamhfhoilsithe a chuir Gearóid Ó Crualaoich, iarCheann ar Roinn an Bhéaloidis, faoi bhráid Choláiste na hOllscoile, Corcaigh i 1994, thar ceann na foirne agus an lucht taighde, ag cur síos ar fhealsúnacht, aidhmeanna agus cuspóirí TBCT[33]

> Within a general ethnographic-anthropological horizon this project emphasises the process of popular cultural production, transformation and transmission, the study of which characterises contemporary Folklore and Ethnology. At its heart is the notion of a local cultural identity that is the creation – not of some static 'tradition' – but of a group's continually changing self-representation in symbolic, behavioural and material forms. The project seeks to investigate the ways in which Northside identity and collective self-image are constructed, contested, defended, renewed and transmitted within a cultural process that itself dynamically reflects people's actual experience of social and cultural life. The state and the academic world too often relate to disadvantaged areas through their problems – through their divergence from a putative national norm. Such areas would otherwise be invisible. Disadvantaged urban working-class districts are furthest removed from the dominant culture of the state, having provided neither the symbolic national language, the romantic landscape, or the bucolic values which at least helped to integrate equivalent rural areas. Being mostly of recent origin these urban districts moreover have a less sure sense of identity, and even if they develop definite territorial configurations the basic paradigm of identity is class. We argue that communities like the Northside cannot be understood and appreciated only by investigating them on the interface with mainstream (bourgeois) society, the preserve of social workers and the police, where dysfunction becomes a criterion of their culture. Instead one must investigate the cultural process within the community, one must understand how it represents itself to itself and to outsiders, how members of the community interact with each other and with the wider society. Here the insider's perspective is all-important, even if it is engaged in an implicit dialogue with the outsider's perspective. We do not see this in terms of the individual's

> attempt to objectify his or her experience, but rather how he or she lives culture. Hence we propose to document the community's verbal folklore (its stories, songs, jokes), its rituals (birth, marriage, death, 'women's night out'), its sporting life (drag-hunting, hurling, soccer) and other recreations (bingo, visiting public houses), as well as music (bands, musical nights in pubs), its material culture (styles of dress and home decoration), its religious life, and so forth. This information will be the testimony of the community through which we expect to unravel its priorities, its expectations, its disappointments, its pride in itself, its sense of inferiority, its identity. The community will speak for itself.

Léamh ar iompar, ar ráite agus ar thréithe na ndaoine atá i gceist. Ar leibhéal eile is léamh é ar na próisis agus ar na cúiseanna a léirítear iad, chomh maith leis na cialla a bhaintear astu laistigh de na pobail ina bhfaightear iad. Is é a leanann as seo, chomh fada le hobair pháirce de, ná gur cóir caidreamh agus rannpháirtíocht a chur ar bun ionas go ndéanfaí taifeadadh samplach ar léiriúcháin chultúrtha éagsúla. Is scáthán iad na léiriúcháin seo de ghréasán peirspictíochtaí ilchineálacha. Tá brí thábhachtach leo mar sin féin, mar chnuasach de léaráidí ar fhéiniúlacht chomhchoiteann. Cleachtann TBCT eitneagrafaíocht ina bhfuil ócáid na hoibre páirce nádúrtha 'dúchasach' agus ina dtugann sí pribhléid do scata peirspictíochtaí uileghabhálacha seachas do pheirspictíochtaí aon duine amháin ar an taobh istigh. Tá fairsingiú déanta ag an tionscnamh, ó bunaíodh sa bhliain 1993 é, ar a 'pháirc' agus ar a chríocha, cos ar chois le teorainneacha Chorcaí, teorainneacha a bhíonn ag síoraistriú. Tarraingíonn sé daoine i gcathair Chorcaí isteach sa lúbra agus labhrann sé thar a gceann, acadóirí agus neamhacadóirí, muintir na háite agus daoine thar lear ach iad ar fad a bheith chun cónaithe inti. Cuireann siad aithne agus eolas ar an gcathair agus ar aeistéitic dhúchasach choiteann ar leo féin ina iomláine í, nó i bpáirt le daoine eile.[34] Ba é an t-éiteas seo a spreag TBCT ar leibhéal na hintleachta nó gur shroich sé an stádas atá anois aige mar chartlann bheo. Cartlann atá lán d'acmhainní eitneagrafaíochta le haghaidh mórán léiriúchán ilmheáin agus ilfhócais, idir léiriúcháin an tí féin agus léiriúcháin taobh amuigh de.[35]

Dá réir sin, meallann toradh eitneagrafaíoch TBCT an dinimic bheo a bhí ag oibriú de bharr pheirspictíochtaí, chruinneshamhlacha agus dhearcadh na n-oibrithe páirce. Is cuid thábhachtach den obair an caidreamh a bhíonn acu le muintir na háite agus fós is scáthán í ar na dinimicí seo a leanann as aidhmeanna an tionscnaimh. Glacann an tionscnamh páirt i bhfóram poiblí toisc nádúr a chuid taifead cartlainne[36] agus an tslí a bhfuil siad á riar agus á léiriú. Bíonn tábhacht sna fóraim seo le diminsin chultúrtha, intleachtúla agus ealaíonta an chultúir choitinn. Maidir leis sin de téann an chartlann bheo i dteagmháil ní hamháin le hábhar an chultúir choitinn ach le meicníochtaí agus bealaí taifeadta an chultúir sin, ar féidir le pobal áitiúil agus pobal domhanda bheith bainteach leis.[37]

Léiríonn dhá scannán de chuid TBCT an pointe seo. Cé gur deineadh *A Night at Bingo* i gcathair Chorcaí, soláthraíonn sé taifead ar nósanna agus ar chreidiúintí atá fairsing forleathan.[38] Músclaíonn sé na mothúcháin chéanna agus an fhreagairt chéanna thar lear agus a dhéanann sé le lucht féachana áitiúil. Is minic a thóg mic léinn ó thíortha eile ceann den chosúlacht a bhí ag an atmaisféar agus ag an aithriseoireacht ann lena leithéid d'ócáidí a raibh taithí acu orthu ag baile. Baineann an clár faisnéise, *Sunbeam* le seanchas agus le béaloideas an tsaothair;[39] TBCT agus *Frameworks*, comhlacht físeán ón gceantar, a chomhléirigh. Tugann sé oidhreacht chomhchoiteann phobalda na monarchan teicstíle i dtuaisceart na cathrach chun cuimhne. Taispeánadh é, faoi fhotheidil, sa bhFraincis ag féile scannán *Travelling*, i Cherbourg, do lucht féachana arbh iad is mó a bhí iontu ná daoine a bhí tar éis oibriú i monarchana teicstíle agus a leithéid sa bhFrainc. Ba í an fhreagairt a bhí air ná gur tuigeadh don chuma inar deineadh aithris ar stórtha a nocht cúraimí, straitéisí agus luachanna comhchoiteanna na hoibre.

Is é atá sa scannán *How's it Goin' Boy?* ná daichead a dó closagallamh le daoine a raibh slite beatha éagsúla acu. Cuireann siad go léir síos ar an gcaidreamh a bhí acu leis an gcathair, bunaithe ar a dtaithí féin.[40] Is minic sa seanchas dóibh a théitear ó *mise* go *sinne*.[41] Tháinig sraith clár raidió as an eagarthóireacht a deineadh ar an ábhar eitneagrafaíoch. Tharraing sé aird ar an snáth leanúnach atá ag sní tríd an dialóg a bhí tagtha chun cinn idir na cuiditheoirí go léir. Is cuiditheoirí iad ar fad a bhíodh tamall ag aithris, tamall ag éisteacht sna rólanna cómhalartacha a bhíodh acu. Ar na rólanna seo bhí taighdeoirí, agallóirí, agallaithe, eagarthóir, cartlannaí, léiritheoir, teicneoir fuaime nó trascríobhaí. Próiseas comhtháite ab ea é a léirigh an gréasán de chnuasaigh pheirspictíochtaí a bhíonn i gceist uaireanta. Peirspictíochtaí is ea iad a bhí ag feidhmiú sa chur chuige a bhí ag an obair pháirce dhúchasach i ndéanamh an fhíseáin ar an mbiongó. Ba í an tréimhse ocht n-uaire an chloig a cuireadh ar fáil i stiúideo eagarthóireachta an mealladh a spreag an smaoineamh eile, is é sin taifeadadh a dhéanamh ar cháipéisíocht agus ar an reacaireacht eitneagrafaíoch a bhain leis an ábhar. Sa chás áirithe seo ba í an príomhchuiditheoir an príomhoibrí páirce chomh maith, ar éirigh léi tarraingt ar a cumas agus ar a cíocras mar imreoir biongó. Ní hamháin gur léirigh sí a cuid saineolais ar an gcluiche in agallamh a dhein sí ach ghlac sí páirt mhór chomh maith i gcéimeanna deiridh de léiriú an chláir fhaisnéise.

Is féidir a áitiú go mbaineann béaloideasóirí úsáid as obair pháirce chun tuiscint a fháil ar an ábhar. Bíonn siad ag iarraidh míniú agus taifeadadh a dhéanamh ar na próisis agus ar an gcaidreamh casta a chinntíonn go gcuirtear téacsanna cultúrtha ar fáil i bhfocail nó go deimhin le séimeantaic nó le hiompraíocht, trí mhodh deasghnáthach nó sa ghnáthmhodh féin. B'fhéidir linn téacs a shamhlú le nochtadh smaointe agus le cur in iúl – ábhartha agus neamh-ábhartha, inbhraite agus dobhraite – léirithe go siombalach ar shlite a bhfaigheann an eagna agus na mothúcháin blas orthu. Blas ar leibhéal na haeistéitice, mothú trí thaithí agus trí chomheolas nó, b'fhéidir, eolas pobalda. Dob fhéidir go mbainfeadh an téacs le speictream iomlán oibre agus brath an oibrí páirce. B'fhéidir gur speictream é a mhíneodh an bhaint agus an caidreamh atá aige nó aici le hócáid agus gan amhras le pobal na hócáide.[42] Dob fhéidir go n-iompódh an téacs ina théacs uileghabhálach, ionadaitheach do pharaidím iomlán chríocha na páirce.

Is deacair na teorainneacha a aimsiú uaireanta. Nuair is ócáid obair pháirce dhúchasach a bhíonn i gceist, ba cheart go mbeadh glacadh ag gach éinne leis an téacs agus go mbeadh fiúntas ann do gach éinne. Is mian leis an taighdeoir aon scéal a mhíniú i ngníomh eitneagrafaíoch nó i dtáirgeadh dioscúrsa, is é sin aithriseoireacht uile na gcuiditheoirí, na rannpháirtithe agus na mbreathnóirí. Dob fhéidir go gcuimseodh an gníomh an dioscúrsa agus go samhlófaí é mar stór aithriseoireachta an eitneagrafaí. Tá sé le tuiscint ón eitneagrafaí, agus é ag treabhadh leis ar an taobh istigh, go bhfuil caidreamh le hócáidí cultúrtha agus le daoine tábhachtacha aige. Nochtar peirspictíochtaí sna hócáidí agus sa chaidreamh seo ar cinneadh go pearsanta orthu. Nochtar iad go cruthaitheach i bhfileatas na hoibre páirce. Is amhlaidh go ndéantar na léamha ar an fileatas seo a aistriú go saothair eitneagrafaíochtúla. Tá diminsean ealaíonta agus cruthaitheach ag gach aon ghné de na próisis idirbheartaíochta agus chumarsáide a ghineann agus a mhaolaíonn táirgeadh na saothar eitneagrafaíoch sin. Chiallaigh an coincheapú a deineadh ar ghar-eitneagrafaíocht sa TBCT gur ghabh na bunaitheoirí i mbun próisis mhachnaimh ar cheisteanna a dhéanfadh iniúchadh ar an ról agus ar an mbrí atá ag obair pháirce i gcomhthéacs cartlainne beo, go háirithe nuair a chuirtear san áireamh go bhféadfaí inmhalartacht a shamhlú leis na tuiscintí éagsúla, tuiscintí na n-eitneagrafaithe, na gcuiditheoirí agus an lucht féachana nó éisteachta chomh maith.

Bíonn béaloideasóirí agus eitneagrafaithe i bpáirt le pobail. Is minic a bhíonn feidhm phraiticiúil leis an toradh a bhíonn ar a gcuid oibre sa pháirc. Is minic a théann sé i gcion láithreach ar shaol laethúil gach éinne. Thug an obair fhéinbhraiteach atá déanta ag an lucht léinn sainmhíniú den chéad uair ar dhéanamh na gcatagóirí. Tríothu seo is féidir teorainneacha solúbtha a tharraingt timpeall ar fhoirmeacha agus ar léiriúcháin an eolais chultúrtha. Tá na teorainneacha seo idir éimeach nó *emic* agus éiteach nó *etic*, fara tuairisc ar a gcuid sainmhínithe, ceangailte go hintreach leis na peirspictíochtaí óna gcuireann lucht breathnaithe na heitneagrafaíochta a gcuid tuairimí i láthair.[43]

Leis sin de thugas, ar bhonn trialach, fileatas na hoibre páirce ar chuid de na gnéithe seo. Shamhlaíos le cnuasach casta de thosca, de phróisis agus de roghanna iad mar a gcuireann an fhreagracht agus an chruthaitheacht earra eitneagrafaíoch ann. Is cuid di an plé ar dhiminsean tréitheach nó ar cháilíocht obair pháirce, an t-iniúchadh ar dhinimic na gclaochluithe agus na malartuithe, an aird a thabharfaí ar roghanna agus ar ghníomhaíochtaí teanga, ar ghiúmair agus ar mhodhanna oibre an eitneagrafaí, ar rólanna éagsúla an bhéaloideasóra, ar an míniú a thabharfaí ar an bpáirc iltoiseach ina dtángthas ar chultúr coiteann agus ar thaithí an eitneagrafaí. Tá impleachtaí bunúsacha chomh fada is a bhaineann le hábhar an chultúir a aithint ar dtús agus ansin a luacháil. Ní mór dúinn staidéar a dhéanamh ar an ábhar seo i dteannta lucht a saothraithe, sa mhéid go bhfuilid ag cur le heolas cáipéiseach agus san am céanna ag machnamh ar a gcuid peirspictíochtaí agus ar a gcuid léamha féin. Ag tarraingt dó ar an saothar atá déanta ag oibrithe páirce agus ar ról na gcartlann i bhforás na heitneolaíochta agus an bhéaloidis tá TBCT ag feidhmiú mar chartlann bheo inniu. Tá sé ag iarraidh an cleachtas léannta agus an cleachtas rannpháirteach a thabhairt ar aon uisce, ag cur le taithí pháirce atá fadtéarmach agus dúchasach.

(Tá an téacs seo bunaithe ar aistriúchán a dhein Breandán Ó Conchúir)

Éist le Ceol na hAbhann
Ceird na hEitneagrafaíochta sa Lá atá Inniu ann

Clíona O'Carroll

Bhí a léamh féin ag Gearóid Ó Crualaoich ar an léann dúchais, ar an mbéaloideas agus ar an eitneolaíocht. Ar an ócáid seo ba mhaith liom aghaidh a thabhairt ar ról na ndisciplíní seo, sa todhchaí, san acadamh agus sa ghnáthshaol araon. Pléifidh mé na deiseanna a bhaineann le staidéar an bhéaloidis lenár linn. Beidh féidearthachtaí nua amach romhainn maidir leis an gcaoi ina ndéanaimid taighde sa ghort, agus anailís agus scaipeadh ar an ábhar. Tá athruithe bunúsacha tagtha ar an tslí ina dtuigimid an caidreamh idir áiteanna, daoine agus cultúir. Eascraíonn na hathruithe seo ó athruithe i gcóras eagrúcháin an phobail. Cad air ba cheart dúinn staidéar a dhéanamh? Cá bhfuil 'an gort' a mbímid ag caint go minic air? Cad iad na tuiscintí ar cheart dúinn a spreagadh i scoláirí maidir le fiúntas cheird an eitneagrafaí? Ba mhaith liom cuid de na gnéithe seo a phlé agus sracléaráid a dhéanamh ar bhealaí áirithe inar féidir linn cur le hobair Uí Chrualaoich. Chuige seo beidh mé ag plé go háirithe leis an dtaobh den disciplín a bhaineann úsáid as modhanna agus as cur chuige eitneagrafaíochtúil chun léargas a fháil ar chruthú tuisceana agus ar chur in iúl sa domhan laethúil. Tá buanna agus dualgais a ghabhann le bheith 'sa ghort', ag éisteacht agus ag caint i ngnáthchomhrá nó in agallamh, ag faire nó ag glacadh páirte in imeachtaí éagsúla. Cothaíonn na dualgais agus na buanna seo tuiscint faoi leith ar fheiniméan, ar phróiseas, ar dhéanamh agus ar ionannas na tuisceana féin. Conas a chuireann tuiscint dá leithéid le réimse an léinn agus leis an saol inar rugadh í, le réimse leathan an phobail uile?

Is iomaí slí atá ann chun staid chomhaimseartha na heitneagrafaíochta a chur in iúl. Níor mhiste cuid acu a mheabhrú i dtosach, an éiginnteacht atá ann maidir le hathruithe sa disciplín traidisiúnta mar shampla. An méadú atá tagtha le tamall de bhlianta anuas ar imirce na ndaoine agus ar leaganacha de chultúr an duine ar leibhéal domhanda. An glacadh fairsing atá leis an eitneagrafaíocht féin mar mhodh fiúntach oibre nó taighde agus, ar deireadh, an t-athrú mór ar chúrsaí teicneolaíochta a théann i bhfeidhm ar an gceird. Chítear dom, tríd is tríd, go bhfuil na haidhmeanna seo a leanas i gceist; (i) tuiscint ón dtaobh istigh a fháil ar phróiseas an chultúir i ngrúpa faoi leith; (ii) teoiric shóisialta chultúrtha a mheas, a fheabhsú nó a shaibhriú agus béim ar ghné na brí; (iii) cur le polasaithe sóisialta ar leibhéal feidhmeach; (iv) dul i ngleic le grúpa sa chaoi is go ndéantar rud dearfach de dhéanamh na heitneagrafaíochta féin ina measc; (v) féachaint ar phobail, ar ghrúpaí agus ar a gcuid léirithe cultúrtha; (vi) pobail agus a gcuid léirithe cultúrtha a cheiliúradh (agus an t-easaontas a chur san áireamh); (vii) ceisteanna cuí a chur mar gheall ar phróisis seo an bhailithe agus an chaomhnaithe; agus (viii) caidreamh a chur ar bun leis an earnáil phoiblí mar thráchtairí sóisialta, mar ghníomhaitheoirí cruthaitheacha agus mar láithreoirí an ghnáthshaoil agus an chultúir.

Athruithe sa Ghort Traidisiúnta

Pé gné den scéal is tábhachtaí don taighdeoir aonair, ní mór a aithint gur gníomh í an eitneagrafaíocht a bhíonn ag feidhmiú i slite éagsúla agus go bhfuil dualgas na scáthántachta ag dul léi. Deir Denzin mar shampla:

> Ethnography is a not an innocent practice. Our research practices are performative, pedagogical, and political. Through our writing and our talk we enact the worlds we study. These performances are messy and pedagogical. They instruct our readers about this world and how we see it. The pedagogical is always moral and political, by enacting a way of seeing and being, it challenges, contests or endorses the official, hegemonic ways of seeing and representing the other.[1]

Níor mhiste, dá bhrí sin, machnamh a dhéanamh ar an mbealach a dtéann na hathruithe thuasluaite i bhfeidhm ar an dtuiscint a bhíonn againn ar dhualgais an disciplín. Cruthaíonn siad tábhacht, cruth agus tosaíocht ár n-aidhmeanna. Is suimiúil an míniú sothuigthe leathan a thugann Ó Crualaoich ar bhéaloideas nó ar *folk tradition* i leabhar ina bpléitear stair shochaí Chorcaí go hidirdhisciplíneach, 'folk tradition derives from a popular creative response to the experience of living in the world. It is the popular remembrance and expression of the collective representation of that experience by individual carriers'.[2] Cuireann sé athruithe i stór an chultúir i gcás:

> In today's world, however, such folklore as is created out of the popular experience of our social life does not accrete over time into any extensive repertoire. This contrasts with the situation a century

> ago when the impact of formal channels of cultural communication on popular consciousness was much less. It is also the case that many traditional situations which served as occasions for the performance and transmission of representations and expressions of popular worldview (the 'rambling-house' or '*scoraíocht*-ing house', the turf-cutting *meitheal*, the knitting or quilting assembly, the wake, the pattern-day) are practically extinct because of changing patterns of social organisation ... However other communal situations have come into being in contemporary experience that serve equally well as centres of transmission of portions of the admittedly less abundant repertoire of contemporary folklore: the bingo-hall, prayer meeting, lounge bar, launderette, bowling-alley, the trip to Knock/Medjugorje, the package holiday and so forth.[3]

Ós rud é go bhfuil athrú tagtha ar shlí bheatha na ndaoine agus ar chóras eagrúcháin an phobail, is deacra ábhar taighde an eitneagrafaí a shamhlú. Is amhlaidh go bhfuil iomadú tagtha ar bhéasa, ar léirithe agus ar éagsúlacht an chultúir. Is féidir a rá go bhfuil sé ilghnéitheach agus neamhbhuan i gcomparáid leis an ábhar a bhailigh béaloideasóirí san fhichiú aois.[4] Is féidir an t-athrú seo a fheiceáil sna deacrachtaí a bhíonn ag fochéimithe ó am go chéile agus iad ag roghnú ábhair do thionscnaimh thaighde sa léann dúchais agus san eitneolaíocht. Tagann mearbhall orthu agus iad ag plé le hábhair 'nua' mar nach féidir leo líne a tharraingt idir an léiriú cultúrtha agus an comhthéacs níos leithne. Ba cheart go mbeadh an deacracht chéanna ag baint le taighde sóisialta ar bith ach is léir go bhfuil dúshlán curtha faoi chatagóirí, faoi sheánraí agus faoi théamaí taighde traidisiúnta an bhéaloideasóra. Baineann dúshlán le tuairisciú a dhéanamh ar léirithe cultúrtha a mbíonn sé de chuma orthu a bheag nó a mhór den ilghnéitheacht, den ghearrshaol agus den sní a bheith ag baint leo uaireanta. Baineann buntáiste leis seo chomh maith is dócha, cuireann sé iallach orainn aidhmeanna na ceirde a mheas.

Méadú ar Ghluaiseacht Daoine

Maidir le méadú a bheith tagtha ar imirce na ndaoine agus ar sceitheadh an chultúir ar leibhéal domhanda is téama láidir i léann an lae inniu é go bhfuil athruithe móra tar éis tarlú a chuireann orainn athmhachnamh a dhéanamh ar an dtuiscint atá againn ar choincheap an chultúir féin.[5] Thuairimigh Hannerz go raibh trí ghné lárnacha i bpróiseas an chultúir. Deir sé go bhfoghlaimíonn duine an cultúr sa chaidreamh laethúil. Baintear úsáid as an gcultúr mar mheán cumarsáide leis an saol mór. Is rud ann féin é dar leis ach go bhfuil leaganacha éagsúla de ann; leaganacha a bhaineann le dreamanna éagsúla nó a bhaineann le críocha faoi leith mar shampla. Áirítear go bhfuil na catagóirí seo faoi bhrú ag an eispéireas iar-nua-aoiseach. Ceaptar nach bhfuil coincheap an chultúir mar aonad comhlán críochnúil in ann seasamh i gcoinne taithí ilroinnte an duine 'iar-nua-aoisigh'. Bíonn an taithí seo lán den débhríocht, den choimhlint agus de ghnéithe cros-síolracha den chultúr.[6] De réir Hannerz cuireann próisis dhomhanda thrasnáisiúnta an nasc idir cultúir agus críocha faoi leith faoi dhiancheistiú:

> The third characteristic, of cultures, in the plural, as packages of meaning and meaningful forms, distinctive to collectivities and territories, is the one most obviously affected by increasing interconnectedness in space. As people move with their meanings, and as meanings find ways of traveling even when people stay put, territories cannot really contain cultures. And even as one accepts that culture is socially acquired and organised, the assumption that it is homogeneously distributed within collectivities becomes problematic, when we see how their members' experiences and biographies differ.[7]

Déanann Hannerz amach nach bhfuil fágtha ach 'the first of the three emphases, on culture as meanings and meaningful forms which we shape and acquire in social life'.[8]

De réir mar a chuirtear castacht agus ilchineálacht an phróisis chultúrtha ar ár súile dúinn is ea is mó an t-aireachas agus an leabhaireacht a theastaíonn chun sainmhíniú a dhéanamh ar na catagóirí lárnacha. Agus sinn ag cuimhneamh ar an ngort is léir nach féidir linn glacadh leis go bhfuil caidreamh díreach simplí idir áit, cultúr agus daoine. Ní hé sin le rá go raibh caidreamh mar sin ann san am atá thart. Is iomaí sampla atá ann de theagmháil chultúrtha agus de ghluaiseacht daoine agus léirithe cultúrtha thiar sa stair.[9] Is sa mhéadú agus sa déiniú a thagann ar na gluaiseachtaí seo ag deireadh an fhichiú aois atá an dúshlán do theoiricí agus do thaighde cultúrtha sóisialta a phléann leis an dtréimhse seo. D'ainneoin a dheacra is atá sé cuid de na teoiricí cultúrtha a phléann leis an saol a shainmhíniú, tá disciplíní léannta agus codanna den earnáil phoiblí ag dul i muinín na heitneagrafaíochta.

Méadú ar an nGlacadh atá leis an Eitneagrafaíocht

Luaigh mé cheana go bhfuil méadú tagtha ar an nglacadh atá leis an eitneagrafaíocht mar mhodh fiúntach taighde. Feictear dom go bhfuil cur chuige eitneagrafaíochtúil tar éis crios léinn i bhfad níos leithne a cheapadh sa scór bliain atá imithe thart. Tá suim sa ghnáthshaol laethúil le brath i saol an léinn, sna dána agus sna meáin chumarsáide agus tábhacht curtha ina leith. Ní nach ionadh aird a bheith tugtha ar an méadú ar idircheangailteacht dhomhanda, ar dhébhríocht nó ar chastacht i dtaithí an duine. Tá an fhéiniúlacht phearsanta agus an fhéiniúlacht chultúrtha mar ábhar buartha nó machnaimh go forleathan dá bharr. Is léir do lucht na heolaíochta sóisialta nach féidir ceist lárnach theoiriciúil, a dhéanann iarracht léiriú a dhéanamh ar an idirphlé idir an gníomh agus an gréasán sóisialta,[10] a mheas nó a thuiscint gan aird a thabhairt ar ról na brí agus ar ról an chultúir, ról a fheidhmíonn ar mhionleibhéil an tsaoil laethúil. Dá mba mhodh imeallach go leor é le fada tá méadú tagtha ar an nglacadh atá leis an eithneagrafaíocht anois. Mura nglacaimid le Richardson a mhaíonn go bhfuilimid 'living in an "Ethnographic Era"'[11] ná le Atkinson agus Hammersly a mhaíonn nach raibh oiread éilimh ar an eitneagrafaíocht riamh,[12] tá athrú tagtha ar stádas na heitneagrafaíochta agus méadú tagtha ar úsáid na modheolaíochta seo lasmuigh den bhéaloideas, den antraipeolaíocht nó den eitneolaíocht.

Tá bogadh le feiceáil i réimsí cuibheasach nua den taighde struchtúrtha eitneagrafaíochta freisin. Tá suim le feiceáil i staidéar an ghnó, na margaíochta agus na bainistíochta; ní hamháin sa tuiscint fheidhmiúil ar an gcomhthéacs oibre agus ar an gcaidreamh idirchultúrtha, ach i dteoiricí agus i gcatagóirí dhámh an bhéaloidis.[13] Tá méadú ar thaighde dá leithéid i ndisciplín na míochaine agus sna heolaíochtaí sláinte agus leighis trí chéile. I réamhrá do leabhar ina bpléitear taighde do *Allied Health Professionals*, deir Finlay agus Ballinger, 'This book is also a celebration of the "coming of age" of the allied health professions (AHPs) within the qualitative research arena. AHP researchers are now able to engage in debate on methodology and epistemology in a way that would have been impossible even ten years ago'.[14] Ag caint faoin leabhar *Nursing Research: A Qualitative Perspective*, a foilsíodh den chéad uair sa bhliain 1987, deir Munhall, 'The interest, growth, and recognition of the value of qualitative methods for nursing research are evident in the enlarging conversation, which has grown from an original 288 pages of the first edition to the 628 pages of this fourth edition. Today we have journals, conferences and classes specifically focusing on qualitative research'.[15]

Céard a chiallaíonn an claonadh seo nó an mar a síltear a bítear? Agus an rud a dtugtar an *ethnographic turn* air sa tsocheolaíocht á phlé acu, deir Culyba, Heimer agus Petty, 'This may well show increased sensitivity to the concerns of qualitative researchers, but it may instead be a relatively superficial response to a perception that the cultural turn in sociology now make obligatory a bow to questions of meaning'.[16] Más fíor é sin tá stádas nua nó glacadh nua leis an dtaighde eitneagrafaíochtúil. Is cóir a bheith ar an airdeall gur baolach go mbeidh iomadú ar thionscnaimh amach anseo a bheidh ag tabhairt béalghrá don eitneagrafaíocht mar go bhfuil sí faiseanta. Is furasta feidhmiú mar eitneagrafaí i réimse acadúil má tá tuiscint de shaghas éigin ag an gcóras, ag taighdeoirí eile agus ag foinsí maoinithe, ar céard atá i gceist. Bíonn tábhacht faoi leith leis sin mar go dtógann obair na ceirde an-chuid ama, idir thaighde is anailís. Bíonn blas agus cruth ar thorthaí na hoibre nár luigh riamh go compordach i gcóras meastacháin an léinn acadúil. Méadaíonn an claonadh seo foireann na gcomhghlacaithe agus cuireann leis an deis atá ann do chomhoibriú idirdhisciplíneach. Tá líofacht áirithe bainte amach ag an ngrúpa seo sa teanga chéanna mhodheolaíochta. Tá cuid den spreagadh is den aidhm chéanna aige agus tuiscintí breise óna gcrios féin den léann. Seans gur féidir linn cur lena gcuid oibre lenár gciall cheannaithe agus gur féidir linn an-chuid a fhoghlaim uathu.

Is suimiúil go bhfuil gné fheidhmeach ag baint le taighde altranais, cur i gcás, ar chaoi nach bhfuil a macasamhail againn. Is cleachtóirí leighis iad na taighdeoirí sna heolaíochtaí sláinte agus spreagadh faoi leith acu dul ar thóir na tuisceana. Bheadh tionscnamh a dhéanann iarracht léiriú a fháil ar thaithí an duine ar phian, cuir i gcás, fréamhaithe agus dírithe ar chleachtas sa chóir leighis a bhaineann le bainistiú péine ainsealaí. Más ar leibhéal an chleachtais nó ar leibhéal an pholasaí an ghné fheidhmeach seo is mó is féidir a fhoghlaim le himeacht ama ar bhonn modheolaíochtúil. Bíonn an taighdeoir ag iarraidh a bheith ag plé le coincheapa suibiachtúla agus le cumarsáid idirshuibiachtúil ar bhonn feidhmeach agus le cabhair na scáthántachta. Leis sin, beidh léiriú de shaghas éigin ar cheist lárnach ann, conas agus cé chomh fada agus is féidir gné na brí, gné nach féidir a chur in iúl go beacht sna staitisticí agus sna léaráidí, a thabhairt isteach i bpróiseas deartha an pholasaí? Is léir nár cheart staidéar a dhéanamh ar fheiniméan ar bith gan aird a thabhairt ar ghné na brí. Bíonn gné na brí le feiceáil i bhfad níos mó na laethanta seo i dtaighde urraithe ag eagraíochtaí poiblí, i bhfoirm taighde eitneagrafaíochta mar chuid de thuairisc ar 'fhadhb shóisialta' ach go háirithe. Mar sin, ba cheart dúinn a bheith ag faire amach do na slite inar fearr tuiscintí cáilíochtúla a úsáid sna suíomhanna nua go héifeachtach ionas nach bhfanfaidh siad imeallach mar ornáid in aguisín tuairisce.

Ó thaobh modhanna oibre agus ábhair de, tá claonadh nua eitneagrafaíochta le feiceáil sna dána, sna hamharcealaíona agus sna taibh-ealaíona ach go háirithe.[17] Tá saol laethúil na ndaoine le brath go tréan sna healaíona trí úsáid a bhaint as agallaimh, pictiúr agus cultúr ábhartha an ghnáthshaoil i dtionscnaimh ealaíne. Cuir i gcás an sampla seo: 'People were instructed to use a camera to document their ways of living and the interiors of their apartments typical for people like themselves in 12 photos'.[18] Is modh eitneagrafaíochtúil amháin é seo chun léiriú a dhéanamh ar 'significance in the area of living'. An chéad uair a chonaic mé úsáid á baint as an modh seo ná i dtionscnamh mac léinn san Institut für europäische Ethnologie in Ollscoil Humboldt i mBeirlín na Gearmáine sa bhliain 1999. Bhíodar ag iarraidh teacht ar thuiscint ar stíl mhaireachtála na ndaoine in árasáin i bhfoirgnimh arda. D'iarr siad ar na rannpháirtithe grianghraif a thógáil agus iad a phlé ina dhiaidh sin i bhfoirm agallaimh. An chéad uair eile a chonaic mé a macasamhail, *montage* de ghriangraif a dhear ealaíontóir ar an gcaoi chéanna a bhí ann, agus a thaispeáin sé i dtaispéantas, mar shaothar ealaíne gan léiriú nó insint ó na faisnéiseoirí.[19]

Gné bhunúsach den ealaín ag druidim i dtreo na heitneagrafaíochta ná an chaoi a raibh an 'aghaidh ar an bpobal' lárnach. Déanann Lacy cur síos ar 'new genre public art':

> Dealing with some of the most profound issues of our time – toxic waste, race relations, homelessness, aging, gang warfare, and cultural identity – a group of visual artists has developed distinct models for an art whose public strategies of engagement are an important part of its aesthetic language . . . We might describe this as 'new genre public art,' to distinguish it in both form and intention from what has been called 'public art' – a term used for the past twenty-five years to describe sculpture and installations sited in public places. Unlike much of what has heretofore been called public art, new genre public art – visual art that uses both traditional and nontraditional media to communicate and interact with a broad and diversified audience about issues directly relevant to their lives – is based on engagement.[20]

Ní gluaiseacht nua í seo ach glacadh sa réimse oifigiúil ealaíonta le claonadh a bhíodh ar an imeall. Dar le Jacobs, 'new public art is not so much a movement of the nineties, a new way of working, as a way of working that has found its time'.[21] Tá an teacht i dtír seo le feiceáil in an-chuid ealaíne in Éirinn a dhíríonn ar cheantar logánta faoi leith. Tionscnamh fuaimealaíne ar an láthair a tharla ar an gcé i mBaile Átha Cliath ó Bhealtaine go Meán Fómhair 2007 ná *Murmur*. Deineadh agallaimh le muintir na háite mar chuid den tionscnamh seo. Agus tú ag gabháil thart sa cheantar bhí sleachta díobh ar fáil agat ar an bhfón póca.[22] Baineadh úsáid as agallaimh le dugairí sa tionscnamh ealaíne ar an láthair *Eyes of the Docks* i gCorcaigh sa bhliain 2006.[23] Chuaigh an t-ealaíontóir Michael Fortune ó Loch

Garman i ngleic le téamaí an bhéaloidis sa saol comhaimseartha ina thaifead físe agus ina ealaín shuite mar *The Banshee Lives in the Handball Alley, That's What We Were Told Anyway* agus *That's What They Say Anyway*.[24] Sa Ríocht Aontaithe, do bhunaigh an drámadóir Gregory Burke dráma a phléigh taithí bhaill reisimint 'Black Watch' airm na Breataine san Iaráic agus sa bhaile ar agallaimh le saighdiúirí. Is léir ó léirmheasanna gur chuir an ghné eitneagrafaíochta le héifeacht agus le cumhacht an dráma:

> Gregory Burke's magnificent Black Watch rips us out of our domestic comfort zone. His masterstroke is that he does not attempt to write a war drama. Instead, drawing on interviews with soldiers who fought in Iraq, he lets them speak in their own words. The result is a raw, rough, thrilling piece of reportage which takes us inside that incommunicable fire in the role of embedded audience... The fierce tribal loyalty and sense of ritual, with its kilts, pipes and red hackle on the Tam O'Shanter, are a seductive recruitment tool which could leave any peace-loving civilian cold. But Burke uses the simple, effective device of turning himself into a character: a nervous interviewer who meets the soldiers in a pub and asks the naive but obvious outsider's questions about their experiences. Through this the soldiers are humanised and dignified; we see beyond the uniforms to young men whose other careers might once have been in the pits or shipyards.[25]

Dar le Edwards, tá druidim le chéile le feiceáil idir an ealaín agus an antraipeolaíocht:

> Both anthropology and contemporary art have culture as their object and are concerned with the construction and processes of cultural knowledge. Anthropology and art can no longer be wholly conceptualized in terms of an 'objective/subjective' opposition, but rather as complementary stances in cultural and historical interrogation. They are overlapping sites of tracking, representing and performing the effects of cultural difference and the values these imply within contemporary life, offering alternative strategies to a 'scientific' understanding of culture.[26]

Bíonn féidearthachtaí agus dúshláin ag dul leis an ngluaiseacht seo. Dar le Marcus, dob fhéidir leis an antraipeolaíocht léiriú tábhachtach a fháil ar an gceird trí chaidreamh leis na dána:

> For anthropologists to have explored the aesthetics of inquiry would have required styles of thinking, rhetoric, and practice – keyed to the notion of experimentation – that proved unacceptable to the boundary-keeping institutional and professional rules of order in the academy . . . Only artists, who understood the task of ethnography

> more deeply than most other artists have in the heady era of disciplinary mixings that we have just gone through, might, in pursuing their own license, show anthropologists something important about their methods that they could not see as clearly for themselves.[27]

Bíodh mar atá, bíonn slí d'easaontas is míchompord sa chaidreamh idir eitneagrafaithe agus ealaíontóirí. Ag féachaint ar an *montage* grianghraf thuasluaite, nó ag éisteacht leis an bhfuaim in *Eyes of the Docks* dom, bhíos míshásta nár dhein an t-ealaíontóir iarracht tuairim na ndaoine sna grianghraif a chur in iúl nó a fháil ar an gcéad lá, agus nach raibh an fhuaim soiléir go leor lena dhéanamh amach go hiomlán agus nach raibh mórán do na hagallaimh le cloisteáil. Tá gnéithe éagsúla le meas anseo. An toisc gur eitneagrafaí mé a bhí mé míshásta le, mar a cheap mé, easpa doimhneachta agus uigeachta sa chur in iúl? Ar cheart sealbhú éadomhain mar seo ar na modhanna eitneagrafaíochtúla a thrust? Ar cheart muinín a chur i sealbhú leaganacha a bhaineann le saol na ndaoine gan meas ar an bpróiseas, mar a bheadh 'found objects' daonna i gceist?[28] An bhfuilimid amhrasach i dtaobh na healaíne ar bhonn 'proprietary reaction formation', is é sin le rá an fonn a bheadh ar dhámha a gcríocha féin a chosaint. An ró-éasca dúinn a shamhlú nach bhfuil in ealaín den tsórt sin ach 'yet another appropriation, with implied incompetence, lack of conviction, and so forth, of "our" anthropology without consultation.'[29] Conas is ceart dúinn a bheith ag plé le coincheap mar údarás eitneagrafaíoch?[30] Cén ról atá ag an gcur in iúl san ealaín agus san eitneagrafaíocht? Céard faoin mealltacht atá ag catagóir na barántúlachta agus an rud nach meastar go bhfuil idirghabháil déanta air do eitneagrafaithe agus sa saol comhaimseartha?[31]

Is léir go bhfuil réimse torthúil amach romhainn sa chás seo chun dul i ngleic leis na dána agus leis an ealaín phobail ar bhonn teoiriciúil nó feidhmiúil, ealaín a mheas i gcomhrá le healaíontóirí, dul i mbun comhoibrithe leo agus a bheith ag feidhmiú ar bhonn cruthaitheach. Tá an eitneagrafaíocht tar éis teacht i dtír ar réimse eagraíochtaí an phobail leis. Tá suim inti agus sa stair ó bhéal ag údaráis áitiúla, cuir i gcás, ní hamháin i gcomhthéacs ealaíne pobail[32] ach i réimse na hoidhreachta freisin.[33] Tá glacadh leis an stíl eitneagrafaíochtúil le brath sna meáin chraolta. Ag tús na nóchaidí nuair a chuir Paddy O'Gorman cláir raidió amach agus é ag caint le gnáthdhaoine amháin,[34] ba bhlas cuíosach nua ar Raidió 1 é. Anois tá méadú mór tagtha ar líon na gclár faisnéise a bhfuil stíl agus blas agus ábhar pearsanta, eitneagrafaíochtúil iontu ar Raidió 1, Lyric FM agus teilifís RTÉ. Tá taithí fhada ag meáin na Gaeilge ar bheith ag éisteacht agus tá béim fós acu ar chomhrá a chuireann taithí choitianta nó neamhchoitianta an duine i láthair.[35]

Athrú ar Chúrsaí Teicneolaíochta

Maidir leis an athrú ar chúrsaí teicneolaíochta cuireann teacht éasca agus cuibheasach saor ar theicneolaíocht dhigiteach, taifead fuaime is físe cruth nua ar na féidearthachtaí a bhaineann le modhanna oibre sa ghort. Cuireann úsáid bogearraí ar ár gcumas an t-ábhar a láimhseáil go héasca agus go tapaidh, mar shampla le heagarthóireacht fuaime dhigiteach, rud a chuireann go mór lenár roghanna i leith scaipeadh an ábhair. Is mó dúshlán agus deis a chuireann an gréasán domhanda i dtreo na heitneagrafaíochta mar láthair thaighde, mar láthair chultúrtha nó mar láthair scaipthe.[36] Bíonn cúram eitice ag gabháil le taighde a dhéanamh agus ábhair a scaipeadh ar an ngréasán, dar ndóigh, nár mhiste aghaidh a thabhairt air as seo amach.[37] Le teilifís réaltachta, blagáil, agus úsáid suíomhanna mar *YouTube* agus *MySpace* tá athrú ag teacht ar an gcaoi ina gcuireann daoine gréasán sóisialta le chéile, sa chaoi ina dtuigeann siad coincheap an ghréasáin shóisialta agus an chaoi ina meastar an réimse poiblí agus an réimse príobháideach. Tá taithí ag daoine anois ar thaifead agus scaipeadh ilmheánach a dhéanamh ar a saol féin mar ghníomh laethúil: sealbhú na ndaoine ar réimse traidisiúnta na heitneagrafaíochta? Bíonn féidearthachtaí iontacha ann chun dul i ngleic leis an bpobal agus chun rannpháirtíocht níos iomláine a bhaint amach trí úsáid an idirlín. Bíonn comhoibriú agus éiteas cothromaíoch mar cheann de na físeanna a chuirtear ina leith agus traidisiún ann do chomhroinnt na húdarachta.[38]

Cá Seasaimid?

Cá seasaimid, mar sin, sa láthair seo? Tá athruithe tagtha ar an ngréasán sóisialta, ar ár dtuiscint ar an gcultúr agus ar an teicneolaíocht agus glacadh leis an eitneagrafaíocht mar mhodh fiúntach go forleathan san acadamh, sna dána, i measc eagraíochtaí poiblí agus sna meáin le feiceáil. Níor mhiste dúinn leanúint ar aghaidh lenár ngnáthghníomhachtaí agus anuas air sin leas a bhaint as an staid, chun cur leis an léann agus le leas na sochaí.

Is mó ról is féidir leis an eitneagrafaíocht a ghlacadh. Tógfaidh mé téama na himirce mar léiriú sciobtha ar an scéal. Tá páirt le glacadh ag an eitneagrafaíocht i staidéar ildisciplíneach ar an bhfeiniméan agus ar a leanann é. Deir Castles, 'The experience of migration embraces every dimension of human existence, and thus provides descriptive and analytical tasks for all the social sciences, from the macrosocial perspectives of economics and demography through to the micro-level approaches of anthropology, psychology or cultural studies'.[39] Déanann Wilding cur síos ar na slite inar chuir taighde eitneagrafaíochta le léann na himirce:

> Anthropologists of the transnational have made significant contributions to the documenting and theorising of the details of everyday lives in which the local and the global are mutually-defining; they have contributed to understandings of a world order in which geographic place has become a more nuanced and less determining factor than it may once have been. Ethnographers of the transnational have also made important contributions in pointing to the ways in which different groups have differential access to transnational processes, and diverse levels of interest in engaging in transnational practices.[40]

Tá an-chuid samplaí i réimse na n-ealaíon agus na músaem de thionscnaimh a dhíríonn isteach ar théama na himirce go heitneagrafaíochtúil. I dtionscnamh 'Imagine Identity and Culture' – 'a centre for the visual representation of migration and cultures' – bunaithe i mBijlmermeer, bruachbhaile in Amsterdam, bruachbhaile a dtagann an-chuid dá phobal ón Suranam, ón Tuirc, ó Ghána agus ó na hAintillí, chuireadar tionscnaimh ar bun a chuaigh i ngleic le cúrsaí cuimhne agus logántachta i slí rannpháirtíoch, 'Imagine Identity and Culture is the first cultural organization in the Netherlands to highlight the culture and identity of migrants as seen from their own perspective. Imagine IC invites people to describe their history and culture by means of various activities. It then uses these stories to create exhibitions, audio-visual programs and digital productions for both newcomers and residents'.[41] Tá réimse leathan tionscnamh le feiceáil ar an suíomh idirlín: bialann fhánach 'Lucky Mi Fortune Cooking' agus 'Tracks and Trails'; camchuairt tríd an gceantar ina bhfaightear cuimhne agus scéalta mhuintir na háite i bhfoirm íomhánna, scéalta agus físeanna ar *smartphone*; agus *Xpats*, a bhfuil leabhar aíonna ar líne leis ina gcuireann daoine a bpictúir, a gcuimhní agus a gceisteanna féin i bhfoirm scríofa agus i bhfoirm MP3.[42]

In eochairléacht do chuid chomhdháil *Société Internationale d'Ethnologie et de Folklore* rinne MacDonald cur síos ar an gcaoi a mbíonn músaeim ag dul i ngleic le hiomadú ilchineálacht chultúrtha i measc a gcuairteoirí agus ina gceantair. Rinne sí trácht ar thaispeántais i músaeim éagsúla a raibh gnéithe mar a chéile iontu. Taispeántais de ghrianghraif mhóra portráide d'imircigh, le pictiúir agus le sliocht gairid 'ina bhfocail féin' scríofa ag dul le gach uile dhuine. Bhí claonadh le brath dar léi a bhí ag dul i gcoinne aidhm na dtaispeántas, 'the individualisation of "the other"', go rabhadar á gcur in iúl mar 'sea of smiling faces'.[43] Ar chóir dúinn mar eitneagrafaithe a bheith ag faire amach don gclaonadh seo agus dul i ngleic leis an easpa doimhneachta agus uigeachta sa chur in iúl, leis an leamhadh eispéiris dhaonna seo a shéanann aidhmeanna na heitneagrafaíochta?

Is cuid de thaithí shóisialta chultúrtha na hÉireann í an imirce, idir eisimirce, imirce shéasúrach agus inimirce. Sa tréimhse 1991–1996 tháinig athrú ar shruthanna imirce sa tslí is go raibh níos mó daoine ag teacht (nó ag teacht ar ais) ná mar a bhí ag fágáil.[44] Sa bhliain 2006 bhí 419,733 eachtrannach ina gcónaí go hoifigiúil sa Stát.[45] Fiú muna leanann an inimirce mar atá, tá an tírdhreach daonra agus cultúrtha athraithe go deo. Dá bhrí sin, agus de réir athruithe eile, tá féiniúlacht phearsanta agus féiniúlacht chultúrtha mar ábhar buartha agus ábhar machnaimh in Éirinn na laethanta seo. Dar le Corcoran agus Share, 'Ireland has seen a destabilisation of social identity and modes of belonging.'[46] Tá agallamh poiblí ag dul ar aghaidh go foirmeálta agus go neamhfhoirmeálta a bhaineann úsáid as téarmaí mar chultúr, féiniúlacht chultúrtha, caidreamh ilchultúrtha, comhtháthú, agus barántúlacht chultúrtha. Tá sé de dhualgas orainn dul i ngleic leis an gcomhrá sin ach go háirithe ós rud é go bhfuil formhór de na téarmaí sin tar éis éalú ó réimse na teoirice cultúrtha agus ós rud é go bhfuil réimse leathan bríonna á chur ina leith de réir aidhm an chainteora.[47]

Níor mhiste dul i ngleic leis na hathruithe seo le taighde sa ghort freisin agus ní hamháin chun cur le teoiricí na himirce. Déanann scaipeadh poiblí (leabhair, cláir raidió nó theilifíse, suíomhanna idirlín, taispeántais ealaíne nó féile) ar obair eitneagrafaíochta idirchultúrtha ról a chomhlíonadh atá, seans, chomh tábhachtach le hobair anailíseach.[48] Leis sin, táimid ag cur léirithe ar thaithí, ar shaol laethúil agus ar mheon an duine eile ar fáil sa réimse poiblí i slí ná deintear in ailt iriseoireachta nó i gcláir fhaisnéise sna meáin chraolta a dhíríonn isteach ar cheisteanna 'móra' amháin.[49] Is ról é seo is féidir a shamhlú ar shlite áirithe le feidhm fhear nó bhean an tí sa teach airneáin, comhthéacs nó suíomh a chur ar fáil chun go mbeadh caidreamh agus comhrá ann, chun gur féidir leis an bpobal a bheith ag seanchas chun go dtuigimid cé 'sinn'. Is sa réimse seo, an cur in iúl díreach nó cruthaitheach freisin, is féidir linn a bheith ag plé go héifeachtach leis an rud diúltach, é a chur amach gan bhreithiúnas nó anailís.[50] Nuair a bhíonn dualgas an léimh nó an chiallaithe ar an lucht féachana nó éisteachta nó ar léitheoir, is féidir níos mó a bhaint amach le téamaí is taithí daoine a chur amach, a scaoileadh, a théann i ngleic leis an bpobal i slí nach n-éireodh le tráchtas nó le tuairim acadúil.[51] Is dúshlán dúinn focail Marcus:

> At best contemporary anthropology provides a license and an authority to engage, not a reception itself. No wonder then the current dominant impulse and fashion at the core of the discipline to call for a public anthropology – it remains to think through what this means beyond doing good. In this license, the function of ethnographic research out of anthropology becomes a mediation in some sense; it sutures communities and contexts together in addressing those communities, in presenting its results in constructed contexts of collaboration[52] . . . Ultimately the work of ethnography is a powerful, critical mediation between sites of knowledge making and sites of everyday life that they impact at different scales.[53]

Nuair a shamhlaím Gearóid Ó Crualaoich sa choláiste, sa teach tábhairne i mBaile an Fheirtéaraigh, mar aoi ag seoladh leabhair, sa chathair, is íomhá í a fhanfaidh liom go deo: é i gcomhrá, a chloigeann ar leataobh aige, agus é claonta beagáinín i dtreo an té atá ina chuideachta, ag éisteacht. Má éiríonn linn leanúint ar aghaidh ag éisteacht le suim, meas agus macántacht ar an gcaoi chéanna, seans maith go mbeidh éifeacht agus fiúntas lenár gceird amach anseo.

Ag Teacht Aniar:
Dioscúrsa na Gaeilge agus 'Athghabháil' Ráth Chairn

Steve Coleman

Tráthnóna Aoine an Chéasta sa bhliain 1934 thug breis is dáréag fear ó Chonamara a n-aghaidh soir. Ag taisteal ar rothair san oíche dóibh, ar fhaitíos go stopfadh na Gardaí iad, chuadar chomh fada le Baile Átha Cliath, áit ar chasadar leis an Taoiseach, Éamon De Valera.[1] Baill de Mhuinntir na Gaedhealtachta a bhí iontu, brúghrúpa a bunaíodh i 1933 chun ceart agus maoin a éileamh do Ghaeilgeoirí bochta na tíre.[2] I measc na n-éileamh a chuireadar os comhair De Valera, bhí an t-éileamh go n-aistreofaí teaghlaigh Ghaeltachta a bhí ar an ngannchuid soir go lár na tíre. Cheana féin, bhí Coimisiún na Talún tosnaithe ar ghabháltais mhóra talún san Oirthear a bhriseadh suas agus feirmeoirí bochta a athlonnú iontu. Is athlonnú *pobail* seachas aistriú teaghlach aonair a bhí i gceist ag Muinntir na Gaedhealtachta. D'éirigh leo sa mhéid is gur bunaíodh dhá 'choilíneacht Ghaeltachta' i gContae na Mí, Ráth Chairn agus Baile Ghib, i lár na ndaichidí.

Dhearbhaigh Pádraig Mac Donncha sa bhliain 1985 gur chuala sé an oiread sin scéalta faoi bhunú Ráth Chairn, an áit inar rugadh é féin, gur cheap sé go raibh sé feicthe aige féin. D'fhan na scéalta seo i gcuimhne na ndaoine mar cheangal idir am, áit agus pobal, ceangal a fheidhmíonn mar mhíniú ar an gcaoi ar tháinig pobal Ráth Chairn ar an saol.[3] Seo mar a chuireann Mac Donncha síos ar 'an tsiúlóid go dtí an Dáil' agus ar an gcruinniú le De Valera:

> Chuir an toscaireacht a gcás go láidir go raibh sé thar am na heastáit a bhí i lár na tíre a roinnt, gur chóir don Rialtas iad a thógáil ar láimh, agus iad a thabhairt do mhuintir an iarthair, mar dúirt Máirtín Ó Cadhain: 'Éire na ndaoine atá uainn, ní Éire na mbullán'. Dúirt Dev go raibh sé an-sásta leis na hargóintí a bhí déanta ag an toscaireacht ach go raibh ceist amháin le freagairt, céard a déarfadh sé le muintir Chontae na Mí nuair a bheadh sé ag tógáil na n-eastáit seo. Sheas fear amháin suas, Máirtín Ó Cofaigh, agus dúirt, 'Abair leo, gur chuir Cromail siar muid agus anois go bhfuil muid ag teacht aniar.' Dúirt Dev, 'Sin freagra an-mhaith, ní fhéadfadh sé bheith níos fearr'.[4]

Tá blas an mhiotais ar an scéal seo. Castar pearsa mhór chumhachtach le gnáthdhuine in áit i bhfad ó bhaile agus, tar éis trialacha agus coraíocht chainte, déantar margadh ina leagtar amach cruth nua an domhain atá le teacht. Más miotas bunúis é seo, ba in aon turas gur sna téarmaí seo a d'eagraigh Muinntir na Gaedhealtachta a gcuid agóidí; bhí uathu téarmaí tagartha a leagan síos agus dul i gcoraíocht le dioscúrsaí na hÉireann mar a fuaireadar iad sna daichidí. Athghabháil a bhí i gceist, ní hamháin ar thalamh na Mí ach ar dhioscúrsaí na tíre chomh maith. I dtuairim Uí Chiosáin, d'éirigh le Muinntir na Gaedhealtachta 'ceist na Gaeilge, athGhaelú na tíre, [a cheangal] le ceist na talún' sa chaoi is go raibh sé inghlactha ag an Rialtas na scéimeanna coilíneachta a bhunú.[5]

Dioscúrsaí Gaeilge agus Dioscúrsa na Gaeilge

Sa léacht 'Máirtín Ó Cadhain agus Dioscúrsa na Gaeilge' díríonn Gearóid Ó Crualaoich ar an teanga mar urlabhra seachas mar phatrún gramadúil, mar mheán gníomhaíochtaí sóisialta.[6] Pé luach atá ag teanga ar bith, is mar gheall ar go labhraíonn daoine í, daoine áirithe i gcomhthéacsanna áirithe, chun aidhmeanna ar leith a chur i gcrích i saol daonna áirithe. Baineann luach cultúrtha na teanga le húsáid shóisialta na teanga:

> Ní cuid de ghramadach ná de fhoghraíocht teanga é ó cheart an dioscúrsa. Tá baint níos mó aige le húsáid shóisialta teanga, leis an mbunleagan amach ócáidiúil, comhthéacsúil, cultúrtha, sóisialta, stairiúil-pholaitiúil a ghabhann le labhairt na teanga sin i measc daoine – is cuma an chun cumarsáide i dtaobh na haimsire nó chun léargas níos uaisle, níos áille, níos spioradálta (agus b'fhéidir gan iad san leath chomh praiticiúil) a déantar an urlabhraíocht chéanna.[7]

Ciallaíonn sé seo gur de bharr gníomhartha, urlabhra agus cur i láthair, a chruthaítear dioscúrsa. Braitheann siad seo ar rud níos buaine, ar an gcultúr féin mar chúlra agus fíor gach gnímh agus ar gach saghas tuisceana atá ag gabháil leis. Tugann Ó Laoire 'fíor tuisceana' ar an ngné seo de chultúr agus d'eispéireas an duine:

> Ní féidir le gach duine gach rud a fheiceáil agus is é atá i gceist leis an tuiscint páirt a ghlacadh in imeacht de chuid an traidisiúin. Bíonn gach duine páirteach i dtraidisiún de chineál éigin agus is fearrde tuiscint ar fhíoracha eile trí bheith feasach faoin phointe tosaigh.[8]

Céard is cultúr ann? Is féidir 'dearcadh ar an saol' agus samhlacha (athláithriú) an tsaoil a thabhairt air nó 'cumas láimhseála an tsaoil ábhartha'[9] ach is leagan amach sóisialta é an cultúr chomh maith. I gcás dioscúrsaí, bíonn bonnra[10] na cumarsáide go mór i gceist, is é sin caidreamh sóisialta na cumarsáide, na róil pháirtíochta a ghlacann na rannpháirtithe (nó a ndiúltaíonn siad dóibh). Déanann daoine iad féin a shuíomh maidir le rannpháirtithe na cumarsáide ach ag an am céanna déanann siad iad féin agus mionchomhthéacs na cumarsáide araon a shuíomh maidir le mórchomhthéacs an chultúir.

Saol Sóisialta Dioscúrsa

Is cuid lárnach de dhioscúrsa ar bith an chaoi a déantar urlabhraíocht, ráiteas, téacs nó a leithéid a scaipeadh agus a thabhairt i láthair. Dar le Warner, is féidir pobal a chruthú de bharr cúrsaíochta nó seachadtha téacsanna amháin.[11] Nuair a scaiptear téacs ar bith, glaotar nó toghairmtear pobal ar leith. Is é sin an saghas pobail a thagann ar an saol de réir mar a aithníonn lucht éisteachta, léitheoireachta nó féachana iad féin mar sheolaithe nó mar ghlacadóirí an téacs. Tarlaíonn sé seo má dhéantar amach ceangail idir théacs amháin agus téacsanna eile. Freagraíonn téacsanna a chéile sa réimse poiblí seo agus spreagann siad freagraí eile. Mothaíonn na daoine a ghlacann páirt – fiú más éisteoirí, léitheoirí nó lucht féachana iad seachas údair na dtéacsanna sin – gur cuid de phobal áirithe iad. De réir mar a théann an dioscúrsa i bhfeidhm, meastar gur tuairimí de chuid an phobail atá i gceist, is féidir glacadh leis na seasaimh seo nó diúltú dóibh i gcomhthéacsanna eile. Is é an ceangal féin idir ócáidí dioscúrsacha atá i gceist ag Warner le cúrsaíocht an téacs.[12]

D'éirigh le Muinntir na Gaedhealtachta ceist na Gaeilge agus ceist na talún a cheangal mar gheall ar an mbeartaíocht reitrice a rinne siad, gníomhartha poiblí, píosaí cainte agus scríbhneoireachta. Má éirigh bhí cúis eile leis chomh maith, is é sin go raibh teacht ar mheáin chumarsáide acu chun dioscúrsa a scaipeadh a rachadh i bhfeidhm ar phobal, pobal na Gaeilge agus na Gaeltachta, agus a chabhródh leis an bpobal sin chun é féin a chruthú. Mar atá léirithe ag Ó Ciosáin, bhí teacht acu ar nuachtán náisiúnta Gaeilge, *An t-Éireannach* mar shampla, a léití go forleathan sa Ghaeltacht.[13] Chomh maith leis seo, sna cainteanna poiblí agus ina gcuid foilseachán, cheangail siad ráiteas dála 'úinivéars siombalach dúchais is ea sibhialtacht shainiúil na tíre seo'[14] le ceisteanna an lae sa chaoi is go sílfí go raibh a ndearcadh polaitiúil, a gcuid aidhmeanna agus an feachtas a chuireadar sa tsiúl ag fás go nádúrtha agus go cinniúnach dlisteanach as an gcosmas céanna.

In óráid a rinne Máirtín Ó Cadhain ag Feis na Ceathrún Rua i 1934 tharraing sé ar sheánraí agus ar dhioscúrsaí an bhéaloidis agus an chultúir choitinn chun feachtas na talún, ceist na Gaeilge, cearta sibhialta Gaeilgeoirí agus eile a cheangal le stair na tíre agus le cruthú an domhain mar atá sé sin léirithe sa mBíobla fiú:

> Bhí súil againn, gurb é an chéad chuspóir a chuirfeadh riaghaltas dúthchasach roimhe fuigheall Gaedheal a fhuasgailt ó mhallacht Chromail. Badh í súil Uí Dhubhda le Árd na Ríogh againn í.
>
> Tá feilméaraí i lár na tíre, lucht na mbullán agus an fhéaraigh, lucht na mbolg sáthach agus an ghreim bhuig, agus níl siad sásta an leas a cheap Dia dhó a bhaint as táltaí míne méithe na tíre seo. Tá muidne sásta é dhéanamh.[15]

D'imir Ó Cadhain san óráid seo le luachanna agus le dearcaí cultúrtha a bhí, agus atá fós, coitianta in Éirinn. Go háirithe an dearcadh a dhéanann amach go bhfuil muintir an Iarthair chun deiridh ar mhuintir an Oirthir maidir le forbairt agus le nua-aimsearthacht de, ach má tá, gur daoine iad atá fós i dteagmháil le 'sibhialtacht shainiúil na tíre seo' ag an am céanna. Iompaíonn an Cadhnach an chéad chuid den chothromóid seo droim ar ais: tá muintir an Iarthair *níos nua-aimseartha* ná feirmeoirí na Mí, *agus* seilbh an dúchais acu i gcónaí.

Tugann Bakhtin focal déghuthach ar chainteanna a bhfuil dhá dhioscúrsa nó dhá dhearcadh chodarsnacha le sonrú iontu.[16] Ní gá ach focal amháin (.i. dioscúrsa) a úsáid chun dioscúrsaí eile a thabhairt i láthair. Ní féidir na focail seo a úsáid *gan* tarraingt ar dhioscúrsaí éagsúla gona meoin agus a ndearcaí féin.[17] Mar gheall air seo is coraíocht aon chur i láthair nó aon ghníomh urlabhra. Ní fhaightear cuspóir an údair nó an chainteora ach go hindíreach, tar éis próisis athraonta.[18] Tharraing dioscúrsaí Uí Chadhain agus Mhuinntir na Gaedhealtachta contrárthacht dhénártha idir 'Éire na mBullán' agus 'Éire na nDaoine' sa chaoi is gurbh ionann iad aige agus 'feilméaraí lár na tíre' *versus* 'muidne', .i. muintir na Gaeltachta thiar.

Is meathlú seachas dul chun cinn a bhí i gceist i gcás mhuintir lár na tíre sa chaoi go raibh muintir an Iarthair chun tosaigh orthu, níos nua-aimseartha ná *ranchers* Chontae na Mí. Is freagra é seo ar dhá dhioscúrsa, rómánsaíocht an Iarthair agus an díspeagadh ar an saol Gaelach a bhí ag teacht ó institiúidí agus ó mheáin chumarsáide an iarchoilíneachais. I ndioscúrsa an náisiúnachais chultúrtha in Éirinn sheas Iarthar na hÉireann do na luachanna coimeádacha a bhain le féiniúlacht, le glaineacht spioradálta, agus leis an aimsir chaite seachas leis an ábharachas, le nua-aoiseachas nó le saoltacht anaithnid na cathrach: '[the] choice of the continuity of identity and value as something superior in significance to any developments on the social and economic plane'.[19]

An Anailís Dhioscúrsach: Gné Fhileata an Téacs

Dar le Jakobson, tá comhdhéanamh fileata le fáil go forleathan i ngach saghas urlabhra. I seánra na filíochta féin is sampla í *an mheadaracht* de rud níos ginearálta, den chomhthreomhaireacht a thugann struchtúr do phíosa urlabhra ionas go n-aithnítear mar *théacs* é (.i. mar rud comhtháite a sheasann amach ó chomhthéacs éigin).[20] Ar leibhéal na reitrice de, cruthaíonn an chomhthreomhaireacht chéanna córas analachúil de shaghas a:b::c:d::e:f agus mar sin de, ag leagan síos cosúlachtaí agus contrárthachtaí chun cineál *argóna* a chruthú a thagann chun cinn le linn don dioscúrsa a bheith ar bun.

Tá dlúthcheangal idir chomhdhéanamh téacsúil an urlabhra féin agus an leibhéal sóisialta, deasghnáthach, de phróiseas a théacsaithe, is é sin, leagan amach ócáideach na hurlabhra agus an fhorbairt nó an claochlú a thagann ar an ócáid a fhad is a dhéantar an dioscúrsa a láithriú.[21] Sampla is ea an fógra-agus-freagairt idir Ó Cadhain agus an slua úd ag Feis na Ceathrún Rua a bhfuil a rian le feiceáil i gcomhdhéanamh an téacs atá foilsithe sa nuachtán *An t-Éireannach*. B'fhéidir nach raibh sé ar intinn ag na rannpháirtithe aon téacs seasta a chruthú san allagar féin ach má éiríonn an chaint craicneach, athróidh sí agus athróidh an ócáid ar bhealaí áirithe, mar atá léirithe ag Glassie agus mínithe ag Ó Crualaoich:[22]

> . . . le linn do seo a bheith faoi lánseol, áiríonn an mhuintir féin go dtarlaíonn casadh san ócáid urlabhra mar léiriú ar dhéine bhreise eile bheith tagtha sa chumarsáid a thógann go leibhéal eile fós é.[23]

Is cuid den déine bhreise seo an méadú a théann ar ghné fhileata na cainte, rud a dhéanann an chaint a théacsú mar rud inti féin, rud atá inaistrithe go dtí comhthéacsanna (.i. ócáidí) eile. Tugann Ó Crualaoich 'an Carúl cainte' ar

> ráiteas bunúsúil mullaigh a mbeidh údarás agus ealaíon ag baint leis ionas go bhfanfaidh sé beo i gcuimhne na ndaoine sa chomhluadar agus go mbeidh siad ag tagairt dó an lá dár gcionn nó sa chéad chumarsáid airneánach eile a mbeidh siad páirteach ann (e.g. 'Nach maith mar a dúirt x aréir, . . .'). Ní seanfhocal é an carúl ná aon chaint fhoirmiúil réamhdhéanta eile ach toradh cruthaitheach ealaíonta urlabhra a spreagann beocht agus déine na cumarsáide ar a bhfuil sé féin mar ornáid agus mar chlabhsúr sealadach.[24]

Is féidir comparáid a dhéanamh idir an carúl cainte seo agus foirmeacha seasta fileata i dtraidisiún béil an phobail ar nós seanfhocail, amhráin nó véarsaí filíochta. Go minic bíonn scéalta ag gabháil leo seo a mhíníonn comhthéacs, cúlra agus éifeacht na cainte. Fanann na téacsanna agus an insint a ghabhann leo mar léiriú i gcultúr an phobail ar éifeacht na hurlabhra fileata.[25] Is féidir féachaint ar an bpróiseas téacsaithe mar ghné bhunúsach den chultúr. Níl an difríocht chomh mór sin idir scríobh seo an chultúir i 'gcomhthionól fuinniúil fuinte' áitiúil agus an scríobh a bhaineann le mórphobail na meán cumarsáide. Sa dá chás, tarraingítear ar na hacmhainní céanna séimeolaíocha ach nuair a chraoltar píosa comhrá tagann claochlú ar leagan amach na cainte chun fothaí na cumarsáide a leathnú. Is sampla de seo an chaoi a láimhsítear gníomh tagartha agus *deixis*.

Tá gníomh tagartha i gceist aon uair a úsáidtear comhartha innéacsach, comhartha atá bunaithe ar theagmháil nó a bhunaíonn teagmháil leis an gcomhthéacs urlabhra.[26] Baineann an tagairt le *deixis*, gné innéacsach na hurlabhra .i. comhartha ar bith (focal, gotha, mír) sa chumarsáid a fhaigheann a chiall ó chomhthéacs na hurlabhra. Tagann ciall don phíosa cumarsáide mar gheall ar bhrí na bhfocal agus ar an ngné innéacsach chomh maith.[27] Is focail *deictic* iad na dobhriathra treo mar shampla, na focail thaispeántacha, na forainmneacha pearsanta, agus mar sin dóibh.[28] Tá réimse forleathan de chomharthaí innéacsacha i gcumarsáid ar bith, mar is féidir beagnach gach eilimint den chumarsáid a líonadh le brí chomhthéacsúil, chun mothúcháin a léiriú nó caint a ghuthú (le cur in iúl gur aithris atá i gceist), lena bheith íorónta nó béasach, agus mar sin de.[29]

An Ócáid agus an Chaint

Féachfaimid anois ar phíosa comhrá atá bunaithe ar chaint phobail áitiúil amháin ach a fheidhmíonn mar chaint phoiblí sa bhrí atá i gceist le Warner. Seachtain na Nollag 1992 agus mé i mo chónaí i Ráth Chairn tháinig bean ón gComharchumann chuig an doras. Bhí Raidió na Gaeltachta ag déanamh cláir faoin áit agus d'iarr sí orm teacht go dtí oifig an Chomharchumainn le páirt a ghlacadh ann. Chuas isteach agus bhí thart ar scór duine bailithe ann idir óg agus aosta. Bhí Mattie Joe Shéamais (Máirtín Ó Fátharta) – MJS feasta – ó Raidió na Gaeltachta istigh i seomra cruinnithe ag caint leis 'an seandream' agus d'fhan an chuid eile taobh amuigh ag éisteacht go dtí go raibh sé in am dul isteach. Bhí daoine tagtha abhaile as Sasana agus áiteanna eile le haghaidh na Nollag mar is iondúil agus sprid na féile san aer agus atmaisféar éadrom ann. Chuir MJS agallamh ar go leor de mhuintir na háite ach is é an seandream a fuair an phríomháit sa gclár a craoladh. Bhí dhá phíosa comhrá aige leo seo. Sa chéad phíosa bhí na mná ag cur síos ar dheasghnátha na Nollag i Ráth Chairn agus sa dara píosa bhí na fir ag scéalaíocht ar eachtraí áirithe a bhaineann le bunú Ráth Chairn agus ar an gcéad Nollaig i gCo. na Mí.[30]

Tosaíonn an clár le hagallamh le MJS féin agus píosa ceoil uaidh agus tugtar le tuiscint dúinn go bhfuil an blúire seo suite i gCasla tar éis do MJS filleadh ó Ráth Chairn. Ansin cloisimid an mhír seo:

MJS: Sciorraimid aniar go Ráth Cairn anois, ach fanfaimid ag cuimhneach ar an áit thiar. Cúigear den chéad dream a tháinig aniar anseo atá os cionn leathchéad bliain ó shin. Agus tá mé cinnte go bhfuil cuimhne mhaith acu, is iad atá go maith ag caint, bail ó Dhia orthu! agus iad roinnte go breá againne idir fhir agus mhná. A SÓC, is dóigh go bhfuil cuimhne mhaith agatsa ar an difríocht a bhí idir Ráth Cairn agus an Máimín don chéad Nollaig údaí.

Sa mhír seo aistríonn MJS bonnra an chláir ó Chasla go dtí Ráth Chairn sa chaoi is go n-athraíonn brí an fhocail '*anseo*'. Ag an am céanna, cruthaíonn MJS frámaíocht bunaithe ar an gcodarsnacht idir an dá láthair, *an áit thiar*, is é sin le rá Conamara agus *anseo* nó Co. na Mí ar ndóigh. Éiríonn leis an straitéis chainte seo an comhrá a stiúradh agus comhdhéanamh fileata a chruthú bunaithe ar chomparáid idir áiteanna. Déarfaidh MJS 'sa mbaile' agus Conamara i gceist chomh maith, chun an coincheap a aibhsiú gurb ionann iad muintir Chonamara agus muintir Ráth Chairn agus go bhfuil an nádúr céanna iontu. Athraíonn scóip agus brí na dtéarmaí innéacsacha seo le linn an chomhrá.[31] Freagraíonn SÓC é agus é ag glacadh leis gur 'cuimhní cinn/caint faoi shean-nósanna' iad na frámaí nó na seánraí seanchais a bhí i gceist sa chlár:

SÓC Ó, tá, bhuel, cuimhním maith go leor mar a déarfá. Bhí mé óg go maith ag an am. Bhí mé ag tarraingt idir . . . idir aon bhliain déag 's dhá bhliain déag, nuair a thána' mé anseo, ach . . . cuimhním, an dtuigeann tú, an chéad Nollaig. Tháinig muid aniar an dtuigeann tú, an dóú lá déag d'Aibreán, agus bhí muid anseo mar a déarfá ar fud na bliana amach go Nollaig. Ach ansin mar a déarfá faoin Nollaig . . . bhí muid . . . na gasúir mar a déarfá ag iarraidh a bheith 'goil thart agus, breith ar an dreoilín. Ach chaitheadh an dreoilín a bheith ag 'chuile dhuine, an dtuigeann tú, b'in a n-iarradh 'chuile dhuine ach chaithfeadh an dreoilín a bheith agat mar a déarfá le haghaidh goil thart Lá 'le Stiofáin an dtuigeann tú, le haghaidh na pinginí a bhailiú. Agus chaithfeadh an dreoilín a bheith beo. Agus bhí muid ag ceapadh an dtuigeann tú go raibh sé ar nós, mar a déarfá, thiar i gConamara, b'fhéidir go raibh sé sách deacair a bhreith ar an dreoilín in áit ar bith. Ach bhí sé seacht n-uaire níos measa a bhreith air i gContae na Mí. Mar . . . bhí na . . . na claíocha seo, na sceacha, agus 'chuile shórt an dtuigeann tú agus a bhíodh an dreoilín agus . . .

MJS: Ní raibh portach ar bith anseo an raibh?

SÓC: ... bhuel, bhí portach ann ach ní raibh sé chomh gearr dúinn, mar a déarfá, bhí sé ... an portach, bhí sé trí mhíle uainn amuigh ar an Ráth Mór.

MJS: Ní raibh aon tithe ceann tuí anseo, ní raibh?

Cuireann MJS isteach ar chaint SÓC le dhá cheist faoi na háiteanna ab fhearr chun breith ar dhreoilín, an portach agus tithe ceann tuí, dhá rud a shamhlaítear leis an Iarthar uaireanta nó leis an mbochtanas. Leis na focail seo tograítear an 'spás frámaíochta soch-chultúrtha' ina seasann an t-iarthar don bhochtanas agus an t-oirthear don dul chun cinn agus mar sin de, rud a threascraíonn SÓC ar an toirt:[32]

SÓC: Ó bhí. An bhfuil a fhios agat cén chaoi a bhfuil sé anois mar a déarfá, tá muid ag caint anseo ar rudaí, ach nuair a tháinig muid i gContae na Mí, bhí muid ag ceapadh go raibh muid féin bocht i gConamara. Ach bhí tithe i gContae na Mí seacht n-uaire déag is fiche níos boichte, agus daoine i gContae na Mí níos boichte ná a bhí i gConamara.

MJS: Muise.

SÓC: Bhí. Sin í an fhírinne. Bhí tithe ceann tuí ann, agus ... an teach i gConamara, an dtuigeann tú, bhí balla breá cloch faoi. Ach na tithe i gContae na Mí, bhíodar déanta as créafóg. Agus ...

MJS: 'Bhfuil tú á rá go raibh sé níos measa as ...?

SÓC: I bhfad Éireann níos measa as.

MJS: Agus nach raibh siad in ann an oiread spraoi ná caitheamh a dhéanamh aimsir na Nollag agus a dhéanfaí sa mbaile?

Leis seo tarlaíonn an 'casadh san ócáid urlabhra' atá i gceist ag Ó Crualaoich a athraíonn bonnra an chomhrá, idir chaidreamh na rannpháirtithe lena chéile go sóisialta agus a meon i leith ábhar na cainte.[33] Déanann SÓC agus MJS iarracht frámaíocht a chruthú ina bhfuil cuid de na luachanna cultúrtha a bhaineann le 'hiarthar' agus le 'hoirthear' aisiompaithe. Maidir le ceist na Nollag, is beag nach maíonn MJS gur flaithiúla muintir 'an bhaile' (.i. Conamara) ná muintir dhúchasach na Mí, beart a d'athródh an chodarsnacht go dtí comparáid idir nádúr an duine sa dá áit, ceist mhorálta seachas ceist thíreolaíochta. Séanann SÓC an méid sin áfach, ach ansin insíonn sé scéal faoi shiopadóir i gCo. na Mí, scéal a bhfuil an bhrí chéanna leis:

SÓC: Bhuel, níl mé anois á rá tada mar gheall air sin an dtuigeann tú, ach i dtaobh anois mar a déarfá ... an chéad Nollaig an dtuigeann tú, agus mar a déarfá mo mháthair – go ndéana trócaire uirthi! – agus, m'athair agus i gConamara thiar an dtuigeann tú is cuimhin liom uair amháin anois, b'fhéidir an Nollaig sular tháinig muid anseo, nó an Nollaig roimhe sin, fuair muid mála plúir ó Dick, de bhronntanas, agus b'uafásach an rud é sin, mar a déarfá i naoi déag tríocha cúig nó tríocha ceathair, mála plúir mar bhronntanas ó siopadóir. Ach ansin i gCo. na Mí, an dtuigeann tú, b'fhéidir nach bhfaighfeá, b'fhéidir go bhfaighfeá cáca beag milis, agus *calendar*. Sin a raibh le fáil air . . . [tar éis a bheith ag] siopadóireacht ann ar feadh na bliana uilig.

MJS: Bhí an gnás sin anseo? Go dtabharfaí beagán eicínt?

SÓC: Ó bhí. Gheofá rud eicínt beag eicínt mar sin mar a déarfá, *calendar*, agus is dóigh go rabhadar le fáil gan tada, an dtuigeann tú? Agus b'fhéidir go bhfaighfeá an cáca beag a dtabharfaidís *brack* air nó rud eicínt mar sin an dtuigeann tú. Ach . . . bhí difríocht mhór idir é féin agus Conamara i dtaobh bronntanais. Ach i dtaobh an dreoilín agus i dtaobh an obair sin an dtuigeann tú, ach ansin mar a déarfá ní raibh caint ar bith ar an dreoilín seo i gContae na Mí an dtuigeann tú, ach thagadh na daoine thart agus iad gléasta mar a déarfá bhíodh . . . bhídís péinteáilte suas an dtuigeann tú agus éadaí difreáilte orthu agus *rag*annaí agus [dothuigthe] an dtuigeann tú ag bailiú airgid agus ag gabháil fhoinn . . .

Feicimid anseo comhdhéanamh fileata an chomhrá, an chodarsnacht idir 'thiar' agus 'anseo' forbartha ina chomparáid idir réimse leathan comharthaí a bheireann leo luachanna áirithe cultúrtha. Le himeacht an chomhrá, forbraítear na téarmaí tagartha sa chaoi chéanna agus a fhorbraítear téarmaí tagartha argóna. Oibríonn an argóint seo ar nós miotais, le hoibiachtaí nó le híomhánna coincréiteacha seachas coincheapa teibí.[34] Go dtí seo tugtar sraith de chodarsnachtaí dénártha le tuiscint:

'an áit thiar' : *'anseo'* ::
An Máimín/Conamara : Co. na Mí ::
portach : talamh maith ::

χ

teach ceann tuí : teach créafóige ::
mala plúir : cáca beag milis

Tarlaíonn casadh ar nós croseagair i lár na sraithe agus iompaítear luachanna i dtéarmaí atá follasach:

bochtanas : saibhreas ::

χ

flaithiúlacht : sprionlaitheacht

Déanann SÓC iarracht cúlú ar ais sa bhfráma 'caint faoi chuimhní cinn/sean-nósanna' agus é ag iompú ar an dreoilín, nuair a thrasnaíonn CPC é. Déantar saghas idirbheartaíochta agus cleithmhagaidh chun cead cainte a thabhairt dó. Leis seo tagann casadh eile agus 'déine bhreise' mar a thugann Ó Crualaoich air, sa chomhrá, agus iomaíocht bheag idir na hagallaithe:

CPC: . . . ag casadh ceoil.

SÓC: Ag casadh ceoil, agus rudaí den tsórt sin, an dtuigeann tú?

MJS: Sin iad na *strawboys* is dóigh.

SÓC: Sin iad na *strawboys*. Agus . . . sin é an chaoi a raibh sé. Bhuel, a CPC: b'fhéidir go raibh. . .

MJS: Tá mé cinnte go bhfuil cuimhne mhaith ag CPC ar an difríocht a bhí idir Inis Treabhair agus an taobh seo nuair a. . .

CPC: Ó tá cuimhne mhaith agam air mar a raibh. . .

MJS: Cén aois a bhí tusa a CPC, nuair a . . . nuair a . . .?

CPC: Bhí mé seacht mbliana déag, im fhear óg, nó bhí mé a' déanamh fear óg dom péin ar chuma ar bith! Bhí mé déanamh fear óg dom péin ar aon bhliain déag.

MJS: Bhí tú tosaithe ag gabháil amach an raibh?

CPC: Bhuel, sin an chaoi a raibh sé an bhfuil a fhios agat, chaithfeadh . . . tú a dhéanamh i gConamara id fhear óg mar . . . mar a bhí muid thiar ar an oileán . . . bhí sclábhaíocht go leor. . .

Duine anaithnid: Tá tú ag déanamh fear óg dhíot féin i gcónaí!

CPC: . . . Bhí sclábhaíocht go leor ar an oileán. Agus chaithfeadh tú, do . . . shreang a tharraingt ar an oileán an bhfuil a fhios agat, mar, ní hionann é féin agus anseo, bhí inneall anseo, nó bhí capall ag déanamh an obair ach chaithfeadh tú é a dhéanamh le do lámha thiar. Ach bhí an t-oileán go hálainn faoin Nollaig, nuair a ghabhthása anois go Eanach Mheáin anoir go dtí Ros Muc go d'fheicfeadh tú an t-oileán lasta uilig le coinnle. B'iontach an radharc é istigh i lár na farraige mar a déarfá. An rud céanna a tharla anseo [i Ráth Cairn] anois. Nuair a imigh muid aniar anseo i dtosach, chaithfeadh 'chuile dhuine bheith istigh oíche Nollag. Sin uimhir a haon. Uimhir a dó, chaithfeadh na fataí a bheith agat ag a sé a chlog tráthnóna, agus breac. Agus an doras a fhágáil oscailte go mbeadh sé a dó dhéag san oíche. Sin í an gnás.

Cuireann CPC le téama na flaithiúlachta agus an chaithimh agus é ag cur síos ar an obair chrua a bhíodh ann, ar mhaithe le treoir agus teagasc a thabhairt do na glúine óga is dóigh, agus an chaoi cheart chun an Nollaig a cheiliúradh. Déanann sé 'argóint' an chomhrá a fhorbairt go mór le híomhá an fháinne lasraigh, rud a sheasann mar chomhartha don phobal lena theaghlaigh bailithe le chéile agus deasghnáth na

Nollag á dhéanamh go beacht acu. Feicimid go bhfuil argóint an chomhrá ar fad comhdhlúite i siombal seo an fháinne.

Tarlaíonn casadh eile i gcomhdhéanamh an chomhrá anois nuair a athraíonn tagairt an fhocail 'anseo' ó 'Ráth Chairn (seachas Conamara)' go dtí 'Ráth Chairn (seachas Contae na Mí)'. Is iad na difríochtaí i nósanna na Nollag ba chúis le taibhsiú osnádúrtha Ráth Chairn do mhuintir na Mí:

MJS: Anseo?

CPC: Anseo. Agus, rud eile, ní raibh a fhios ag muintir an chontae seo, an bhfuil a fhios agat, faoi na coinnle a bheith lasta ins . . . insna fuinneoga ar chor ar bith. Ach, nuair a bhíonn na soilse lasta uilig, na coinnle i 'chuile fhuinneog agus, bhí fear Chontae na Mí 'breathnú, ní raibh a fhios aige sa, sa domhan brách céard as a dtáinig na soilse uilig. Bhí an cnoc le feiceáil acu sa lá, agus nuair a thit sé ina oíche, bhí sé lasta thimpeall fáinne, mar a bheadh fáinne lasta amuigh sa bhfarraige. Agus dúirt siad, 'tá rud eicínt tarlaithe' a deir siad. Lá arna mhárach ansin an bhfuil a fhios a'd, bhí seandaoine a bhí i Ráth Cairn, bhí siad ag inseacht dóibh an bhfuil a fhios agat 'sé an gnás a bhí thiar, go lasfaí coinneal i 'chuile fhuinneog. Dhá mbeadh ar an teach ach fuinneog amháin 's dhá mbeadh míle fuinneog air, lasfaí coinneal i 'chuile fhuinneog. D'fhágfaí an doras oscailte go mbeadh sé a dó dhéag san oíche. Agus 'chuile dhuine istigh, oíche Nollag. Cuma cá mbeifeá, dhá mbeifeá thar lear fhéin, bheifeá ag iarraidh a bheith sa mbaile oíche Nollag, Meiriceá nó Sasana, cuma diabhal áit, bheifeá ag iarraidh a bheith sa mbaile oíche Nollag. Sin an gnás a bhí anseo.

Seasann an fáinne do nádúr na ndaoine agus iad ag aistriú aniar: tharla 'an rud céanna' i gCo. na Mí nuair a chonacthas 'Cnoc Ráth Chairn' lasta ar nós fáinne 'amuigh sa bhfarraige'. Deirtear nár thuig muintir na Mí an comhartha seo, nár thuigeadar nós na gcoinnle. Tagann an comhrá go leibhéal eile anois: ceanglaíonn sé athghiniúint shóisialta an phobail (.i. deasgnátha na Nollag) le hathdhéanamh phobal Ráth Chairn (ag aistriú aniar). Feicimid athdhéanamh phobal Ráth Chairn mar dheasghnáth agus fear Chontae na Mí mar fhinné air. Briseann scéal CPC amach i gcaint dhíreach ag an bpointe seo le guth an fhinné: 'tá rud eicínt tarlaithe'. Oibríonn an chaint dhíreach seo mar chuid bhunúsach de chomhdhéanamh fileata an chomhrá, le haghaidh pointí arda drámata a chomharthú agus clabhsúr a chur ar imeachtaí an scéil.[35]

Cur síos tuairisciúil ar athdhéanamh pobail é scéal CPC, cur síos ar imeachtaí san aimsir chaite. Ach is cur síos é atá saintreorach chomh maith, athdhéanamh pobail ann féin – athchruthú samhlaíoch – mar tá ainmneacha agus guthanna na ndaoine atá caillte mar chuid den chaint seo, mar a chloisimid sa gcéad chuid eile:

MJS: Bhí muintir na Mí scanraithe faoin méid coinnle a bhí lasta agaibh, an raibh?

CPC: Bhí siad scanraithe, mar ní raibh a fhios acu cén fáth an solas a bheith thimpeall an chnoic uilig. Bhí siad á fheiceáil glas sa lá agus san oíche bhí an fáinne lasta timpeall air. Ní raibh a fhios acu sa domhan brách cé as a dtáinig an solas. Cineál. . .

MJS: Seo é an cnoc taobh thiar anseo i Ráth Cairn?

CPC: Sea, Cnoc Ráth Cairn, mar a bhí na tithe uilig thimpeall ar an gcnoc, mar a déarfá, agus, bhí ti' Chóilín Uí Chatháin agus an teach a raibh mé fhéin ann, uimhir a seacht Ráth Cairn, agus sin dhá theach thall mar a déarfá agus, ceann eile, bhí, Cóilín Ó Catháin, go ndéana Dia grásta air, a athair Dharach Ó Catháin go ndéana Dia grásta uilig orthu. Agus bhí sé istigh in Áth Buí agus bhí sé istigh sa siopa beag seo, Dan Reilly a chuir muid i mBéarla air, Dónall Ó Raghallaigh, ach bhí sé ag ceannach faoi agus thairis. Agus, bhreathnaigh fear an tsiopa air. 'Ceard tá tú a dhéanamh' a deir sé, 'cén diabhal atá tú a dhéanamh?' Shíl sé go raibh sé ag goil a' tosú siopa, thuas i Ráth Cairn. Mar b'é an gnás a bhí thiar ag ceannacht an oiread seo an dtuigeann tú? [. . .] Deir sé, 'céard tá tú déanamh', a deir sé, 'an bhfuil tú ag goil ag tosú siopa thuas ansin?', a deir sé. Bhí sé ag ceapadh go mbainfeadh sé an *trade* uaidh fhéin [daoine ag gáirí]. Ní raibh a fhios aige sa diabhal cén fáth.

Tá dhá chodarsnacht eile i gceist anois: an méid dochreidte a bhí á cheannach ag fear Ráth Chairn agus an chodarsnacht idir *díol* (ag tosú siopa) *vs. tabhairt in aisce* (flaithiúlacht na Nollag). Luann CPC roinnt daoine áitiúla atá caillte, rud a thugann déine bhreise don chaint agus a léiríonn tábhacht caint den chineál seo le haghaidh cuimhne shóisialta a bhuanú. Tosaíonn comórtas idir CPC agus SÓC anois:

MJS: Chaithfí ualach . . . chaithfí ualach maith a thabhairt abhaile sa Nollaig sa mbaile.

CPC: Ualach maith, ualach maith.

SÓC: Ní cheannófaí . . . ní cheannófaí áit a bhfuil muid i gContae na Mí, an dtuigeann tú, ach punt. Punt plúir an dtuigeann tú? Agus nuair a cheannaigh an fear seo . . . cheannaigh sé dhá mhála plúir . . . dhá mhála plúir . . .

CPC: Sea, leathphunt plúir, sin an méid 's builín . . . punt ime, leathchloch plúir, builín, sin a raibh acu, sin an méid. Ach an bhfuil a fhios agat, mharófaí muc ansin faoin Nollaig, an dtuigeann tú anois, sin gnás maith a bhí i Ráth Cairn anseo. Bhí muc maraithe faoin Nollaig. Fear anseo, a dtugaidís Colm Ó Curraoin air as . . . as . . .

SÓC: . . . as an Trá Bhán.

CPC: As an Trá Bhán. Táthar caillte uilig, deartháir do Sheán Curraoin agus do Phádraig Curraoin agus do Mhicheál Ó Curraoin agus do Nioclás iad seo uilig, agus ... sin é an búistéara. Bheadh Colm Ó Curraoin ag gabháil thart a' marú na muc ansin, an bhfuil a fhios a'd, agus bhíodh gríscíní ann agus bhíodh an t-an-chraic ann le haghaidh na Nollag, an dtuigeann tú. Bhuel, ní raibh ag fear an chontae seo ach coinín le marú, ghabhadh sé amach 's chuirfeadh sé *snares* 's bhéarfadh sé ar choinín 's diabhal blas a bhí aige. Ach bhí difríocht mhór idir coinín agus muc!

Duine anaithnid: D'fhéadfá a rá!

CPC: D'fhéadfá a rá go raibh. Ní raibh mórán gríscín ar an gcoinín!

MJS: Ní raibh go deimhin.

CPC: Ní raibh go deimhin, ach sin scéal eile mar a déarfá. Ach bhí siad cairdiúil go leor, feara Chontae na Mí. Ní raibh ... bhí siad an-chairdiúil linn anois.

Cuireann CPC tréithe eile leis an liosta codarsnachtaí: málaí plúir *vs.* punt plúir, féasta ar mhuc *vs.* féasta ar choinín. Agus 'Fear Chontae na Mí' fágtha ina fhiagaí coinín aige, molann CPC muintir na Mí as a gcairdiúlacht. Baineann sé seo le rud a chuala mé go minic i Ráth Chairn, go raibh, agus go mbíonn i gcónaí, na daoine bochta i gContae na Mí 'ar nós muide' agus go mbíonn na nósanna agus an meon céanna acu. Cén difríocht a bhí eatarthu mar sin, idir chosmhuintir na Mí agus cosmhuintir Ráth Chairn?

MJS: Ach ní móide go raibh an féasta mór acu le haghaidh na Nollag dhá laghad a rabhadar á iarraidh ann ach an oiread agus a bhíodh thiar.

CPC: An bhfuil a fhios ... sea, an bhfuil a fhios a'd céard a tharla d'fhear an chontae seo an bhfuil a fhios a'd? Ní raibh ach an feirmeoir mór cúig chéad acra. Agus bhí an fear bocht ag obair aige. Agus mura ngoidfidh sé ón bhfeilméara é ní raibh sé ar fáil aon chaoi eile uaidh, an dtuigeann tú. Ní raibh sé ag fáil ach cúpla ... ní raibh aon neart acu orthu an dtuigeann tú, chaithfeadh sé ... a ghoid ón bhfeilméara.

Tá an chodarsnacht anois idir tabhairt in aisce agus gadaíocht, agus críochnaíonn SÓC leis an tuairim seo:

SÓC: B'shin an fáth go raibh mé á rá, an dtuigeann tú, nuair a shíl muid mar a déarfá go raibh muid féin bocht. Ach bhí daoine i gContae na Mí seacht n-uaire níos boichte.

Tagann SÓC ar ais go dtí an pointe tosaigh, an t-iontas a cuireadh ar mhuintir Ráth Chairn nuair a fuair siad amach go raibh bochtanas níos measa i gCo. na Mí ná mar a bhí i gConamara.

Imríonn an comhrá le sraith fhada de mheafair. Sainmhíníonn

Fernandez an focal *meafar* mar 'fhaisnéis straitéiseach ar fhorainm doiléir (.i. mé, tú, muid, iad) a bhogann brí agus a spreagann gníomh'.[36] Feicimid anois go bhfuil na focail '*muid, thiar, anseo, Contae na Mí*', cosúil le forainmneacha doiléire Fernandez. Oibríonn an comhrá chun a mbrí a iniúchadh agus a fhorbairt agus faigheann na focail sin bríonna ar leith le linn an chomhrá. Tagann gnáthfhocail ar nós *bocht* i gceist chomh maith.

Is féidir breathnú ar an gcomhrá ar fad mar mhachnamh ar bhrí an fhocail *bocht*, bealach coincréiteach chun ceist theibí a iniúchadh. Céard is bochtanas ann? An mbaineann sé leis an duine féin, leis an bpobal, nó le córas sóisialta? Cén diminsean morálta atá i gceist? Céard a dhéanann duine nó pobal a bhíonn saibhir? Ar leibhéal níos doimhne fós, céard is pobal ann? Sa chomhrá seo ceanglaíonn muintir Ráth Chairn na ceisteanna seo le 'húinivéars siombalach dúchais' ar láimh amháin agus le dioscúrsaí Mhuintir na Gaedhealtachta agus dioscúrsaí coiteanna na tíre seo ar an láimh eile, chun tuiscint eascarthach nua a bhunú agus féiniúlacht an phobail a shuíomh iontu. Is féidir linn íomhá an fháinne lasraigh a ghlacadh mar thaibhsiú ó dhomhan eile, domhan ailtéarnach ina dtagadh saibhreas ó fhlaithiúlacht bhéasa an phobail seachas ón infheistiú airgid amháin. Is domhan é seo atá intuigthe ó dhioscúrsa na Gaeltachta, mar a thagann sé aníos chugainn i gcaint agus i samhlaíocht mhuintir Ráth Cairn. Tá muid go mór faoi chomaoin ag Gearóid Ó Crualaoich mar gheall ar an tuiscint a thugann sé dúinn ar dhioscúrsa seo na Gaeltachta agus samhlaíocht agus cruthaitheacht na muintire atá á léiriú ann.

Athshaothrú an Dúchais sa Phróschumadóireacht Chomhaimseartha

Máirín Nic Eoin

Chuir Gearóid Ó Crualaoich tús le díospóireacht bhríomhar faoi fhilíocht chomhaimseartha na Gaeilge lena alt dúshlánach 'An Nuafhilíocht Ghaeilge: Dearcadh Dána' a foilsíodh fiche bliain ó shin san iris *Innti*. Is éard ba chás leis san alt ná gaol na filíochta sin leis an rud ar thug sé 'dioscúrsa na Gaeilge' air. Ba bhreithiúnas láidir, dearcadh dána, a nocht sé ann: 'Ní dóigh liomsa go "labhartar" dioscúrsa na Gaeilge os ard i bhfilíocht an tsaoil nua-aimsire in aon chor ach ina gcás siúd a choimeádann suas gaol cinnte le "cainteoirí" e.g. le filí a labhair é cheana'.[1] Ba ar nádúr an ghaoil sin idir filí comhaimseartha na Gaeilge agus na filí a chuaigh rompu a díríodh i sraith aistí a lean ráiteas sin Uí Chrualaoich. Bhí léamha éagsúla á ndéanamh ag criticeoirí ar ghaol filí comhaimseartha ar leith le traidisiún liteartha agus béil na Gaeilge.[2]

Ceann de na ceisteanna a músclaíodh sa phlé seo ar fad ab ea tábhacht an athshaothraithe ar sheanfhoinsí atá á dhéanamh ar bhealach an-chomhfhiosach ag filí áirithe Gaeilge. Is éard ba mhaith liom a dhéanamh san aiste seo ná téarmaí na díospóireachta sin a leathnú amach trí shaothair chomhaimseartha phróis a tharraingt isteach faoi raon an phlé. Is éard is cás liom go háirithe anseo ná an bealach a chruthaíonn gné na hidirthéacsúlachta agus na tagarthachta de shaothar gaol ar leith idir téacs agus a lucht léite nó éisteachta. Ba ábhar é seo freisin ar chuir Ó Crualaoich tuairimí bunúla chun cinn ina thaobh. Rinne sé é seo in alt a tharraing ar thaighde scoláirí béaloidis agus litríochta araon le paraidím nua léirmhínithe a chur ar fáil don chritic théacsúil sa Ghaeilge, bíodh an chritic sin dírithe ar théacsanna béil nó ar théacsanna scríofa. Nádúr 'urlabhraíoch' na litríochta a bhí faoi chaibidil aige san alt:

> Leis an dtuiscint atá anois againn ar nádúir ghníomhach chruthaitheach urlabhraíoch na litríochta – pé acu ar son lucht éisteachta atá i láthair nó ar son lucht léite atá i gcéin a bhíonn an cruthú agus an ghabháil – (i.e. an "performance") chímid go gcaitheann an léann agus an soiléiriú go léir tosnú le cuntas ar an

> bpróiseas litríochta *in situ* i.e. cuntas ar chruthú, ar ghabháil, ar chaitheamh na litríochta de réir mar a thiteann sé sin amach dáiríre i measc daoine. Próiseas sóisialta is ea an chumarsáid chultúrtha is litríocht ann is cuma an scéal gaisce nó úirscéal nó *haiku* atá i gceist'.[3]

Is ag smaoineamh ar chomhthéacs sin na teagmhála idir an téacs agus pobal léitheoireachta a bheidh mé san aiste seo.[4] Cad iad na réamhthuiscintí maidir le cineál, cúlra agus cáilíochtaí léitheoireachta an spriocphobail atá le brath ar na prós-saothair sin a bhfuil an t-athshaothrú ar ábhar dúchais lárnach iontu? Cén cineál oideachais sa léann dúchais a bheadh de dhíth ar léitheoirí le cinntiú go dtarlódh 'an chumarsáid chultúrtha is litríocht ann' agus iad á léamh?

Ag tagairt don chatagóiriú úsáideach a rinne White sa bhliain 1971 ar an úrscéal nua-aoiseach a dhéanann athionramháil chruthaitheach ar mhiotais chlasaiceacha, luann Hutchinson ceithre chineál saothair:

> Those that re-narrate a classical myth in its entirety; those that juxtapose certain sections which narrate a myth with others that deal with a contemporary scene; those that are set in modern times but which incorporate a pattern of mythological references which stretch throughout the narrative; and finally, works in which mythological motifs prefigure part of the following narrative, but do not extend throughout the whole work.[5]

Nuair a fhéachaimid ar shaothair le scríbhneoirí comhaimseartha Gaeilge, feicfimid gur leaganacha de na trí straitéis dheireanacha sin is coitianta. Is é an cur chuige is forleithne ar fad ná go spreagann carachtar nó eachtra nó móitíf nó eilimint de théacs liteartha an t-údar comhaimseartha le scéal dá c(h)uid féin a chumadh timpeall air. Uaireanta is mar scéal staire a dhéantar an scéal nua a thógáil. Bíonn na bearnaí sa taifead liteartha á líonadh ag údar a úsáideann an tsamhlaíocht mar thaca leis an taighde staire. Uaireanta eile is amhlaidh a bhaintear síneadh cruthaitheach nó casadh comhaimseartha as gné de sheanscéal liteartha. D'fhéadfadh sé go bhfuil léargas an tseansaothair á chur i gcomhthéacs an scéil nuachumtha. Uaireanta eile arís, b'fhéidir nach bhfuil ann ach go samhlaítear comhthreomhaireacht théamúil idir seansaothar agus eachtra chomhaimseartha. B'fhéidir go ndéantar uilíocht an léargais liteartha a threisiú trí mhacallaí téacsúla, ainmneacha na gcarachtar nó móitífeanna ón seanscéal mar shampla. Pléifear na cineálacha sin ar fad anois, le samplaí ó shaothair leis na húdair chomhaimseartha Alan Titley, Pádraig Ó Siadhail, Biddy Jenkinson agus Pádraig Ó Cíobháin.

An Chumadóireacht Chomhaimseartha agus Traidisiún an Athshaothraithe

Is é an sampla is fuinte den chumadóireacht timpeall ar phearsa stairiúil ná úrscéal Alan Titley *An Fear Dána* (1993). Is úrscéal eipeasóideach é seo atá bunaithe ar na móreachtraí i saol an fhile ón tríú haois déag Muireadhach Albanach Ó Dálaigh. Móreachtraí a dhéantar amach ó dhánta leis an bhfile agus ó thagairtí fánacha i bhfoinsí annála. Dírbheathaisnéis shamhlaíoch atá mar thoradh ar an iarracht, scéal faisnéise a fhéachann le meon an fhile agus le hatmaisféar na tréimhse inar mhair sé a chur i láthair léitheoirí comhaimseartha. Is í an phríomhtheicníc a úsáidtear chun aeráid shóisialta na ré sin a chruthú ná friotal lom na tuairiscíochta fuarchúisí a nascadh le comhréir chrochta fhilíocht na Scol. Fite tríd an insint tá línte agus nathanna ó shaothar filí éagsúla Gaeilge ó ré na Sean-Ghaeilge anuas go dtí ár linn féin, rud a chruthaíonn domhan samhlaíoch atá coimhthíoch agus so-aitheanta ag an am céanna. Is í an tréith phearsanta de chuid Mhuireadhaigh Albanaigh is mó a gcuirtear treise léi san insint fhicseanúil ná mórtas an fhile. Seo duine atá teann as a bhua cruthaitheach agus as a thábhacht shóisialta mar bhall den aos dána, duine a fhulaingíonn de bharr a iompair shotalaigh ach nach bhfuil sásta cur suas le haon uirísliú ina ghaol gairmiúil le pátrún. Tá scéal ghaol Uí Dhálaigh lena chuid pátrún ríofa ó shin ag Cathal Ó Háinle in alt scoláiriúil a scagann na foinsí céanna atá luaite ar chúl úrscéal Titley.[6] San áit a bhféachann an aiste taighde leis an scéal áirithe seo a shuíomh i gcomhthéacs na fianaise faoi ghaol filí clasaiceacha eile le pátrúin éagsúla, is éard a dhéanann an athionramháil chruthaitheach in úrscéal Titley ná anáil na pearsantachta taobh thiar den fhianaise scáinte a chruthú do léitheoirí an lae inniu. Tagann sé seo go paiteanta le fealsúnacht liteartha an údair:

> Níl an stair folamh; tá sí ramhar le glór na haoise seo. Níl de rogha againn ach litríocht na n-aoiseanna a ghabh tharainn a thuiscint is a mheas de réir mar is féidir linn lenár dtrealamh daonna féin, mar atá, meabhair agus foighne agus eolas agus íogaireacht agus bá agus staidéar agus croí ar leathadh. Is cuí, dar liom, *athchonstráil* a thabhairt air seo. Is é a dhéanaimid an t-am ar fad ar aon nós. Ach is é is gátaraí gur chun críche aéistéiticiúla a dhéanfaí sin, an chríoch a chuir an t-údar roimhe an chéad lá riamh.[7]

Tagann scéal agus saothar Mhuireadhaigh Albanaigh go hiomlán le dearcadh an údair go raibh an guth pearsanta sa litríocht chomh tábhachtach céanna sna meánaoiseanna is atá ó shin i leith.

Críochnaíonn an t-úrscéal le ráiteas ó bhéal Mhuireadhaigh a léiríonn an tuairim sin go glinn:

> Cosnaím mo shaol féin gan choire
> gan scéal ag neach eile orm;
> a bhfuil déanta abhus agam faoin ghréin
> uaimse é, mise mé féin.[8]

Is pearsa mheánaoiseach eile Gearóid Iarla (1338–98) a bhfuil cruinnsonraí a shaoil i bhfolach taobh thiar dá oidhreacht liteartha agus den bhrat béaloidis a d'fhás timpeall air. Mhol Máire Mhac an tSaoi an chumadóireacht liteartha mar straitéis athshlánaithe agus í ag scríobh faoin bhfile iomráiteach seo.[9] Is saothar den chineál sin atá le fáil ina húrscéilín féin *An Bhean Óg Ón* . . . (2001). Is saothar ficsin rómánsúil é seo atá bunaithe ar an ngaol a bhí idir an bhean óg Shasanach Meg Ruiséal agus an file Piaras Feiritéar (*ob.* 1653). Is file iomráiteach eile é seo, pearsa staire, liteartha agus béaloidis. Sa chás seo arís, is é drámatúlacht bheatha an fhile agus mórchorraíl na tréimhse inar mhair sé a spreag an t-údar comhaimseartha le hagús ficseanúil a chur leis an eolas scáinte atá againn i dtaobh a ghaoil leis an Ruiséalach mná. Tá dánta grá a chum sé di ar marthain. Ar cheann de na samplaí is fearr de rómáns ficseanúil atá bunaithe ar chumasc de shonraí stairiúla agus d'íomhánna liteartha, áfach, tá an gearrscéal cumhachtach le Pádraig Ó Siadhail, 'Síle Ní Ghadhra i dTalamh an Éisc' ón gcnuasach *Na Seacht gCineál Meisce agus Finscéalta Eile* (2001). Anseo nasctar scéal na himirce Éireannaí go dtí Talamh an Éisc le híomhá na mná éignithe i bhfilíocht pholaitiúil an ochtú haois déag. Athléamh is ea an scéal freisin ar na straitéisí féinchosanta agus comhréitigh arbh éigean do phobal na tíre a tharraingt chucu féin in aois sin na géarleanúna agus na mórchorraíle sóisialta. Déantar bean ar leith de Shíle Ní Ghadhra na n-amhrán polaitiúil.[10] Baineann an scéal áirithe seo casadh breise as fáthchiall na mbunamhrán trí léiriú a thabhairt ar an gcomhghéilleadh a lean éigniú Shíle ag foghlaí mara Shasanaigh agus í ar bord loinge ar a bealach go Talamh an Éisc. Ba é an teacht i dtír an chloch ba mhó ar a paidrín ar deireadh agus sa mhéid sin b'ionann a cás agus cás a céastóra, fear a phós sí ina dhiaidh sin tar éis don bheirt acu teacht slán trí uafás an turais. D'fhéadfaí an scéal a léamh mar athinsint ar an ngaol idir an coilíneoir agus an tsuibiacht choilínithe sa mhéid is go léirítear an bheirt phríomhcharachtar mar strainséirí a raibh sé i ndán dóibh dul i dtaithí ar an aontíos agus áil a dhéanamh d'éigean cruálach na staire, 'cibé ar bith, nach raibh orthu dís teacht ar a gcuid comhréiteach féin i gcaitheamh na mblianta? Gael is Gall, Pápaire is Protastúnach, Críostaí is Ainchríostaí, bean is fear, Gaeilgeoir is Sacs-bhéarlóir, brá is foghlaí mara. Ba theifigh iad beirt óna dtíortha dúchais is óna muintir. Ba de thaisme a tháinig siad le chéile; ba de rogha a d'fhanadar le chéile'.[11]

Díríonn Ó Siadhail ar an ngné shíceolaíoch d'insintí an bhéaloidis ina ghearrscéal 'Petticoat Loose', athleagan de scéal na pearsan finscéalaí seo ar bailíodh go leor scéalta béaloidis ina taobh i ndeisceart na tíre. Bhí scéalta faoina gníomhartha oilc agus dúnmharaithe agus faoi na pionóis shíoraí a cuireadh uirthi dá mbarr ina gcuid lárnach den seanchas a bhaineann le cúrsaí creidimh i gContae Phort Láirge. Ba scéalta iad a thug imirceoirí ón taobh sin tíre anonn go Talamh an Éisc leo.[12] Tá athleagan Uí Shiadhail an-dílis do mhionsonraí an scéil bhéaloidis. Is amhlaidh atá an tsíoraíocht á caitheamh ag an dúnmharfóir mná seo ag casadh súgáin ghainimhe ar bhruach na Mara Deirge agus gan faoi raon a samhlaíochta ach na leanaí gan bhaisteadh arbh é Dorchadas gan Phian Liombó a bhí i ndán dóibh i ndiaidh a mbáis anabaí. Is é príomhfhócas an scéil na ceisteanna gan freagairt a bhaineann leis na páistí sin:

> Ní heol di cá mhéad páiste a bhí ann. Deichniúr? Dháréag? Scór? Na céadta? Níl a fhios aici go dearfa ach tuigeann sí go raibh go leor acu ann. Orthu bhí suthanna nach raibh ceannaithe inaitheanta daonna acu. Orthu bhí toirchis a raibh baill ar iarraidh, baill sa bhreis nó baill a raibh ainimhe gránna orthu. Orthu bhí páistí nuabheirthe folláine. Cér leo iad seo? Cad chuige nach raibh siad óna máithreacha? Cad a tharla do na máithreacha úd ó shin? Ar maitheadh a ndearna siad dóibh? . . . Nár dhócha go raibh sí féin mar bhean ghlúine ag freastal orthu siúd a raibh cabhair de dhíth orthu: ó mháithreacha singil go máithreacha a bhí as a meabhair, ó mháithreacha a raibh muirear mór acu cheana go máithreacha a raibh an dearg-ghráin acu ar chlann. Agus cá raibh na haithreacha? . . . Cén cineál íocaíochta a d'fhaigheadh sí féin faoi choinne a cuid seirbhíse? . . . Céard iad na huirlisí, ó dheochanna luibheanna go bioráin chniotála, a bhíodh aici chun tabhairt ar na máithreacha an toircheas a chur as an bhroinn nó chun suth a stolladh as an bhroinn? Céard iad na modhanna difriúla, ón tachtadh go bá, a chleachtadh sí chun fáil réidh leis na leanaí a saolaíodh? Agus céard faoi na háiteanna, ó dhíoganna idir páirceanna is goirt go portaigh, ó chillíní go maoileann, ina gcuireadh sí na mangáin ina mbíodh na coirp bheaga faoi cheilt faoi choim na hoíche?[13]

Ní haon chomhtharlú é go mbaineann cuid de shaothar Uí Shiadhail leis an ngaol staire agus cultúir idir Éire agus Ceanada. Mar scríbhneoir Gaeilge atá ina chónaí idir dhá thír, is gné de straitéis fhéinchosanta an deoraí Ghaelaigh an 'Éire' a chruthaíonn sé dó féin trí mheán na scríbhneoireachta:

> Leanann tú de bheith ag scríobh i nGaeilge toisc go ligeann sé duit a chreidbheáil nár thréig tú an fód dúchais riamh. Iarracht is ea é chun greim síceolaíoch a choimeád ar an rud nach bhfuil ann go fisiciúil. Tríd an chur i gcéill sin, athshealbhaíonn tú an seanfhód. Ar ndóigh, ní Éire mar atá sí atá ann, ach Éire mar a shamhlaíonn tú í, mar a athchruthaíonn tú í i d'intinn. Briseann an dúchas trí shúile aigne an deoraí. Agus ritheann sé leat nach bhfuil sa leisce éirí as a bheith i do champálaí agus nach bhfuil san iarracht greim an fhir bháite a choimeád ar an dara teanga agat ach comharthaí sóirt. Tá eagla ort. Sin é. Tá faitíos an domhain ort nach bhfuil an dílseacht don dúchas chomh daingean is a mhaíonn tú i dtólamh.[14]

Is straitéis choitianta athshaothraithe í síneadh cruthaitheach nó casadh comhaimseartha a bhaint as gné de sheanscéal liteartha. Úsáidtear an straitéis seo uaireanta chun breis solais a chaitheamh ar ghnéithe de sheanscéal trí íogaireacht nua-aoiseach a chur ag obair air. Is í an file Biddy Jenkinson is mó a shamhlaím leis an gcur chuige seo agus tá sé le feiceáil go háirithe sna scéalta 'Ab Dhroimeanaigh', 'Consortium Mulierum' agus 'Leabhar Mholing' ón gcnuasach 'gáirscéalta' *An Grá Riabhach* (2000). Sa chéad scéal díobh siúd, is amhlaidh atá an file Oscar Ó Duibhne ag éagaoin easpa tacaíochta na Comhairle Ealaíon d'fhilí lena chara, an t-ealaíontóir Diarmuid. Mar léiriú ar thromchúis na héagóra atá á déanamh ar na filí, déanann Oscar athinsint ar scéilín Meán-Ghaeilge faoi Ab Dhroimeanaigh a thiontaigh ina bhean, scéal a léigh sé sa bhailiúchán *Anecdota from Irish Manuscripts*.[15] Is é a mhaíomh ansin ná go bhfuil sé de chumas agus de chruthaitheacht ansiúd, mar fhile, críoch chumasach a chur leis an seanscéilín: 'Mar gur file mise, mar go bhfuil bua an fheasa agam, tá a fhios agam céard a tharla ina dhiaidh sin. Bhíos i láthair'.[16] Ní hé go gcuirfidh an cumas cruthaitheachta sin lena dheiseanna maoinithe, áfach, mar is é an cás céanna ag deireadh an lae é: 'Tá tú scríofa id fhile acu' ach 'scríbhneoirí próis atá uathu'.[17] Is léir gurb é mianach grinn an bhunscéil a mheall Jenkinson chuige an chéad lá. Seo staróg nach eol dúinn go cruinn cén comhthéacs inar cumadh é. Más fíor léamh Ní Dhonnchadha air mar scéal, 'The intention may be to mock clerical anxieties about womanishness and transvestism',[18] is léir go dtógann sé cuid de na ceisteanna céanna a bhíonn ag dó na geirbe ag daoine fós. Go háirithe ceisteanna maidir leis an ngaol idir gnéas agus rólanna inscne, agus an luí a bhíonn ag daoine le córais rangaithe dhénártha a bhfuil an móradh a dhéantar ar thaobh amháin (an fireannach, an prós-scríbhneoir) ag brath ar dhíspeagadh a dhéanamh ar an taobh eile (an baineannach, an file). Is d'aon ghnó a úsáidtear reacaire agus pearsana fir sa scéal mar go léirítear ar an gcaoi sin nár ghá a bheith i do bhaineannach le fiodmhagadh a dhéanamh faoi idé-eolaíocht inscne seantéacsanna.

Baintear síneadh barrúil as scéilín meánaoiseach eile sa scéal 'Consortium Mulierum'. Is scéal é seo atá bunaithe ar an eachtra a insítear faoi Naomh Scoithín agus na maighdeana sa téacs Meán-Ghaeilge *Félire Oengusso.*[19] Ba nós le Scoithín dul a luí le beirt bhan óg mar mhodh féintástála ar a mhórgheanmnaíocht. De réir insint an tseanscéil, b'fhearr Scoithín ná Breandán Naofa maidir le cathuithe na colainne a fhulaingt. De réir athinsint Jenkinson, áfach, is amhlaidh a ghlacann an fear óg Naomh Breandán leis an dúshlán agus go gcuirtear an bheirt ógbhan sa leaba ina theannta. Tá i bhfad níos mó i gceist sa leagan seo den scéal ná cráifeacht agus móid gheanmnaíochta an naoimh fhirinn. Léirítear na mná mar chluanaithe de chuid an diabhail ach, trí mheán an chomhrá bharrúil eatarthu ina mbaintear macallaí as filíocht ghrá na Gaeilge, léirítear freisin mar mhná paiseanta iad a bhfuil mianta gnéis acusan chomh maith leis siúd. Nuair is doiligh dóibh uile cur suas leis an gcathú, is duine de na mná, ar mucaí í sa ló, a smaoiníonn ar sheift chun an fhadhb a réiteach:

> 'Dá bhféadfá muid a shábháilt ón éag, gan craiceann a chuimilt linn, an ndéanfá é?' Sméid sé a cheann.
> 'Istigh i bpóca mo naprúin,' arsa an mucaí, 'tá stiall de chraiceann putóg a ghlanas faoi choinne ispiní. Anois samhlaítear dom'.[20]

Leis sin, trí úsáid na samhlaíochta, is é sin an chéad choiscín a chruthú, caitear oíche shásúil agus admhaíonn Scoithín an mhaidin dár gcionn gur naofa Breandán ná é. Is léiriú éifeachtach é an scéal seo ar mhórchumas Jenkinson íogaireacht chomhaimseartha a chur ag obair ar bhunábhar ársa. Níl áit is fearr a léiríonn sí a máistreacht ar an íoróin ná sna háiteanna sin sa scéal ina dtugtar faoi cháilíochtaí na n-ógbhan a ríomh. Trí chlisteacht idirthéacsúil an athshaothraithe, tá sí in ann fiodmhagadh a dhéanamh ag an am céanna ar idé-eolaíocht fhrithbhanda an bhuntéacs agus ar idé-eolaíocht fheimineach an lae inniu. Trí chur leis an mbuntéacs, saorann sí mianach na daonnachta ann agus éilíonn sí cearta léirmhínithe agus samhlaíochta do léitheoirí an lae inniu. Tá spéis ar leith ag Jenkinson i scéalta a bhaineann le cúrsaí inscne agus gnéis agus aithníonn sí ábhar grinn agus spraoi sna gnéithe corpartha de bheatha an duine. Is mar dhrámaí grinn a fheidhmíonn a hathinsintí go minic agus an bonn á bhaint aici de léamha polaitiúla a bheadh ródháiríre. Is lón samhlaíochta di saothar na bhfilí a chuaigh roimpi. In ionad a bheith ina bhac ar a cruthaitheacht mar bhanscríbhneoir is foinse luachmhar athshaothraithe an traidisiún liteartha aici. Mar a dúirt Jenkinson í féin agus í ag caint faoina thábhachtaí don bhanfhile comhaimseartha is atá na tagairtí don chruthaitheacht bhaineann, dá scáinte féin iad, i dtraidisiún liteartha na Gaeilge: 'Más féidir léi í féin a chur faoi choimirce "Éatan banéigeas" agus "Airmhead banlia" agus "Bé Chuille" tá ancaire aici san traidisiún'.[21]

Cur chuige an drámadóra atá aici sa scéal 'Leabhar Mholing' atá bunaithe ar eilimintí de thraidisiún Naomh Moling. A chuid spéise sa dúlra, bunús a ainm, agus ar an gcuid dheireanach de scéal Shuibhne mar atá sé ar fáil sa téacs meánaoiseach *Buile Suibhne*.[22] An gaol idir Suibhne agus Moling atá sa treis sa phíosa cumadóireachta seo a ríomhann an chaoi ar mhúin Suibhne an léitheoireacht os íseal do na manaigh agus an chaoi ar cuireadh tús le stíl bhriste na peannaireachta sna lámhscríbhinní. Is é príomh-bhua an scéil an chaoi a ndéantar forbairt ar ghnéithe áirithe de dhrámatúlacht an tseanscéil. Dírítear ar ghaol Shuibhne le Muirghíl, an bhean a bheathaíonn le bainne é ag deireadh a shaoil é agus le Mongán, fear céile Mhuirghíl, a mharaíonn Suibhne nuair a shamhlaítear dó go bhfuil a bhean mídhílis dó. Is gaol den chineál céanna a scrúdaítear i ndán drámatúil le Nuala Ní Dhomhnaill freisin.[23] Tagraítear do Leabhar Mholing atá fós le feiceáil i Leabharlann Choláiste na Tríonóide, agus is é an leabhar seo, ina gcleachtar an stíl 'bhriste' den chéad uair, fíorlaoch an scéil.

Tá scéalta eile sa chnuasach seo le Jenkinson a bhfuil gaol níos scaoilte acu le seantéacsanna liteartha ar leith. Is ag fiodmhagadh faoi ghnéithe adhmholta an naomhsheanchais atáthar sa scéal 'Bláithín Naofa' mar shampla. Dírítear faobhar an mhagaidh sa scéal 'A Scéal Féin á Insint ag Dia Págánach Matoorey' ar mhiotas bhandia an fhlaithis. 'Tochmarc Étaíne'[24] atá mar chúlbhrat don scéal 'Éadaoin na hIlghiniúna'. Is scéal é seo atá suite i dteach banaltrais do sheandaoine, áit a bhfuil seanfhear a cheapann i dtosach báire gurb é Midhir an tseanscéil é ach a thuigeann ar deireadh nach ea mar gurb é an Daghdha féin é! Is ag spochadh faoin scoláireacht liteartha agus seandálaíochta atáthar i scéalta eile fós. Ceistítear scéal bhunús na Tána sa scéal 'Muc Bhéal na Coirre'. Is scéal grinn 'Oidhe Fhearghusa' atá bunaithe ar chumas meallta mná an Ollaimh le Gaeilge, Fearghus Mac Roich. Is scéal faoi bhlaosc ar síleadh gurbh é blaosc Chú Chulainn é 'Iarsma'.

D'fhéadfaí na scéalta seo a chur i gcomórtas le roinnt scéalta eile ón gcnuasach thuasluaite le Pádraig Ó Siadhail. San áit a bhfuil 'gáirscéalta' Jenkinson bunaithe ar mhianach an ghrinn sna seanscéalta, tá 'finscéalta' Uí Shiadhail dírithe níos mó ar an mbrí mhorálta nó pholaitiúil is féidir a bhaint as an ábhar traidisiúnta. Is é an sampla is fearr ar fad de sin ná an scéal 'Meisce Gháirí', scéal ina gcuirtear léirithe na litríochta agus na heolaíochta ar cheisteanna breithe agus báis taobh le scéal pearsanta an mhic a saolaíodh trí thoirchiú *in vitro* tar éis bhás a athar le hailse. Is iad mórscéalta miotaseolaíocha na Gaeilge, agus go mórmhór an téacs iomráiteach *Cath Maige Tuired* a ríomhann an choimhlint idir Tuatha Dé Danann agus na Fomhóraigh, atá mar chúlbhrat ag an bhfinscéal nua-aoiseach tríchodach seo. Is mar scéalta comhthreomhara a dhéantar an téama a chur i láthair: an seanscéal miotaseolaíoch, scéal Dhian Céacht, lia iomráiteach Thuatha Dé Danann a raibh buanna neamhchoitianta leighis aige; an nuascéal réalaíoch, scéal an bhuachalla atá mar thoradh ar na fionnachtana is déanaí i réimse na géineolaíochta; agus léacht ollscoile ar ábhar an toirchithe *in vitro*. Tá ábhar buartha sna trí insint, ach is é scéal Dhian Céacht a shnaidhmeann an t-ábhar le chéile agus a sholáthraíonn comhthéacs traidisiúnta do dhíospóireacht eitice an lae inniu. Cé go raibh buanna osnádúrtha ag Dian Céacht, níor bhuanna dotheoranta iad. Bhí créachtaí ann nach bhféadfaí a leigheas, fiú amháin ag an duine a raibh buanna draíochta aige:

> Agus ruaigeadh na Fomhóraigh dheamhanta isteach sa bhóchna agus leigheas Dian Céacht na laochra leonta, agus na curaidh chaillte féin a thit sa bhruíon, trína dtumadh i luibheanna íce sa tiobra draíochta go ndearnadh slán iad athuair. Ach amháin Nuadha Úrlámh ar gearradh sreabhann a inchinne is Oghma Grianaineach mac Ealathan mic Dhealbhaoi ar gearradh alt a dhroma.[25]

Nuair a mhaíonn a mhac Miach gur féidir leis féin dúshlán an bháis a thabhairt, cuireann an seanlia fainic air:

> – Tig liom Nuadha is Oghma a thabhairt ar ais ó mhairbh, arsa Miach le tréan dúshláin.
> – Deirim leat gan baint do gheasa nach dtuigeann tú, a d'fhreagair Dian Céacht le teann feirge.
> – Níl ann ach go bhfuil eagla ort gur cumhachtaí mo chuid úrasarlaíochta ná do chuid seanealaíne féin.[26]

Is é toradh na coimhlinte idir Dian Céacht agus Miach ná go maraíonn an t-athair an mac, a chorp á scoilt aige 'ina dhá leath ó shreabhann a inchinne go snaidhm a dhroma'.[27] Is é móréifeacht na teicníce a chleachtar sa scéal seo ná go gcuirtear na forbairtí is déanaí i dteicneolaíocht na míochaine, agus na ceisteanna morálta a eascraíonn astu, i gcomhthéacs miotais ársa ar bhealach a léiríonn go bhféadfaí an choimhlint idir na déithe sa seanscéal a léamh mar léiriú ar an gcoimhlint shíoraí idir an sean-nós agus an nua-nós, idir an creideamh sna seandéithe agus an dóchas as déithe nua na freacnairce. Má tá cosúlacht idir draíocht an tseanscéil agus iontais an fhicsin eolaíochta, léirítear freisin an teorainn ghuagach idir an ficsean eolaíochta agus réalachas an tsaoil theicneolaíoch ina mairimid. Níl puinn den mhagadh sa scéal seo. Níl an páiste, toradh na nuatheicneolaíochta, ar a chompord ar fad. Ní fhreagraíonn an léachtóir eolaíochta na ceisteanna eitice a ardaíonn sé. Cuireann an mháthair in iúl gurbh é toil a fir a bhí á comhlíonadh aici, agus léiríonn éiginnteacht áirithe faoin 'míorúilt ina steillbheatha' is mac di. An t-aon duine atá cinnte faoin seasamh a ghlac sé ná Dian Céacht: 'Bhí a chroí briste ach b'eol dó riamh is i gcónaí go raibh geasa ann a bhí dochoillte is a bheadh dochoillte go deo na ndeor'.[28]

Ní éiríonn chomh maith céanna, dar liom, leis an athshaothrú a dhéanann Ó Siadhail i scéalta eile sa chnuasach; scéalta mar 'Meisce Chrábhaidh' faoin asarlaí Mogh Ruith, a sheanchara Cú Roí agus a gcuid eachtraí i measc na Samárach, áit a bhfuil an iomarca á éileamh ar an léitheoir agus gan an gaol idir toisí éagsúla an scéil a bheith soiléir go leor. Chuirfeadh teidil na scéalta mearbhall ar léitheoir freisin, mar ní léir i gcónaí an gaol idir an teideal, go háirithe teidil na scéalta 'Meisce', agus ábhar nó téama an scéil. Tá sé amhail is go raibh an t-údar ag comhlíonadh dualgais bunaithe ar an taitneamh a thug sé do rangú sin Sheáin Bháin Mhic Mheanman a luann sé ag tús an leabhair: 'Deirtí roimhe seo go raibh seacht gcineál meisce ann: meisce chaointe, meisce bhruíne, meisce chrábhaidh, meisce gháirí, meisce stangaireachta, meisce bhreallánachta agus meisce chodlata'.[29] Téann scéalta áirithe chun leadráin, mar shampla an scéal 'Ossian i dTír na hOidhe' atá bunaithe ar dheoraíocht Napoleon ar oileán Elba agus an spéis a bhí aige in 'Ossian' Macpherson. Tá scéalta áirithe ina dtugann an teideal nod, fiú más nod don eolach féin é, faoi ábhar an scéil. An choimhlint idir mac agus an t-athair a thréig a mháthair is ábhar don scéal 'Conlaoch' mar shampla agus, cé nach luaitear Conlaoch (is é sin Conla, aonmhac Aoife) ná Cú Chulainn in aon áit sa scéal, tá an choinbhleacht go bás is ábhar don seanscéal le tuiscint i rún díoltais phríomhcharachtar an ghearrscéil.[30]

Ba liosta le lua na macallaí liteartha i ngearrscéalta Titley mar gur gné lárnach dá theicníocht liteartha trí chéile an macallachas agus an scigaithris. Mar a dúirt Ó Tuama faoina chéad chnuasach *Eiriceachtaí agus Scéalta Eile*: 'Is le tarraingt ar acmhainní leathana na litríochta Gaeilge, is le háibhéil choítheach ainspianta a dhéanamh ar stíleanna difriúla so-aitheanta na litríochta sin, is mó a chuireann sé léargais a aigne abhaile orainn'.[31] Ag tagairt don chaoi a gcleachtar an greann le hábhar machnaimh a spreagadh, deir an Tuamach, 'sna hiarrachtaí seo, tá mórán beach mallaithe curtha ag an údar as cuasnóga coimeádacha; ina dhiaidh sin, dar liom, intleachtóirí is mó a phriocfar'.[32] Bhí a leithéid chéanna le rá ag Ó Ciosáin ina léirmheas moltach ar an gcnuasach 'Litríocht don aos liteartha í seo, b'fhéidir'.[33] Cur chuige níos dírí atá á chleachtadh ag Titley i bhformhór na scéalta gairide atá foilsithe ó shin aige. Mar a dúirt sé le teann magaidh faoi na fabhalscéalta agus na dréachtaí fíorghearra a foilsíodh sna cnuasaigh *Fabhalscéalta* (1995) agus *Leabhar Nóra Ní Anluain* (1998), scríobhadh cuid acu 'out of sheer jealousy of the lyric poet who receives wild applause after a few brief lines at a reading while the storyteller has to go on and on and on before a polite clap of appreciation might be offered'.[34] Léiríonn an dara cnuasach acu siúd go háirithe go bhfuil an t-údar saor go hiomlán ó aon nóisean seanbhunaithe d'fhoirm an ghearrscéil. Is cuid de spraíúlacht an chnuasaigh trí chéile an rangú a dhéantar ar na scéalta ann, rangú a dhéanann scigaithris ar an gcatagóiriú a bhíonn le fáil i gcnuasaigh bhéaloidis: mar shampla 'Saoiscéalta', 'Feallscéalta', 'Dianseanchas', 'Bréanlaoithe', 'Pápaí agus tobac', 'Scéalta fada fánaíochta', 'Scéalta nach n-inseodh an dara duine', 'Ramscéalaíocht', 'Scéalta agaibh orm', 'Seanchas faoi dhaoine sa cheantar', 'Camadáin scéalta' agus 'Varia'. Cé nach léir sainbhrí ar leith a bheith ag baint le haon cheann de na fo-rannóga sin, tá dhá cheann de na scéalta is giorra ar fad le fáil faoi 'Scéalta fada fánaíochta', mar shampla; fós féin ní chuirfidís léitheoir amú.[35] Is amhlaidh a chuirfidís ag gáire é. Féachann téacsanna áirithe mar 'Deirdre' agus 'Róisín Bán'[36] le croitheadh neamhchoitianta a bhaint as pearsana agus plotaí na scéalaíochta traidisiúnta. D'fhéadfaí na scéalta seo a chur i gcomórtas le dréachtaí leis an údar céanna atá bunaithe ar phearsana nó ar eachtraí ón mBíobla agus tionchar Karel Čapek a aithint orthu ar fad.[37] Ní tionscnamh atógála ar nós thionscnamh atógála *An Fear Dána* atá ar bun sna fabhalscéalta, áfach, ach saothrú acmhainní iomadúla na scéalaíochta dúchais le seasaimh mhorálta, pholaitiúla agus aeistéitice léitheoirí comhaimseartha a cheistiú.

Is é an sampla is uaillmhianaí de théacs próis a fhéachann le comhthreomhaireacht théamúil idir seansaothar agus eachtra chomhaimseartha a fhorbairt ná *Ré an Charbaid* (2002), úrscéal Phádraig Uí Chíobháin. Saothar ilchodach athfhillteach idirthéacsúil atá sa leabhar seo a bhfuil sé mar chuspóir aige gaol léitheora le reacairí agus le húdar a scrúdú trí mheán na scéalaíochta féin agus trí mheán na meiteathráchtaireachta. Déantar meanma agus atmaisféar chathair stairiúil na Gaillimhe a chruthú trí mheán na bhfocal agus scéal ficseanúil comhaimseartha a chumadh bunaithe ar na mothúcháin a nochtar in dhá cheann de dhánta grá meánaoiseacha na

Gaeilge. Is é an chuid is cumasaí den scéal ná an chuid sin de atá bunaithe go díreach ar ábhar is ar íomháineachas na ndánta grá. Is iad na dánta atá i gceist ná 'Cumann a cheangail an corr' ina léirítear grá mná mar rud dochrach fealltach, is amhlaidh a bhaineann an sionnach an cloigeann dá leannán an corr, agus 'Mairg do-ní cumann le mnáibh!' dán frithbhanda ina léirítear an bhean mar dhuine nach bhfuil le trust.[38] Foilsítear ag tús an leabhair iad agus baistear 'An cumann a cheangail an corr' ina dhiaidh sin ar an scéal grá agus uafáis arb é an dúnmharú is an dícheannadh faoi lámha a leannáin is dán don fhear óg ann. Dúirt Ó Cíobháin maidir lena úrscéal *Ar Gach Maoilinn Tá Síocháin* (1998) gur thriail sé 'fráma na n-amhrán grá a fhorshuí ar na cumainn réalacha' ann, le féachaint 'cé chomh dílis don mhothálacht a mhairtear, a bhíonn an mhothálacht a samhlaítear?'[39] Éiríonn leis, in *Ré an Charbaid*, scéinséir ceart a chruthú ina ngéilltear d'íomhá lárnach agus do chríoch fhuilteach an dáin ar bhealach a áitíonn orainn go bhfuil gaol díreach idir mothálacht na litríochta agus ár dtuiscintí ar a bhféadfadh titim amach sa saol. Sílim go mbaintear d'éifeacht an scéinséara, áfach, trí róbhéim a chur sa chuid eile den leabhar ar ghaol comhfhiosach an údair/reacaire lena léitheoir. Éirítear dóthanach den tráchtaireacht mhínitheach, go háirithe nuair a bhriseann glór an reacaire tríd agus é ag tathant, 'Éilím ar an léitheoir a acmhainn díchreidimh a chur ar ceal agus filleadh liom siar',[40] nó ag ceasacht, 'Is barbartha, dar leis, an treo ina bhfuil an litearthacht ag gabháil – an iomarca béime ar théacsanna simplí, leisce ar léitheoirí dua a chaitheamh lena ndualgas léitheoireachta, an tuiscint idir an cúnantaí agus an cúnantóir míchothrom go minic, dá réir sin'.[41] Agus é ag trácht in áit eile ar a shaothar féin mar scríbhneoir turgnamhach, maíonn Ó Cíobháin gurb é 'an cur chuige ciclipéideach' is fearr leis agus luann an chomaoin atá curtha ag scríbhneoirí iasachta ar a chleachtas cruthaitheach.[42] Cuidíonn an t-athshaothrú a dhéantar ar ábhar dúchais le séala Gaelach a fhágáil ar an gcumadóireacht ar bhealach a shaorfaidh ó fhorlámhas an chultúir Angla-Mheiriceánaigh í:

> A lán de chumadóireacht na tíre seo san am i láthair, fé *diktat* an *Weltanschauung* Angla-Mheiriceánaigh atá sí. Buntáiste againne, atá ag cumadh sa teanga shinseartha, ná fuil a bhac orainn ár *Weltanschauung* féin a chur le *Weltanschauung* na cruinne. Raghainn chomh fada lena rá gur b'sheo dualgas nár cheart dúinn a shéanadh, ach a fhógairt go neamhbhalbh agus go neamhnáireach. Ón sean go dtí an nua is ón nua go dtí an sean, ár maicseam mar sin, dréachta na cumadóireachta ag tabhairt an timthrialla ón gcian go dtí an gcóngar, agus a chontrárthacht.[43]

Clabhsúr

Tugann sé seo ar ais go dtí pointe tosaigh na haiste seo mé: an gaol idir an léitheoir agus an t-údar/reacaire i saothair ina bhfuil gnáthchur i gcéill na ficseanúlachta curtha i leataobh agus caidreamh de chineál eile á chruthú idir téacs agus pobal léitheoireachta. Níor éirigh liom ach spléachadh a thabhairt ar an ábhar anseo ach sílim gur leor a bhfuil ráite le roinnt pointí ginearálta a dhéanamh faoin gcineál seo próschumadóireachta. Cé gur dlúthchuid é an t-athshaothrú den phróiseas seachadta téacsanna riamh anall i dtraidisiún liteartha na Gaeilge, tá tréithe ar leith ag baint leis an athshaothrú atá á dhéanamh ag scríbhneoirí an lae inniu. Tá inspioráid á lorg ag scríbhneoirí ó fhoinsí dúchasacha ar bhealach atá inchomparáide le hiarrachtaí chéad ghlúin na hathbheochana teacht i dtír ar acmhainní an bhéaloidis agus na bhfoinsí liteartha araon. In ionad a bheith ina léiriú ar leanúnachas an traidisiúin, áfach, is amhlaidh a mheabhraíonn an t-athshaothrú seo dúinn cé chomh haonaránach is atá ár gcuid iarrachtaí gaol a chothú le traidisiún atá ag éalú uainn thar bhearnaí leathana teanga agus tuisceana. Más sampla é an nuashaothar d'iarracht an údair é/í féin a lonnú taobh istigh de dhioscúrsa stairiúil na Gaeilge, is gníomh indibhidiúil, athshealbhú príobháideach nó ciclipéidiú pearsanta, an gníomh athshaothraithe go minic seachas cuid de ghluaiseacht athghabhála pobail. Is cóir a admháil go n-éilíonn téacsanna comhaimseartha áirithe réamheolas nach féidir talamh slán a dhéanamh de i gcomhthéacs comhaimseartha na litearthachta agus na léitheoireachta sa Ghaeilge. Cé gur i gcomhthéacs ollscoile is mó atá an t-athshaothrú seo ar siúl, ní léir go bhfuil bailiúchán téacsanna canónacha ar chúl an chleachtais. Is duine liteartha léannta an léitheoir samhalta atá ag na téacsanna seo, duine a bhfuil i bhfad níos mó léite aici/aige ná mar a bheadh ag an ngnáthchéimí.

Mar fhocal scoir, sílim gur chóir go mbeadh sé de chumhacht ag an nuashaothar samhlaíocht an léitheora a spreagadh. Níor chóir gur chluiche intleachtach, tóraíocht an tseandálaí liteartha ar bhunfhoinsí, a bheadh sa léitheoireacht. Sílim ag an am céanna go léiríonn na samplaí a pléadh san aiste seo gur ionar gan uaim go minic an litríocht chomhaimseartha agus an léann dúchais. Is é an éifeacht a bhíonn ag na téacsanna liteartha is fearr ná an léitheoir a sheoladh siar i dtreo na saothar a bhí mar fhoinsí inspioráide ag an scríbhneoir. Ar an ábhar sin, ó thaobh chothú na critice de, ba ghá go mbeadh léann na litríochta agus an léann dúchais á saothrú i dteannta a chéile ag scoláirí a thuigeann, mar a thuig Gearóid Ó Crualaoich, an gá atá le modheolaíocht iomlánaíoch má táthar le cleachtadh na litríochta mar phróiseas sóisialta agus cultúrtha a mheas i gceart.

Nótaí

RÉAMHRÁ

1 Nessa Cronin, Seán Crosson agus John Eastlake (eag.), *Anáil an Bhéil Bheo. Orality and Modern Irish Culture*. Newcastle upon Tyne: Cambridge Scholars Publishing, 2009.

2 Teist amháin air sin is ea an iris dhátheangach sa bhéaloideas, *Béascna*, a tháinig ar an saol i 2002. Iarchéimithe na roinne ó Éirinn, ón Spáinn agus ón bhFrainc a thionscain í agus ba é Gearóid a bhaist agus a sheol í. Foilsíodh an séú himleabhar i 2010.

TUIREAMH AGUS CAOINE AR SHÉAMAS ÓG MAC COITIR

1 Féach Brian Ó Cuív (eag.), *Párliament na mBan*. Baile Átha Cliath: Institute for Advanced Studies, 1952, ll. xxxv–xxxix; Ó Cuív, 'James Cotter'; Ó Buachalla, 'The Making of a Cork Jacobite'; Breandán Ó Buachalla, *Aisling Ghéar*. Baile Átha Cliath: An Clóchomhar, 1996, ll. 222–8, 361–9; Garnham, 'The Trials'. Úsáidim *marbhna* san alt seo mar ainm ginearálta ar aon saghas dáin, cuma cén mheadaracht ina bhfuil sé ina gcaointear an marbh.

2 Bhraithfeá, is dóigh liom, ar an dá théacs nach cóip iomlán atá i gceachtar acu. Is cosúil nach bhfuil ach an t-aon chóip seo den tuireamh ar marthain; maidir leis an gcaoine, féach Aguisín B, C.

3 Féach Breandán Ó Conchúir, *Scríobhaithe Chorcaí 1700–1850*. Baile Átha Cliath: An Clóchomhar: 1982, l. 165. Liostálann Ó Conchúir ceithre LS fichead; tá, ar an gcuid is lú, cúig dhán fichead dá chuid ar fáil sna LSS.

4 Féach Paul Walsh, *Catalogue of Irish Manuscripts in Maynooth College Library*. Magh Nuadhat: Cuallacht Chuilm Chille, 1943, l. 82.

5 Ceann de shraith ocht LS í sa chnuasach céanna a bhfuil an teideal 'An tAbhránuighe' orthu; is iad na LSS eile M 4, M 5, M 6, M 7, M 10, M 11, M 12.

6 B'fhéidir nach idirdhealú absalóideach sin: cé nach bhfuil teideal ag Ó Muláin féin ar an dá chóip a ghraf sé (MN M 14: 381, UCC T 1: 455) den chaoine (*Mo chreach is mo léirghoin/an creachadh so ar Ghaelaibh* . . .) a cumadh ar Shilbheastar Ó Súilleabháin (†1809), tá 'Tuireamh Mhic Fíghnín Duibh' agus 'Air bhás mhic Fíghnín Duibh' scríofa isteach ag Mícheál Óg Ó Longáin (MN M 14: viii, 381) mar theideal air [féach Pádraig de Brún (eag.), 'Caoine Ar Mhac Fínín Duibh' in *Éigse* 13 (1969–70), ll. 220–24; Seán Ó Súilleabháin (eag.), *Diarmuid na Bolgaighe agus a Chómhursain*. Baile Átha Cliath: Oifig an tSoláthair, 1937, ll. 68, 182]; 'Caoine chlainne Féidhlime' atá mar theideal ag Ó Muláin ar an dán *Caoinfead féin má thig liom* . . . (RIA F v 1: 50).

7 Ní chloíonn an scríobhaí leis an líne mheadarachta agus an dán á scríobh amach aige (20 líne téacs atá sa LS, 39 líne atá sa dán) ach deineann sé idirdhealú idir

na véarsaí difriúla (cf. n. 20 thíos). Is é an scéal céanna aige é sa dá chóip den chaoine ar Shilbheastar Ó Súilleabháin atá againn uaidh (MN M 14: 381, UCC T 1: 455; féach nóta a 5). Nuair a thagraíos don chaoine sin cheana (Breandán Ó Buachalla, *An Caoine agus An Chaointeoireacht*. Baile Átha Cliath: Cois Life, 1998, l. 47), d'fhágas, trí dhearmad (treoirchárta a chuaigh amú) an dara cóip agus eagrán de Brún (n. 5) ar lár.

8 Cé gur gnách 'ochtfhoclach' a thabhairt ar an bpatrún sin, nílim cinnte gur téarma bailí é: véarsaíocht siollach a bhí san *ochtfhoclach* (Gerard Murphy, *Early Irish Metrics*. Baile Átha Cliath: Royal Irish Academy, 1961, l. 70) a raibh an struchtúr 3A + B ar a foirm. Is fiú a thabhairt faoi deara cé go bhfuil dhá amas in A sa chéad véarsa (/a ua /) nach mbíonn ach amas amháin i gceist go minic (9, 13, 14, 17, 20, 40, 48 mar shampla).

9 Is léir, mar shampla, go dtéann an cheannscríbhinn a thugann sé le dán Uí Dhubhthaigh (l. xx), siar go dtí na cóipeanna is luaithe. Féach C. Mhág Craith (eag.), *Dán na mBráthar Mionúr* I. Baile Átha Cliath: Institiúid Ard-Léinn Bhaile Átha Cliath, 1967, l. 127.

10 Féach, mar shampla: 'Dán diadhacht do rinnigh ... a tathair Bonaventura O Hósa ... A poem composed by the Rd. Father Bonaventure O Hosa ... (LN G 135: 100). Tá i gceist agam fianaise níos cuimsithí ina thaobh seo a chur ar fáil in aiste eile.

11 Tosnaítear ar *anso/anseo* a úsáid san 18ú haois: 'Túarusgbháil Chatha Gabhradh an so síos. Oisín. *Mór anocht mo chumhaidh féin* ...' (LN G 82: 111), 'Sgobhlaireacht Mic Uí Cearrbhalláin annso síos ...' (LN G 82: 187), 'An fear ceadna cct fonn Gates of Edenborough ann so ...' (MN M 14: 4170, 'An fear ceadna cct ann so ... *Cois Laoi na sreabh* .. ' (419).

12 Féach: 'used of an author in whose work some statement occurs, etc' (*Dictionary of the Irish Language* s. v. *oc* iv a), 'in (the writings of)' (TSh. 361, s.v. *ag* 2), '*Leabhar na Seanfhocal ag Solamh* The Book of Proverbs by Solomon' (Ó Cuív, *Parliament na mBan* 182, s.v. *ag*). Féach sampla eile de ag Pádraig Feiritéar: 'Tórramh-Chaoineadh Airt Uí Laoghaire Ag Eibhlín Dhubh Nígh Chonnaill .i. a bhen ... *Mo chara go daingean tu*, ... (UCD F1: 298).

13 *The Passions and the Homilies from Leabhar Breac: Text, Translation and Glossary*. Todd Lecture Series 2. Robert Atkinson (eag.). Baile Átha Cliath: Royal Irish Academy, 1887.

14 Aodh Mac Aingil, *Scáthán shacramuinte na haithridhe*. Cainneach Ó Maonaigh, O.F.M. (eag.). Baile Átha Cliath: Dublin Institute for Advanced Studies, 1952.

15 Flaithrí Ó Maolchonaire, *Desiderius: Sgáthán an Chrábhaidh*. Thomas F. O'Rahilly (eag.). Baile Átha Cliath: Dublin Institute for Advanced Studies, 1941.

16 Tá an sampla sin débhríoch ('A. relates'/'It is related in A.'), ach b'fhéidir gur i gcomhthéacs mar é a tháinig an úsáid chun cinn. D'fhéadfadh go mbeadh idir ghníomhaireacht agus seilbh i gceist i sampla mar: 'Ata tuaruscbail er in peccad-sa ic Solam inEccles[iasti]co' (Atkinson, *Passions and Homilies* 7769).

17 Seathrún Céitinn/Geoffrey Keating, *Trí Bior-Ghaoithe an Bháis/The Three Shafts of Death*. Osborn Bergin (eag.). Baile Átha Cliath: Royal Irish Academy, 1931.

18 Seathrún Céitinn, *Foras Feasa ar Éirinn* I–III. David Comyn (eag.). Londain: Irish Texts Society, 1902.

19 Ó Cuív, *Párliament na mBan*.

20 B'fhéidir gur as struchtúr mar seo (foirm neamhphearsanta den bhr. + *re/le* mar ghníomhaí) a d'fhás sé: 'Teasdus tug Donnchadh duanógach Macnamara ar

thuireamh do rinneadh le Laighneach . . .' (MN M 14: 266), 'An cheád abharan do rinneadh le Seaghan O Tuama an Ghrinn . . .' (RIA 23 L 24: 240).

21 Walsh, *Catalogue*, l. 94.

22 Sarah E. McKibben, 'Angry Laments and Grieving Postcoloniality' in P. J. Mathews (eag.), *New Voices in Irish Criticism*. Baile Átha Cliath: Four Courts Press, 2000, l. 220.

23 Tá an t-alt, mar a deir an t-údar féin, bunaithe, den chuid is mó, ar shaothar an Ollaimh Angela Bourke, scoláire a chreideann gurb é atá sa seánra trí chéile 'Performing – Not Writing'; féach freisin: '*Caoineadh* was a performance . . . The poetry of *caoineadh* is formulaic: the method of composition in performance was apparently similar to that described by Albert B. Lord . . .' (Angela Bourke, 'Lamenting the Dead' in Angela Bourke *et al.*, *The Field Day Anthology of Irish Writing* IV. Corcaigh: Cork University Press/Field Day, 2002, l. 1366).

24 Tharlódh, gan amhras, nach i LSS amháin a fuair an scríobhaí a bhfuil d'ábhar sa LS aige agus go mb'fhéidir gur ó bhéal a bhailigh sé nó a seachadadh cuid éigin de. Ach ní thugann an scríobhaí sin le tuiscint is ní dheineann an t-idirdhealú sin i leith aon mhíre faoi leith den ábhar.

25 Risteard Ó Foghludha, 'Cé Chum an Caoine?' in *Irish Press*, 27 April, 1936, l. 4.

26 Bourke, 'Lamenting the Dead'.

27 Is i seilbh mhuintir Goodman, i Sasana, atá an LS ach tá i gceist acu í a bhronnadh ar TCD. Táim an-bhuíoch den Dr Nioclás Ó Cearbhalláin as an LS a chur ar mo shúilibh dom agus as caoi a chur ar fáil dom cóip den LS a scrúdú. Tá caoine eile sa LS (*Mo ghrá thu is mo chuid* . . ., 43) atá i gceist agam a chur in eagar amach anseo.

28 Cé go bhfuil na véarsaí difriúla uimhrithe (I, II, III, etc.) ag an scríobhaí, is minic a chuireann sé dhá líne meadarachta in aon líne téacsa (*A dhaoine uaisle na bhfear druidig féin amach*, 13–14). Cf. nóta a 7 thuas.

CRÍOCHA AN CHIRT

1 Séamus Ó Duilearga, *Leabhar Sheáin Uí Chonaill*. Baile Átha Cliath: Comhairle Bhéaloideas Éireann, 1948; James Ross, 'Formulaic Composition in Oral Gaelic Literature' in *Modern Philology*, 57, 1959, ll. 1–12, 1959; Seán Ó Coileáin, 'Oral and Literary: Some Strands of the Argument' in *Studia Hibernica* 17–18 (1977), ll. 7–35; Hugh Shields, *Narrative Singing in Ireland*. An Charraig Dhubh: Irish Academic Press, 1993; Breandán Ó Buachalla, *An Caoine agus An Chaointeoireacht*. Baile Átha Cliath: Cois Life, 1998.

2 Brian O'Rourke, *Blas Meala: A Sip from the Honey Pot*. An Charraig Dhubh: Irish Academic Press, 1985, l. 13.

3 Lillis Ó Laoire, *Ar Chreag i Lár na Farraige*. Indreabhán: Cló Iar-Chonnachta, 2002; Lillis Ó Laoire, 'The Right Words: Conflict and Resolution in a Gaelic Song Text' in *Oral Tradition*, 19:2 (Deireadh Fómhair), 2004, ll. 187–213.

4 Lauri Honko, 'Traditions in the Constructions of Ethnic Identity and Strategies for Ethnic Survival' in *European Review*, 3 (2), 1995, ll. 131–146.

5 Michael Clarke, 'An Focal Fileata: Ó Hóiméar go dtí an Winding Stair Café' in *Bliainiris* 2003, ll. 229–249.

6 Anthony P. Cohen, *The Symbolic Construction of Community*. Londain: Routledge, 1985; Anthony P. Cohen (eag.), *Symbolising Boundaries: Identity and Diversity in British Cultures*. Manchain: Manchester University Press, 1986.

7 Cohen, 1985, l. 30.

8 Cohen, 1985, l. 98.

9 Cé go bhfuilim ag díriú anseo ar Ghaeltacht na hÉireann, tá sé le tuiscint as obair Cohen agus a chomhscoláirí gur feiniméan é seo atá coitianta ar fud na dTrí Oileán. Déarfainn féin go deimhin gur gné chultúrtha é atá le fáil ar fud na hEorpa agus go deimhin, níos faide ó bhaile. Féach mar shampla Julian Pitt-Rivers, *The People of the Sierra*. Chicago: University of Chicago Press, 1971.

10 Gort an téarma is minice ar *field* i gcomhthéacs na hantraipeolaíochta i nGaeilge. Ní téarma é gan a bhallasta idé-eolaíochta féin a bheith leis. Féach Ó Laoire 2003.

11 Gill 1994 agus Ó Crualaoich 1995.

12 Diarmuid Ó Giolláin, *Locating Irish Folklore: Tradition, Modernity, Identity*. Corcaigh: Cork University Press, 2000, l. 148.

13 Malcolm Chapman, *The Gaelic Vision in Scottish Culture*. Londain: Croom Helm, 1986.

14 Breandán Ó Conaire (eag.), *Douglas Hyde. Language, Lore and Lyrics: Essays and Lectures*. An Charraig Dhubh: Irish Academic Press, ll. 113–14.

15 Ashis Nandy, *The Intimate Enemy: The Loss and Recovery of the Self Under Colonialism*. New Delhi: Oxford University Press, 1988; Angela Bourke, 'Na Mná Trí Shúile Thomáis' in Máire Ní Chéilleachair (eag.), *Ceiliúradh an Bhlascaoid 2*. An Daingean: An Sagart 1998.

16 Ó Giolláin, 2000, ll. 117–119.

17 Hugh Shields, *Narrative Singing in Ireland: Lays, Ballads, Come-All-Yes and Other Songs*. An Charraig Dhubh: Irish Academic Press, 1993.

18 John Miles Foley, *The Singer of Tales in Performance*. Bloomington: Indiana University Press, 1995; J. M. Foley, *How To Read an Oral Poem*. Bloomington: Indiana University Press, 2002.

19 Lillis Ó Laoire, *Ar Chreag i Lár na Farraige: Amhráin agus Amhránaithe i dToraigh*. Indreabhán: Cló Iar-Chonnachta, 2002, Féach go háirithe Caibidil 4, ll. 109–141; Lillis Ó Laoire 'The Right Words: Conflict and Resolution in a Gaelic Song Text' in *Oral Tradition*, 19:2 (2004) ll. 187–213.

20 Enda Ó Catháin, *An Draighneán Donn: Rí na nAmhrán*. Tráchtas MA, Roinn na Gaeilge, Má Nuad, 2000.

21 Is liosta le háireamh iad na tagairtí d'fhoinsí clóite atá cnuasaithe ag Ríonach uí Ógáin in *Faoi Rothaí na Gréine: Amhráin as Conamara a thaifead Máirtín Ó Cadhain*. Baile Átha Cliath: Coiscéim, 1999, ll. 71–4.

22 Donal O'Sullivan, 'The Bunting Collection of Irish Folk Music and Songs' in *Journal of the Irish Folk Song Society*, 1927–39, 6 himl. ll. 12–15.

23 Micheál agus Tomás Ó Máille [William Mahon (eag.)], *Amhráin Chlainne Gael*. Indreabhán: Cló Iar-Chonnachta, 1989 (1905); Donal O'Sullivan, 'The Bunting Collection' in *Journal of the Irish Folk Song Society*, 1927–39, Cuid 1, ll. 12–15.

24 uí Ógáin, *Faoi Rothaí na Gréine*, l. 2.

25 Heinrich Wagner, *Linguistic Atlas and Survey of Irish Dialects*, Iml. I, 1981 [1969] agus IV, 1982 [1958]. Baile Átha Cliath: Institiúid Ard-Léinn; Noel Hamilton, *The Irish of Tory Island*. Béal Feirste: Institute of Irish Studies, 1974.

26 Lillis Ó Laoire, *Ar Chreag*, 2002; Lillis Ó Laoire, '"Cuma agus Craiceann",'/Shape and Skin, The Musical Aesthetics of Tory Island' in *Perspectives in Systematic Musicology: Selected Reports in Ethnomusicology* 12. Los Angeles: Department of Ethnomusicology, University of California, Los Angeles, 2005, ll. 183–202.

27 Michael Herzfeld, *The Poetics of Manhood: Contest and Identity in a Cretan Mountain Village*. Princeton, New Jersey: Princeton University Press, 1985, ll. 8–19.

28 David Lowenthal, *The Past is a Foreign Country*. Cambridge: Cambridge University Press, 1985, l. 198: 'The horror of oblivion,' focail Lowenthal.

29 Clifford Geertz, *The Interpretation of Cultures*. Nua-Eabhrac: Basic Books, 1973, l. 5: 'Man is an animal suspended in webs of significance that he himself has spun'.

30 Féach téacsanna na n-amhrán 'Seán Bán mo Ghrá' agus 'A Phaidí a Ghrá' in Lillis Ó Laoire 2002, ll.118–9 agus ll. 242–243, mar a bhfuil véarsaí le trí líne chomh maith.

31 Tá an t-athrú seo coitianta sna leaganacha éagsúla i gcló. Deir Ó Catháin, 'an malartú de aidiachtaí sealbhacha agus forainmneacha pearsanta a tharlaíonn 1) sa cheathrú chéanna i leaganacha éagsúla den amhrán; 2) i gceathrúna éagsúla de leagan; agus 3) sa cheathrú chéanna i leaganacha éagsúla den amhrán, leis an ngné faoi leith seo. Ní miste níos mó ná genre amháin a lua leis an amhrán nuair a chuirtear na leaganacha uilig san áireamh' (10). Is mar gheall ar gur chuala mé an mhalairt ag tarlú idir beirt sa teaghlach chéanna a bhí iontas orm agus dar ndóigh go ndearna an dá amhránaí ionannú idir inscne an reacaire san amhrán agus a n-inscne féin.

32 Lillis Ó Laoire, 2002, ll. 120–122, do phlé ar an cheist seo, agus Lillis Ó Laoire 2004, 'The Right Words' áit a bpléitear tábhacht cheist na hinscne níos mine.

33 Seán Ó Tuama, *An Grá in Amhráin na nDaoine*. Baile Átha Cliath: An Clóchomhar, 1962; Máirín Nic Eoin, '"Scéal ar an nGrá..." Na hAmhráin Ghrá agus an Smacht Sóisialta' in *Saoi na hÉigse: Aistí in Ómós do Sheán Ó Tuama*. Baile Átha Cliath, An Clóchomhar, 2000, ll. 233–260.

34 Colm Ó Baoill, 'Person Shifting in Gaelic Verse' in *Celtica* 21, ll. 377–392.

35 Ó Catháin, 2000, féach nóta a 20.

36 Hamilton, *The Irish of Tory Island*, ll. 53–4 agus 61–2.

37 Tá an t-amhrán seo 'Dá mbeinn 'mo bhádóir' ar an dlúthdhiosca atá le Ó Laoire 2002, traic 19, á rá ag Hannah Mhic Ruairí, deirfiúr eile le Teresa Mhic Chlaifeartaigh agus le Sorcha Uí Bhaoill.

38 Peter Nabokov, *A Forest of Time: American Indian Ways of History*. Cambridge: Cambridge University Press, 2002, l. 47.

39 Anthony P. Cohen, *Symbolising Boundaries: Identity and Diversity in British Cultures*. Manchain: Manchester University Press, 1986, l. 13.

40 Richard Bauman, 'Differential Identity and the Social Base of Folklore', in *Journal of American Folklore* 84, Eanáir-Márta, 331, l. 38.

41 Craoladh an t-amhrán ar 'Bláth Gach Géag dá dTig,' clár doiciméid ar amhránaíocht Thír Chonaill, le Hummingbird Productions ar TG4 i mí Eanáir 1997. Tá taibhléiriú eile ar an dlúthdhiosca, Gearóidín Bhreathnach, *Ar Fhoscadh na gCnoc*. Indreabhán: Cló Iar-Chonnachta, CICD 130, 1997.

42 Anthony P. Cohen, *The Symbolic Construction of Community*. Routledge: Londain, 1985, l. 89.

43 uí Ógáin, *Faoi Rothaí na Gréine*, l. 70.

44 Mar shampla, deirtear faoi 'Shicíní Bhríd Éamoinn' mar atá sé i gcló in *Amhráin Chlainne Gael* nach bhfuil sé 'i ndiaidh a chéile i gceart' (l. 84), agus lochtaítear leagan na leabhar de 'Chúirt an tSrutháin Bhuí' ar an ábhar gur bailíodh ó Cholm de Bhailís é nuair a bhí sé sean agus a chuimhne ag teip air (l. 94).

45 Lillis Ó Laoire, 2002, *Ar Chreag*, ll. 106–140.

46 Máirtín Mac Donnchadha, 'Amhrán na Trá Báine' in *Bliainiris* 2001, ll. 119–127.

47 Diarmuid Ó Giolláin, *An Dúchas agus an Domhan*. Corcaigh: Cork University Press, l. 31.

48 Deir John Miles Foley: 'we're brought up with a text-centered literary disposition . . . Armed with prejudices . . . we select and dismiss genres according to indefensible criteria: the known and the paralleled over the unknown or unparalleled; forms with literary descendants over forms that lack that pedigree . . . The small group of oral genres that survive such winnowing are dead on arrival'. *How To Read an Oral Poem*, l. 215.

49 Jack Goody, *The Power of the Written Tradition*. Washington: Smithsonian Institution Press, 2000.

50 uí Ógáin, *Faoi Rothaí na Gréine*, l. 3.

Guí an Phobail

1 Cé gurb iad amhráin Chonamara is mó atá i gceist san aiste seo, is fíor a ndeirtear san aiste faoi amhráin bheannaithe thraidisiúnta na Gaeilge a bheag nó a mhór.

2 Foilsithe ag an Folklore of Ireland Society 1942; facsúl ag Folklore Associates, Hatboro, Pennsylvania, 1963 agus Singing Tree Press, Detroit, 1970, 699 ll. Bhí Seán Ó Súilleabháin ina chláraitheoir ag Coimisiún Béaloideasa Éireann (1935–71) agus ina dhiaidh sin ag Roinn Bhéaloideas Éireann, An Coláiste Ollscoile, Baile Átha Cliath.

3 *Béaloideas: The Journal of the Folklore of Ireland Society* XXI Baile Átha Cliath, 1951–1952, 337 ll.

4 Hugh Shields, *Narrative Singing in Ireland*. Baile Átha Cliath: Irish Academic Press, 1993, l. 57.

5 Douglas Hyde, *Abhráin grádh chúige Connacht, or, Love songs of Connacht*. Londain: T. Fisher Unwin, 1909, l. 116.

6 Mícheál Ó Conghaile (eag.), *Croch Suas É!* Béal an Daingin: Cló Iar-Chonnachta, 1994, l. 107.

7 Tá an líne seo coitianta san amhrán 'An Draighneán Donn'. Féach mar shampla Eibhlín Mhic Coisdealbha, *Amhráin Mhuighe Seóla*. Baile Átha Cliath: Talbot Press, 1990 [1923], l. 71.

8 Ciarán Ó Coigligh (eag.), *Raiftearaí: Amhráin agus Dánta*. Baile Átha Cliath: An Clóchomhar Tta., 1987, ll. 97–99.

9 Angela Partridge [Bourke], *Caoineadh na dTrí Muire*. Baile Átha Cliath: An Clóchomhar Tta, 1983. Féach freisin A. Bourke agus H. Shields, 'Amhráin Bheannaithe as Co. na Gaillimhe agus as Tír Chonaill' in *Éigse Cheol Tíre / Irish Folk Music Studies* 3. Baile Átha Cliath: Folk Music Society of Ireland, 1981, ll. 18–44.

10 Francis J. Child, *The English and Scottish Popular Ballads* Vol. 2. Boston: Houghton Mifflin Co. 1885, ll. 2–6. Child 54 an uimhir atá leagtha air sa gclár ag Child.

11 Shields, *Narrative Singing*, ll. 55–56.

12 Rinne Ciarán Mac Mathúna an t-amhrán a thaifeadadh ó Mhicheál i 1963 do Raidió Éireann. Tá tras-scríobh in Bourke agus Shields, 'Amhráin Bheannaithe', ll. 36–39.

13 CBÉ (Cnuasach Bhéaloideas Éireann, An Coláiste Ollscoile, Baile Átha Cliath), RO0094/1968.

14 Rinne Angela Bourke é a thaifeadadh ar an 16.8.1975 agus tá sé in CBÉ Rannóg an Cheoil Tuaithe, Carna 8A. Tá tras-scríobh in Bourke agus Shields, 'Amhráin Bheannaithe', ll. 27–28.

15 Bhailigh Angela Bourke an t-amhrán ó Bhríd an Ghabha (*née* Ní

Cheannabháin/Uí Cheallaigh), An Aird Thoir, Carna ar an 26.8.1975; CBÉ Rannóg an Cheoil Tuaithe, Carna 15A. Óna seanmháthair a thug Bríd léi an t-amhrán.

16 Nóirín Ní Riain, 'The Nature and Classification of Traditional Religious Songs in Irish' in *Irish Musical Studies* 2. Baile Átha Cliath: Folk Music Society of Ireland 1993, ll. 206–207.

17 Shields, *Narrative Singing*, l. 135.

18 Marina Warner, *Alone of all her Sex*. Nua-Eabhrac: Alfred A. Knopf, 1976, ll. 25–26, 28 agus *passim*.

19 Ibid., 258, 286–289 agus *passim*.

20 Douglas Hyde, *Abhráin Diadha Chúige Chonnacht or the Religious Songs of Connacht*. Iml. 2. Londain: T. Fisher Unwin agus Baile Átha Cliath: M.H. Gill & Son Ltd, 1906, l. 38.

21 Féach mar shampla CBÉ 128: ll. 166–8.

22 Ní Riain, 'The Nature and Classification', ll. 200–203.

23 Tomás de Bhaldraithe, 'Seacht Sólás na Maighdine' in *An Sagart* VII, 1964, ll. 41–42.

24 Tagann uimhreacha agus cantaireacht i gceist go mór nuair a bhíonn paidrín, na seacht gcinnpheacaí marfacha nó na beannaitheachtaí á rá.

25 de Bhaldraithe, 'Seacht Sólás', ll. 41, 42.

26 Rinne Ríonach uí Ógáin taifeadadh ar chuid de na hamhráin seo ag Pádraig Ó Cadhain sa mbliain 1968. CBÉ RO 0091/0094. Samplaí iad na hamhráin ag Pádraig den deacracht a bhaineann go minic le deighilt chinnte a dhéanamh idir cantaireacht, reacaireacht agus amhránaíocht agus léiríonn an dul thar a chéile atá iontu. Thaitnigh saothar Sheosaimh Mhic Dhonnchadha go mór le Pádraig agus le cantaireacht nó reacaireacht a dheireadh sé 'Lá an Bhreithiúnais' mar shampla (CBÉ R00093) a cumadh tús na 1930í. Seosamh Ó Donnchadha, *Dánta Filí Bhaile na mBroghach*. Indreabhán: Cló IarChonnachta, 1983, ll. 57–61.

27 Breandán Ó Madagáin 'Amhráin Bheannaithe: An Traidisiún Dúchais' in *An Sagart*. Iml. 30, uimh. 2. Maigh Nuad: 1987, ll. 14–15.

28 Shields, *Narrative Singing*, l. 56.

29 Ibid.

30 Tá téacsanna ó Chontae na Gaillimhe in Partridge [Bourke], *Caoineadh*, ll. 158–171.

31 I gceantar Charna, tugtar 'Caoineadh na Páise' air freisin.

32 *Sorcha: Amhráin Shorcha Ní Ghuairim*. Dlúthdhiosca agus leabhrán, CEFCD 182. Baile Átha Cliath: Gael Linn, 2001, 31.

33 CBÉ Rannóg an Cheoil Tuaithe, Carna 15A.

34 Ríonach Ní Fhlathartaigh, *Clár Amhrán Bhaile na hInse*. Baile Átha Cliath: An Clóchomhar, 1976, 224 ; CBÉ T0 157(c), T0 159(c).

35 Hyde, *Abhráin Diadha*. Iml. 2, l. 56.

36 Partridge [Bourke], *Caoineadh*, ll. 236–253.

37 Ní Riain, 'The Nature and Classification', ll. 192–193.

38 Ó Madagáin, 'Amhráin Bheannaithe, l. 16. Chuir Labhrás Ó Cadhla eolas ar fáil don mbailitheoir Séamus Mac Aonghusa sa mbliain 1944 agus dúirt : 'Is cuimhin liom seana-bhean ag teacht go dtí an séipéal gach aon mhaidin Domhnaigh thimpeall dhá uair a chloig roimh tosach Aifrinn, agus nuair a bhíodh sí ag déanamh turas na Croise, nuair a bhíodh na paidreacha ráite aige gach aon phictiúir aici, bhí amhrán aici nó dán a cheapadh sí le haghaidh gach aon phictiúir, ag fágaint slán aige. Kit Ní Maoldhomhnaigh b'ainm di agus i Séipéal

Chill Bhriain, Paróiste Chill Ghobnait i gContae Phort Láirge a théadh sí agus is ann a dh'airínn í. Chuireadh sí ceol ana-mhaith ar fad le gach aon véarsa. Bhí an tseanabhean thimpeall ceithre fichid bliain an uair sin. Is é sin os cionn daichead bliain o shin is ea dh'airinn í. Níl éinne dá muintir ann anois'.

39 Tá leagan den amhrán 'Dá mbeinnse sna Flaithis' in *Amhráin Diaga Chúige Chonnacht* ag Dubhghlas de hÍde áit a ndeir sé gur amhrán beag simplí é a fuair sé ó sheanphíobaire dall i gContae Ros Comáin.

40 Ó Madagáin, 'Amhráin Bheannaithe', l. 14.

41 CBÉ Rannóg an Cheoil Tuaithe, Carna 8.

42 Rinneadh scéal seo an choiligh sa bpota a thaifeadadh an chéad uair i soiscéal apacrafúil Nicodemus nó *Acta Pilati* mar a thugtar freisin air. Féach Anne O'Connor "Mac na hÓighe Slán: A Short Study of the 'Cock in the Pot' in Irish Folk Tradition" in *Sinsear* 2 (1980), ll. 34–42.

43 Is dóigh gurb é an taifeadadh ag Seosamh Ó hÉanaí an taifeadadh is mó aithne i gConamara, mar a foilsíodh é ar *Ó Mo Dhúchas*. Baile Átha Cliath: Gael Linn, 1976. Rinneadh atheisiúint ar dhlúthdhiosca CEFCD051 (gan dáta).

44 CBÉ Rannóg an Cheoil Tuaithe, Carna 8.

45 Hyde, *Abhráin Diadha*.

46 'An Cholera Morbus' ainm eile air. Sa mbliain 1822 a cumadh é nuair a bhí an calar forleathan go maith.

47 Ó Coigligh, *Raiftearaí*, ll. 61–63.

48 Ibid., ll. 70–75.

49 Seo cuid de leagan a dúirt Patrick de Búrca, Aill na Brón, Cill Chiaráin, 4.9.1986; CBÉ Rannóg an Cheoil Tuaithe, RO 015.

50 Dominic Daly in Hyde, *Abhráin Diadha*. Iml. 1, l. x.

51 Ag breathnú ar innéacs a rinne an bailitheoir Tom Munnelly ar amhráin Bhéarla agus mhacarónacha i bpríomhbhailiúchán lámhscríbhinní Chnuasach Béaloideas Éireann ina bhfuil suas le 7,000 amhrán níl ach dornán beag amhrán beannaithe tagtha chun solais.

52 Hyde, *Abhráin Diadha*. Iml. 1, l. x.

Ar Scáth a Chéile

1. Ba mhaith liom buíochas ó chroí a ghabháil le Seán Ó Duinnshléibhe agus le Neil Buttimer as a bhfialchabhair leis an alt seo, agus le Kelly Fitzgerald as roinnt foinsí a sholáthar dom.
2. Gearóid Ó Crualaoich, *The Book of the Cailleach*. Corcaigh: Cork University Press, 2003, l. 17.
3. Séamus Ó Duilearga, 'Irish Stories and Storytellers. Some Reflections and Memories' in *Studies* (March 1942), l. 40. Mar le tionchar ábhar clóbhuailte ar an scéalaí seo, féach Diarmuid Ó Giolláin, *An Dúchas agus an Domhan*. Corcaigh: Cork University Press, 2005, l. 96.
4. Joseph Falaky Nagy, 'In Defence of Rómánsaíocht' in *Ériu* 38 (1987), ll. 10–11.
5. D/T S 6916B: 'Meamram i dTaobh Choimisiúin Béaloideasa Éireann agus Moltaí i dTaobh an tSlighe d'Fhéadfaí a Réim do Leathnú', l. 5.
6. RTÉ: BB2453, 'Lest They Perish' (1985).
7. *The Irish Book Lover* 11 (1920), ll. 80–81.
8. Faoi scrios Oifig na Stát-Pháipéar, féach Gerard O'Brien, *Irish Governments and the Guardianship of Historical Records 1922–1972*. Baile Átha Cliath: Four Courts Press, 2004, ll. 21–23.
9. Kir. Muus. páipéir Loorits, 15.11.1961.

10. SKS Páipéir Kaarle Krohn, 3.7.1928.
11. LUB Páipéir von Sydow: Ó Duilearga go dtí von Sydow, 25.10.28.
12. LUB Páipéir von Sydow, 30.10.1928.
13. LUB Páipéir von Sydow, 11.11.1929.
14. Séamus Ó Duilearga, 'An Untapped Source of Irish History' in *Studies* 25 (1936), l. 412.
15. Séamus Ó Duilearga, *The Gaelic Story-Teller*. Chicago: University of Chicago Press, 1969 [1945], l. 3–4.
16. Seámus Ó Duilearga, 'Notes on the Oral Tradition of Thomond' in *Journal of the Royal Society of Antiquaries of Ireland* 95 (1965), l. 145.
17. Séamus Ó Duilearga, 'An Untapped Source', *op. cit.*, l. 400.
18. Seán Ó Súilleabháin, *A Handbook Of Irish Folklore*. Detroit: Singing Tree Press, 1970 [1942]), ll. 162–163.
19. Cart. Náis. D/T S 6916B: 'Meamram i dTaobh Choimisiún Béaloideasa Éireann', *op. cit.*, l. 5.
20. Nessa Ní Sheaghdha (eag.), *Catalogue of Irish Manuscripts in the National Library of Ireland*. Fasciculus 6. Baile Átha Cliath: Institiúid Ard-Léinn Bhaile Átha Cliath, 1980, ll. 44–83.
21. Pádraig de Brún (eag.), *Clár Lámhscríbhinní Gaeilge Choláiste Ollscoile Chorcaí: Cnuasach Thorna* I. Corcaigh: Cnuasach Thorna, Coláiste na hOllscoile Chorcaí, 1967, LSí 78, 79, 97, 98, agus 111.
22. Seán Ó Sé, 'Pádraig Feirtéar (1856–1924): a Shaol agus a Shaothar', *Cumann Seandálaíochta is Staire Chiarraí* 3 (1970), ll. 118–130.
23. A.J. Hughes, *Robert Shipboy Macadam (1808–1895)*. Béal Feirste: Institute of Irish Studies, 1998, ll. 6–7 agus Breandán Ó Buachalla, *I mBéal Feirste Cois Cuain*. Baile Átha Cliath: An Clóchomhar Tta, 1969 [1968]), l. 20 *et seq.*
24. Ó Buachalla, *I mBéal* Feirste. op. cit., ll. 28 *et seq.*
25. Colette Moloney, *The Irish Music Manuscripts of Edward Bunting (1773–1843)*. Baile Átha Cliath: Irish Traditional Music Archive, 2000.
26. Ó Buachalla, *I mBéal Feirste*, *op. cit.*, ll. 75, 80.
27. Ibid., l. 82.
28. Colm Beckett, *Fealsúnacht Aodha Mhic Dhomhnaill*. Baile Átha Cliath: An Clóchomhar Tta, 1980 [1967]), ll. 9–10.
29. Ciarán Dawson, *Peadar Ó Gealacáin Scríobhaí*. Baile Átha Cliath: An Clóchomhar Tta, 1992.
30. *Catalogue of Irish Manuscripts in the Royal Irish Academy Index* II. Baile Átha Cliath: Royal Irish Academy, 1958, agus Robin Flower agus Myles Dillon (eag.), *Catalogue of Irish Manuscripts in the British Museum* Vol. III, Londain: British Museum, 1953.
31. Donal O'Sullivan, *Carolan: The Life and Music of an Irish Harper* I. Londain: Routledge & Kegan Paul, 1958, ll. 25–29. Maidir le hábhar a bhailigh Daniel Malone ón mbéalaithris i gConnachta, féach *Catalogue of Irish Manuscripts in the Royal Irish Academy*, LS. 23 I 8, ll. 2373–2381.
32. Pádraig Ó Macháin agus Nessa Ní Shéaghdha (eag.), *Catalogue of Irish Manuscripts in the National Library of Ireland* Fasciculus 13 (1996), ll. 55–130.
33. Louis Cullen, 'Patrons, Teachers and Literacy in Irish: 1700–1850' in Mary Daly agus David Dickson (eag.), *The Origins of Popular Literacy in Ireland: Language Change and Educational Development 1700–1920*. Baile Átha Cliath: Department of Modern History, Trinity College agus Department of Irish History, University College Dublin, 1990, l. 32.

34. Bhain go leor sagart sa naoú haois deág earraíocht as 'fogharscríobh' agus iad ag scríobh seanmóintí. Féach Pádraig Ó Fiannachta, *Léas ar ár Litríocht*. Má Nuad: An Sagart, 1974, ll. 102–106.
35. Nollaig Ó Muraíle, 'Athchuairt ar Lámhscríbhinní Chonnacht' in Ruairí Ó hUiginn (eag.), *Oidhreacht na Lámhscríbhinní:* Léachtaí Cholm Cille 34. Maigh Nuad: 2004, ll. 28–104.
36. ARÉ 12. Q 13, l. 278, cuntas Ulick Burke ar an nGaeilge i gCúige Chonnacht. Féach chomh maith Seán Mac Giollarnáth, *Loinnir Mac Leabhar*. Baile Átha Cliath: An Gúm, 1936, ll. viii–ix.
37. Féach Ciarán Ó Coigligh, *Raiftearaí Amhráin agus Dánta*. Baile Átha Cliath: An Clóchomhar Tta, 1987, l. 195 *et seq*.
38. Louis Cullen, 'Filíocht, Cultúr agus Polaitíocht' in Máirín ní Dhonnchadha (eag.), *Nua-Léamha. Gnéithe de Chultúr, Stair agus Polaitíocht na hÉireann c. 1600–c. 1900*. Baile Átha Cliath: An Clóchomhar, 1996, l. 180.
39. Cullen, 'Filíocht, Cultúr agus Polaitíocht', l. 175.
40. ARÉ 12 Q 13, l. 60 agus l. 106, Seán Pléimeann agus Francis Keane ar staid na Gaeilge sa Mhumhain.
41. Nessa Ní Sheaghdha, 'Collectors of Irish Manuscripts. Motives and Methods' in *Celtica* 17 (1985), l. 13 *et seq*.
42. ARÉ 12 Q 13, l. 3 agus l. 138, Seán Pléimeann agus Francis Keane ar Chúige Mumhan agus Uladh araon.
43. Dáithí Ó hÓgáin, 'Folklore and Literature in Ireland: 1700–1850' in Daly agus Dickson (eag.), *op.cit.*, l. 3.
44. Pádraig A. Breatnach, 'Oral and Written Transmission of Poetry in the Eighteenth Century' in *Eighteenth-Century Ireland: Iris an Dá Chultúr* 2 (1987), l. 64.
45. Breandán Ó Buachalla, *Cathal Buí Amhráin*. Baile Átha Cliath: An Clóchomhar Tta, 1975, l. 45.
46. Pádraig A. Breatnach, 'Oral and Written.', *op. cit.*, l. 65.
47. Énrí Ó Muirgheasa, *Amhráin Airt Mhic Chubhthaigh* 1. Dún Dealgan: Preas Dhún Dealgan, 1926, l. iv.
48. Pádraig A. Breatnach, 'Oral and Written.', *op. cit.*, l. 63.
49. Ibid., l. 64. Féach chomh maith, Seán Ó Cróinín agus Donncha Ó Cróinín, *Seanchas Phádraig Í Chrualaoi*. Baile Átha Cliath: Comhairle Bhéaloideas Éireann, 1982.
50. Breatnach, 'Oral and Written', *op. cit.*, ll. 61–63.
51. Breandán Ó Buachalla, *Aisling Ghéar*. Baile Átha Cliath: An Clóchomhar Tta, 1996, ll. 604.

'TAMALL AR AN BPEANN'

1 Gearóid Ó Crualaoich, 'County Cork Folklore and its Collection' in Cornelius G. Buttimer and Patrick O'Flanagan (eag.), *Cork: History & Society: Interdisciplinary Essays in the History of an Irish County*. Baile Átha Cliath: Geography Publications, 1993, ll. 919–940. Ba mhaith liom buíochas ó chroí a ghabháil le Gearóid as ar thug sé de mhisneach agus de chabhair dom ó chuireas aithne air gan trácht ar an gcomaoin mhór léinn atá curtha aige orm ó shin i leith. Gura fada buan é i mbun scoláireachta!

2 Ní foláir a mheabhrú anseo nach comparáid shlán í seo ar fad, mar a mheabhraíonn an tOllamh Ó Crualaoich féin dúinn, de bhrí go raibh cúram ceantracha éagsúla lasmuigh de chontae Chorcaí ar fhormhór na mbailitheoirí

eile a luaigh sé ina chuntas murab ionann is Seán Ó Cróinín.

3 Seo mar a chuireann Seán Ó Cróinín síos ar aon tsaghas scríbhneoireachta a bhí le déanamh aige, scríobh na ndialann san áireamh, feic CBÉ (Cnuasach Bhéaloideas Éireann) 1653: l. 48, l. 253 agus l. 282 mar shampla. Uimhir an imleabhair a thugtar anseo ar dtús agus tagraíonn an dara huimhir do leathanach an imleabhair féin.

4 Ceadaítear, ina theannta sin, cuid den chomhfhreagras a mhaireann idir an Cróiníneach agus muintir an Choimisiúin agus déanaim tagairt dó seo nó bainim sleachta as ó am go ham de réir mar a oireann do mo chuntas féin. An chuid sin den chomhfhreagras a bhaineann leis an tréimhse thosaigh den bhailiúchán a rinne Seán Ó Cróinín, idir na blianta 1938–45, is ea a scrúdaigh mé. Ní raibh fáil ar an gcomhfhreagras do na blianta deireanacha sin (idir 1959 agus 1965) nuair a bhí fillte aige ar chúram an bhailithe. Tá litreacha eile a scríobh an Cróiníneach go dtí Séamus Ó Duilearga ar coimeád i gCnuasach Uí Dhuilearga i Leabharlann Uí Argadáin, Ollscoil na hÉireann, Gaillimh (gabhaim buíochas le Mícheál Briody as an eolas seo a thabhairt dom). B'fhéidir, ina theannta sin, ar ndóigh, go bhfuil comhfhreagras eile tagtha anuas chugainn i ngan fhios i measc páipéar príobháideach éagsúil.

5 Ó Crualaoich, *op. cit.*, l. 928. Úsáidim na téarmaí 'cín lae', 'cuntas cín lae' agus 'dialann' mar mhalairtí ar a chéile síos tríd an alt seo d'fhonn an t-athrá a sheachaint: níl aon difear brí á chur in iúl agam leis na téarmaí seo.

6 CBÉ 1653: l. 2. Tá an litriú sna giotaí a baineadh as na dialanna agus as an gcomhfhreagras tugtha chun rialtachta agus chun slachta agam ar mhaithe le soléiteacht. Ní dhéantar aon chur isteach ar an deilbhíocht, áfach. Gabhaim buíochas leis an Ollamh Séamas Ó Catháin, Ceann Scoil na Gaeilge, an Léinn Cheiltigh, Bhéaloideas Éireann agus na Teangeolaíochta, An Coláiste Ollscoile, Baile Átha Cliath as cead a thabhairt dom na sleachta as na dialanna agus as an gcomhfhreagras araon a fhoilsiú anseo. Seo leanas liosta d'imleabhair phríomhbhailiúchán CBÉ ina bhfaightear cuntais chín lae an Chróinínigh agus briseadh síos tugtha ar na leabhair chín lae éagsúla agus ar na tréimhsí faoi chaibidil:

IMLEABHAR		TRÉIMHSE	LEATHANAIGH AN IMLEABHAIR
CBÉ 622	(1)	1-4-'38 → 31-7-'38	1–50
	(2)	26-8-'38 → 12-11-'38	56–148
	(3)	13-11-'38 → 28-1-'39	150–242
	(4)	29-1-'39 → 6-5-'39	245–342
CBÉ 673	(5)	7-5-'39 → 17-6-'39	1–99
	(6)	12-6-'39 → 2-9-'39	101–197
	(7)	3-9-'39 → 21-10-'39	199–293
	(8)	22-10-'39 → 2-12-'39	296–391
CBÉ 724	(9)	3-12-'39 → 30-1-'40	1–88
	(10)	31-1-'40 → 2-3-'40	89–184
	(11)	3-3-'40 → 31-3-'40	185–280
CBÉ 725	(12)	1-4-'40 → 18-5-'40	1–98

	(13)	19-5-'40 → 10-8-'40	101–195
	(14)	11-8-'40 → 2-11-'40	199–294
CBÉ 944	(15)	3-11-'40 → 22-2-'41	1–96
	(16)	23-2-'41 → 17-5-'41	98–184
	(17)	18-5-'41 → 28-2-'42	187–448
CBÉ 1653	(18)	19-1-'59 → 2-8-'59	1–156
	(19)	3-8-'59 → 30-9-'60	157–312

7 Tagann deireadh leis na cuntais chín lae uaidh tamall gairid sula bhfágann sé ceantar Chill Chóirne d'fhonn filleadh ar a bhaile agus tosú ar bhéaloideas a bhailiú timpeall ar Chúil Aodha, .i. ag deireadh mhí Feabhra 1942. Tá a fhios againn ó litir uaidh go dtí an tOllamh Séamus Ó Duilearga (dar dáta 4 Márta 1942) go raibh sé chun tosú ar a bheith ag obair ar na ceantair sin in iarthar Mhúscraí go grod i Márta na bliana úd. Is díol spéise é gur i dtreo dheireadh na bliana céanna a thagaimid ar an gcéad tagairt (i litir uaidh dar dáta 16 Samhain 1942 go dtí Séamus Ó Duilearga) do 'neuritis' a bheith ag cur air, galar a leanfadh de go ceann bliana eile ina dhiaidh sin ar a bheag. Seans gurbh é seo faoi deara dó éirí as na cuntais chín lae a choimeád: ráineodh gurbh é a dhícheall é an gnáthbhailiú a dhéanamh le linn na haimsire seo gan cuntais dialainne a bhac. Dealraíonn an scéal nár choinnigh sé aon dialann as sin go dtí gur éirigh sé as an gcúram ar fad sa bhliain 1945. Rinneadh bailitheoir páirtaimseartha dó sa bhliain 1944, pé scéal é, agus beartaíodh ansin go ndíolfaí é as an méid a chuirfeadh sé go dtí an Coimisiún feasta. D'fhág sin, leis, nach n-achtófaí air feasta aon chuntas dialainne a choimeád ná a sheoladh chucu faid a bheadh sé ag gabháil don obair go páirtaimseartha. Baineann an chéad dialann eile atá againn óna láimh le tosach na tréimhse deireanaí (idir na blianta 1959–60 a choinnigh sé an cuntas cín lae seo). D'éireodh sé as an gcuntas sin a choinneáil, leis, ach ní fios arís cad ina thaobh é sin. Is fiú ráiteas seo an Dr Ríonach uí Ógáin a mheabhrú anseo: 'Ar ndóigh ba iomaí bailitheoir a scríobh dialann ar feadh tréimhse agus ansin a d'fhág tamall ar lár gan dialann a scríobh agus a thosaigh arís ar an dialann nó cosúil le [Séamus] MacAonghusa de réir mar a dhéanaim amach a stop ag scríobh dialainne nó a ndeachaigh dialann amú air, tar éis tamall áirithe blianta' (teachtaireacht ríomhphoist ó Ríonach uí Ógáin go dtí an t-údar, 24 Márta 2005). Táim an-bhuíoch den Dr uí Ógáin a roinn a cuid eolais liom go fairsing. Ina theannta sin, ba mhór go léir an chabhair agus an spreagadh dom caint dar teideal 'The Field Diaries (1942–1946) of the Music Collector Séamus Ennis' a thug sí i gColáiste na hOllscoile Corcaigh ar 2 Márta 2005. Ba mhaith liom mo bhuíochas a chur in iúl d'Emer Ní Cheallaigh, chomh maith, a chuir gach cóir orm le linn na dturasanna a thugas ar an gcartlann i Lárionad Uí Dhuilearga de Bhéaloideas na hÉireann agus Cnuasach Bhéaloideas Éireann, An Coláiste Ollscoile, Baile Átha Cliath. Fairis sin, tá mo bhuíochas ar bheirt a léigh an t-alt agus a mhol leasuithe éagsúla air: an tOllamh Seán Ó Coileáin agus Mícheál Briody. Ba mhór an cúnamh dom, leis, gurbh fhéidir liom tarraingt go minic ar eolas Mhíchíl ar bhailitheoirí an Choimisiúin. Is baolach ná raibh a shaothar siúd, *The Irish Folklore Commission 1935–1970*. Helsinki: Finnish Literature Society, 2007, foilsithe go fóill nuair a bhíos ag obair ar an alt seo.

8 Amhlaoibh Ó Luínse, *Scéalaíocht Amhlaoibh Í Luínse* (Seán Ó Cróinín a thóg

síos; Donncha Ó Cróinín a chuir in eagar). Baile Átha Cliath: Cumann le Béaloideas Éireann, 1971 agus *Seanachas Amhlaoibh Í Luínse* (Seán Ó Cróinín a thóg síos; Donncha Ó Cróinín a chuir in eagar). Baile Átha Cliath: Comhairle Bhéaloideas Éireann, 1980. Foilsíodh ábhar eile a tógadh síos uaidh in irisí éagsúla: *Béaloideas*, *Éigse* agus *An Músgraigheach*, cuir i gcás. Tá tagairtí spéisiúla d'Amhlaoibh Ó Loingsigh le fáil thall is abhus sa chomhfhreagras a mhaireann idir an Cróiníneach agus muintir an Choimisiúin, feic, mar shampla, na litreacha dar dáta: 16 Samhain 1942; 4 Deireadh Fómhair 1943; 29 Deireadh Fómhair 1943; 28 Feabhra 1944; 3 Feabhra 1945 agus 12 Iúil 1945.

9 Tá toradh na hoibre seo i gcló, chomh maith, feic Tadhg Ó Buachalla, *Seanchas an Táilliúra* (Seán Ó Cróinín a bhailigh, Aindrias Ó Muimhneacháin a chuir in eagar). Baile Átha Cliath: Mercier, 1978.

10 Donncha Ó Cróinín (eag.), *Seanachas ó Chairbre 1* (Seán Ó Cróinín a thóg síos, Donncha Ó Cróinín a chuir in eagar). Baile Átha Cliath: Comhairle Bhéaloideas Éireann, 1985. Tá na príomhchuntais ar an mbailiú a rinne sé ó Sheán Ó hAodha le fáil sna háiteanna seo leanas: CBÉ 673: ll. 345–71 agus 374–91; CBÉ 724: ll. 1–10, 12–32, 40–88, 93–96, 98–102, 104–08, 116, 128–44, 149–55, 161–73, 177–85, 190–201, 209–13, 218–26, 234–46 agus 260–79, is CBÉ 725: 9–17, 22–30, 39–47, 52–60, 67–75, 80–87, 95–99, 102–03, 111–15, 119–29, 130–31, 134–47, 156–59, 166–72 agus 174–91. Tá cuntas suimiúil le fáil ó pheann Sheáin Uí Chróinín ar Hamit in CBÉ 1129: ll. 230–34, cur síos a scríobh sé ar 15 Lúnasa 1946 nuair a bhí sé scortha óna chuid oibre leis an gCoimisiún (tá cuid den chuntas céanna curtha i gcló ag Donncha Ó Cróinín in *Seanachas ó Chairbre 1*, l. xvii–xix). Déanann an Cróiníneach tagairt do Sheán Ó hAodha thall is abhus sa chomhfhreagras, leis, feic, mar shampla, na litreacha dar dáta 29 Eanáir 1940 agus 11 Iúil 1940 a chuir sé go dtí muintir an Choimisiúin. Tugtar cuntas as Béarla ar an gcuairt donn deireanach, is dealraitheach, a thug an Cróiníneach ar Hamit i litir go dtí Séamus Ó Duilearga dar dáta 4 Deireadh Fómhair 1943 cé nach mbíodh Seán ag bailiú uaidh a thuilleadh an tráth sin. Tá cuntas tugtha agam ar na turasanna a thug an Cróiníneach ar Hamit san alt, 'An tAmharc Déanach ar an Laom-luisne: Seán Ó Cróinín agus Seán Ó hAodha' in *Béascna* 4 (2008): ll. 33–63.

11 Tá cuntais bheathaisnéise le fáil ar Sheán Ó Cróinín sna háiteanna seo leanas: Donncha Ó Cróinín, 'Seán Ó Cróinín (1915–1965) Bailitheoir Béaloideasa' in *Béaloideas 32 (1964)*, ll. 1–42 agus Diarmuid Breathnach agus Máire Ní Mhurchú (eag.), *1882–1982 Beathaisnéis a Cúig*. Baile Átha Cliath: An Clóchomhar, 1997, ll. 146–47. Is ar an dá fhoinse seo is mó atá mo chuntas féin bunaithe.

12 Tá cuntais le fáil ar Bhess Cronin sna háiteanna seo leanas: Fintan Vallely (eag.), *The Companion to Irish Traditional Music*. Corcaigh: Cork University Press, 1999, l. 96; Breathnach agus Ní Mhurchú (eag.), *op. cit.*, l. 146 agus Dáibhí Ó Cróinín, *The Songs of Elizabeth Cronin, Irish Traditional Singer: The Complete Song Collection*. Baile Átha Cliath: Four Courts Press, 2000, ll. 9–29.

13 Donncha Ó Cróinín, 1964, *op. cit.*, l. 2.

14 Ibid., l. 3.

15 Ibid.

16 Ibid., l. 6.

17 Ar na hainmneacha cleite a d'úsáid an Cróiníneach, bhí Seán Saor, Tadhg Ó Rodaí, Tadhg Tóstail agus Peata na Bodhaire. Scríobhadh sé faoina ainm féin ar uairibh, leis.

18 Fuair baintreach Sheáin, Siobhán, bás roimhe sin, áfach (bliain tar éis bháis Sheáin) ach tugadh an aisce bháis seo don chlann nuair a ainmníodh Seán, an mac ba shine dá gcuid, mar sheiceadúir ar uacht a athar. Mo bhuíochas le Mícheál Briody a roinn an t-eolas seo liom.

19 Úsáidim an teideal an *Láimh-leabhar Béaloideasa* nó an *Láimh-leabhar* leis féin i gcló iodálach formhór na haimsire anseo. Dhá shaothar éagsúla a fhéadfadh a bheith i gceist, áfach, is é sin: Seán Ó Súilleabháin, *Láimh-leabhar Béaloideasa.* Baile Átha Cliath: Comhlucht Oideachais na hÉireann, 1937 agus Seán Ó Súilleabháin, *A Handbook of Irish Folklore.* Baile Átha Cliath: Educational Company of Ireland, 1942. Is ar son na héascaíochta a dhéantar é sin. Déantar idirdhealú ar an dá shaothar san alt, ámh, nuair a theastaíonn sin.

20 CBÉ 622: 27. Tagann seo, gan amhras, go hiomlán le cuspóir an té a chuir an *Láimh-leabhar Béaloideasa* le chéile: 'Láimhleabhar é seo a chuirfidh nidhthe i gcuimhne do'n té atá ag cnuasach béaloideasa ná cuimhneochadh sé ortha á cheal. Is minic a cheapfadh bailitheoir go mbeadh deire seanchuis agus scéalta curtha síos aige ó sheanduine nó ó sheanmhnaoi agus ná beadh a thuille le fagháil aige uatha. Ach is mó cabha agus béilic i gcuimhne na seandaoine go bhfuil blúirí eolais i bhfolach ionnta ach cuardach dóibh, agus is suimeamhla, do ghnáth, na blúirí sin go bhfuil meirg agus screamh na mblianta ortha ná cuid do'n tseanchus a ghabhann ó bhéal go béal coitchianta'. In Seán Ó Súilleabháin, *Láimh-leabhar Béaloideasa*, l. iii.

21 CBÉ 622: 71 agus CBÉ 673: l. 227.

22 CBÉ 622: ll. 101–02.

23 Feic mar shampla CBÉ 622: l. 114.

24 Feic CBÉ 673: ll. 244–47 agus ll. 253–56. Is cosúil go mba mhó an úsáid a bhaineadh an Cróiníneach as an eideafón i gcomhair scéalta fada a thógáil síos ná blúirí seanchais. Is iad na fiteáin a d'úsáid sé, leis, nuair a bhí scéal a bheatha á bhailiú aige ó Hamit, feic CBÉ 725: l. 126. Fairis sin, tá eolas sa chín lae ar an gcaoi a mbailíodh sé amhráin ó fhaisnéiseoirí. Agus é ag cur síos ar amhráin a bhailigh sé ó Dhiarmuid Ó Duinnín níos túisce an lá céanna, tugann an Cróiníneach léiriú spéisiúil dúinn ar conas mar a chnuasaíodh sé amhráin i gcás an duine seo agus ar an gcuma a mbíodh a eolas féin ar an dtraidisiún á chur san áireamh aige agus é ag bailiú leis: 'Chuirinn ceist air féachaint cár airigh sé a leithéid seo nó a leithéid siúd d'amhrán, agus cé uaidh go bhfuair sé é. Bhíodh an t-eolas san aige agus chuirinn síos é. Fuaras cuntais suimiúla den tsord san gan puinn trioblóide. Ba mhaith leis an t-amhrán a ghabháil ar dtúis, agus do scaoilinn leis. Bhínn ag éisteacht go haireach leis an bhfonn ansan, agus mé a d'iarraidh é a thabhairt liom. Thugainn fé ndeara nách é an fonn céanna a bhíodh againn araon ar amhrán áirithe go minic. Bhí na seana-fhuinn aige sin. Is mó casadh a bhíodh ins na seana-fhuinn ná fuil aon tuairisc ortha anois' (CBÉ 944: 63)

25 Feic Clodagh Brennan-Harvey, *Contemporary Irish Traditional Narrative: The English Language Tradition.* Berkeley: University of California Press, 1992, ll. 37–8 mar a bpléann sí an ról tábhachtach seo a bhí ag bailitheoirí faisnéiseoirí a spreagadh chun inste agus ábhar óna gcuid *repertoire* a chur i gcuimhne dóibh. Is mó, gan dabht, a thiocfadh seo i gceist i gcás an duine ar 'passive carrier of the tradition' é, mar a luann Brennan-Harvey féin. Rud eile, meabhraíonn Pádraig Ó Héalaí dúinn ina alt 'Seán Mac Mathúna – Fear an Chín Lae' in *Béaloideas 68* (2000), ll. 99–126 gur 'seanchleas ag bailitheoirí é mír éigin béaloidis a chur i láthair seanchaí chun chuimhne a dhúiseacht, nó le súil go spreagfaí é chun a leagan féin den mhír a insint' (l. 106).

26 CBÉ 724: l. 141. Is dócha gurbh ón ainmfhocal 'cúinse' a ghluais an focal *cúinseáil*. Fiosrú, cuir i gcás, is brí le 'cúinse' sna Déise: feic Risteard B. Breatnach, *Seana-Chaint na nDéise II*. Baile Átha Cliath: Dublin Institute for Advanced Studies, 1961 s.v. *cúinse* agus Diarmuid Ó hAirt, *Díolaim Dhéiseach*. Baile Átha Cliath: Acadamh Ríoga na hÉireann, 1988 s.v. *cúinseach*. Feic, leis, Brian Ó Cuív, 'The Verbal Noun Ending –áil and Related Forms' in *Celtica 13* (1980) ll. 125–45 maidir le plé ar fhorás na moirféime seo sa Ghaeilge. Gabhaim buíochas le Mícheál Briody a luaigh an léamh seo ar an bhfocal liom.

27 CBÉ 724: ll. 140–42.

28 CBÉ 724: ll. 198–99.

29 CBÉ 724: l. 222.

30 Feic an litir dar dáta 18 Deireadh Fómhair 1939 ó Shéamus Ó Duilearga go dtí Seán Ó Cróinín.

31 Tugtar an chomhairle seo dó i litir dar dáta 19 Bealtaine 1939 ó Sheán Ó Súilleabháin go dtí an Cróiníneach ina molann an Súilleabhánach dó an *Láimh-leabhar* a úsáid ar an slí seo le Seán de nGeard ó Bhaile Uí Chríonáin, Baile Mhac Óda.

32 Luaitear an tuairim seo i litir ón nDuileargach go dtí Seán Ó Cróinín dar dáta 30 Nollaig 1941.

33 Litir ó Sheán Ó Súilleabháin go dtí an Cróiníneach dar dáta 1 Feabhra 1943.

34 Is díol spéise é go luaitear i gcuntas cín lae a bhaineann leis an mbliain 1940 an chaoi a gcaitheadh an Cróiníneach blúirí as an *Láimh-leabhar* Gaeilge a thiontú go Béarla faid a bhíodh ábhar á bhailiú aige ó Shéamas 'ac Coitir as Cúisín in IarChairbre toisc gan aon Ghaeilge a bheith ag an seanchaí sin, feic CBÉ 725: ll. 292–93.

35 Feic nóta 25 thuas.

36 CBÉ 944: ll. 405–06.

37 CBÉ 725: ll. 126–28.

38 Feic Ó Cróinín (eag.), *Seanachas ó Chairbre 1*, ll. 556–646 mar leis an gcuntas seo ar bheatha Hamit: 'Cuid dem chúrsaíbh' a thugtar air ansin.

39 Meabhraíonn Mícheál Briody dom, áfach, go bhfuil go leor samplaí eile againn den chur chuige céanna i measc bhailitheoirí an Choimisiúin, is é sin gur thúisce iad ar lorg an téacs ná an chomhthéacs agus nach mbacfaidís le beathaisnéis an fhaisnéiseora a bhailiú go dtí an deireadh. An Duileargach féin, is i ndiaidh dó scéalta agus seanchas Sheáin Uí Chonaill a bhailiú a thug sé faoi scéal a bheatha a fháil ón bhfaisnéiseoir úd agus ba é an dála céanna aige é nuair a chuaigh sé ag bailiú béaloidis ó Stiofán Ó hEalaoire (teachtaireacht ríomhphoist ó 7 Feabhra 2006). Tharlódh, áfach, nach mar sin ar fad a bhí i gcás an Chróiníneigh anseo: is cosúil ó na dialanna gur rith sé leis de réir mar a bhí aithne á cur aige ar Hamit gurbh fhiú go mór cuntas ar a bheatha a bhailiú toisc saol eachtrúil neamhchoitianta a bheith caite aige agus dar leis gur chiallmhaire an beart a leithéid de chuntas a thógáil uaidh nuair a bheadh aithne níos fearr curtha aige ar Hamit.

40 CBÉ 725: ll.18–19.

41 Litir dar dáta 29 Eanáir 1940 ó Sheán Ó Cróinín go dtí Séamus Ó Duilearga. Freagra é seo ar litir a chuir an Duileargach chuige ar 26 Eanáir 1940.

42 CBÉ 622: ll. 193–94; CBÉ 673: l. 45 agus ll. 222–23 agus CBÉ 944: l. 363.

43 CBÉ 1653: l. 52.

44 Feic CBÉ 944: ll. 376–77 go háirithe.

45 CBÉ 944: l. 341.

46 Cabhair bhreise ab ea é don Chróiníneach i gcás Dhiarmuda Uí Dhuinnín agus Mhíchíl Uí Dhonnchadha gur Mhúirneach gurbh ea é ar chuma na beirte sin.

47 Feic, cuir i gcás, an litir dar dáta 14 Feabhra 1940 a chuir Seán Ó Cróinín go dtí an Duileargach, áit a luann sé gurbh fhearr leis aithne mhór a chur ar aon fhaisnéiseoir amháin sa turas. Feictear an meon céanna seo aige nuair a thráchtann sé thar an gcaidreamh a bhí aige ar Sheán de Brún, cuir i gcás (feic litir uaidh dar dáta 12 Feabhra 1942). Comhairle dá malairt a thagadh chuige ón gCoimisiún: is é a mholaidís sin dó gan luí leis an seanchaí céanna i gcónaí ach bualadh timpeall i measc na ndaoine – agus a chúis sin acu, gan amhras – mar ba nós leo ar uairibh liostaí faisnéiseoirí a thabhairt amach go dtí na bailitheoirí nuair a bhainfidís ceantar nua amach. Ba é ba mhian leo go dtabharfaí cuairt ar gach éinne a bhí ainmnithe ar an liosta agus go mbaileofaí béaloideas uathusan go léir, dá mb'fhéidir é. Maidir leis seo de, feic na litreacha seo leanas ó mhuintir an Choimisiúin a seoladh go dtí Seán Ó Cróinín ar 5 Bealtaine 1939, 26 Aibreán 1941 agus 10 Nollaig 1942.

48 Nuair a d'éirigh leis aithne cuibheasach maith a chur ar Hamit, thuig sé gurbh fhearr díriú isteach airsean agus oiread agus ab fhéidir leis de sheanchas a chnuasach uaidh, feic an litir dar dáta 29 Eanáir 1940. Bhí muintir an Choimisiúin lán tsásta le toradh na hoibre sin, feic an litir dar dáta 14 Feabhra 1940 a chuir Séamus Ó Duilearga go dtí Seán Ó Cróinín. Tagraíonn an Cróiníneach don tuairim seo i dtaobh an chaidrimh a chothaíodh sé lena chuid faisnéiseoirí i litir (dar dáta 18 Iúil 1941) a chuir sé go dtí an Duileargach nuair a bhí sé ag bailiú timpeall ar Bhóthar Buí agus Ceann Tuirc. Is i gcomhthéacs na ndeacrachtaí a bhí aige ábhar a bhailiú i gceantair mar seo a bhí 'gallda', dar leis, is cóir an méid seo leanas a thuiscint: 'Caithim aithne cuibheasach maith do chur ar sheanchaí sara bhfaghainn puinn eolais uaidh. Caillim roinnt aimsire i dtosach an fhaid agus a bhím ag taighde. Ní raibh aon choinne ag aoinne aca (.i. ag faisnéiseoirí sa Bhóthar Buí agus i gCeann Tuirc) liom ná aon tuiscint aca ar cad a theastódh uaim [. . .] Anois, tá – mar adéarfá – an chloch-bhuinn leagaithe agam agus tá ag eirí liom níos fearr'. Tá cuntas agam ar na fadhbanna a bhí ag an gCróiníneach agus é ag bailiú ar na ceantair seo san alt 'Seal ar Seachrán: Siúlta Sheáin Uí Chróinín in Iardheisceart agus i dTuaisceart Chorcaí' in *Béascna* 5 (2009): ll. 100–125.

49 Feic mar shampla CBÉ 622: l. 240.

50 Richard M. Dorson, 'Collecting in County Kerry', in *The Journal of American Folklore*, Iml. 66, Uimh. 259 (Eanáir–Márta 1953), ll. 19–42 (l. 21).

51 Feic mar shampla CBÉ 944: l. 84.

52 CBÉ 673: ll. 284–88.

53 CBÉ 725: ll. 180–91. Luann sé an ócáid seo arís sna dialanna deiridh blianta ina dhiaidh sin (CBÉ 1653: ll. 115–7), rud a léiríonn an bhá shíoraí a bhí aige leis. Níorbh é seo a thuras donn deireanach ar Hamit, áfach, feic nóta 10 thuas.

54 CBÉ 1653: ll. 128–29.

55 CBÉ 1653: l. 137.

56 CBÉ 1653: l. 138.

57 Ibid.

58 CBÉ 1653: *passim*. Tagraíonn na nathanna seo don uile shaghas scríbhneoireachta a bhí le déanamh aige. Dá éagmais sin, áfach, tá an chuma ar chuid de na hiontrálacha sna dialanna deireanacha gur iontrálacha nósmhara iad toisc an leagan amach ceannann céanna a bheith orthu, rud nach bhfaightear chomh minic sin sna dialanna luatha.

59 CBÉ 1653: l. 3.
60 CBÉ 1653: l. 9.
61 CBÉ 724: l. 133–34.
62 Ó Cróinín, Donncha, 1964, *op. cit.*, l. 12.
63 CBÉ Iml. 622, 673, 724, 725, agus 944 *passim*.
64 Feic mar shampla CBÉ 1653: l. 122.
65 CBÉ 944: l. 318.
66 CBÉ 1653: ll. 271–72.

SEANCHAS NA FIOSRACHTA AGUS LÉANN AN DÚCHAIS

1 Tugann Justin Stagl cuntas breá ar an dtaobh seo den scéal sa leabhar *A History of Curiosity: The Theory of Travel 1550–1800*. Londain: Routledge, 1995, l. 296.
2 Thomas Hyland Eriksen agus Finn Sivert Nielsen. *A History of Anthropology*. Londain: Pluto Press, 2001, l. 1.
3 Leathnaítear sa saothar seo ar chomhthéacs agus ar thuiscint an tseanchais féin chomh fada agus a bhaineann leis an mbaineannacht sa chultúr dúchais. Féach Gearóid Ó Crualaoich, *The Book of the Cailleach: Stories of the Wise-Woman Healer*. Corcaigh: Cork University Press, 2003, l. 3.
4 Kuno Meyer, *The Voyage of Bran Son of Febal to the Land of the Living*. Felinfach: Llanerch, 1994 [1895], l. 13. Kuno Meyer, *The Vision of Mac Conglinne: A Middle-Irish Wonder Tale*. Nua-Eabhrac: Lemma Publishing Corporation, 1974 [1894], l. 18.
5 Meyer, *The Vision of Mac Conglinne*, l. 18.
6 Meyer, *The Voyage*, l. 7.
7 John Carey, 'Ireland and the Antipodes: The Hetrodoxy of Virgil of Salzburg' in Jonathan M. Wooding (eag.), *The Otherworld Voyage in Early Irish Literature*. Baile Átha Cliath: Four Courts Press, 2000, l. 141.
8 Stagl, l. 5.
9 Míchéal Ó hAodha, 'Seanchas ós na Déisibh' in *Béaloideas* 14 (1944), l. 76.
10 Kevin Murray, 'The Role of the *Cuilebad* in *Immram Snédgusa ⁊ MaicRiagla*' in Wooding, l. 189; Thomas Owen Clancy, 'Subversion at Sea: Structure, Style and Intent in the *Immrama*' in Wooding, l. 208.
11 W. B. Yeats, *The Book of Fairy and Folk Tales of Ireland*. Londain: Bounty Books, 1994, l. 77.
12 Julian C. Walton, 'Two Descriptions of Waterford in the 1680s' in *Decies* XXXV (1987), l. 28. Chuir roinnt daoine eolas chuige, Rev. Arthur Stanhope ina measc.
13 Máirín Ní Mhuiríosa, *Réamhchonraitheoirí*. Baile Átha Cliath: Clódhanna Teoranta, 1978, l. xi. I litir a scríobh sé go dtí Séamus Ó Dubhghaill nó J. J. Doyle; 'Beirt Fhear' an t-ainm cleite a bhí air seo.
14 Caoimhín Ó Danachair, 'The Progress of Irish Ethnology, 1783–1982' in *Ulster Folklife* 29 (1983).
15 Ó Danachair, l. 4.
16 Clare O'Halloran, *Golden Ages and Barbarous Nations: Antiquarian Debate and Cultural Politics in Ireland 1750–1800*. Corcaigh: Cork University Press, 2004, l. 45.
17 O'Halloran, l. 45.
18 Ciarán Dawson, *Peadar Ó Gealacáin: Scríobhaí*. Baile Átha Cliath: An Clóchomhar, 1992, l. 10.
19 Pádraig Mac Giolla Rua, *Ollscoil Shaor Ghaelach: Tús Leighis ar Easpa*

Bhásmhar. Gaoth Dobhair: Coiste Comórtha an Athar Mícheál Ó hÍcí, An Dara Cló 1992, l. 9.

20 Ó Danachair, l. 4.

21 John Wilson Foster, *Fictions of the Irish Literary Revival: A Changeling Art*. Syracuse: Syracuse University Press, 1987, l. 205.

22 Jennifer Schacker, *National Dreams: The Remaking of Fairy Tales in Nineteenth-Century England*. Philadelphia: Philadelphia University Press, 2003, l. 48.

23 Sir William Wilde, *Irish Popular Superstitions*. Baile Átha Cliath: Irish Academic Press, 1979 [1852], l.11.

24 *Transactions of the Kilkenny Archaeological Society*. Baile Átha Cliath: John O'Daly, 1853, l. 100.

25 Seathrún Céitinn, *Foras Feasa ar Éirinn*. Londain: Irish Texts Society, 1902 [1987], l. xii.

26 Seán Ó Cadhla, *Cathair Phortláirge agus na Déise: A Gael's Guide to Waterford and the Déise Country*. Port Láirge: The Waterford News, 1917, l. 153.

27 Richard Dorson, *The British Folklorists: A History*. Londain: Routledge & Kegan Paul, 1968, l. 2.

28 Stagl, l. 233.

29 Céitinn, l. 324.

30 Dorson, l. 2.

31 Daithí Ó hÓgáin, '*Béaloideas* – Notes on the History of of a Word' in *Béaloideas* 70 (2002), l. 83.

32 Liam MacMathúna, *Béarla sa Ghaeilge: Cabhair Choigríche: An Códmheascadh Gaeilge/Béarla i Litríocht na Gaeilge 1600–1900*. Baile Átha Cliath: An Clóchomhar, 2007, l. 87.

33 O'Halloran, l. 183.

34 *Dictionary of the Irish Language*. Baile Átha Cliath: Royal Irish Academy, 1983. Mioneagrán, l. 372.

35 Céitinn, l. 2.

36 R. F. Foster, *The Story of Ireland: An Inaugural Lecture Delivered Before the University of Oxford on 1 December 1994*. Oxford: Clarendon Press, 1995, l. 8; Féach gur thiontaigh Tomás de Bhial an leabhar seo go dtí Gaeilge sa bhliain 1939: *Eachtra na hÉireann*. Baile Átha Cliath: Oifig an tSoláthair, 1939.

37 Foster, *Story*, l. 8.

38 Bernadette Cunningham, *The World of Geoffrey Keating: History, Myth and Religion in Seventeenth-Century Ireland*, Baile Átha Cliath: Four Courts Press, 2000, l. 186.

39 Breandán Ó Buchalla, 'Foreword', Céitinn, *Foras Feasa ar Éirinn* (1987), ll. 2–7.

40 Cunningham, l. 224.

41 Osborn Bergin, *Sgéalaigheacht Chéitinn: Stories from Keating's History of Ireland*. Baile Átha Cliath: Royal Irish Academy, 1975 [1909], l. iii.

42 James Fenton, *Amhráin Thomáis Rua .i. The Songs of Tomás Ruadh O'Sullivan, The Iveragh Poet (1785–1848)*. Baile Átha Cliath: M. H. Gill and Sons Ltd, 1922, l. 46.

43 Stiofán Ó Cadhla, *The Holy Well Tradition: The Pattern of St Declan, Ardmore, County Waterford 1800–2000*. Baile Átha Cliath: Four Courts Press, 2002, l. 12.

44 Stiofán Ó Cadhla, *Civilizing Ireland: Ordnance Survey 1824–1842: Ethnography, Cartography, Translation*. Baile Átha Cliath: Irish Academic Press, 2007.

45 Ruaidhrí de Valéra, 'Seán Ó Donnabháin agus a Lucht Cúnta' in *The Journal*

of the Royal Society of Antiquaries of Ireland 79 (1949), l. 150.

46 Séamus Ó Duilearga, 'Notes on the Oral Tradition of Thomond' in *The Journal of the Royal Society of Antiquaries of Ireland* 95 (1965), l. 134.

47 Rev. Michael O'Flanagan (eag.), *Ordnance Survey Letters 1834–1841.* 43 imleabhar clóbhuailte agus ceangailte i Leabharlann Boole, Coláiste na hOllscoile, Corcaigh. Bré, 1927–35. Port Láirge, l. 85.

48 Rev. Michael O'Flanagan, Londonderry, l. 26.

49 Rev. Michael O'Flanagan, Carlow, l. 32.

50 Rev. Michael O'Flanagan, Mayo II, l. 70.

51 Rev. Michael O'Flanagan, Roscommon II, l. 95.

52 San oirdheisceart amháin d'fhoilsigh Joseph Hansard *The History, Topography and Antiquities (Natural and Ecclesiastical), With Biographical Sketches of the Nobility, Gentry and Ancient Families, and Notices of Eminent Men, etc., of the County and City of Waterford; Including the Towns, Parishes, Villages, Manors and Seats* sa bhliain 1870. Trí bliana ina dhiaidh sin cuireadh *The County Waterford Almanac and Directory* amach. D'fhoilsigh Charles Smith *The Ancient and Present State of the County and City of Waterford: Being a Natural, Civil, Ecclestiastical, Historical and Topographic Description Thereof* sa bhliain 1774. Tháinig saothar R. H. Ryland, *The History, Topography and Antiquities of the County and City of Waterford: With an Account of the Present State of the Peasantry of that Part of the South of Ireland,* amach sa bhliain 1824. Bhí Port Láirge ar cheann de na contaetha ar fhoilsigh Samuel Lewis *A Topographical Dictionary of Ireland* mar gheall air sa bhliain 1837. Tháinig leabhar Ringrose Atkins, *Old Waterford: Its History and Antiquities*, amach sa bhliain 1894. Bhí Atkins ina sholáthraí don *Waterford and South-East of Ireland Archaeological Society* chomh maith.

53 E. H. Carr, *What is History?* Londain: Penguin Books, 1990, l. 12.

54 Pádraig Ó Macháin (eag.), *Riobard Bheldon: Amhráin agus Dánta.* Baile Átha Cliath: Poodle Press, 1995, l. 87.

55 Nuala Ní Dhomhnaill, *Selected Essays.* Oona Frawley eag.; Baile Átha Cliath: New Island, 2005, l. 52.

56 Don fhrása Laidine seo féach J. A. Cuddon, *A Dictionary of Literary Terms.* Londain: Penguin, 1979, l. 611.

57 Alan Harrison, 'Scotha na Gaeilge: An Teanga agus Léann an Ochtú hAois Déag' in Ruairí Ó hUiginn (eag.), *Léann na Gaeilge: Súil Siar: Súil Chun Cinn.* Léachtaí Cholm Cille XXV1 (1996). Maigh Nuad: An Sagart, 1996, l. 135.

58 Nioclás Breatnach, *Ar Bóthar Dom.* Rinn Ó gCuanach: Coláiste na Rinne, 1998, l. 43.

59 Ó Cadhla, *Cathair Phortláirge*, l. 184.

60 Máirtín Ó Cadhain, 'Béaloideas: Léacht a Tugadh do Chumann na Scríobhneoirí ar 11 Feabhra, 1950' in Seán Ó Laighin (eag.), *Ó Cadhain i bhFeasta.* Baile Átha Cliath: Clódhanna Teoranta, 1990, l. 151.

61 Tá an lámhscríbhinn seo sa Leabharlann Náisiúnta, LN G 1103. Don eachtra seo féach Míchéal Ó Domhnaill, *Iolscoil na Mumhan: Coláiste na Rinne.* Corcaigh: Cló na Laoi, 1987, l. 10.

62 Rev. Michael O'Flanagan, Londonderry, l. 26.

63 Tomás Ó Máille, *An Béal Beo.* Baile Átha Cliath: An Gúm, 2002 [1936], l. 171.

64 Antonia McManus, *The Irish Hedge School and Its Books 1695–1831.* Baile Átha Cliath: Four Courts Press 2004, l. 74.

65 Harrison, ll. 132–134.

66 Eoghan Ó Néill, *Gleann an Óir*. Baile Átha Cliath: An Clóchomhar Tta, 1988, l. 190.
67 Éamon Ó hÓgáin, 'Scríobhaithe Lámhscríbhinní Gaeilge i gCill Choinnigh 1700–1870' in William Nolan agus Kevin Whelan (eag.), *Kilkenny History and Society*. Baile Átha Cliath: Geography Publications, 1990, l. 420. Daithí Ó hÓgáin (eag.), *Duanaire Thiobrad Árann*. Baile Átha Cliath, An Clóchomhar Tta, 1981, ll. 13–14.
68 Ó hÓgáin, *Duanaire*, l. 13.
69 Ó hÓgáin, 'Scríobhaithe', l. 434.
70 Ó hÓgáin, 'Scríobhaithe', l. 434; féach fonóta 176, l. 690.
71 Ó Cadhla, *Cathair Phortláirge*, l. 169.
72 Proinsias Ó Drisceoil, 'Dúchas Sheáin Uí Dhálaigh' in *An Linn Bhuí: Iris Ghaeltacht na nDéise* 7 (2003), l. 95.
73 Seán Ó Dufaigh agus Diarmaid Ó Doibhlin, *Nioclás Ó Cearnaigh: Beatha agus Saothar*. Baile Átha Cliath: An Clóchomhar Tta, 1989, l. 75.
74 Ó Dufaigh agus Ó Doibhlin, l. 19. Is tagairt í seo do James Macpherson na hAlban.
75 Féach an cuntas a thugann Eoghan Ó Néill ar an gcás seo sa leabhar *Gleann an Óir*. Baile Átha Cliath: An Clóchomhar Tta, 1988; Féach Proinsias Ó Drisceoil, *Seán Ó Dálaigh: Éigse agus Iomarbhá*. Corcaigh: Cork University Press, 2007, l. 183.
76 Ó Drisceoil, *Seán Ó Dálaigh*, l. 215.
77 Ó Drisceoil, *Seán Ó Dálaigh*, l. 76; 'Gaelú siombalach' a thugann an Drisceolach ar an mbeart seo.
78 Ó Cadhla, *Seán Ó Dálaigh*, l. 19.
79 Ó Drisceoil, *Seán Ó Dálaigh*.
80 Ó Cadhla, *Cathair Phortláirge*, ll. 165–66. Ar Lá Caille 1835 a tháinig an chéad eagrán de *Ancient Ireland* amach, 'it was octavo size and consisted of sixteen pages'. Folds ar Shiúlán Bhaitsiléir, Baile Átha Cliath a d'fhoilsigh é, an dream céanna a d'fhoilsigh an *Penny Journal*. Gearrthán nuachtáin den teideal 'Philip Barron, Irish Revivalist' a bhí greamaithe i gcóip de *Journal of the Waterford and South-East of Ireland Archaeological Society* i Leabharlann Boole i gColáiste na hOllscoile, Corcaigh. Ní raibh aon dáta curtha air ná ainm an nuachtáin ach fuair údar an ailt an t-eolas ó alt eile a bhí san *Evening Telegraph* scríofa ag 'A. G.'.
81 Ó Cadhla, *Cathair Phortláirge*, l. 165.
82 Tá an Dr John Eastlake, comhalta iardhochtúireachta i Roinn an Bhéaloidis, Corcaigh, ag obair ar shaol agus ar shaothar Jeremiah Curtin faoi láthair.
83 Diarmuid Breathnach agus Máire Ní Mhurchú, *Beathaisnéis a hAon*. Baile Átha Cliath: An Clóchomhar, 1986, l.109.
84 Dorson, l. 432.
85 Ó Cadhla, *Cathair Phortláirge*, l. 184.
86 Ó Macháin, l. 137.
87 Cathal Ó hÁinle, 'Ó Chaint na nDaoine go dtí an Caighdeán Oifigiúil' in Kim MacCone *et al.* (eag.), *Stair na Gaeilge: In ómós do Phádraig Ó Fiannachta*. Maigh Nuad: Roinn na Sean-Ghaeilge, 1994, l. 756.
88 Diarmuid Breathnach agus Máire Ní Mhurchú, *Beathaisnéis a Dó*. Baile Átha Cliath: An Clóchomhar, 1990, 15.
89 Breathnach agus Ní Mhurchú, *Beathaisnéis a Dó*, l. 15.
90 Rosemary Cullen Owens, *A Social History of Women in Ireland 1870–1970*. Baile Átha Cliath: Gill & Macmillan, 2005, l. 38.

91 Eoghan Ó Súilleabháin, 'Scríobhaithe Phort Láirge 1700–1900' in William Nolan agus Thomas P. Power (eag.), *Waterford History and Society: Interdisciplinary Essays on the History of an Irish County*. Baile Átha Cliath: Geography Publications, 1992, l. 305.

92 Bhí Graham ina chuntóir sibhialta don Suirbhé Ordanáis sna tríochaidí agus ardaíodh go dtí suirbhéir cúnta do Chontae Lú sna daichidí é. Féach Ó Dufaigh agus Ó Doibhlin, *Nioclás Ó Cearnaigh*.

93 Ó Dufaigh agus Ó Doibhlin, l. 23.

94 Ibid., l. 30.

95 Ibid., l. 48.

96 Ibid., l. 57.

97 Ibid., l. 63.

98 Rev. Patrick Power in *Journal of the Waterford and South-East of Ireland Archaeological Society*, XIX: 1 (1920), l. 3.

99 Ar na daoine eile bhí P. A. Higgins, Rev. T. Mockler, Rev. W. Healy, M. J. C. Buckley, M. J. Hurley, J. Coleman, T. Drew, Canon J. F. M. French, Rev. R. H. Long, M. A. Hickson, Rev. E. Barry, W. J. Bayly, Dr Ringrose Atkins, Rev. P. Lonergan, W. A. Sargent, R. J. Ussher, Rev. S. Barron, M. Butler, T. A. Murphy, S. Ua Casaide, T. Fitzpatrick, M. Cavanagh agus Major O. Wheeler Cuffe.

100 Ar na daoine eile bhí J. O'Beirne Crowe, E. Fitzgerald, Rev. J. Hayman, R. R. Brash, P. Cody, A. Smith, John G. A. Prim, R. Hitchcock, W. Hackett, J. Hogan, R. Day, P. Watters, G. H. Reade, Rev. S. A. Brenan, Colonel P. D. Vigors, V. Mackesy, J. Quinlan, W. Frazer agus J. M. Thunder.

101 Dorson, l. 87.

102 *Transactions*, l. 146.

103 Aideen Ireland, 'The Royal Society of Antiquaries of Ireland 1849–1900' in *Journal of the Royal Society of Antiquaries of Ireland* 112: (1982), ll. 72–90.

104 Stagl, l. 294.

105 *Transactions*, l. 146.

Litríocht Náisiúnta, Aontaí Idirnáisiúnta, Oidhreacht Dhomhanda

1 Seathrún Céitinn, *Forus Feasa ar Éirinn* I. Eag. David Comyn. Londain: Irish Texts Society, 1902, ll. 4, 6.

2 Han F. Vermeulen, 'Origins and institutionalization of ethnography and ethnology in Europe and the USA, 1771–1845' in Han F. Vermeulen agus Arturo Alvarez Roldán (eag.), *Fieldwork and Footnotes. Studies in the History of European Anthropology*. Londain agus Nua-Eabhrac: Routledge, 1995, ll. 39–59.

3 De réir Edmund Tylor ina leabhar iomráiteach, *Primitive Culture. Researches into the Development of Mythology, Philosophy, Religion, Art, and Custom*. Londain: John Murray, 1871.

4 Féach Giuseppe Cocchiara, *Storia del Folklore in Europa*. Torino: Boringhieri, 1971, cuid a dó; Denys Cuche, *La noción de cultura en las ciencias sociales*. Aistr. Paula Mahler. Buenos Aires: Ediciones Nueva Visión, 1999; Terry Eagleton, *The Idea of Culture*. Blackwell: Oxford, 2000.

5 Norbert Elias, *The Civilizing Process*. Aistr. Edmund Jephcott. Blackwell: Oxford Sasana agus Cambridge, Mass., 1994, cuid 1.

6 Isaiah Berlin, *Vico and Herder: Two Studies in the History of Ideas*. Londain: The Hoggarth Press, 1976, ll. 165–9, 180.

7 Pléim an cheist seo go mion in *Locating Irish Folklore. Tradition, Modernity, Identity*. Corcaigh: Cork University Press, 2000, ll. 21–4, agus in *An Dúchas*

agus an Domhan. Corcaigh: Cork University Press, 2004, Cuid 1 (i).

8 Pascale Casanova, *The World Republic of Letters*. Aistr. M.B. DeBevoise. Cambridge, Mass. agus Londain, Sasana: Harvard University Press, 2004, l. 223.

9 Ibid., ll. 224–5.

10 Ibid., l. 225.

11 Renato Ortiz, *Otro territorio. Ensayos sobre el mundo contempóraneo*. Aistr. Ada Solari. Buenos Aires: Universidad Nacional de Quilmes, 1996, l. 37.

12 André Chastel, 'La notion de patrimoine' in Pierre Nora (eag.), *Les lieux de mémoire*. 1. Páras: Gallimard, 1997, l. 1458.

13 Tony Bennett, *The Birth of the Museum*. Londain agus Nua-Eabhrac: Routledge, 1995, l. 93.

14 Bjarne Stoklund, 'Between Scenography and Science. Early Folk Museums and their Pioneers' in *Ethnologia Europaea* 33 (1), ll. 22 *et sq*.

15 Ibid.

16 Féach Benoît de L'Estoile, *Le goût des autres. De l'Exposition coloniale aux arts premiers*. Páras: Flammarion, 2007. Ba sa bhliain 2005 a cuireadh deireadh leis na trí mhúsaem sin mar mhúsaeim eitneagrafaíocha.

17 Stoklund, *loc. cit.*; Féach freisin Anne-Marie Thiesse, *La créations des identités nationales*. Páras: Seuil, 1999.

18 Tá an chuid seo a leanas bunaithe ar Stoklund, *op. cit.*; Martin Wörner, *Vergnügung und Belehrung. Volkskultur auf den Weltausstellungen 1851–1900*. Münster: Waxmann, 1999; Mark B. Sandberg, *Living Pictures Missing Persons. Mannequins, Museums, and Modernity*. Princeton: Princeton University Press, 2003; Marc Maure, 'Nation, paysan et musée. La naissance des musées d'ethnographie dans les pays scandinaves (1870–1904)' in *Terrain* 20, ll. 147–57.

19 Ibid.; féach freisin Ingrid Bergman, *Artur Hazelius. Nordiska Museets och Skansens skapare*. Stockholm: Nordisk museet, 2000; agus Jonas Berg, 'Dräktdockor – Hazelius' och andras' in *Fataburen. Nordiska museets och Skansens årsbok* 198, pp. 9–28 [mo bhuíochas leis an Ollamh Stein Mathisen as an tagairt seo].

20 Stoklund, *loc. cit.*; Sandberg, *loc.cit.*

21 Tá an cur síos seo a leanas bunaithe ar Robert W. Rydell agus Rob Kroes, *Buffalo Bill in Bologna. The Americanization of the World, 1869–1922*. Chicago agus Londain: University of Chicago Press, 2005, ll. 55–72.

22 *Official Catalog of Exhibits on the Midway Plaisance, World's Columbian Exposition*, Group 176, 1893. http://www.encyclopedia.chicagohistory.org/pages /11421.html

23 *Loc. cit.*

24 Tá an cur síos seo a leanas bunaithe den chuid is mó ar Nicola Gordon Bowe, 'Two Early Twentieth-Century Irish Arts and Crafts Workshops in Context: An Túr Gloine and the Dun Emer Guild and Industries', *Journal of Design History*, Vol. 2, No. 2/3 (1989), ll. 193–206.

25 *op. cit.*, ll. 188–189.

26 Noeleen Dowling, 'Lace at the end of Union' in *The Irish Times Weekend Review*, Saturday, February 24, 2007, l. 9.

27 Rydell agus Kroes, *loc. cit.*, l. 64.

28 *Loc. cit.*, caib. 2, 'Harbingers of Mass Culture: World's Fairs', ll. 47–72.

29 Nicolas Bancel, Pascal Blanchard and Sandrine Lemaire, 'Ces zoos humains de la République coloniale' in *Le monde diplomatique*, août 2000.

30 Ulrich Beck agus Elisabeth Beck-Gernsheim, *Individualization*. Londain, Thousand Oaks agus New Delhi: Sage 2001, l. 206.
31 Ibid., l. 26.
32 Néstor García Canclini, *Diferentes, desiguales y desconectados. Mapas de la interculturalidad*. Barcelona: Gedisa, 2004.
33 An sampla clasaiceach is ea an 'líne chóimeála' a chruthaigh Henry Ford chun gluaisteáin a dhéanamh.
34 http://www.biodiv.org/convention/articles.asp?lg=0&a=cbd-08 (27 Samhain 2007).
35 Laurence Bérard, Claire Delfosse et Philippe Marchenay, 'Les "produits de terroir": de la recherche à l'expertise' in *Ethnologie Française* 2004/4, ll. 596, 599.
36 http://europa.eu.int/comm/agriculture/foodqual/quali1_en.htm (27 Samhain 2007).
37 http://www.slowfood.com (27 Samhain 2007).
38 http://www.irishseedsavers.ie (27 Samhain 2007).
39 www.wipo.int/about-ip/en/studies/publications/genetic_resources.htm (27 Samhain 2007); sa nóta seo agus sna nótaí ina dhiaidh tugaim na tagairtí do na leathanaigh Bhéarla más ann dóibh.
40 www.unesco.org/culture/ich/index.php?lg=EN&pg=home (27 Samhain 2007).
41 www.unesco.org/culture/ich/index.php?pg=00006 (27 Samhain 2007).
42 www.wipo.int/tk/en/folklore/culturalheritage/ (27 Samhain 2007).
43 www.kulturleben.at/lang/en/Themes/ike.xml (27 Samhain 2007).
44 www.patrimoine-immateriel.ulaval.ca/ (27 Samhain 2007).

Bacaigh agus Boccoughs

1 Is aistriúchán é réamhbhéaloideasóir ar an téarma úsáideach 'protofolklorist' atá ag Georges-Denis Zimmerman, *The Irish Storyteller*. Baile Átha Cliath: Four Courts Press, 2001.
2 Peter Burke, *Popular Culture in Early Modern Europe*. Aldershot: Scolar Press, 1994, ll. 3–22; Diarmuid Ó Giolláin, *Locating Irish Folklore. Tradition, Modernity, Identity*. Corcaigh: Cork University Press, 2000, ll. 76–90.
3 Thomas Crofton Croker, *Researches in the South of Ireland*. Baile Átha Cliath: Irish Academic Press, 1981 [1824], ll. 235 – 236.
4 'Gougane Barra; a letter from Trismegistus Mac Slatt of Caherciveen, Philomath, to Primus Jucundus Mac Rinco, of Bantry, professor of dancing' in *Bolster's Quarterly Magazine* II (1828). Ba é Mac Slatt ainm cleite Windele: féach Zimmerman, *Irish Storyteller*, l. 184.
5 *First Report of his Majesty's Commissioners for Inquiring into the Condition of the Poorer Classes in Ireland*, H. C. 1835 XXXII A, 1. 510.
6 Ibid., ll. 655, 677, 608.
7 Ibid., l. 502.
8 Ibid., l. 631, ll. 636–637.
9 A. L. Beier, *Masterless Men. The Vagrancy Problem in England 1560–1640*. Londain: Methuen & Co. Ltd., 1985, ll. 4–8; Frank Aydelotte, *Elizabethan Rogues and Vagabonds*. Oxford: Clarendon Press, 1913; Peter Burke, 'Perceiving a Counter-Culture' in Burke (eag.), *The Historical Anthropology of Early Modern Italy*. Cambridge: Cambridge University Press, 1987, ll. 63–75.
10 Ibid., ll. 478–479, Cluain Ioraird, ll. 513, 644.
11 Tá an comhfhreagras seo i LS Acadamh Ríoga na hÉireann (RIA) 24 E 20, ll. 278 *ff.*; tá tuairim Uí Chearnaigh maidir le bacaigh le fáil ina lámhscríbhinn 'The

Irish Minstrelsy or Bardic Remains of Louth', LS RIA 24 L 25, ll. 112–118, agus sna nótaí tagartha in Nicholas O'Kearney (eag.), *The Battle of Gabhra. Transactions of the Ossianic Society*. Iml. 1. Baile Átha Cliath: John O'Daly for the Ossianic Society, 1853, ll. 70, 106, 123; tá cuntas ar an gcomhfhreagras ina iomláine in Seán Duffy, *Nicholas O'Kearney, the Last of the Bards of Louth*. Baile Átha Cliath: Éigse Oirialla, 1989, ll. 64–71.

12 William Hackett, 'The Irish Bacach, or Professional Beggar, viewed archaeologically', in *Ulster Journal of Archaeology* IX (1861–2), ll. 256–271.

13 Ibid., ll. 261, 269.

14 Tá na samplaí is sine le fáil i LS Leabharlann na Breataine Egerton 151, a bhreac Muiris Ó Gormáin i 1761, agus Egerton 150, a scríobhadh i gCo. Luimnigh i 1773–4. Tá roinnt deilíní as lámhscríbhinní Ultacha ón naoú céad déag i gcló in Enrí Ó Muirgheasa, *Dánta Diadha Uladh*. Baile Átha Cliath: Oifig Díolta Foilseacháin Rialtais, 1936.

15 Ó Muirgheasa, *Dánta Diadha Uladh*, l. 383.

16 LS 173: l. 545.

17 LS 374: ll. 193–4.

18 LS 864: ll. 155–6.

19 Donnchadh Ó Floinn, 'Béaloideas ó Chléire', in *Béaloideas* X1 (1941), l. 73.

20 Tá lámhscríbhinn Airt Mhic Bhionaid in Ó Muirgheasa, *Dánta Diadha Uladh*, féach mar shampla l. 383.

21 Ó Muirgheasa, *Dánta Diadha Uladh*, l. 382; tá an fhoirmle seo le fáil freisin sa leagan a bhreac Muiris Ó Gormáin timpeall ar 1761 (Egerton 151) agus i leagan Éadbhard Ó Raghallaigh ó thús an naoú céad déag (Egerton 146); gan ainm, *De la mendicité en Bretagne et des moyens propres à l'éteindre par un president de Société de secours mutuels du Finisterre*. Châteaulin: Chavignaud, 1860, l. 7; Émile Jobbé-Duval, *Les Idées primitives dans la Bretagne contemporaine*. 2 iml. Páras: Sirey, 1920 agus 1930 [1910–14], caib. 7.

22 Sir Walter Scott, *The Antiquary*. Londain: Archibald Constable and Co., 1816, ll. 30, 33.

23 Séamus Ua Casaide, 'Michael O'Farrell, King of the Munster Beggars' in *Journal of the Waterford and South-East of Ireland Archaeological Society* XIII (1910), ll. 126–8.

24 T.J. Gilbert, *A History of the City of Dublin*, Iml. 1. Baile Átha Cliath: McGlashan & Gill, 1854, l. 326. Tá pictiúr comhaimseartha de 'Hackball' in William Laffan (eag.), *The Cries of Dublin: Drawn from the Life by Hugh Douglas Hamilton, 1760*. Baile Átha Cliath Irish Georgian Society, 2003, ll. 98–99.

25 Rinneadh athchló ar an dráma seo in Walter Rubsamen, *Irish Ballad Operas and Burlesques*. Nua-Eabhrac: Garland, 1974; féach freisin George C. Duggan, *The Stage Irishman*. Baile Átha Cliath: Talbot Press, 1937, ll. 126–9.

26 Féach Amhlaoibh Ó Loingsigh, 'Bacaigh Bhaile Mhúirne' in *Éigse* III (1941–2), ll. 101–102.

27 Ciarán Ó Coigligh (eag.), *Raiftearaí: Amhráin agus Dánta*. Baile Átha Cliath: An Clóchomhar Tta, 1987, l. 112.

28 Enrí Ó Muirgheasa, *Céad de Cheoltaibh Uladh*. Baile Átha Cliath: Mac Giolla, 1915, l. 124. Tá an t-amhrán seo mar an gcéanna, nach mór, leis an amhrán coitianta 'Bacach Buí na Léige'. Féach Donal O'Sullivan agus Mícheál Ó Súilleabháin (eag.), *Bunting's Ancient Music of Ireland*. Corcaigh: Cork University Press, 1983, Uimh., 20; Máiréad Ní Annagáin agus Séamus

Clandillon, *Londubh an Chairn: Being Songs of the Irish Gaels*. Londain: Oxford University Press, 1927, Uimh. 60.

29 Proinsias Ó Ceallaigh, in CBÉ LS 173: 1. 545 (Cnuasach Choimisiún Béaloideasa Éireann).

30 CBÉ LS 173: ll. 545–555; LS 822: ll. 250–255.

31 Dáibhí Ó Cróinín, *The Songs of Elizabeth Cronin*. Baile Átha Cliath: Four Courts Press, 2000, l. 24; tá téacs an deilín i gcló sa leabhar céanna, ll. 303–304.

32 'Érionnach' [John O'Daly], *The Poets and Poetry of Munster*. Baile Átha Cliath: J. O'Daly, 1860, ll. 218–23, 'An duine bocht uasal ag iarraidh déirce'. Tá sé beagán níos faide ná an leagan a bhí ag Bess Cronin.

33 Seán Ó Súilleabháin, *A Handbook of Irish Folklore*. Baile Átha Cliath: Educational Company of Ireland for the Folklore of Ireland Society, l. 136.

34 Hackett, 'The Irish Bacach', ll. 262–5.

Léann an Fheistis

1 Henry Glassie, 'Folkloristic Study of the American Artefact: Objects and Objectives' in Richard Dorson (eag.), *Handbook of American Folklore*. Bloomington: Indiana University Press, 1983, l. 376.

2 Glassie, *op. cit.*, l. 377.

3 Janet Arnold, *A Handbook of Costume*. Londain: Macmillan, 1973.

4 Henry Foster McClintock, *Old Irish and Highland Dress and that of the Isle of Man: with Chapters on Pre-Norman Dress as described in early Irish Literature by F. Shaw, and on Early Tartans by J. Telfer Dunbar*. Dún Dealgan: Dundalgan Press, 1950.

5 Mairéad Dunlevy, *Dress in Ireland: a History*. Corcaigh: Collins Press, 1999; Anne O'Dowd, *Common Clothes and Clothing 1860–1930*. Dublin: National Museum, 1990; Linda-May Ballard, 'Material Evidence: Dress as a Historical Record' in Trefor M. Owen (eag.), *From Corrib to Cultra: Folklife Essays in Honour of Alan Gailey*. Béal Feirste: Institute of Irish Studies, 2000, ll. 62–70.

6 Lou Taylor, *The Study of Dress History*. Manchester: Manchester University Press, 2002, l. 12.

7 Ibid.

8 Saile Uí Chualáin, Téip, Inis Meáin, Lúnasa 1991; Máire Uí Mhaoilchiaráin, Téip, Inis Meáin, Lúnasa 1991 (SC/T, MM/T).

9 Áine de Blácam, Téip, Inis Meáin, Lúnasa 1991 (AB/T).

10 François Boucher, *A History of Costume in the West*. Londain: Thames and Hudson, 1987, ll. 396–410.

11 Tugtha faoi deara ar chuairteanna go hInis Meáin agus Inis Oírr, 1977–1995.

12 SC/T; MM/T.

13 Síle De Cléir, '"... Bhí bród as sin i gcónaí ...": cruthaitheacht agus cultúr na mban i dtraidisiún fheisteas Oileáin Árann' in *Béascna* 1: Corcaigh, Roinn an Bhéaloidis, 2002. Tá sampla maith den jeaicéad sa ghrianghraf de chuid F.E. Stephens ar l. 98.

14 MM/T; SC/T

15 De Cléir, *op. cit.*, l. 97

16 James Agee agus Walker Evans, *Let Us Now Praise Famous Men*. Boston: First Mariner Books, 2001, ll. 228–229

17 J. M. Synge, 'The Aran Islands' in *Collected Works* II*: Prose*. Gerrards Cross: Colin Smythe, 1982, ll. 58–59.

18 Irish Tourist Association, *Topographical and General Survey*, 1945: áirítear beirt

fhíodóirí in Inis Mór ag an dáta seo, Seosamh Ó Giolláin agus Seán Ó Giolláin.

19 Féach mar shampla, CBÉ, Iml. 32, ll. 1–32; Iml. 1833, ll. 73–74 (sníomh): CBÉ Iml. 1833, ll. 321–322 (fíodóireacht): Iml. 916, ll. 83–121 (táilliúireacht).

20 CBÉ, Iml. 916, l. 108; féach chomh maith Aindrias Ó Muimhneacháin (eag.), *Seanchas an Tailliúra*. Corcaigh: Mercier, 1978; Donncha Ó Cróinín (eag.), *Seanchas Phádraig Í Chrualaoi*. Baile Átha Cliath: Comhairle Bhéaloideas Éireann, 1982.

21 De Cléir, *op. cit.*, ll. 90–94.

22 Tomás Mac Síthigh (eag.), *Paróiste an Fheirtéaraigh: Stairsheanchas an Cheantair i dTréimhse an Ghorta Mhóir*. Baile Átha Cliath: Coiscéim, 1984, l. 71

23 Jane Schneider, 'Rumpelstiltskin's Bargain: Folklore and the Merchant Capitalist Intensification of Linen Manufacture in Early Modern Europe' in Jane Schneider agus Annette Weiner (eag.), *Cloth and Human Experience*. Washington: Smithsonian Institution Press, 1989, ll. 177–213.

24 Seán Ó Criomhthain in Pádraig Tyers (eag.), *Leoithne Aniar*. Baile an Fhirtéaraigh: Cló Dhuibhne, 1982, l. 53.

25 De Cléir, *op. cit.*, ll. 89–90.

26 Jan de Vries, 'The Industrial Revolution and the Industrious Revolution' in *The Journal of Economic History* 54: 2, June 1994, ll. 249–270.

27 Charlotte Jirousek, 'The Transition to Mass Fashion System Dress in the Later Ottoman Empire' in Donald Quataert (eag.), *Consumption Studies and the History of the Ottoman Empire 1550–1922: An Introduction*. Nua-Eabhrac: State University of New York Press, 2000, l. 207

28 Don Yoder, 'Folk Costume' in Richard Dorson (eag.), *Folklore and Folklife: An Introduction*. Chicago: University of Chicago Press, 1972, l. 296.

29 Pléite in Taylor, *op. cit.*, l. 205–207.

30 Ernest Crawley, 'The Sexual Background of Dress' in Mary Ellen Roach agus Joanne Eicher (eag.), *Dress, Adornment and the Social Order*. Nua-Eabhrac: John Wiley, 1965, ll. 72–76.

31 Chaith Lís Ní Shúilleabháin seál dá pósadh i 1933 mar shampla, cé go mbíodh éadaí faiseanta á gcaitheamh aici de ghnáth. Féach Eibhlís Ní Shúilleabháin, *Letters from the Great Blasket*. Corcaigh: Mercier, 1988, l. 20.

32 Féach, mar shampla, grianghraif T.H. Mason ina leabhar *The Islands of Ireland: Their Scenery, People, Life and Antiquities*. Londain: Batsford, 1936.

33 AB/T.

34 J.M. Synge, 'In Wicklow, West Kerry and Connemara' in J.M. Synge, *op. cit.*, l. 286.

35 I measc na dtáirgí cultúrtha a d'fhorbair an ceangal seo sa chultúr comónta, tá scannán Robert O'Flaherty (1934), *Man of Aran*; saothar ealaíontóirí Éireannacha, Paul Henry (1876–1958) ach go háirithe; grianghraif Bill Doyle (ó 1960) agus geansaí Árann.

36 AB/T.

37 Teodor Shanin (eag.), *Peasants and Peasant Societies: Selected Readings*. Harmondsworth: Penguin, 1971, l. 14.

38 Dunlevy, *op. cit*, ll. 116–174.

39 Elizabeth McCrum, *Fabric and Form: Irish Fashion since 1950*. Béal Feirste: Ulster Museum, 1996.

40 Petr Bogatyrev, *The Functions of Folk Costume in Moravian Slovakia*. An Hág: Mouton, 1971, l. 75.

41 AB/T; MM/T; SC/T.

42 Gearóid Ó Crualaoich, *The Book of the Cailleach: Stories of the Wise-Woman Healer*. Corcaigh: Cork University Press, 2003, l. 6.
43 Glassie, *op. cit.*, l. 379.
44 Boucher, *op. cit.*, l. 381.
45 Bab Feirtéar, Téip, Dún Chaoin, Meán Fómhair, 1990.
46 Ibid.
47 AB/T.
48 Boucher, *op. cit.*, ll. 381–438.

Earraí, Airí agus Airgead

1 Steering Committee for a Folk Museum Service for Ireland, *An Outline Plan for the Establishment of a Folk Museum Service* (neamhfhoilsithe, 1984).
2 Féach Bjarne Rogan, 'Towards a Post-colonial and a Post-national Museum' in *Ethnologia Europaea* 33.1 (2003), ll. 37–50; Martine Segalen, *Vie d'un Musée*. Éditions Stock: Páras 2005, ll. 285–286.
3 Féach Gerry Mullins, *Dublin Nazi No.1. The Life of Adolf Mahr*. Baile Átha Cliath: Liberties Press, 2007.
4 Ibid., l. 56.
5 Patricia Lysaght, Anne O'Dowd agus Bairbre O'Flynn (eag.), *A Folk Museum for Ireland* (neamhfhoilsithe, 1984).
6 'Review of the Folklife Division, National Museum of Ireland.' Roinn an Taoisigh 11 February 1986.
7 *Access and Opportunity. A White Paper on Cultural Policy*. Baile Átha Cliath: Oifig an tSoláthair, 1987, l. 36.
8 Ibid., l. 44.
9 Féach Anne O'Dowd, 'There's a Time for All Things' in *Sinsear* 9 (2005), ll. 132–134.
10 Féach *Treoirleabhar Ard-Mhúsaem na hÉireann Saol na Tuaithe*, 2007. Chun léargas a fháil ar cheann de mhórbhailiúcháin an Mhúsaeim, féach Séamas Mac Philib, 'Relics of Water World: boat and fishery collections in the National Museum of Ireland – Country Life' in *The Future of Maritime and Inland Waterways Collections*. Cill Chainnigh: An Chomhairle Ealaíon, 2006, ll. 25–28.
11 Diarmuid Ó Giolláin, *Locating Irish Folklore. Tradition, Modernity, Identity*. Corcaigh: Cork University Press, 2000, l. 62.

An Chartlann Bheo agus Fileatas na hOibre Páirce

1 Tá réamhshampla den aistriúchán seo ar *Northside Folklore Project* a mhol Stiofán Ó Cadhla ann. Bhí 'ceann thuaidh' na cathrach ag cainteoirí Gaeilge timpeall na cathrach sa naoú céad déag. Thagraíodh lucht léinn do shéipéal an chinn-thuaidh mar shampla.
2 Cuireadh amach bileog eolais go dtí timpeall seasca grúpa pobail a bhí lonnaithe sa taobh thuaidh de chathair Chorcaí. Tháinig timpeall tríocha go dtí an chéad chruinniú. Bhí sé tábhachtach go fadtéarmach go gcuirfí na haidhmeanna a bhí againn trí chéile go poiblí. Glacadh leis an moladh ach bhí ceisteanna le freagairt againn. Scoláirí a bhí ionann tar éis an tsaoil ó aicme rathmhar, ar a shon nár mhair sin ó dhúchas dúinn go léir. Bhí amhras áirithe ann an raibh cuspóirí nó dlisteanacht an tionscnaimh a bhí á mholadh le trust. An raibh ar ár gcumas cultúr an chinn-thuaidh a thuiscint. De réir mar a reáchtáladh tuilleadh cruinnithe tháinig ionadaithe chun cinn ó eagrais a raibh suim acu sa stair nó sa chultúr. I samhradh na bliana 1995, d'eagraigh Roinn an Bhéaloidis, Coláiste na

hOllscoile, Corcaigh, ceardlanna taighde d'ionadaithe ó Chumann Seanchais Chnoc na hAoine, ó Chumann Staire na Linne Duibhe, ó Chumann Staire Bhaile na mBocht agus ó Pháirtnéireacht Chathair Chorcaí. Bhí Marie-Annick Desplanques, Gearóid Ó Crualaoich, Diarmuid Ó Giolláin agus Stiofán Ó Cadhla i láthair thar ceann Roinn an Bhéaloidis.

3 Pierre Sansot, *Poétique de la ville*. Páras: Armand Colin, 1996, ll. 17–26.

4 Úsáideann ionaid stórála éagsúla an téarma cartlann bheo, ag tagairt do na próisis idirghníomhacha a thugann comharthaí sóirt nádúir a gcuid bailiúchán agus a gcuid modhanna scaipthe. Tá an t-idirlíon ar an mbealach is tábhachtaí agus is éifeachtaí chun na feidhmeanna éagsúla a fhiosrú. Tá cartlann bheo Milton Keynes Shasana ar cheannródaithe an choincheapa seo. Feic www.livingarchive.org.uk.

5 'An ethnology of the proximate': Marc Augé, *Un Ethnologue dans le Métro*. Páras: Hachette, 1986; Jonas Frykman agus Orvar Löfgren (eag.), *Force of Habits: Exploring Everyday Culture*. Lund: Lund University Press, 1996; Ulf Hannerz, *Exploring the City: Inquiries towards an Urban Anthropology*. Nua-Eabhrac: Columbia University Press, 1980; Jean-Didier Urbain, *Ethnologue mais pas trop*. Páras: Payot et Rivages, 2003; cé nárbh fhéidir féachaint air seo agus an t-alt seo á scríobh, is cosúil gur cúram domhanda é féachaint ar an bhfileatas in obair pháirce na gaireachta agus dá réir sin i ngar-chomhthéacsanna. Feic leis Jasna Čapo Žmegač, Valentina Gulin Zrnić agus Goran Pavel Šantek (eag.), *Etnologija bliskoga. Poetika i politika suvremenih terenskih istraživanja* (Ethnology of the Proximate. The Poetics and Politics of Contemporary Fieldwork). Zagreb: Institut za etnologiju i folkloristiku, Naklada Jesenski i Turk, 2006.

6 Feic mar shampla Nigel Barley, *The Innocent Anthropologist*. Harmondsworth: Penguin, 1983; James Clifford agus George E. Marcus (eag.), *Writing Culture*. Berkeley: California University Press, 1986; Kenneth Goldstein, *A Guide for Field Workers in Folklore*. Hartboro: Folklore Associates, 1964; Seán Ó Súilleabháin, *A Handbook of Irish Folklore*. Baile Átha Cliath: Folklore of Ireland Society, 1942; Barbara Tedlock, 'From Participant Observation to the Observation of Participation: The Emergence of Narrative Ethnography' in *Journal of Anthropological Research* 47: 1 (1991), ll. 69–94; Diane L. Wolf (eag.), *Feminist Dilemmas in Fieldwork*. Boulder: Westview Press, 1996.

7 Cheal spáis b'fhéidir úsáid a dhéanamh anois agus arís de 'oibrí páirce sa bhéaloideas' agus 'eitneagrafaí', ag malartú ar a chéile. Cinnteoidh an comhthéacs go soiléir nach ndéanfar sin, nuair a thiocfaidh sé i gceist. Feic Alan Dundes, 'The Ethnography of Speaking Folklore' in *American Anthropologist* 66, 1964, ll. 70–85; Américo Paredes agus Richard Bauman (eag.), *Toward New Perspectives in Folklore*. Austin: University of Texas Press, 1972.

8 George Erwart Evans, *Ask the Fellows Who Cut the Hay*. Londain: Faber and Faber, 1956.

9 Úsáidtear gairm anseo agus an chiall 'gairm bheatha' leis.

10 Is suimiúil a thabhairt faoi deara a bhfuil d'fhochialla ag bailiú eitneagrafaíoch mar chéim i bpróiseas claochlaithe an léiriúcháin eolais.

11 Feic Edward T. Hall, *The Silent Language*. Garden City, Nua-Eabhrac: Doubleday, 1959; Michael Agar, *The Professional Stranger*. San Diego: San Diego Academic Press, 1980.

12 Ta deacrachtaí den saghas céanna sa bhFraincis, mar ar féidir fochialla diúltacha a bheith leis an téarma *informateur*.

13 Feic Camilla H. Mortensen, '(Eco)Mimesis and the Ethics of the Ethnographic

Presentation' in *Journal of American Folklore* 118/467 (2005), ll. 105–120; Miles Richardson, 'Anthropologist – The Myth-teller' in *American Ethnologist* 2: 3 (1975), ll. 517–533; Peter Metcalf, *They Lie, We Lie: Getting on with Anthropology*. Londain: Routledge Falmer, 2002.

14 Feic conarthaí agus bunachar sonraí TBCT, mar a n-úsáidtear na téarmaí 'cuiditheoir' nó 'agallaí' mar is cuí. Ní úsáidtear an téarma *informant* anois in aon cháipéis de chuid TBCT.

15 Sandra Koriyzin,'The Half-baked Concept of "Raw" Data in Ethnographic Observation' in *Canadian Journal of Education*, 27: 1 (2002), ll. 19–138.

16 Ba iad Marie-Annick Desplanques, Margaret Lantry agus Jenny Butler a chruthaigh, le cabhair ó Emma Lang agus le tacaíocht airgid ó chiste an Uachtaráin (2005) i gColáiste na hOllscoile i gCorcaigh, faoin acrainm BREAK (*Backlog Reduction and Enhancement of Archival Knowledge*).

17 Feic Bente Gullveig Alver, 'Ethical Issues in Folkloristic Research', in Reimund Kvideland (eag.), *Folklore Processed*. Helsinki: Suomalaisen Kirjallisuuden Seura, 1992, ll. 52–61; Marie-Annick Desplanques, 'Folklore and Ethics' in Neill Buttimer, Helen Guerin agus Colin Rynne (eag.), *The Heritage of Ireland*. Corcaigh: The Collins Press, 2000, ll. 178–187.

18 Feic Clifford Geertz, *Works and Lives, The Anthropologist as Author*. Stanford: Stanford University Press,1988; Fadwa El Guindi agus Abel Hernandez Jiménez, *The Myth of Ritual: A Native Ethnography of Zapotec Life-crisis Rituals*. Tucson: Arizona University Press, 1986.

19 Feic Claire Farrer (eag.), *Women and Folklore*. Austin: University of Texas Press, 1975; Pauline Greenhill agus Diane Tye (eag.), *Undisciplined Women*. Montreal: McGill University Press, 1997; Deborah Kodish, 'Absent Gender, Silent Encounter' in *Journal of American Folklore* 100 (2002), ll. 573–578; Rosan A. Jordan agus Susan Kalcik (eag.), *Women's Folklore, Women's Culture*. Philadelphia: Pennsylvania University Press, 1985.

20 'Modal existentialist ethnography': feic Henry Glassie, *Passing the Time: History and Folklore of an Ulster Community*. Baile Átha Cliath: O'Brien Press, 1982.

21 Feic mar shampla Judith Stacey, 'Can There Be A Feminist Ethnography?', in *Women's Studies International Forum*, 11, 1988, ll. 21–27; James Clifford, 'Introduction: Partial Truths' in James Clifford agus George E. Marcus (eag.), *Writing Culture*; Jean L. Briggs, *Never in Anger*. Cambridge: Harvard University Press, 1970), ll. 1–26.

22 Feic: Michael Agar, *The Professional Stranger*, l. 104; Elizabeth Butler Cullingford, *Ireland's Others: Gender and Ethnicity in Irish Literature and Popular Culture*. Notre Dame: Notre Dame University Press, 2001.

23 Feic Marc Augé, *Un Ethnologue dans le Métro*, l. 11.

24 Feic James Clifford, 'On Ethnographic Allegory' in James Clifford agus George E. Marcus (eag.), *Writing Culture*, ll. 98–121.

25 Feic Marie-Annick Desplanques agus Cliona O'Carroll, 'Cultures of Cork: Community Ethnicity and Broadcasting' in Carlos Ferrás Sexto, Francisco Xosé Armas Quintá, Xosé Carlos Macía Arce agus Yolanda García Vázquez (eag.), *Sociedade de Informacíon en Espacios Periféricos Novas Formas de Exclusion Social*. Santiago de Compostela: Servizo de Edición dixital da Universidade de Santiago de Compostela, 2006, ll. 107–114.

26 Baineann scríbhneoirí gairmiúla, drámadóirí, scannánóirí, léiritheoirí, scéalaithe, amhránaithe, agus cruthaitheoirí eile úsáid go rialta as TBCT, agus ábhar á lorg acu. Samplaí is ea 'Soundscapes' arna léiriú ag Mark Gannon, féile

'Spraoi' i bPort Láirge, 'Awakenings' ag searmanais oscailte Cork 2005; 'Moment': Tionscnamh Aithrise Idirghlúineach Ilmheánach nó *Intergenerational multimedia Performance Project*, arna léiriú ag Molly Sturgess le haghaidh Chlár Cork 2005 agus clár doiciméide Conal Creedon 'The Burning of Cork' a rinne RTÉ sa bhliain 2005.

27 Feic Lauri Honko, 'The Folklore Process', *Folklore Fellows Summer School Programme*. Turku: FFSP,1991, ll. 25–47; Eric Hobsbawm agus T. Ranger (eag.), *The Invention of Tradition*. Cambridge: Harvard University Press, 1992.

28 Feic Robert A. Georges agus Michael Owen Jones, *Folkloristics: An Introduction*. Bloomington: Indiana University Press,1995; Diarmuid Ó Giolláin, *Locating Irish Folklore*. Corcaigh: Cork University Press, 2000; Pille Runnel (eag.), *Rethinking Folkloristics and Ethnology*. Tartu: Tartu Nefa Rühm, 2001; Stiofán Ó Cadhla, *Civilizing Ireland: Ordnance Survey 1824–1842: Ethnography, Cartography, Translation*. Baile Átha Cliath: Irish Academic Press, 2007.

29 Feic Mary Louise Pratt, 'Fieldwork in Common Places' in James Clifford agus George E. Marcus (eag.), *Writing Culture*, ll. 27–50.

30 'Endotic perspective': feic Jean-Didier Urbain, *Ethnologue mais pas trop*, ll. 117–131.

31 Feic: Chris Curtin, Hastings Donnan agus Thomas M. Wilson (eag.), *Irish Urban Cultures*. Béal Feirste: Institute Irish Studies, 1993.

32 Baineadh úsáid ó am go ham as fochialla agus impleachtaí iomadúla an téarma 'béaloideas' nó *folklore* mar atá sa Bhéarla. Samhlaítí é leis an seansaol traidisiúnta agus le pearsa bhailitheoir béaloidis Choimisiún Béaloideasa Éireann, le sióga, le dícheíllí agus le piseogaíocht srl.

33 Iarratas go dtí Ciste Taighde Uachtarán Choláiste na hOllscoile, Corcaigh, 1994, ag Gearóid Ó Crualaoich, thar ceann na foirne agus an lucht taighde i Roinn an Bhéaloidis, Coláiste na hOllscoile, Corcaigh.

34 Dearbhaíonn *The Archive: The Journal of the Northside Folklore Project* nach gá gurb iad tuairimí an Tionscnaimh ná na Roinne Béaloidis atá san iris.

35 http://www.ucc.ie/research/nfp agus *The Archive* Uimhir 1(1996), 13 (2009); Stephen Hunter (eag.), *Life Journeys*. Corcaigh: Tionscnamh Béaloidis an Chinn-Thuaidh/Northside Folklore Project, 1999; Cliona O'Carroll (eag.), *How's it Goin' Boy?* Baile Átha Cliath: Nonsuch Publications, 2006; Tionscnamh Béaloidis an Chinn-Thuaidh/Northside Folklore Project agus Frameworks Films, 'Sunbeam', *Cork Widescreen Series*. Corcaigh: Frameworks, 2005; Tionscnamh Béaloidis an Chinn-Thuaidh/Northside Folklore Project agus Frameworks Films, *A Night at Bingo*. Corcaigh: Frameworks, 2003; Clíona O'Carroll, léiritheoir, *How's it Goin' Boy?* Sraith clár raidió. Corcaigh: Tionscnamh Béaloidis an Chinn-Thuaidh/Northside Folklore Project, 2005; Marie-Annick Desplanques, 'The Northside Folklore Project. A Case Study in Applied Social Ethnology' in *II Xornadas SINDUR: Novas Tecnoloxías e Economía Cultural, Santiago de Compostela: Xornadas do IDEGA*, 7, 2005, ll. 29–51; Marie-Annick Desplanques, 'Digitizing Tradition: Aspects of the Applied Dimension of Urban and Regional Ethnography in Irish Contexts' in I. Ortega Sánchez agus C. Ferrás Sexto (eag.), *Alfabetización Tecnológica y desarrollo regional* [monográfico en línea]. *Revista Electrónica Teoría de la Educación: Educación y Cultura en la Sociedad de la Información* 10/2. Universidad de Salamanca, 2009, ll. 29–51. http://www.usal.es/~teoriaeducacion/rev_numero_10_02/n10_02_desplanques.pdf

36 Feic láithreán gréasáin TBCT, www.ucc.ie/research/nfp, mar a bhfaightear idir bhunachar nuálach sonraí cartlainne agus fhoilseacháin ilmheáin TBCT, ar cuid

iad de 'Backlog Reduction and Enhancement of Archival Knowledge (BREAK)' le Marie-Annick Desplanques, a mhaoinigh Ciste Uachtarán Choláiste na hOllscoile, Corcaigh, 2005.

37 Feic Marshall McLuhan, *Understanding Media: The Extension of Man.* Nua-Eabhrac: McGraw Hill, 1964; Richard Bauman, 'Differential Identity and the Social Base of Folklore' in Américo Paredes agus Richard Bauman (eag.), *Toward New Perspectives in Folklore*, ll. 31–41.

38 Tionscnamh Béaloidis an Chinn-Thuaidh/Northside Folklore Project agus Frameworks Films, *A Night at Bingo.* Corcaigh: Frameworks, 2003.

39 Tionscnamh Béaloidis an Chinn-Thuaidh/Northside Folklore Project agus Frameworks Films, 'Sunbeam' *Cork Widescreen Series.* Cork: Frameworks, 2005.

40 Feic Marie-Annick Desplanques agus Clíona O'Carroll: 'Cultures of Cork: Community Ethnicity and Broadcasting', ll. 107–114.

41 Orhan Pamuk, *Istanbul, Memories and a City.* Nua-Eabhrac: Albert Knopf, 2006.

42 Feic: Nancy Scheper-Hughes, *Saints, Scholars and Schizophrenics.* Berkeley: California University Press, 2001.

43 'Emic and etic'. Feic Alan Dundes, 'From Etic to Emic Units in the Structural Study of Folk tales' in *Journal of American Folklore* 75/296 (1962), ll. 95.

Éist le Ceol na hAbhann

1 Norman K. Denzin, 'Pedagogy, Performance, Autoethnography', in *Text and Performance Quarterly*, Vol. 26:4, 2006, l. 333.

2 Gearóid Ó Crualaoich, 'County Cork Folklore and Its Collection', in Patrick Flanagan agus Cornelius Buttimer (eag.), *Cork History and Society: Interdisciplinary Essays on the History of an Irish County.* Baile Átha Cliath: Geography Publications, 1993, l. 920.

3 Gearóid Ó Crualaoich, 'County Cork Folklore and Its Collection', l. 921.

4 Fiú sna seachtóidí bhí béaloideasóirí ag fiafraí cé chomh fada is ceart dúinn staidéar a dhéanamh ar 'the ephemeral traditions.' Féach Roger D. Abrahams, 'The Past in the Presence: An Overview of Folkloristics in the Late 20th Century', in Reimund Kvideland (eag.), *Folklore Processed.* Helsinki: Suomalaisen Kirjallisuuden Seura, 1992, l. 32.

5 Arjun Appadurai, 'Global Ethnoscapes: Notes and Queries for a Transnational Anthropology', in R.G. Fox (eag.), *Recapturing Anthropology.* Santa Fe, New Mexico: School of American Research Press, 1991; Ulf Hannerz, *Transnational Connections.* Londain agus Nua-Eabhrac: Routledge, 1996; Michael Kearney, 'The Local and the Global; The Anthropology of Globalization and Transnationalism', in *Annual Review of Anthropology*, Vol. 24, 1995; George E. Marcus, 'Ethnography in/of the World System: The Emergence of Multi-Sited Ethnography', in *Annual Review of Anthropology*, Vol. 24, 1995.

6 Ní bhaineann taithí den tsaghas sin leis an ré iar-nua-aoiseach amháin, áfach. Tá taithí le fada ag sochaithe nach raibh mar chuid den iarthar ar theagmháil chultúrtha a chuireann féiniúlacht faoi bhrú. Féach Iain Chambers, *Migrancy, Culture, Identity.* Londain agus Nua-Eabhrac: Routledge, 1994, agus David Morely agus Kevin Robbins (eag.), *Spaces of Identity: Global Media, Electronic Landscapes and Cultural Boundaries.* Londain agus Nua-Eabhrac: Routledge, 1995. Ós rud é go bhfuil an taithí seo á brath sa lár anois, ní deintear neamhaird de.

7 Hannerz, *Transnational Connections*, l. 8.

8 Ibid.

9 James Clifford, *Routes: Travel and Translation in the Late Twentieth Century*. Cambridge, Mass.: Harvard University Press, 1997; Gregor Benton, 'Chinese Transnationalism in Britain: a Longer History', *Identities: Global Studies in Power and Culture*, Vol. 10 (3), 2003.

10 'The action/structure divide', tá an scoilt seo ar bhonn teoiriciúil sa chaoi nach éasca teoiric ghinearálta shóisialta a cheapadh, a dhéanann léiriú ar an gcaoi ina mbíonn an dá rud ag feidhmiú ar a chéile. Féach Jeffrey C. Alexander agus Steven Seidman, *Culture and Society: Contemporary Debates*. Cambridge: Cambridge University Press, 1990, agus Anthony Giddens, *Modernity and Self-Identity: Self and Society in the Late Modern Age*. Cambridge: Polity, 1991.

11 Laurel Richardson, 'Feathers in our CAP', in *Journal of Contemporary Ethnography*, Vol. 28, 1999, l. 660.

12 Paul Atkinson agus Martyn Hammersly, 'Ethnography and participant observation', in Norman K. Denzin agus Yvonna S. Lincon (eag.), *Handbook of Qualitative Research*. Thousand Oaks, CA: Sage, 1994, l. 249.

13 D'eagraigh Bainistíocht agus Margaíocht, Coláiste Ollscoile Chorcaí, comhdháil darbh ainm 'Subaltern Storytelling Seminar' i gcomhoibriú le foireann Roinn an Bhéaloidis sa bhliain 2002.

14 Linda Finlay agus Claire Ballinger (eag.), *Qualitative Research for Allied Health Professionals: Challenging Choices*. Sussex: John Wiley and Sons, 2006, l. xii.

15 Patricia L. Munhall, *Nursing Research: A Qualitative Perspective*. Boston, Toronto, Londain, Singapore: Jones and Bartlett Publishers, 2007, l. 9.

16 Rebecca J. Culyaba, Carol A. Heimer agus JuLeigh Coleman Petty, 'The Ethnographic Turn: Fact, Fashion, or Fiction?', in *Qualitative Sociology*, Vol. 27:4, 2004, l. 368.

17 Alex Coles (eag.), *Site-Specificity: The Ethnographic Turn*. Londain: Black Dog Publishing Ltd., 2000.

18 Uwe Flick, *An Introduction to Qualitative Research*. Londain, Thousand Oaks, New Delhi: Sage, 1988, l. 153: 'Visual Data Methods: Using Photos in the Context of Interviews'.

19 Ní cuimhin liom cathain nó cén láthair go díreach a bhfaca mé é ach go raibh an mhílaois nua tagtha.

20 Suzanne Lacy, 'Cultural Pilgrimages and Metaphoric Journeys', in Suzanne Lacy (eag.), *Mapping the Terrain: New Genre Public Art*. Seattle: Bay Press, 1995, l. 19 atá luaite ag Miwon Kwon in *One Place After Another: Site-specific Art and Locational Identity*. Cambridge, Massachusetts, Londain, Sasana: MIT Press, 2004, l. 105.

21 Mary Jane Jacobs luaite i Suzanne Lacy, *Mapping the Terrain*, l. 30.

22 Róisín Ingle, 'Old Docklands Days' in *Irish Times Magazine*, 14.04. 2007, l. 3.

23 'Eyes of the Docks', Boomerang Productions Ltd., na Dugaí, Corcaigh, 30.11–10.12.2006.

24 Deirtear sa bhileog bolscaireachta *The Banshee Lives in the Handball Alley* (diosca digiteach ilúsáide) gur bailiúchán cartlainne de sheanchas áitiúil atá ann a d'inis daltaí scoile i gcathair Luimnigh ó atá ann *St Mary's Boys School, St Mary's Girls School* agus *St Munchin's Boys School. That's What We Were Told Anyway* (diosca digiteach ilúsáide), bailiúchán de sheanchas áitiúil a d'inis muintir an Ráithín ó Chontae Loch Garman. *That's What They Say Anyway*, cáipéis mhapúil aon leathanaigh amháin a foilsíodh sa *Limerick Leader* (City Edition, Dé hAoine, 11ú Márta [2005]). Mapú ar dhá láthair déag a bhfuil

seanchas ina dtaobh i gceantar Mhaigh Rois a rinne Blian a Dó sa 'Environmental and Social Studies', Pobalscoil Neasáin i dteannta an ealaíontóra Aileen Lambert agus an scannánóra Michael Fortune. Mo bhuíochas le Michael Fortune as na bileoga agus as na dioscaí.

25 David Smith, 'In Bed with the Boys from Fife', in *The Observer Review*, 29.06.08, l. 13.

26 Elizabeth Edwards, 'Travels in a New World – Work Around a Diasporic Theme by Mohini Chandra', in Arnd Schneider agus Christopher Wright (eag.), *Contemporary Art and Anthropology*. Oxford agus Nua-Eabhrac: Berg, 2006, l. 149.

27 Fernando Calzadilla agus George E. Marcus, 'Artists in the Field: Between Art and Anthropology', in Arnd Schneider agus Christopher Wright (eag.), *Contemporary Art and Anthropology*. Oxford, Nua-Eabhrac: Berg, ll. 95–6.

28 Is é a chiallaíonn *found object* ná an rud a mbuailtear faoi nó nithe ón saol laethúil a úsáideann ealaíontóir.

29 Fernando Calzadilla agus George E. Marcus 'Artists in the Field: Between Art and Anthropology', l. 112, Marcus a scríobh.

30 Ibid.

31 Is léir go raibh cumhacht faoi leith curtha i leith an dráma *Black Watch* mar go raibh caint na saighdiúirí le cloisteáil. Deir duine den lucht féachana: 'All the performances were outstanding and it was made more powerful and moving as all the text was taken from interviews with "Black Watch" soldiers', Tim Jones, luaite ag David Smith, 'In Bed With the Boys from Fife'. Tá féidearthachtaí a théann le húsáid na heitneagrafaíochta sa dráma, dar liom, le feiceáil san alt céanna nuair a deir David Smith, a bhí san Iaráic mar iriseoir airm: 'I was gripped and moved to see the *texture* of those experiences fill a theatre thousands of miles away.'

32 D'urraigh Comhairle Chontae Loch Garman an tionscnamh *That's What We Were Told Anyway* le Michael Fortune.

33 Is le tacú agus treoir a chur ar fáil do ghrúpaí atá ag iarraidh tionscnamh den chineál sin a chur ar bun a chuir Comhairle Chontae na Gaillimhe an foilseachán a leanas amach: Comhairle Chontae na Gaillimhe agus Fóram Oidhreachta Chontae na Gaillimhe, *Ag Bailiú agus ag Caomhnú an Bhéaloidis agus na Staire ó Bhéal: Teicníochtaí Bunúsacha*. Gaillimh: Comhairle Chontae na Gaillimhe, 2006.

34 Ar liosta fada de na sraitheanna raidió agus teilifíse le O'Gorman, tá *Queueing for a Living*, *O'Gorman's People*, *O'Gorman's Summer*, *Paddy's People*, *O'Gorman on Religion* agus teicníochtaí céanna agallaimh aige iontu.

35 Sampla maith de sin sraith teilifíse *Comhrá* de chuid TG4. Treascraíonn leagan amach an chláir gach uile ghnás craoladh físe. Bíonn beirt i seomra, Máirtín Tom Sheáinín Mac Donncha agus a aoi agus bíonn comhrá acu ar feadh beagnach leathuair an chloig, gan briseadh isteach orthu ach amháin do na fógraí, agallamh beirte nó 'talking heads' gan pictúir ar bith eile, ag seanchas. Is sampla é clár mar *School's Out* (den tsraith *Scannal!*, sraith 1, clár 4, RTÉ 1) a rinne tuairisc ar easaontas pobail agus foréigean a lean dífhostú máistir scoile i gContae an Chláir sa bhliain 1914, do na féidearthachtaí a théann le modhanna eitneagrafaíochta. In agallaimh le muintir na háite agus gaolta na rannpháirtithe, trí chuntais phearsanta, fhrithráiteacha, mhothaitheacha, taispeánann an clár cé chomh ilghuthach agus casta atá taithí an tsaoil, gan trácht ar bith ar cheist na fírinne.

36 Féach Christine Hine, *Virtual Ethnography*. Londain, Thousand Oaks, New Delhi: Sage Publications, 2000.

37 Bíonn teacht ag an dtaighdeoir ar ghrúpaí ina ndeintear plé ar réimse ollmhór d'ábhair i ndíospóireacht ghréasáin idir fhóraim phlé agus nuachtghrúpaí. Bíonn teacht ag an dtaighdeoir ar thuiscint na rannpháirtithe ar an ábhar atá á phlé, chomh fada agus a deintear é a chur in iúl, ach eascraíonn ceisteanna eiticiúla maidir le bheith ag déanamh breathnóireachta neamhrannpháirtí i gan fhios d'éinne. Freisin, mar gur láthair déanamh féiniúlachta é an gréasán domhanda inar féidir féiniúlacht an duine sa saol seo a shéanadh nó a athrú tá gné bhreise saoirse, cruthaitheachta agus scáthántachta ag dul le cuntais a chuirtear in iúl ann. Bíonn dualgas cúraim i leith rannpháirtithe agus faisnéiseoirí i gceist do chartlann nó do thionscnamh a chuireann ábhar eitneagrafaíochta ar fáil ar líne, agus tagann an dualgas seo salach ó am go chéile ar mhianú go mbeadh fáil ag an bpobal ar an ábhar.

38 Is sampla de thionscnamh ar líne atá ag plé le guth an phobail a scaoileadh ar chaoi rannpháirteach suíomh *Glasgow 2020 – a Project for Mass Imagination* (eagraithe ag ionad taighde Demos). Is féidir an 'vision of Glasgow's future based on public imagination' sin a fheiceáil ar an suíomh seo a leanas: www.glasgow2020.co.uk.

39 Stephen Castles, 'Twenty-First-Century Migration as a Challenge to Sociology', in *Journal of Ethnic and Migration Studies*, Vol. 33:3, 2007, l. 353.

40 Raelene Wilding, 'Transnational Ethnographies and Anthropological Imaginings of Migrancy', in *Journal of Ethnic and Migration Studies*, Vol. 33:2, 2007, ll. 339–340.

41 http://www.imagineic.nl/english/: 22.07.08. Mo bhuíochas leis an Dr Gosewijn van Beek, Ollscoil Amsterdam, as mé a chur ar an eolas.

42 Sampla eile ná an tionscnamh *Multi-story*: 'Multi-story is an on-going collaborative arts programme based in the Red Road housing estate, North Glasgow, Scotland. Project collaborators include artists, local residents and community organisations. As an evolving long-term project establishing creative dialogues across communities, Multi-story uses traditional and contemporary art to explore current issues of regeneration, new communities and residents wider concerns', www.multi-story.org (11.03.08).

43 Sharon MacDonald, Plenary 1, 'Museum Europe: Negotiating Heritage', 17.06.08: 9ú Comhdháil SIEF. Société International d'Ethnologie et de Folklore, 16–20 June 2008, Ollscoil Uladh, Campas Magee.

44 Census/Daonáireamh: 2002, Vol. 4: Usual Residence, Migration, Birthplace and Nationalities (Baile Átha Cliath: An Phríomh-Oifig Staidrimh, l. 11).

45 Census/Daonáireamh: 2006, Vol. 5: Ethnic or Cultural Background (agus lucht taistil san áireamh). Baile Átha Cliath: An Phríomh-Oifig Staidrimh, l. 24. Ba é seo an chéad uair ar úsáideadh téarmaí eitneacha le linn áireamh a dhéanamh ar an bpobal.

46 Mary P. Corcoran agus Perry Share, 'Modes of Belonging', in Mary P. Corcoran agus Perry Share (eag.), *Belongings: Shaping Identity in Modern Ireland*. Baile Átha Cliath: Institute of Public Administration, 2008, l. 4.

47 Féach Ulf Hannerz, *Transnational Connections*.

48 Níl i gceist agam leis sin ach obair i gcomhthéacs ina dtagann leaganacha éagsúla cultúrtha i dteagmháil: is féidir a rá gur comhthéacs idirchultúrtha geall le gach comhthéacs.

49 Le haghaidh Thionscnamh Béaloidis an Chinn-Thuaidh/Northside Folklore

Project, tionscnamh bailithe béaloidis, féach Marie-Annick Desplanques, 'Folklore and Ethics', in Neil Buttimer, Colin Rynne agus Helen Guerin (eag.), *The Heritage of Ireland*. Corcaigh: Cló Collins, 2000, ll. 178–188.). Phléigh sé leis na ceisteanna seo i dtionscnamh raidió *How's it Goin', Boy?* sa bhliain 2005. Tugann na suímh roimhe seo léiriú ar an dtionscnamh, agus is féidir éisteacht le sleachta de na hagallaimh ar an suíomh idirlín:http://www.ucc.ie/research/nfp/,http://www.ucc.ie/research/nfp/index.php?page=exhibition Cliona O'Carroll (eag.), *How's it goin', boy?*. Baile Átha Cliath: Nonsuch Publications, 2006, Marie-Annick Desplanques agus Cliona O'Carroll 'Cultures of Cork: Community, Ethnicity and Broadcasting', in Carlo Ferrás Sexto (eag.), *Sociedade da Información en Espacios Periféricos. Novas Formas de Exclusión Social*. Santiago de Compostela: Servizo de Edición Dixital da Universidade de Santiago de Compostela, 2006.

50 Ní féidir a rá nach bhfuil puinn anailíse nó breithiúnais i gceist: sa tslí ina roghnaítear ábhair, ina gcuirtear sleachta ó agallaimh le chéile, bíonn frámú á dhéanamh. Ach má tá blas na tuisceana eitneagrafaíochta i gcur chuige an taighdeora, beidh oscailteacht ag baint leis an rud atá an-éagsúil, i slí cháilíochtúil, le léiranailís.

51 Is dócha gur iarracht é seo ar dhul i ngleic le réimse poiblí nó 'public sphere' ach i slí a chuireann cumarsáid agus caidreamh nach bhfuil réasúnach san áireamh níos mó ná a dhéanann fís Habermas (réimse poiblí na cistine, b'fhéidir). Jürgen Habermas, *Theory of communicative action*. Cambridge: Polity Press, 1989.

52 Elsie McCarthy agus Valerie Olson, 'After Writing Culture: An Interview with George Marcus on Research Imaginaries, Collaboration, and Critical Data', *After Culture*, Vol. 1:1 2007, l. 41.

53 Ibid., l. 45.

Ag Teacht Aniar

1 Éamon Ó Ciosáin, *An t-Éireannach 1934–1937: Páipéar Sóisialach Gaeltachta*. Baile Átha Cliath: An Clóchomhar Tta, 1993, ll. 157–159.

2 Ó Ciosáin, *An t-Éireannach*, ll. 57–58. Bhí talamh i lár na tíre geallta ag De Valera do mhuintir na Gaeltachta cheana, dar le Proinsias Mac an Aonghusa. Féach Proinsias Mac Aonghusa, 'An Feachtas ar son Ráth Cairn' in Micheál Ó Conghaile (eag.), *Gaeltacht Ráth Cairn: Léachtaí Comórtha*. Indreabhán: Cló Iar-Chonnachta, 1986, l. 38.

3 Pléann Diarmuid Ó Giolláin tábhacht an trí théama seo i ndioscúrsaí traidisiúnta an domhain. Féach Ó Giolláin, *An Dúchas agus an Domhan*. Corcaigh: Cork University Press, 2005.

4 Pádraig Mac Donncha, 'Ráth Cairn Le Blianta Beaga Anuas' in Ó Conghaile, *Gaeltacht Ráth Cairn*, ll. 120–121.

5 Ó Ciosáin, *An t-Éireannach*, l. 158.

6 Gearóid Ó Crualaoich, 'Máirtín Ó Cadhain agus Dioscúrsa na Gaeilge' in Eoghan Ó hAnluain (eag.), *Léachtaí Uí Chadhain* I. Baile Átha Cliath: An Clóchomhar Tta, 1989, ll. 166–180. Féach chomh maith Gearóid Ó Crualaoich, 'Language Teaching, Sociolinguistics and the Irish Folklore Text' in *Teangeolas* 15 (1982), ll. 20–27.

7 Ó Crualaoich, 'Máirtín Ó Cadhain agus Dioscúrsa na Gaeilge', l. 168.

8 Lillis Ó Laoire, *Ar Chreag i Lár na Farraige. Amhráin agus Amhránaithe i dToraigh*. Indreabhán: Cló Iar-Chonnachta, 2002, l. 330.

9 Agus 'cúrsaí brí nó céille' san áireamh. Féach Ó Laoire, *op. cit.*, l. 24.

10 'Footing' i mBéarla. Féach Erving Goffman, *Forms of Talk*. Philadelphia: University of Pennsylvania Press, 1981.
11 Féach Michael Warner, 'Publics and Counterpublics' in *Public Culture* 14.1 (2002), ll. 49–90.
12 Rud a thugann Silverstein 'idirdhioscúrsachas' (*interdiscursivity*) air. Féach Michael Silverstein, 'Axes of Evals: Token Versus Type Interdiscursivity' in *Journal of Linguistic Anthropology* 15.1 (2005), ll. 6–22.
13 Tuairiscíonn Ó Ciosáin na bealaí éagsúla a úsáideadh chun dioscúrsaí Mhuinntir na Gaedhealtachta a scaipeadh agus a phlé: léadh nuachtáin os ard i dtithe airneáin, cumadh agus casadh amhráin srl.
14 Ó Crualaoich, 'Máirtín Ó Cadhain Agus Dioscúrsa Na Gaeilge', l. 169.
15 'Claidhe na Muice Duibhe ar Mhuinntir na Gaedhealtachta': foilsithe in *An t-Éireannach*, 01/09/34; féach Ó Ciosáin *An t-Éireannach*, ll. 133–35.
16 Féach Mikhail M. Bakhtin, *The Dialogic Imagination*. Aistriúchán Caryl Emerson agus Micheal Holquist. Austin: University of Texas Press, 1981.
17 Dar le Bakhtin, braithimid go mbíonn cuspóir an dioscúrsa comhdhlúite i bhfocail áirithe sa dioscúrsa féin; is deacair na focail seo a úsáid in aon chor gan na dioscúrsaí féin a thabhairt isteach. Bíonn 'blas' ar gach focal, dar leis – ceangal innéacsach idir fhocal agus 'the context and contexts in which it has lived its socially-charged life; all words are populated by intentions'. Bakhtin, *The Dialogic Imagination*, l. 293.
18 'Heteroglossia . . . is anothers' speech in another's language, serving to express authorial intentions but in a refracted way'. Bakhtin, *op. cit.*, l. 324.
19 Gearóid Ó Crualaoich, 'The Primacy of Form: A "Folk Ideology" in De Valera's Politics' in J. P. O'Carroll agus John A. Murphy (eag.), *De Valera and His Times*. Corcaigh: Cork University Press, 1986, l. 54.
20 *Parallelism*.
21 *Entextualisation*.
22 Féach Henry Glassie, *Passing the Time. Folklore and History of an Ulster Community*. Baile Átha Cliath: The O'Brien Press, 1982.
23 Gearóid Ó Crualaoich, 'An Ceol Sí Agus Friotal Na Laoch – Toradh an Ghnímh Liteartha 'nár Measc' in *Comhar* 51.5 (1992), ll. 94–99.
24 Ibid.
25 Steve Coleman, 'Joe Heaney and Style in Sean-Nós Singing' in Thérèse M. Smith agus Mícheál Ó Súilleabháin (eag.), *Blas: The Local Accent in Irish Traditional Music*. Luimneach: Irish World Music Centre, University of Limerick, 1997, ll. 31–52; Steve Coleman, 'The Nation, the State, and the Neighbors: Personation in Irish-Language Discourse' in *Language & Communication* 24.4 (2004), ll. 381–411.
26 Charles S. Peirce, *Collected Papers*. Eag. C. Hartshorne, P. Weiss agus A. Burks. 8 n-Iml. Cambridge, MASS: Harvard University Press, 1931–1958.
27 *Deictic*.
28 Féach Dónal Ó Baoill, 'Deixis in Modern Irish and Certain Related Problems' in *Ériu* 26 (1975): ll. 144–61.
29 Is minic a bhíonn difríocht idir bhrí thagartha (*indexical meaning*) agus brí athláithritheach (ciall dhícomhthéacsúil) an fhocail.
30 Caint na bhfear amháin atá faoi chaibidil agam anseo áfach.
31 '. . . on each occasion in conversation on which a formulation of location is used, attention is exhibited to the particulars of the occasion. In selecting a "right" formulation, attention is exhibited to "where-we-know-we-are", to

"who-we-know-we-are", to "what-we-are-doing-at-this-point-in-the-conversation". A "right" formulation exhibits, in the very fact of its production, that it is some "*this* conversation, at *this* place, with *these* members, at *this* point in its course" which has been analyzed to select *that* term; it exhibits, in the very fact of its production, that it is some particular "this situation" which is producing it'. Emanuel A. Schegloff, 'Notes on a Conversational Practice: Formulating Place' in Pierpaolo Giglioli (eag.), *Language and Social Context*. Harmondsworth: Penguin, 1971, l. 130.

32 Sa taighde a rinne Hanks ar fheidhm an urlabhra agus cleachtaí tagracha i measc cainteoirí Maya sa Yucatan, déanann sé idirdhealú idir trí shaghas nó leibhéal 'frámaí' tagartha. A. Frámaí [*frames*]: is struchtúr scéimreach é an *fráma*, a threoshuíonn na rannpháirtithe [*orientation* = treoshuíomh] i gcomhthéacs an spáis (.i. na bunairde treo, leagan amach tí, eagrú spás talmhaíochta, láithreán deasghnátha), i gcomhthéacs comhrá (féiniúlachtaí agus rólanna sóisialta na rannpháirtithe), nó i gcás tagartha taispeántaí [*demonstrative reference*]. B. Fráma-spásanna: braitheann frámaí ar rudaí a dtugann Hanks fráma-spásanna soch-chultúrtha (*sociocultural frame spaces*) orthu. Oibríonn fráma-spás mar shaghas mapa nó buntuiscint choitianta atá níos leithne ná an chuid di atá in úsáid ar aon ócáid amháin, ach a sheasann mar fhoinse agus mar fhíor [*horizon*] riachtanach do na frámaí níos teoranta atá in úsáid ar an ócáid. Féach William F. Hanks, *Referential Practice*. Chicago: University of Chicago Press, 1990, l. 303. C. Frámaíochtaí [*frameworks*]: foirmíochtaí éascarthacha [*emergent formations*] a thagann chun cinn i rith na cumarsáide. Ní cód ná rud seasmhach í an fhrámaíocht ach rud a éiríonn de bharr imeachta agus cur i ngníomh an nóiméid féin.

33 Ó Crualaoich, 'An Ceol Sí agus Friotal na Laoch', l. 96.

34 Rud a thugann Fernandez argóint na n-íomhánna [*argument of images*] air. Féach James W. Fernandez, *Persuasions and Performances: The Play of Tropes in Culture*. Bloomington: Indiana University Press, 1986.

35 Feidhmíonn an chaint dhíreach anseo ar nós an 'Charúil Chainte' atá pléite ag Ó Crualaoich, 'An Ceol Sí agus Friotal na Laoch', ll. 96–97. Is dóigh le Hill go bhfuil baint idir an díriú cainte seo (ó insint sa tríú pearsa trí chaint indíreach go dtí athfhriotal díreach ó charachtar sa scéal) agus comhdhéanamh an dioscúrsa i scéalaíocht Mhexicano. Féach Jane H. Hill, 'The Voices of Don Gabriel: Responsibility and Self in a Modern Mexicano Narrative' in Dennis Tedlock agus Bruce Mannheim (eag.), *The Dialogic Emergence of Culture*. Urbana: University of Illinois Press, 1995.

36 '[A] strategic predication upon an inchoate pronoun (an I, a we, a you, a they) which makes a movement and leads to a performance'. Fernandez, *Persuasions and Performances: The Play of Tropes in Culture*. Bloomington: Indiana University Press, 1986, l. 8.

Athshaothrú an Dúchais sa Phróschumadóireacht Chomhaimseartha

1 Gearóid Ó Crualaoich, 'An Nuafhilíocht Ghaeilge: Dearcadh Dána' in *Innti* 10 (1986), l. 64.

2 Féach go háirithe Gearóid Denvir, 'D'aithle na bhFilí' in *Innti* 11 (1988), ll. 103–19; 'Ní Sean go Nua is ní Nua go Sean: Filíocht Nuala Ní Dhomhnaill agus Dioscúrsa na Gaeilge' in Máirtín Ó Briain agus Pádraig Ó Héalaí (eag.), *Téada Dúchais: Aistí in Ómós don Ollamh Breandán Ó Madagáin*. Indreabhán: Cló Iar-Chonnachta: 2002, ll. 25–58; Pádraig de Paor, 'Gnéithe den Saol Eile inár

gCultúr Comhaimseartha: An Leannán Sí agus Lara Croft' in *An Aimsir Óg: Cuid a Dó* (2000), ll. 1–26; Caoimhín Mac Giolla Léith, 'Contemporary Poetry in Irish: Divided Loyalties and the Chimera of Continuity' in *The Irish Review* 6, (1989), ll. 46–54; Máire Ní Annracháin, 'Biddy agus an Bandia' in Pádraigín Riggs, Breandán Ó Conchúir agus Seán Ó Coileáin (eag.), *Saoi na hÉigse: Aistí in Ómós do Sheán Ó Tuama*. Baile Átha Cliath: An Clóchomhar: 2000, ll. 339–57; Bríona Nic Dhiarmada, 'Dioscúrsa na Gaeilge, an Fhilíocht agus Dioscúrsa na mBan' in *Comhar* (Bealtaine 1992), ll. 160–7; Bríona Nic Dhiarmada, *Téacs Baineann Téacs Mná: Gnéithe d'Fhilíocht Nuala Ní Dhomhnaill*. Baile Átha Cliath, An Clóchomhar: 2005, go háirithe ll. 21–113; Máirín Nic Eoin, 'Athscríobh na Miotas: Gné den Idirthéacsúlacht i bhFilíocht Chomhaimseartha na Gaeilge' in *Taighde agus Teagasc* 2 (2002), ll. 23–47.

3 Gearóid Ó Crualaoich, 'Litríocht na Gaeltachta: Seoladh Isteach ar Pheirspictíocht ó Thaobh na Litríochta Béil' in *Léachtaí Cholm Cille* 19 (1989), l. 12.

4 Níl amhras ar bith orm ach go bhféadfaí mórthráchtas a scríobh ar an ngné seo den chumadóireacht chomhaimseartha, tráchtas a dhéanfadh mionanailís ar ábhar, ar fhoirm is ar theicníocht na saothar a dhéanann athionramháil chruthaitheach ar ábhar dúchais. Is ag díriú ar an *ábhar* is mó a bhíothas nuair a bhí an t-athshaothrú ar fhoinsí béaloidis á phlé ag an Siompóisiam Nordach-Ceilteach 'Finscéalta agus Litríocht' sa bhliain 1991. Féach na haistí le Nollaig Mac Congail, Gearóid Denvir, Liam Ó Dochartaigh agus Pádraig Ó Fiannachta a foilsíodh san eagrán speisialta de *Béaloideas* 60–1 (1993).

5 Peter Hutchinson, *Games Authors Play*. Londain & Nua-Eabhrac: Methuen: 1983, l. 73.

6 Cathal Ó Háinle, 'Teora dréachta adhmholta do chuinghidh shíodha' in Riggs *et al.* (eag.), *Saoi na hÉigse*, ll. 1–22.

7 Alan Titley, '"An Nóta Pearsanta" agus Litríocht na Meánaoiseanna' in Riggs *et al.* (eag.), *Saoi na hÉigse*, l. 294.

8 Alan Titley, *An Fear Dána*. Baile Átha Cliath: An Clóchomhar, 1993, l. 140.

9 Máire Mhac an tSaoi, 'Ar Thóir Ghearóid Iarla' in *Oghma* 2 (1990), ll. 20–33. Maidir le bearnaí áirithe eolais, deir sí: 'B'fhéidir go bhfuil file lenár linn féin – Biddy Jenkinson, abair – a thabharfadh faoin mbearna a líonadh' (l. 33).

10 Féach Máirín Nic Eoin, 'Secrets and Disguises? Caitlín Ní Uallacháin agus Other Female Personages in Eighteenth-Century Irish Political Poetry' in *Eighteenth-Century Ireland* 11 (1996), ll. 7–45.

11 Pádraig Ó Siadhail, *Na Seacht gCineál Meisce agus Finscéalta Eile*. Indreabhán, Cló Iar-Chonnachta: 2001, l. 102.

12 Féach Anne O'Connor, *The Blessed and the Damned: Sinful Women and Unbaptised Children in Irish Folklore*. Oxford: Peter Lang, 2005, go háirithe ll. 139–85.

13 Pádraig Ó Siadhail, *Na Seacht gCineál Meisce*, ll. 221–2.

14 Pádraig Ó Siadhail, *Idir Dhá Thír: Sceitsí Ó Cheanada*. Béal Feirste: Lagan Press, 2005, l. 57.

15 O.J. Bergin, R.I. Best, Kuno Meyer agus J.G. O'Keeffe (eag.), *Anecdota from Irish Manuscripts* I. Baile Átha Cliath: Hodges Figgis & Co, 1907 atá i gceist, cé nach luaitear an t-eagarthóir i scéal Jenkinson. Foilsíodh aistriúchán Béarla den scéilín le gairid faoin teideal 'The Abbot of Drimnagh Who Was Changed into a Woman' in Máirín Ní Dhonnchadha (eag.), 'Medieval to Modern, 600–1900' in Angela Bourke, Siobhán Kilfeather *et al.* (eag.), *The Field Day Anthology of Irish Writing* IV. Corcaigh: Cork University Press &

Field Day, 2002, ll. 131–2.
16 Biddy Jenkinson, *An Grá Riabhach*. Baile Átha Cliath: Coiscéim, 2000, ll. 9–10.
17 Ibid., l. 16.
18 Máirín Ní Dhonnchadha (eag.), 'Medieval to Modern', l. 131.
19 Whitley Stokes (eag.), *Félire Óengusso Céli Dé: The Martyrology of Oengus the Culdee*. Londain: Henry Bradshaw Society, 1905, ll. 40–1. Foilsíodh aistriúchán Béarla den scéilín in Máirín Ní Dhonnchadha (eag.), 'Medieval to Modern', ll. 125–6.
20 Biddy Jenkinson, *An Grá Riabhach*, l. 176.
21 Biddy Jenkinson, 'Cosán Raiftearaí' in 'Lar Cassidy Memorial Feature: A Graph Supplement' in *Graph* Issue 3.2 (1988), l. xvii.
22 Féach J.G. O'Keeffe (eag.), *Buile Suibhne: The Adventures of Suibhne Geilt*. Londain: Irish Texts Society, 1913.
23 Nuala Ní Dhomhnaill, 'Muirghil ag Cáiseamh Shuibhne' in *Féar Suaithinseach*. Maigh Nuad: An Sagart: 1984, ll. 101–2.
24 Osborn Bergin agus R.I. Best (eag.), 'Tochmarc Étaíne' in *Ériu* 12 (1934–8), ll. 137–96.
25 Pádraig Ó Siadhail, *Na Seacht gCineál Meisce*, ll. 48–9.
26 Ibid., l. 51.
27 Ibid., l. 51.
28 Ibid., l. 52.
29 Ibid., tul-leathanach.
30 A.G. Van Hamel (eag.), 'Aided Óenfir Aífe and so' in *Compert Con Culainn and Other Stories*. Baile Átha Cliath: Dublin Institute for Advanced Studies, 1933, ll. 11–5. Scéal Chonla is bonn freisin don dán cumhachtach faoi ghaol athar le mac le Colm Breathnach, 'Tuigim Anois do Chú Chulainn' in *Scáthach*. Baile Átha Cliath: Coiscéim 1994, l. 79.
31 Seán Ó Tuama, 'An Domhan a Chruthaigh Titley' in *Comhar* (Nollaig 1987), l. 19.
32 Ibid.
33 Éamon Ó Ciosáin, 'Eiriceachtaí' in *Graph* (Fómhar 1988), l. 7.
34 Alan Titley, *Parabolas: Stories and Fables*. Béal Feirste: Lagan Press, 2005, l. 14.
35 An t-aon scéal sa chnuasach sin ar dheacair brí mhacallach an teidil a thuiscint ná an scéal an-ghearr 'Mis agus Dubhroiseadh' (ll. 19–20) nach léir cén gaol a bhíothas ag iarraidh a chruthú, má bhí, leis an scéal liteartha 'Mis agus Dubh Ruis' [féach Tomás de Bhaldraithe (eag.), 'Mis agus Dubh Rois' in *Scríobh* 4 (1979), ll. 60–3]. Spreag Mis agus Dubh Ruis Biddy Jenkinson le sraith dánta a chumadh timpeall orthu [féach Biddy Jenkinson, *Dán na hUidhre*. Baile Átha Cliath: Coiscéim, 1991, ll. 20–33; agus *Mis*. Baile Átha Cliath: Coiscéim, 2001].
36 Alan Titley, *Leabhar Nóra Ní Anluain*. Indreabhán: Cló Iar-Chonnachta, 1998, ll. 96, 255–8.
37 Féach Karel Čapek, *Apocryphal Tales*. Aistritheoir Norma Comrada. New Haven: CT: Catbird Press, 1997. Is iad na scéalta le hAlan Titley atá i gceist agam ná scéalta mar 'Faoistin Ádhaimh', 'Íosa ag Gol', 'Caintic Iúdáis Icarus ar a Sheans' agus 'Cén Fáidh?' *Leabhar Nóra Ní Anluain*, ll. 51, 76, 81, 103.
38 Tá siad le fáil in Tomás Ó Rathile (eag.), *Dánta Grádha*. Corcaigh: Cork University Press, 1976, ll. 107–11.
39 Pádraig Ó Cíobháin, *Ré an Charbaid*. Baile Átha Cliath: Coiscéim, 2002, l. vii.
40 Ibid., l. 185.

41 Ibid., l. 206.

42 Is iad na húdair is mó atá tar éis dul i bhfeidhm ar Ó Cíobháin, de réir a thuairisce féin, ná an Spáinneach Javiar Marías, an Portaingéalach José Saramago, na hIodálaigh Italo Calvino agus Umberto Eco agus an Seiceach Milan Kundera.

43 Pádraig Ó Cíobháin, 'An Treasruathar Turgnamhach: Féinspléachadh Údair ar a Ionchur i bPróslitríocht a Linne' in *Léachtaí Cholm Cille* 36 (2006), ll. 68.

Leabharliosta agus Dioscliosta

Abrahams, Roger D., 'The Past in the Presence: An Overview of Folkloristics in the Late 20th Century' in Reimund Kvideland (eag.), *Folklore Processed*. Helsinki: Suomalaisen Kirjallisuuden Seura, 1992, ll. 32–51.

Access and Opportunity. A White Paper on Cultural Policy. Baile Átha Cliath: Oifig an tSoláthair, 1987.

Agar, Michael, *The Professional Stranger*. San Diego: Academic Press, 1980.

Agee, James agus Walker Evans, *Let Us Now Praise Famous Men*. Boston: First Mariner Books, 2001.

Alexander, Jeffrey C. agus Steven Seidman, *Culture and Society: Contemporary Debates*. Cambridge: Cambridge University Press, 1990.

Alver, Bente Gullveig, 'Ethical Issues in Folkloristic Research' in Reimund Kvideland (eag.), *Folklore Processed*. Helsinki: Suomalaisen Kirjallisuuden Seura, 1992, ll. 52–61.

Appadurai, Arjun, 'Global Ethnoscapes: Notes and Queries for a Transnational Anthropology' in R.G. Fox (eag.), *Recapturing Anthropology*. Santa Fe, New Mexico: School of American Research Press, 1991, ll. 191–210.

Arnold, Janet, *A Handbook of Costume*. Londain: Macmillan, 1973.

Atkinson, P. agus M. Hammersly, 'Ethnography and participant observation' in Norman K. Denzin agus Yvonna S. Lincon (eag.), *Handbook of Qualitative Research*. Thousand Oaks, CA: Sage, 1994, ll. 249–261.

Augé, Marc, *Un ethnologue dans le Métro*. Páras: Hachette, 1986.

Aydelotte, Frank, *Elizabethan Rogues and Vagabonds*. Oxford: Clarendon Press, 1913.

Bakhtin, Mikhail M., *The Dialogic Imagination*. Aistr. Caryl Emerson agus Michael Holquist. Austin: University of Texas Press, 1981.

Ballard, Linda-May, 'Material Evidence: Dress as a Historical Record' in Trefor M. Owen (eag.), *From Corrib to Cultra: Folklife Essays in Honour of Alan Gailey*. Béal Feirste: Institute of Irish Studies, 2000, ll. 62–70.

Bancel, Nicolas, Pascal Blanchard agus Sandrine Lemaire, 'Ces zoos humains de la République coloniale' in *Le monde diplomatique*, août 2000. www.monde-diplomatique.fr/2000/08/BANCEL/14145

Barley, Nigel, *The Innocent Anthropologist*. Harmondsworth: Penguin, 1983.

Bauman, Richard, 'Differential Identity and the Social Base of Folklore' in *Journal of American Folklore* 84: 331 (1971), ll. 31–41.

Beck, Ulrich agus Elisabeth Beck-Gernsheim, *Individualization*. Londain: Thousand Oaks & New Delhi: Sage 2001.

Beier, A. L., *Masterless Men. The Vagrancy Problem in England 1560–1640.* Londain: Methuen & Co. Ltd., 1985.

Bennett, Tony, *The Birth of the Museum*. Londain & Nua-Eabhrac: Routledge, 1995.

Benton, Gregor, 'Chinese Transnationalism in Britain: a Longer History' in *Identities: Global Studies in Power and Culture* 10: 3 (2003), ll. 347–375.

Bérard, Laurence, Claire Delfosse agus Philippe Marchenay, 'Les "produits de terroir": de la recherche à l'expertise' in *Ethnologie française* XXXVII (2004), ll. 591–600.

Berg, Jonas, 'Dräktdockor – Hazelius' och andras' in *Fataburen. Nordiska museets och Skansens årsbok* 1980, ll. 9–28.

Bergin, O.J., R.I. Best, Kuno Meyer agus J.G. O'Keeffe (eag.), *Anecdota from Irish Manuscripts*. Iml. 1. Baile Átha Cliath: Hodges Figgis & Co., 1907.

Bergin, Osborn agus R.I. Best (eag.), 'Tochmarc Étaíne' in *Ériu* 12 (1934–8), ll. 137–96.

Bergin, Osborn, *Sgéalaigheacht Chéitinn: Stories from Keating's History of Ireland.* Baile Átha Cliath: Royal Irish Academy, 1975 [1909].

Bergman, Ingrid, *Artur Hazelius. Nordiska Museets och Skansens skapare.* Stockholm: Nordisk museet, 2000.

Berlin, Isaiah, *Vico and Herder: Two Studies in the History of Ideas*. Londain: The Hoggarth Press, 1976.

Bogatyrev, Petr, *The Functions of Folk Costume in Moravian Slovakia*. An Háig: Mouton, 1971.

Boucher, François, *A History of Costume in the West*. Londain: Thames and Hudson, 1987.

Bourke, Angela agus Hugh Shields, 'Amhráin Bheannaithe as Co. na Gaillimhe agus as Tír Chonaill' in *Éigse Cheol Tíre/Irish Folk Music Studies* 3 (1981), ll. 18–44.

Bourke, Angela, 'Performing – Not Writing' in *Graph* II (1991–2), ll. 28–31.

Bourke, Angela, 'Na Mná Trí Shúile Thomáis' in *Ceiliúradh an Bhlascaoid* 2. Eag. Máire Ní Chéilleachair. An Daingean: An Sagart, 1998, ll. 101–122.

Bourke, Angela, 'Lamenting the Dead' in Angela Bourke *et al.*, *The Field Day Anthology of Irish Writing*. Iml. IV. Corcaigh: Cork University Press/Field Day, 2002, ll. 1365–98.

Breathnach, Colm, *Scáthach*. Baile Átha Cliath: Coiscéim, 1994.

Breathnach, Diarmuid agus Máire Ní Mhurchú (eag.), *Beathaisnéis*. 9 n-iml. Baile Átha Cliath: An Clóchomhar, 1986–2007.

Breatnach, Nioclás, *Ar Bóthar Dom*. Rinn Ó gCuanach: Coláiste na Rinne, 1998.

Breatnach, R.A., 'The End of a Tradition: a Survey of Eighteenth Century Gaelic Literature' in *Studia Hibernica* 1 (1961), ll. 128–150.

Brennan-Harvey, Clodagh, *Contemporary Irish Traditional Narrative: The English Language Tradition*. Berkeley: University of California Press, 1992.

Briggs, Jean L., *Never in Anger*. Cambridge: Harvard University Press, 1970.

Briody, Mícheál, *The Irish Folklore Commission 1935–1970*. Helsinki: Finnish Literature Society, 2007.

Burke, Peter, *The Historical Anthropology of Early Modern Italy*. Cambridge: Cambridge University Press, 1987.

Burke, Peter, *Popular Culture in Early Modern Europe*. Atheagrán. Aldershot: Scolar Press, 1994.

Buttimer, Neil, 'Gaelic Literature and Contemporary Life in Cork 1700–1840' in Patrick O'Flanagan agus Cornelius G. Buttimer (eag.), *Cork: History and Society*. Baile Átha Cliath: Geography Publications, 1993, ll. 585–654.

Calzadilla, Fernando agus George E. Marcus, 'Artists in the Field: Between Art and Anthropology' in Arnd Schneider agus Christopher Wright (eag.), *Contemporary Art and Anthropology*. Oxford & Nua-Eabhrac: Berg, ll. 95–116.

Camporesi, Piero, *Il libro dei vagabondi*. Torino: Garzanti, 1973.

Čapek, Karel, *Apocryphal Tales*. Aistr. Norma Comrada. New Haven CT: Catbird Press, 1997.

Čapo Žmegač, Jasna, Valentina Gulin Zrnić agus Goran Pavel Šantek (eag.), *Etnologija bliskoga. Poetika i politika suvremenih terenskih istraživanja (Ethnology of the Proximate. The Poetics and Politics of Contemporary Fieldwork)*. Zagreb: Institut za etnologiju i folkloristiku, Naklada Jesenski i Turk, 2006.

Carr, E.H., *What is History?* Londain: Penguin Books, 1990.

Casanova, Pascale, *The World Republic of Letters*. Aistr. M.B. DeBevoise. Cambridge MA & Londain: Harvard University Press, 2004.

Castles, Stephen, 'Twenty-First-Century Migration as a Challenge to Sociology' in *Journal of Ethnic and Migration Studies* 33: 3 (2007), ll. 351–371.

Céitinn, Seathrún, *Forus Feasa ar Éirinn* I. Eag. David Comyn. Londain: Irish Texts Society, 1902.

Central Statistics Office, *Census 2002. Volume 4. Usual Residence, Migration, Birthplace and Nationalities*. Baile Átha Cliath: The Stationery Office.

Central Statistics Office, *Census 2006. Volume* 5. *Ethnic or Cultural Background (including the Traveller Community)*. Baile Átha Cliath: The Stationery Office.

Chambers, Iain, *Migrancy, Culture, Identity*. Londain & Nua-Eabhrac: Routledge, 1994.

Chartier, Roger (eag.), *Figures de la gueuserie*. Páras: Montalba, 1982.

Chastel, André, 'La notion de patrimoine' in Pierre Nora (eag.), *Les lieux de mémoire* 1. Páras: Gallimard, 1997, ll. 1433–1469.

Child, Francis J., *The English and Scottish Popular Ballads*. Iml. 2. Boston: Houghton Mifflin Co., 1885.

Clarke, Michael, 'An Focal Fileata: Ó Hóiméar go dtí an Winding Stair' in *Bliainiris* 2003, ll. 229–249.

Clifford, James agus George E. Marcus (eag.), *Writing Culture*. Berkeley: California University Press, 1986.

Clifford, James, *Routes: Travel and Translation in the Late Twentieth Century*. Cambridge MA: Harvard University Press, 1997.

Cocchiara, Giuseppe, *Storia del folklore in Europa*. Torino: Boringhieri, 1971.

Cohen, Anthony P., *The Symbolic Construction of Community*. Londain: Routledge, 1985.

Cohen, Anthony P. (eag.), *Symbolising Boundaries: Identity and Diversity in British Cultures*. Manchester: Manchester University Press, 1986.

Coleman, Steve, 'Joe Heaney and Style in Sean-Nós Singing' in Thérèse M. Smith agus Mícheál Ó Súilleabháin (eag.), *Blas: The Local Accent in Irish Traditional Music*. Luimneach: Irish World Music Centre, University of Limerick, 1997, ll. 31–52.

Coleman, Steve, 'The Nation, the State, and the Neighbors: Personation in Irish-Language Discourse' in *Language and Communication* 24: 4 (2004), ll. 381–411.

Coles, Alex (eag.), *Site-Specificity: The Ethnographic Turn*. Londain: Black Dog Publishing Ltd., 2000.

Comhairle Chontae na Gaillimhe agus Fóram Oidhreachta Chontae na Gaillimhe, *Ag Bailiú agus ag Caomhnú an Bhéaloidis agus Stair ó Bhéal: Teicníochtaí Bunúsacha*. Gaillimh: Comhairle Chontae na Gaillimhe, 2006.

Corcoran, Mary P. agus Perry Share (eag.), *Belongings: Shaping Identity in Modern Ireland*. Baile Átha Cliath: Institute of Public Administration, 2008.

Crawley, Ernest, 'The Sexual Background of Dress' in Mary Ellen Roach agus Joanne Eicher (eag.), *Dress, Adornment and the Social Order*. Nua-Eabhrac: John Wiley, 1965, ll. 72–76.

Croker, T. Crofton, *Researches in the South of Ireland*. Baile Átha Cliath: Irish Academic Press, 1981 [1824].

Cronin, Nessa, Seán Crosson agus John Eastlake (eag.), *Anáil an Bhéil Bheo. Orality and Modern Irish Culture*. Newcastle upon Tyne: Cambridge Scholars Publishing, 2009.

Cuche, Denys, *La noción de cultura en las ciencias sociales*. Aistr. Paula Mahler. Buenos Aires: Ediciones Nueva Visión, 1999.

Cuddon, J.A., *A Dictionary of Literary Terms*. Londain: Penguin, 1979.

Cullingford, Elizabeth Butler, *Ireland's Others: Gender and Ethnicity in Irish Literature and Popular Culture*. Notre Dame: University of Notre Dame Press, 2001.

Culyaba, Rebecca J., Carol A. Heimer agus JuLeigh Coleman Petty, 'The Ethnographic Turn: Fact, Fashion, or Fiction?' in *Qualitative Sociology*, 27: 4 (2004), ll. 365–389.

Cunningham, Bernadette, *The World of Geoffrey Keating: History, Myth and Religion in Seventeenth-Century Ireland*. Baile Átha Cliath: Four Courts Press, 2000.

Curtin, Chris, Donnan Hastings, agus Thomas M. Wilson (eag.), *Irish Urban Cultures*. Béal Feirste: Institute of Irish Studies, The Queen's University of Belfast, 1993.

Dawson, Ciarán, *Peadar Ó Gealacáin: Scríobhaí*. Baile Átha Cliath: An Clóchomhar, 1992.

de Bhaldraithe, Tomás, 'Seacht Sólás na Maighdine' in *An Sagart* VII (1964), ll. 41–42.

de Bhaldraithe, Tomás (eag.), 'Mis agus Dubh Rois' in *Scríobh* 4 (1979), ll. 60–3.

de Brún, Pádraig (eag.), 'Caoine Ar Mhac Fínín Duibh' in *Éigse* 13 (1969–70), ll. 220–24.

de Cléir, Síle, '". . . Bhí Bród as sin i gCónaí . . .": Cruthaitheacht agus Cultúr na mBan i dTraidisiún Fheisteas Oileáin Árann' in *Béascna* 1 (2002), ll. 85–99.

De la mendicité en Bretagne et des moyens propres à l'éteindre par un président de Société de secours mutuels du Finistère. Châteaulin: Chavignaud, 1860 [údar gan ainm].

de L'Estoile, Benoît, *Le goût des autres: De l'Exposition coloniale aux arts premiers*. Páras: Flammarion, 2007.

de Paor, Pádraig, 'Gnéithe den saol eile inár gcultúr comhaimseartha: An Leannán Sí agus Lara Croft' in *An Aimsir Óg: Cuid a Dó* (2000), ll. 1–26.

de Valéra, Ruaidhrí, 'Seán Ó Donnabháin agus a Lucht Cúnta' in *The Journal of the Royal Society of Antiquaries of Ireland* 79 (1949), ll. 146–159.

De Vries, Jan, 'The Industrial Revolution and the Industrious Revolution' in *The Journal of Economic History* 54: 2 (1994), ll. 249–270.

Denvir, Gearóid, 'D'aithle na bhFilí' in *Innti* 11 (1988), ll. 103–19.

Denvir, Gearóid, 'Finscéalta faoin Osnádúr i Nualitríocht na Gaeilge: Freagra a hAon' in *Finscéalta agus Litríocht/Folk Legends and Fiction. Béaloideas* 60–1 (1993), ll. 19–34.

Denvir, Gearóid, 'Ní sean go nua is ní nua go sean: filíocht Nuala Ní Dhomhnaill agus Dioscúrsa na Gaeilge' in Máirtín Ó Briain agus Pádraig Ó Héalaí (eag.), *Téada Dúchais: Aistí in ómós don Ollamh Breandán Ó Madagáin*. Indreabhán: Cló Iar-Chonnachta, 2002, ll. 25–58.

Denzin, Norman K., 'Pedagogy, Performance, Autoethnography' in *Text and Performance Quarterly*, 26: 4 (2006), ll. 333–338.

Desplanques, Marie-Annick, 'Folklore and Ethics' in Neil Buttimer, Helen Guerin agus Colin Rynne (eag.), *The Heritage of Ireland*. Corcaigh: The Collins Press, 2000, ll. 178–187.

Desplanques, Marie-Annick, 'The Northside Folklore Project. A Case Study in Applied Social Ethnology' in *II Xornadas SINDUR: Novas Tecnoloxías e Economía Cultural, Santiago de Compostela: Xornadas do IDEGA*, 7, 2005, ll. 29–51.

Desplanques, Marie-Annick agus Cliona O'Carroll, 'Cultures of Cork: Community Ethnicity and Broadcasting' in Carlos Ferrás Sexto, Francisco Xosé Armas Quintá, Xosé Carlos Macía Arce agus Yolanda García Vázquez (eag.), *Sociedade de Informacíon en Espacios Periféricos Novas Formas de Exclusion Social*. Santiago de Compostela: Servizo de Edición dixital da Universidade de Santiago de Compostela, 2006.

Desplanques, Marie-Annick, 'Digitizing Tradition: Aspects of the Applied Dimension of Urban and Regional Ethnography in Irish Contexts' in *Revista Electrónica Teoría de la Educación: Educación y Cultura en la Sociedad de la Información* Vol. 10, no. 2, 2009, ll. 29–51.

http://www.usal.es/~teoriaeducacion/rev_numero_10_02/n10_02_desplanques.pdf

Dictionary of the Irish Language. Mioneagrán. Baile Átha Cliath: Royal Irish Academy, 1983.

Dinneen, Patrick S. agus O'Donoghue, Tadhg (eag.), *Dánta Aodhgáin Uí Rathaille*. Londain: Irish Texts Society, 1911.

Dorson, Richard M., 'Collecting in County Kerry' in *Journal of American Folklore* 66: 259 (1953), ll. 19–42.

Dorson, Richard, *The British Folklorists: A History*. Londain: Routledge & Kegan Paul, 1968.

Dowling, Noeleen, 'Lace at the end of Union' in *The Irish Times Weekend Review*, February 24, 2007, l. 9.

Duggan, George C., *The Stage Irishman: A History of the Irish Play and Stage Characters from the Earliest Times*. Baile Átha Cliath: Talbot Press, 1937.

Duffy, Seán, *Nicholas O'Kearney, the Last of the Bards of Louth*. Baile Átha Cliath: Éigse Oirialla, 1989.

Dundes, Alan, 'From Etic to Emic Units in the Structural Study of Folktales' in *Journal of American Folklore*, 75: 296 (1962), ll. 95–105.

Dundes, Alan, 'The Ethnography of Speaking Folklore' in *American Anthropologist* 66 (1964), ll. 70–85.

Dunlevy, Mairead, *Dress in Ireland: A History*. Corcaigh: Collins Press, 1999.

Eagleton, Terry, *The Idea of Culture*. Blackwell: Oxford, 2000.

Edwards, Elizabeth, 'Travels in a New World – Work around a Diasporic Theme by Mohini Chandra' in Arnd Schneider agus Christopher Wright (eag.), *Contemporary Art and Anthropology*. Oxford & Nua-Eabhrac: Berg, 2006, ll. 147–156.

El Guindi, Fadwa agus Abel Hernandez Jiménez, *The Myth of Ritual: A Native Ethnography of Zapotec Life-crisis Rituals*. Tucson: The University of Arizona Press, 1986.

Elias, Norbert. *The Civilizing Process*. Aistr. Edmund Jephcott. Oxford & Cambridge MA: Blackwell, 1994.

Eriksen, Thomas Hyland agus Finn Sivert Nielsen. *A History of Anthropology*. Londain: Pluto Press, 2001.

'Erionnach' [John O'Daly], *The Poets and Poetry of Munster*. Second Series. Baile Átha Cliath: J. O'Daly, 1860.

Evans, George Ewart, *Ask the Fellows Who Cut the Hay*. Londain: Faber & Faber, 1956.

Farrer, Claire (eag.), *Women and Folklore*. Austin: University of Texas Press, 1975.

Fenton, James, *Amhráin Thomáis Rua .i. The Songs of Tomás Ruadh O'Sullivan, The Iveragh Poet (1785–1848)*. Baile Átha Cliath: M.H. Gill & Sons Ltd., 1922.

Fernandez, James W., *Persuasions and Performances: The Play of Tropes in Culture*. Bloomington: Indiana University Press, 1986.

Finlay, Linda, agus Claire Ballinger (eag.), *Qualitative Research for Allied Health Professionals: Challenging Choices*. Sussex: John Wiley & Sons, 2006.

Flick, Uwe, *An Introduction to Qualitative Research*. Londain, Thousand Oaks, New Delhi: Sage, 1988.

First report of His Majesty's Commissioners for Inquiring into the condition of the Poorer Classes in Ireland, Londain: His Majesty's Stationery Office, 1835.

Foley, John Miles, *The Singer of Tales in Performance*. Bloomington: Indiana University Press, 1995.

Foley, John Miles, *How to Read an Oral Poem*. Urbana: University of Illinois Press, 2002.

Foster, John Wilson, *Fictions of the Irish Literary Revival: A Changeling Art*. Syracuse: Syracuse University Press, 1987.

Foster, R.F., *The Story of Ireland: An Inaugural Lecture Delivered Before the University of Oxford on 1 December 1994*. Oxford: Clarendon Press, 1995.

Frykman, Jonas agus Orvar Löfgren (eag.), *Force of Habits: Exploring Everyday Culture*. Lund: Lund University Press, 1996.

García Canclini, Néstor, *Diferentes, desiguales y desconectados. Mapas de la interculturalidad*. Barcelona: Gedisa, 2004.

Garnham, N., 'The Trials of James Cotter and Henry, Baron Barry of Santry' in *Irish Historical Studies* 31/123 (May 1999), ll. 328–42.

Geertz, Clifford, *Works and Lives: The Anthropologist as Author*. Stanford: Stanford University Press, 1988.

Geertz, Clifford, *The Interpretation of Cultures*. Nua-Eabhrac: Basic Books, 1973.

Georges, Robert A. agus Michael Owen Jones, *Folkloristics: An Introduction*. Bloomington: Indiana University Press, 1995.

Giddens, Anthony, *Modernity and Self-Identity: Self and Society in the Late Modern Age*. Cambridge: Polity, 1991.

Gilbert, J.T., *A History of the City of Dublin*. Iml. 1. Baile Átha Cliath: McGlashan & Gill, 1854.

Gill, Peter, 'Island Psyche: Fieldnotes from an Irish Island' in *The Irish Journal of Psychology* 15: 2 & 3 (1994), ll. 276–287.

Glassie, Henry, *Passing the Time: History and Folklore of an Ulster Community*. Baile Átha Cliath: O'Brien Press, 1982.

Glassie, Henry, 'Folkloristic Study of the American Artefact: Objects and Objectives' in Richard Dorson (eag.), *Handbook of American Folklore*. Bloomington: Indiana University Press, 1983, ll. 376–383.

Goffman, Erving, *Forms of Talk*. Philadelphia: University of Pennsylvania Press, 1981.

Goldstein, Kenneth, *A Guide for Field Workers in Folklore*. Hatboro: Folklore Associates, 1964.

Goody, Jack, *The Power of the Written Tradition*. Washington: Smithsonian Institute Press, 2000.

Gordon Bowe, Nicola, 'Two Early Twentieth-Century Irish Arts and Crafts Workshops in Context: An Túr Gloine and the Dun Emer Guild and Industries' in *Journal of Design History* 2: 2/3 (1989), ll. 193–206.

Greenhill, Pauline agus Diane Tye (eag.), *Undisciplined Women*. Montreal: McGill-Queen's University Press, 1997.

Habermas, Jürgen, *Theory of Communicative Action*. Cambridge: Polity, 1989.

Hackett, William, 'The Irish Bacach, or Professional Beggar, viewed archaeologically' in *Ulster Journal of Archaeology* IX (1861–2), ll. 256–271.

Hall, Edward T., *The Silent Language*. Garden City, New York: Doubleday, 1959.

Hamilton, J. Noel, *A Phonetic Study of The Irish of Tory Island*. Béal Feirste: Institute of Irish Studies, 1974.

Hanks, William F., *Referential Practice*. Chicago: University of Chicago Press, 1990.

Hanks, William F, 'Indexicality' in *Journal of Linguistic Anthropology* 9: 1–2 (2000), ll. 124–26.

Hannerz, Ulf, *Exploring the City: Inquiries towards an Urban Anthropology*. Nua-Eabhrac: Columbia University Press, 1980.

Hannerz, Ulf, *Transnational Connections*. Londain & Nua-Eabhrac: Routledge, 1996.

Harrison, Alan, 'Scotha na Gaeilge: An Teanga agus Léann an Ochtú hAois Déag' in Ruairí Ó hUiginn (eag.), *Léann na Gaeilge: Súil Siar, Súil Chun Cinn. Léachtaí Cholm Cille* XXVI. Maigh Nuad: An Sagart, 1996, ll. 123–136.

Herzfeld, Michael, *The Poetics of Manhood: Contest and Identity in a Cretan Mountain Village*. Princeton, New Jersey: Princeton University Press, 1985.

Hill, Jane H., 'The Voices of Don Gabriel: Responsibility and Self in a Modern Mexicano Narrative' in Dennis Tedlock agus Bruce Mannheim (eag.), *The Dialogic Emergence of Culture*. Urbana: University of Illinois Press, 1995.

Hine, Christine, *Virtual Ethnography*. Londain, Thousand Oaks, New Delhi: Sage Publications, 2000.

Hobsbawm, Eric agus T. Ranger (eag.), *The Invention of Tradition*. Cambridge: Cambridge University Press, 1992.

Honko, Lauri, 'The Folklore Process' in *Folklore Fellows Summer School Programme*. Turku: FFSS, 1991, ll. 25–47.

Honko, Lauri, 'Traditions in the Constructions of Ethnic Identity and Strategies for Ethnic Survival' in *European Review* 3: 2 (1995), ll. 131–146.

Hughes, A.J., 'The Ulster Gaelic Society and the work of MacAdam's Irish Scribes' in Fionntán de Brún (eag.), *Belfast and the Irish Language*. Baile Átha Cliath: Four Courts Press, 2006, ll. 65–100.

Hunter, Stephen (eag.), *Life Journeys*. Corcaigh: Northside Folklore Project, 1999.

Hutchinson, Peter, *Games Authors Play*, Londain & Nua-Eabhrac: Methuen, 1983.

Hyde, Douglas, *Abhráin grádh chúige Connacht or Love songs of Connacht*. Londain: T. Fisher Unwin, 1909.

Hyde, Douglas, *Abhráin Diadha Chúige Chonnacht or the Religious Songs of Connacht*. 2 iml. Londain: T. Fisher Unwin agus Baile Átha Cliath: M.H. Gill & Son Ltd, 1906.

Ingle, Róisín, 'Old Docklands Days' in *Irish Times Magazine*, 14 April 2007.

Ireland, Aideen, 'The Royal Society of Antiquarians of Ireland 1849–1900' in *Journal of the Royal Society of Antiquarians of Ireland* 112 (1982), ll. 72–90.

Irish Tourist Association, *Topographical and General Survey*, 1945 (neamhfhoilsithe).

Jakobson, Roman, 'Closing Statement: Linguistics and Poetics' in Thomas A. Sebeok (eag.), *Style in Language*. Cambridge MA: MIT Press, 1960, ll. 350–77.

Jenkinson, Biddy, 'Cosán Raiftearaí' in 'Lar Cassidy Memorial Feature: A Graph supplement'. *Graph* Issue 3: 2 (1988), ll. xvi–ii.

Jenkinson, Biddy, *Dán na hUidhre*, Baile Átha Cliath: Coiscéim, 1991.

Jenkinson, Biddy, *An Grá Riabhach*. Baile Átha Cliath: Coiscéim, 2000.

Jenkinson, Biddy, *Mis*. Baile Átha Cliath: Coiscéim, 2001.

Jirousek, Charlotte, 'The Transition to Mass Fashion System Dress in the Later Ottoman Empire' in Donald Quataert (eag.), *Consumption Studies and the History of the Ottoman Empire 1550–1922: An Introduction*. Nua-Eabhrac: State University of New York Press, 2000, ll. 201–242.

Jobbé-Duval, Émile, *Les Idées primitives dans la Bretagne contemporaine. Essais de folk-lore juridique et d'histoire générale du Droit*. 2 iml. Páras: Sirey, 1920 agus 1930 [1910–14].

Jordan, Rosan A. and Susan Kalčik (eag.), *Women's Folklore, Women's Culture*. Philadelphia: University of Pennsylvania Press, 1985.

Kearney, Michael, 'The Local and the Global; The Anthropology of Globalization and Transnationalism' in *Annual Review of Anthropology* 24 (1995), ll. 547–565.

Kodish, Deborah, 'Absent Gender, Silent Encounter' in *Journal of American Folklore* 100 (2002), ll. 573–578.

Koriyzin, Sandra, 'The Half-baked Concept of "Raw" Data in Ethnographic Observation' in *Canadian Journal of Education* 27: 1 (2002), ll. 19–138.

Kwon, Miwon, *One Place After Another: Site-specific Art and Locational Identity*. Cambridge MA & Londain: MIT Press, 2004.

Lacy, Suzanne, 'Cultural Pilgrimages and Metaphoric Journeys' in Suzanne Lacy (eag.), *Mapping the Terrain: New Genre Public Art*. Seattle: Bay Press, 1995.

Laffan, William (eag.), *The Cries of Dublin. Drawn from the life by Hugh Douglas Hamilton, 1760*. Baile Átha Cliath: Irish Georgian Society, 2003.

Lowenthal, David, *The Past is a Foreign Country*. Cambridge: Cambridge University Press, 1985.

Lysaght, Patricia, Anne O'Dowd agus Bairbre O'Flynn (eag.), *A Folk Museum for Ireland*. Baile Átha Cliath: neamhfhoilsithe, 1984.

McCarthy, Elsie agus Valerie Olson, 'After Writing Culture: An Interview with George Marcus on Research Imaginaries, Collaboration, and Critical Data' in *After Culture* 1: 1 (2007), ll. 36–54.

McClintock, Henry Foster, *Old Irish and Highland Dress and that of the Isle of Man: With Chapters on Pre-Norman Dress as Described in Early Irish Literature by F. Shaw, and on Early Tartans by J. Telfer Dunbar*. Dún Dealgan: Dundalgan Press, 1950.

Mac Congáil, Nollaig, 'Finscéalta faoin Osnádúr i Nualitríocht na Gaeilge' in *Finscéalta agus Litríocht/Folk Legends and Fiction. Béaloideas* 60–1 (1993), ll. 1–18.

McCrum, Elizabeth, *Fabric and Form: Irish Fashion since 1950*. Béal Feirste: Ulster Museum, 1996.

Mac Donnchadha, Máirtín, 'Amhrán na Trá Báine' in *Bliainiris 2001*. Eag. Ruairí Ó hUiginn agus Liam Mac Cóil. Rath Chairn: Carbad, 2001, ll. 104–127.

Mac Giolla Léith, Caoimhín, 'Contemporary Poetry in Irish: divided loyalties and the chimera of continuity' in *The Irish Review* 6 (1989), ll. 46–54.

Mac Giolla Rua, Pádraig, *Ollscoil Shaor Ghaelach: Tús Leighis ar Easpa Bhásmhar*. An Dara Cló. Gaoth Dobhair: Coiste Comórtha an Athar Mícheál Ó hÍcí, 1992.

McKibben, Sarah E., 'Angry Laments and Grieving Postcoloniality' in P. J. Mathews (eag.), *New Voices in Irish Criticism*. Baile Átha Cliath: Four Courts Press, 2000, ll. 215–23.

McLuhan, Marshall, *Understanding Media: The Extensions of Man*. Nua-Eabhrac: McGraw Hill, 1964.

McManus, Antonia, *The Irish Hedge School and Its Books 1695–1831*. Baile Átha Cliath: Four Courts Press, 2004.

Mac Mathúna, Liam, *Béarla sa Ghaeilge. Cabhair Choigríche: An Códmheascadh Gaeilge/Béarla i Litríocht na Gaeilge 1600–1900*. Baile Átha Cliath: An Clóchomhar, 2007.

Mac Philib, Séamas, 'Relics of Water World: boat and fishery collections in the National Museum of Ireland – Country Life' in Eleanor Flegg (eag.), *The Future of Maritime and Inland Waterways Collections*. Cill Chainnigh: The Heritage Council, 2006, ll. 25–28.

Mac Síthigh, Tomás (eag.), *Paróiste an Fheirtéaraigh: Stairsheanchas an Cheantair i dTréimhse an Ghorta Mhóir*. Baile Átha Cliath: Coiscéim, 1984.

Marcus, George E., 'Ethnography in/of the World System: The Emergence of Multi-Sited Ethnography' in *Annual Review of Anthropology* 24 (1995), ll. 95–117.

Mason, T.H., *The Islands of Ireland: Their Scenery, People, Life and Antiquities*. Londain: Batsford, 1936.

Maure, Marc, 'Nation, paysan et musée. La naissance des musées d'ethnographie dans les pays scandinaves (1870–1904)' in *Terrain* 20 (mars 1993), ll. 147–57.

Metcalf, Peter, *They Lie, We Lie: Getting on with Anthropology*. Londain: Routledge, 2002.

Meyer, Kuno, *The Vision of Mac Conglinne: A Middle-Irish Wonder Tale*. Nua-Eabhrac: Lemma Publishing Corporation, 1974 [1892].

Meyer, Kuno, *The Voyage of Bran Son of Febal to the Land of the Living*. Felinfach: Llanerch, 1994 [1895].

Mhac an tSaoi, Máire, 'Ar Thóir Ghearóid Iarla' in *Oghma* 2 (1990), ll. 20–33.

Mhac an tSaoi, Máire, *An Bhean Óg Ón . . .* Baile Átha Cliath: Coiscéim, 2001.

Mhág Craith, C. (eag.), *Dán na mBráthar Mionúr*. Iml. 1. Baile Átha Cliath: Institiúid Ard-Léinn Bhaile Átha Cliath, 1967.

Mhic Coisdealbha, Eibhlín, *Amhráin Mhuighe Seóla*. Baile Átha Cliath: Talbot Press, 1990 [1923].

Moloney, Colette, *The Irish Music Manuscripts of Edward Bunting (1773–1843)*. Baile Átha Cliath: Irish Traditional Music Archive, 2000.

Morely, David agus Kevin Robbins (eag.), *Spaces of Identity: Global Media, Electronic Landscapes and Cultural Boundaries*. Londain & Nua-Eabhrac: Routledge, 1995.

Mortensen, Camilla H., '(Eco)Mimesis and the Ethics of the Ethnographic Presentation' in *Journal of American Folklore*, 118 : 467 (2005), ll. 105–120.

Mullins, Gerry, *Dublin Nazi No.1. The Life of Adolf Mahr*. Baile Átha Cliath: Liberties Press, 2007.

Munhall, Patricia L., *Nursing Research: A Qualitative Perspective*. Boston, Toronto, Londain, Singapore: Jones & Bartlett Publishers, 2007.

Murphy, Gerard, 'Bacaigh Bhaile Mhúirne' in *Éigse* III (1941–2), ll. 101–102.

Murphy, Gerard, *Early Irish Metrics*. Baile Átha Cliath: Royal Irish Academy, 1961.

Nabokov, Peter, *A Forest of Time: American Indian Ways of History*. Cambridge: Cambridge University Press, 2002.

Nagy, Joseph Falaky, 'In Defence of Rómánsaíocht' in *Ériu* 38 (1987), ll. 9–26.

Nandy, Ashis, *The Intimate Enemy: The Loss and Recovery of the Self Under Colonialism*. New Delhi: Oxford University Press, 1988.

Ní Annagáin, Mairéad and Séamus Clandillon, '*Londubh an Chairn*' *being Songs of the Irish Gaels*. Londain: Oxford University Press, 1927.

Ní Annracháin, Máire, 'Biddy agus an Bandia' in Pádraigín Riggs, Breandán Ó Conchúir agus Seán Ó Coileáin (eag.), *Saoi na hÉigse: Aistí in Ómós do Sheán Ó Tuama*. Baile Átha Cliath: An Clóchomhar, 2000, ll. 339–57.

Ní Dhomhnaill, Nuala, *Féar Suaithinseach*, Maigh Nuad: An Sagart, 1984.

Ní Dhomhnaill, Nuala, *Selected Essays*. Eag. Oona Frawley. Baile Átha Cliath: New Island, 2005.

Ní Dhonnchadha, Máirín (eag.), 'The Abbot of Drimnagh who was changed into a woman' in 'Medieval to Modern, 600–1900' in Angela Bourke *et al.* (eag.), *The Field Day Anthology of Irish Writing* Iml. IV. Corcaigh: Cork University Press/Field Day, 2002, ll. 131–2.

Ní Fhlathartaigh, Ríonach, *Clár Amhrán Bhaile na hInse*. Baile Átha Cliath: An Clóchomhar, 1976.

Ní Mhuiríosa, Máirín, *Réamhchonraitheoirí*. Baile Átha Cliath: Clódhanna Teoranta, 1978.

Ní Riain, Nóirín, 'The Nature and Classification of Traditional Religious Songs in Irish: with a survey of printed and oral sources' in Gerard Gillen agus Harry White (eag.), *Irish Musical Studies* 2. Baile Átha Cliath: Irish Academic Press, 1993, ll. 190–253.

Ní Shúilleabháin, Eibhlís, *Letters from the Great Blasket*. Corcaigh: Mercier, 1988.

Ní Úrdail, Meidhbhín, *The Scribe in Eighteenth- and Nineteenth-Century Ireland*. Münster: Nodus Publikationen, 2000.

Nic Dhiarmada, Bríona, 'Dioscúrsa na Gaeilge, an Fhilíocht agus Dioscúrsa na mBan' in *Comhar* (Bealtaine 1992), ll. 160–7.

Nic Dhiarmada, Bríona, *Téacs Baineann Téacs Mná: Gnéithe d'Fhilíocht Nuala Ní Dhomhnaill*. Baile Átha Cliath: An Clóchomhar, 2005.

Nic Eoin, Máirín, '"Scéal ar an nGrá . . ." Na hAmhráin Ghrá agus an Smacht

Sóisialta' in Pádraigín Riggs, Breandán Ó Conchúir agus Seán Ó Coileáin (eag.), *Saoi na hÉigse: Aistí in Ómós do Sheán Ó Tuama*. Baile Átha Cliath: An Clóchomhar, 2000, ll. 233–260.

Nic Eoin, Máirín, 'Secrets and Disguises? Caitlín Ní Uallacháin agus other female personages in eighteenth-century Irish political poetry' in *Eighteenth-century Ireland* 11 (1996), ll. 7–45.

Nic Eoin, Máirín, 'Athscríobh na Miotas: Gné den Idirthéacsúlacht i bhFilíocht Chomhaimseartha na Gaeilge' in *Taighde agus Teagasc* 2 (2002), ll. 23–47.

Ó Baoill, Colm, 'Person Shifting in Gaelic Verse' in *Celtica* 21 (1990), ll. 377–392.

Ó Baoill, Dónall, 'Deixis in Modern Irish and Certain Related Problems' in *Ériu* 26 (1975), ll. 144–61.

Ó Buachalla, Breandán (eag.), *Nua-Dhuanaire* II. Baile Átha Cliath: Institiúid Ard-léinn Bhaile Átha Cliath, 1975.

Ó Buachalla, Breandán, 'The Making of a Cork Jacobite' in Patrick O'Flanagan agus Cornelius G. Buttimer (eag.), *Cork: History and Society*. Baile Átha Cliath: Geography Publications, 1993, ll. 469–98.

Ó Buachalla, Breandán, *Aisling Ghéar*. Baile Átha Cliath: An Clóchomhar, 1996.

Ó Buachalla, Breandán, *An Caoine agus An Chaointeoireacht*. Baile Átha Cliath: Cois Life, 1998.

Ó Cadhain, Máirtín, *Ó Cadhain i bhFeasta*. Eag. Seán Ó Laighin. Baile Átha Cliath: Clódhanna Teoranta, 1990.

Ó Cadhla, Seán, *Cathair Phortláirge agus na Déise: A Gael's Guide to Waterford and the Déise Country*. Port Láirge: The Waterford News, 1917.

Ó Cadhla, Stiofán, *The Holy Well Tradition: The Pattern of St Declan, Ardmore, County Waterford 1800–2000*. Baile Átha Cliath: Four Courts Press, 2002.

Ó Cadhla, Stiofán, *Civilizing Ireland. Ordnance Survey 1824–1842: Ethnography, Cartography, Translation*. Baile Átha Cliath: Irish Academic Press, 2007.

O'Carroll, Cliona (eag.), *How's it Goin' Boy?* Baile Átha Cliath: Nonsuch Publishing, 2006.

Ó Catháin, Enda, *Rí na nAmhrán: An 'Droighneán Donn'*. Tráchtas MA. Roinn na Gaeilge, Ollscoil na hÉireann, Maigh Nuad, 2000.

Ó Cíobháin, Pádraig, *Ar Gach Maoilinn Tá Síocháin*. Baile Átha Cliath: Coiscéim, 1998.

Ó Cíobháin, Pádraig, *Ré an Charbaid*. Baile Átha Cliath: Coiscéim, 2002.

Ó Cíobháin, Pádraig, 'An Treasruathar Turgnamhach: Féinspléachadh Údair ar a Ionchur i bPróslitríocht a Linne' in *Léachtaí Cholm Cille* 36 (2006), ll. 54–76.

Ó Ciosáin, Éamon, 'Eiriceachtaí' in *Graph* (Autumn 1988), l. 7.

Ó Ciosáin, Éamon, *An t-Éireannach 1934–1937: Páipéar Sóisialach Gaeltachta*. Baile Átha Cliath: An Clóchomhar, 1993.

Ó Coigligh, Ciarán (eag.), *Raiftearaí. Amhráin agus Dánta*. Baile Átha Cliath: An Clóchomhar, 1987.

Ó Coileáin, Seán, 'Oral and Literary: Some Strands of the Argument' in *Studia Hibernica* 17–18 (1977), ll. 7–35.

Ó Conaire, Breandán (eag.), *Language, Lore and Lyrics*. Baile Átha Cliath: Irish Academic Press, 1986.

Ó Conchubhair, Seósamh, 'An Rud a bhí Romham' in *Béaloideas* 15 (1945), ll. 103–126.

Ó Conchúir, Breandán, *Scríobhaithe Chorcaí 1700–1850*. Baile Átha Cliath: An Clóchomhar, 1982.

Ó Conchúir, Breandán, 'Na Cúirteanna Éigse i gCúige Mumhan' in Pádraigín Riggs *et al.* (eag.), *Saoi na hÉigse: Aistí in ómós do Sheán Ó Tuama*. Baile Átha Cliath: An Clóchomhar Tta, 2000, ll. 55–81.

Ó Conghaile, Michéal (eag.), *Gaeltacht Ráth Cairn: Léachtaí Comórtha*. Indreabhán: Cló Iar-Chonnachta, 1986.

Ó Conghaile (eag.), Mícheál, *Croch Suas É!* Indreabhán: Cló Iar-Chonnachta, 1994.

O'Connor, Anne, "Mac na hÓighe Slán: A Short Study of the 'Cock in the Pot' in Irish Folk Tradition" in *Sinsear* 2 (1980), ll. 34–42.

O'Connor, Anne, *The Blessed and the Damned: Sinful Women and Unbaptised Children in Irish Folklore*. Oxford: Peter Lang, 2005.

Ó Cróinín, Dáibhí, *The Songs of Elizabeth Cronin, Irish Traditional Singer: The Complete Song Collection*. Baile Átha Cliath: Four Courts Press, 2000.

Ó Cróinín, Donncha, 'Seán Ó Cróinín (1915–1965) Bailitheoir Béaloideasa' in *Béaloideas* 32 (1964), ll. 1–42.

Ó Cróinín, Donncha (eag.), *Scéalaíocht Amhlaoibh Í Luínse*. Seán Ó Cróinín a thóg síos. Baile Átha Cliath: An Cumann le Béaloideas Éireann, 1971.

Ó Cróinín, Donncha (eag.), *Seanachas Amhlaoibh Í Luínse*. Seán Ó Cróinín a thóg síos. Baile Átha Cliath: Comhairle Bhéaloideas Éireann, 1980.

Ó Cróinín, Donncha (eag.), *Seanachas ó Chairbre* 1. Seán Ó Cróinín a thóg síos. Baile Átha Cliath: Comhairle Bhéaloideas Éireann, 1985.

Ó Crualaoich, Gearóid, 'Language Teaching, Sociolinguistics and the Irish Folklore Text' in *Teangeolas* 15 (1982), ll. 20–27.

Ó Crualaoich, Gearóid, 'The Primacy of Form: A "Folk Ideology" in De Valera's Politics' in J. P. O'Carroll agus John A. Murphy (eag.), *De Valera and His Times*. Corcaigh: Cork University Press, 1986, ll. 47–61.

Ó Crualaoich, Gearóid, 'An Nuafhilíocht Ghaeilge: Dearcadh Dána' in *Innti* 10 (1986), ll. 63–6.

Ó Crualaoich, Gearóid, 'Litríocht na Gaeltachta: Seoladh isteach ar pheirspictíocht ó thaobh na litríochta béil' in *Léachtaí Cholm Cille* 19 (1989), ll. 8–25.

Ó Crualaoich, Gearóid, 'Máirtín Ó Cadhain Agus Dioscúrsa Na Gaeilge' in Eoghan Ó hAnluain (eag.), *Léachtaí Uí Chadhain* I. Baile Átha Cliath: An Clóchomhar Tta, 1989, ll. 166–80.

Ó Crualaoich, Gearóid, 'An Ceol Sí Agus Friotal Na Laoch – Toradh an Ghnímh Liteartha 'nár Measc' in *Comhar* 51: 5 (1992), ll. 94–99.

Ó Crualaoich, Gearóid, 'County Cork Folklore and its Collection' in Cornelius G. Buttimer agus Patrick O'Flanagan (eag.), *Cork: History and Society: Interdisciplinary Essays in the History of an Irish County*. Baile Átha Cliath: Geography Publications, 1993, ll. 919–940.

Ó Crualaoich, Gearóid, 'Oileáin agus Oileánaigh' in Pádraig Ó Fiannachta (eag.), *Oileáin agus Oileánaigh*. An Daingean: An Sagart, 1995, ll. 11–21.
Ó Crualaoich, Gearóid, *The Book of the Cailleach*. Corcaigh: Cork University Press, 2003.
Ó Cuív, Brian, *Párliament na mBan*. Baile Átha Cliath: Institiúid Ard-léinn Bhaile Átha Cliath, 1952.
Ó Cuív, Brian, 'James Cotter, a Seventeenth Century Agent of the Crown' in *Journal of the Royal Society of Antiquaries of Ireland*' 89 (1959), ll. 135–59.
Ó Cuív, Brian, 'The Verbal Noun Ending -áil and Related Forms' in *Celtica 13* (1980) ll. 125–45.
Ó Danachair, Caoimhín, 'The Progress of Irish Ethnology, 1783–1982' in *Ulster Folklife* 29 (1983), ll. 3–17.
Ó Dochartaigh, Liam, 'Finscéalta faoin Osnádúr i Nualitríocht na Gaeilge: Freagra a Dó' in *Finscéalta agus Litríocht/Folk Legends and Fiction. Béaloideas* 60–1 (1993), ll. 35–46.
Ó Domhnaill, Míchéal, *Iolscoil na Mumhan: Coláiste na Rinne*. Corcaigh: Cló na Laoi, 1987.
Ó Donnchadha, Seosamh, *Dánta Filí Bhaile na mBroghach*. Indreabhán: Cló Iar-Chonnachta, 1983.
O'Dowd, Anne, *Common Clothes and Clothing 1860–1930*. Baile Átha Cliath: National Museum of Ireland, 1990.
O'Dowd, Anne, 'There's a Time for All Things' in *Sinsear* 9 (2005), ll. 132–134.
Ó Drisceoil, Proinsias, 'Dúchas Sheáin Uí Dhálaigh' in *An Linn Bhuí: Iris Ghaeltacht na nDéise* 7 (2003), ll. 87–100.
Ó Drisceoil, Proinsias, *Seán Ó Dálaigh: Éigse agus Iomarbhá*. Corcaigh: Cork University Press, 2007.
Ó Dufaigh, Seán agus Diarmaid Ó Doibhlin, *Nioclás Ó Cearnaigh: Beatha agus Saothar*. Baile Átha Cliath: An Clóchomhar Tta, 1989.
Ó Duilearga, Séamus, 'Notes on the Oral Tradition of Thomond' in *The Journal of the Royal Society of Antiquaries of Ireland* 95 (1965), ll. 133–147.
Ó Duilearga, Séamus, 'Irish Stories and Storytellers. Some Reflections and Memories' in *Studies* (March 1942), ll. 31–46.
Ó Duilearga, Séamus (eag.), *Leabhar Sheáin Uí Chonaill*. Baile Átha Cliath: An Cumann le Béaloideas Éireann, 1948.
Ó Duinnshléibhe, Seán, 'An tAmharc Déanach ar an Laom-luisne: Seán Ó Cróinín agus Seán Ó hAodha' in *Béascna* 4 (2008): ll. 33–63.
Ó Duinnshléibhe, Seán, 'Seal ar Seachrán: Siúlta Sheáin Uí Chróinín in Iardheisceart agus i dTuaisceart Chorcaí' in *Béascna* 5 (2009): ll. 100–125.
Ó Fiannachta, Pádraig, 'Finscéalta faoin Osnádúr i Nualitríocht na Gaeilge: Freagra a Trí' *Finscéalta agus Litríocht/Folk Legends and Fiction. Béaloideas* 60–1 (1993), ll. 47–56.
Ó Floinn, Donnchadh, 'Béaloideas ó Chléire' in *Béaloideas* XI: I-II (1941), ll. 3–77.
Ó Floinn, Donnchadh, 'An Dá Ghaeltacht' in *Irisleabhar Muighe Nuadhat* (1960), ll. 9–19.
Ó Foghludha, Risteard (eag.), 'Cé Chum an Caoine? In *Irish Press*, 27 April, 1936, l. 4..

Ó Foghludha, Risteard (eag.), *Cois Caoin-Reathaighe*. Baile Átha Cliath: Oifig an tSoláthair, 1946.

Ó Giolláin, Diarmuid, *Locating Irish Folklore. Tradition, Modernity, Identity*. Corcaigh: Cork University Press, 2000.

Ó Giolláin, Diarmuid, *An Dúchas agus an Domhan*. Corcaigh: Cork University Press, 2005.

Ó hAilín, T. 'Caointe agus Caointeoirí' in *Feasta* (Eanáir 1971), ll. 7–11, (Feabhra 1971) ll. 5–9.

Ó Háinle, Cathal, 'Ó Chaint na nDaoine go dtí an Caighdeán Oifigiúil' in Kim MacCone *et al.* (eag.), *Stair na Gaeilge: In Omós do Phádraig Ó Fiannachta*. Maigh Nuad: Roinn na Sean-Ghaeilge, 1994, ll. 745–794.

Ó Háinle, Cathal, 'Teora dréachta adhmholta do chuinghidh shíodha' in Pádraigín Riggs, Breandán Ó Conchúir agus Seán Ó Coileáin (eag.), *Saoi na hÉigse: Aistí in Ómós do Sheán Ó Tuama*. Baile Átha Cliath: An Clóchomhar, 2000, ll. 1–22.

Ó hAirt, Diarmuid, *Díolaim Dhéiseach*. Baile Átha Cliath: Acadamh Ríoga na hÉireann, 1988.

O'Halloran, Clare, *Golden Ages and Barbarous Nations: Antiquarian Debate and Cultural Politics in Ireland 1750–1800*. Corcaigh: Cork University Press, 2004.

Ó hAodha, Mícheál, 'Seanchas ós na Déisibh' in *Béaloideas* 14 (1944), ll. 53–112.

Ó Héalaí, Pádraig, 'Seán Mac Mathúna – Fear an Chín Lae' in *Béaloideas* 68 (2000), ll. 99–126.

Ó hÓgáin, Daithí, '*Béaloideas* – Notes on the History of a Word' in *Béaloideas* 70 (2002), ll. 83–98.

Ó hÓgáin, Daithí (eag.), *Duanaire Thiobrad Árann*. Baile Átha Cliath: An Clóchomhar Tta, 1981.

Ó hÓgáin, Éamon, 'Scríobhaithe Lámhscríbhinní Gaeilge i gCill Choinnigh 1700–1870' in William Nolan agus Kevin Whelan (eag.), *Kilkenny: History and Society*. Baile Átha Cliath: Geography Publications, 1990, ll. 405–436.

O'Kearney, Nicholas (eag.), *The Battle of Gabhra. Transactions of the Ossianic Society*. Iml. 1. Baile Átha Cliath: John O'Daly for the Ossianic Society, 1853.

O'Keeffe, J.G. (eag.), *Buile Suibhne: The Adventures of Suibhne Geilt*. Londain: Irish Texts Society, 1913.

Ó Laoire, Lillis, *Ar Chreag i Lár na Farraige: Amhráin Agus Amhránaithe i dToraigh*. Indreabhán: Cló Iar-Chonnachta, 2002.

Ó Laoire, Lillis, 'The Right Words: Conflict and Resolution in a Gaelic Song Text' in *Oral Tradition* 19: 2 (2004), ll. 187–213.

Ó Laoire, Lillis, 'Cuma agus Craiceann/Shape and Skin: Metaphor and Musical Aesthetics in Tory Island' in *Perspectives in Systematic Musicology: Selected Reports in Ethnomusicology* XII. Los Angeles: Department of Ethnomusicology, University of California, Los Angeles, 2005, ll. 183–202.

Ó Macháin (eag.), Pádraig, *Riobard Bheldon: Amhráin agus Dánta*. Baile Átha Cliath: Poodle Press, 1995.

Ó Macháin, Pádraig, '"A Llebraib Imdaib": Cleachtadh agus Pátrúnacht an

Léinn, agus Déanamh na Lámhscríbhinní' in Ruairí Ó hUiginn (eag.), *Oidhreacht na Lámhscríbhinní. Léachtaí Cholm Cille* 34 (2004), ll. 148–178.

Ó Madagáin, Breandán, 'Amhráin Bheannaithe: An Traidisiún Dúchais' in *An Sagart* 30: 2 (Samhradh 1987), ll. 11–20.

Ó Máille, Tomás, *An Béal Beo*. Baile Átha Cliath: An Gúm, 2002 [1936].

Ó Muimhneacháin, Aindrias (eag.), *Seanchas an Táilliúra*. Seán Ó Cróinín a bhailigh. Baile Átha Cliath agus Corcaigh: Mercier, 1978.

Ó Muirgheasa, Enrí, *Céad de Cheoltaibh Uladh*. Baile Átha Cliath: Mac Giolla, 1915.

Ó Muirgheasa, Enrí, *Dánta Diadha Uladh*. Baile Átha Cliath: Oifig Díolta Foillseacháin Rialtais, 1936.

Ó Néill, Eoghan, *Gleann an Óir*. Baile Átha Cliath: An Clóchomhar Tta, 1988.

Ó Rathile, Tomás (eag.), *Dánta Grádha*, Corcaigh: Cló Ollscoile Chorcaí, 1976, ll. 107–11.

O'Rourke, Brian, *Blas Meala: A Sip From The Honey-Pot. Gaelic Folksongs with English Translations*. Baile Átha Cliath: Irish Academic Press, 1985.

Ó Siadhail, Pádraig, *Na Seacht gCineál Meisce agus Finscéalta Eile*. Indreabhán: Cló Iar-Chonnachta, 2001.

Ó Siadhail, Pádraig, *Idir Dhá Thír: Sceitsí Ó Cheanada*. Béal Feirste: Lagan Press, 2005.

Ó Súilleabháin, Seán (eag.), *Diarmuid na Bolgaighe agus a Chómhursain*. Baile Átha Cliath: Oifig an tSoláthair, 1937.

Ó Súilleabháin, Seán, *Láimh-leabhar Béaloideasa*. Baile Átha Cliath: Comhlucht Oideachais na hÉireann, 1937.

Ó Súilleabháin, Seán, *A Handbook of Irish Folklore*. Baile Átha Cliath: The Folklore of Ireland Society, 1942.

Ó Súilleabháin, Seán, *Scéalta Cráibhtheacha*. *Béaloideas* XXI (1951–2).

O'Sullivan, Donal, 'The Bunting Collection' in *Journal of the Irish Folk Song Society* 22–27 (1927–39).

O'Sullivan, Donal agus Mícheál Ó Súilleabháin (eag.), *Bunting's Ancient Music of Ireland*. Corcaigh: Cork University Press, 1983.

Ó Tuama, Seán, *An Grá in Amhráin na nDaoine*. Baile Átha Cliath: An Clóchomhar, 1960.

Ó Tuama, Seán, 'An Domhan a chruthaigh Titley' in *Comhar* (Nollaig 1987), ll. 17–19.

Ortiz, Renato, *Otro territorio: Ensayos sobre el mundo contempóraneo*. Aistr. Ada Solari. Buenos Aires: Universidad Nacional de Quilmes, 1996.

Owens, Rosemary Cullen, *A Social History of Women in Ireland 1870–1970*. Baile Átha Cliath: Gill & Macmillan, 2005.

Pamuk, Orhan, *Istanbul: Memories and the City*. Aistr. Maureen Freely. Nua-Eabhrac: Albert Knopf, 2006.

Paredes, Américo agus Richard Bauman (eag.), *Toward New Perspectives in Folklore*. Austin: University of Texas Press, 1972.

Partridge, Angela, *Caoineadh na dTrí Muire*. Baile Átha Cliath: An Clóchomhar, 1983.

Peirce, Charles S., *Collected Papers*. Eag. Charles Hartshorne, Paul Weiss &

Arthur W. Burks. 8 n-iml. Cambridge MA: Harvard University Press, 1931–1958.

Pitt-Rivers, Julian, *The People of the Sierra*. Chicago: University of Chicago Press, 1971.

Redfield, Robert, *The Little Community*. Stockholm: Almqvist & Wiksells Boktryckeri, 1955.

Richardson, Laurel, 'Feathers in our CAP' in *Journal of Contemporary Ethnography* 28 (1999), ll. 660–668.

Richardson, Miles, 'Anthropologist – The Myth-teller' in *American Ethnologist* 2: 3 (1975), ll. 517–533.

Rogan, Bjarne, 'Towards a Post-colonial and a Post-national Museum' in *Ethnologia Europaea* 33: 1 (2003), ll. 37–50.

Ross, James, 'Formulaic Composition in Oral Gaelic Literature' in *Modern Philology* 57 (1959), ll. 1–12.

Rubsamen, Walter, *Irish Ballad Operas and Burlesques*. Nua-Eabhrac: Garland, 1974.

Runnel, Pille (eag.), *Rethinking Folkloristics and Ethnology*. Tartu: Tartu Nefa Rühm, 2001.

Rydell, Robert W. agus Rob Kroes, *Buffalo Bill in Bologna. The Americanization of the World, 1869–1922*. Chicago & Londain: University of Chicago Press, 2005.

Sandberg, Mark B., *Living Pictures Missing Persons. Mannequins, Museums, and Modernity*. Princeton: Princeton University Press, 2003.

Sansot, Pierre, *Poétique de la ville*. Páras: Armand Colin, 1996.

Schacker, Jennifer, *National Dreams: The Remaking of Fairy Tales in Nineteenth-Century England*. Philadelphia: Philadelphia University Press, 2003.

Schegloff, Emanuel A., 'Notes on a Conversational Practice: Formulating Place' in Pierpaolo Giglioli (eag.), *Language and Social Context*. Harmondsworth: Penguin, 1971, ll. 95–135.

Scheper-Hughes, Nancy, *Saints, Scholars and Schizophrenics*. Berkeley: University of California Press, 2001.

Schneider, Jane, 'Rumpelstiltskin's Bargain: Folklore and the Merchant Capitalist Intensification of Linen Manufacture in Early Modern Europe' in Jane Schneider agus Annette Weiner (eag.), *Cloth and Human Experience*. Washington: Smithsonian Institution Press, 1989, ll. 177–213.

Scott, Walter, *The Antiquary*. Londain: Archibald Constable & Co., 1816.

Segalen, Martine, *Vie d'un musée*. Páras: Éditions Stock, 2005.

Shanin, Teodor, (eag.), *Peasants and Peasant Societies: Selected Readings*. Harmondsworth: Penguin, 1971.

Shields, Hugh, *Narrative Singing in Ireland: Lays, Ballads, Come-All-Yes and Other Songs*. Baile Átha Cliath: Irish Academic Press, 1993.

Silverstein, Michael, 'Axes of Evals: Token Versus Type Interdiscursivity' in *Journal of Linguistic Anthropology* 15: 1 (2005), ll. 6–22.

Smith, David, 'In bed with the boys from Fife' in *The Observer Review*, 29 June 2008.

Stacey, Judith, 'Can There Be A Feminist Ethnography?' in *Women's Studies International Forum* 11 (1988), ll. 21–27.

Stagl, Justin, *A History of Curiosity: The Theory of Travel 1550–1800*. Londain: Routledge, 1995.

Steering Committee for a Folk Museum Service for Ireland, *An Outline Plan for the Establishment of a Folk Museum Service*. Baile Átha Cliath: neamhfhoilsithe, 1984.

Stokes, Whitley (eag.), *Félire Óengusso Céli Dé: The Martyrology of Oengus the Culdee*. Londain: Henry Bradshaw Society, 1905, ll. 40–1.

Stoklund, Bjarne, 'Between Scenography and Science. Early Folk Museums and their Pioneers' in *Ethnologia Europaea* 33: 1 (2003), ll. 21–35.

Synge, J.M., 'The Aran Islands' in *Collected Works II: Prose*. Gerrards Cross: Colin Smythe, 1982.

Taylor, Lou, *The Study of Dress History*. Manchester: Manchester University Press, 2002.

Tedlock, Barbara, 'From Participant Observation to the Observation of Participation: The Emergence of Narrative Ethnography' in *Journal of Anthropological Research* 47: 1 (1991), ll. 69–94.

Thiesse, Anne-Marie, *La création des identités nationales*. Páras: Seuil, 1999.

Titley, Alan, *Eiriceachtaí agus Scéalta Eile*. Baile Átha Cliath: An Clóchomhar, 1987.

Titley, Alan, *An Fear Dána*. Baile Átha Cliath: An Clóchomhar, 1993.

Titley, Alan, *Fabhalscéalta*. Indreabhán: Cló Iar-Chonnachta, 1995.

Titley, Alan, *Leabhar Nóra Ní Anluain*, Indreabhán: Cló Iar-Chonnachta, 1998.

Titley, Alan, '"An Nóta Pearsanta" agus Litríocht na Meánaoiseanna' in Pádraigín Riggs, Breandán Ó Conchúir agus Seán Ó Coileáin (eag.), *Saoi na hÉigse: Aistí in Ómós do Sheán Ó Tuama*. Baile Átha Cliath: An Clóchomhar, 2000, ll. 261–301.

Titley, Alan, *Parabolas: Stories and Fables*. Béal Feirste: Lagan Press, 2005.

Transactions of the Kilkenny Archaeological Society. Baile Átha Cliath: John O'Daly, 1853.

Tyers, Pádraig (eag.), *Leoithne Aniar*. Baile an Fheirtéaraigh: Cló Dhuibhne, 1982.

Tylor, Edmund, *Primitive Culture. Researches into the Development of Mythology, Philosophy, Religion, Art, and Custom*. Londain: John Murray, 1871.

Ua Casaide, Séamus, 'Michael O'Farrell, King of the Munster Beggars' in *Waterford and South-East of Ireland Archaeological Society Journal* XIII (1910), ll. 126–8.

uí Ógáin, Ríonach, *Faoi Rothaí na Gréine: Amhráin as Conamara a bhailigh Máirtín Ó Cadhain*. Baile Átha Cliath: Coiscéim, 1999.

Urbain, Jean-Didier, *Ethnologue mais pas trop*. Páras: Payot & Rivages, 2003.

Vallely, Fintan (eag.), *The Companion to Irish Traditional Music*. Corcaigh: Cork University Press, 1999.

Van Hamel, A.G. (eag.), *Compert Con Culainn and Other Stories*. Baile Átha Cliath: Dublin Institute for Advanced Studies, 1933.

Vermeulen, Han F., 'Origins and institutionalization of ethnography and ethnology in Europe and the USA, 1771–1845' in Han F. Vermeulen agus Arturo Alvarez Roldán (eag.), *Fieldwork and Footnotes. Studies in the History of European Anthropology*. Londain & Nua-Eabhrac: Routledge, 1995, ll. 39–59.

Wagner, Heinrich, *Linguistic Atlas and Survey of Irish Dialects*. Baile Átha Cliath: Dublin Institute for Advanced Studies. Iml. I, 1981 [1958] agus IV, 1982 [1969].

Walsh, Paul, *Catalogue of Irish Manuscripts in Maynooth College Library*. Magh Nuadhat: Cuallacht Chuilm Chille, 1943.

Walton, Julian C., 'Two Descriptions of Waterford in the 1680s' in *Decies* XXXV (1987), ll. 25–33.

Warner, Marina, *Alone of All her Sex*. Nua-Eabhrac: Alfred A. Knopf, 1976.

Warner, Michael, 'Publics and Counterpublics' in *Public Culture* 14: 1 (2002), ll. 49–90.

White, J.J., *Mythology in the Modern Novel: A Study of Prefigurative Techniques*. Princeton, New Jersey: Princeton University Press, 1971.

Wilde, Sir William, *Irish Popular Superstitions*. Baile Átha Cliath: Irish Academic Press, 1979 [1852].

Wilding, Raelene, 'Transnational Ethnographies and Anthropological Imaginings of Migrancy' in *Journal of Ethnic and Migration Studies* 33: 2 (2007), ll. 331–348.

Wolf, Diane L. (eag.), *Feminist Dilemmas in Fieldwork*. Boulder: Westview Press, 1996.

Wong, Donna, 'Literature and the oral tradition' in Margaret Kelleher agus Philip O'Leary (eag.), *The Cambridge History of Irish Literature*. Iml. 1. Cambridge: Cambridge University Press, 2006, ll. 633–76.

Wooding (eag.), Jonathan M., *The Otherworld Voyage in Early Irish Literature*. Baile Átha Cliath: Four Courts Press, 2000.

Wörner, Martin, *Vergnügung und Belehrung. Volkskultur auf den Weltausstellungen 1851–1900*. Münster: Waxmann, 1999.

Yeats, W.B., *The Book of Fairy and Folk Tales of Ireland*. Londain: Bounty Books, 1994.

Yoder, Don, 'Folk Costume' in Richard Dorson (eag.), *Folklore and Folklife: An Introduction*. Chicago: University of Chicago Press, 1972.

Zimmermann, George-Denis, *The Irish Storyteller*. Baile Átha Cliath: Four Courts Press, 2001.

Diosclíosta

Breathnach, Gearóidín, *Ar Fhoscadh na gCnoc*. Indreabhán: Cló Iar-Chonnachta, CICD 130, 1997.

Ó Mo Dhúchas. Baile Átha Cliath: Gael Linn, 1976. Rinneadh atheisiúint ar dhlúthdhiosca CEFCD051.

Sorcha: Amhráin Shorcha Ní Ghuairim. Dlúthdhiosca agus leabhrán, CEFCD 182. Baile Átha Cliath: Gael Linn, 2001.

Innéacs

Curtha le chéile ag Róisín Nic Cóil